Library of
Davidson College

DONUM GENTILICIUM

DAVID DAUBE

DONUM GENTILICIUM

New Testament Studies
in Honour of
David Daube

Edited by
E. BAMMEL
C. K. BARRETT
and
W. D. DAVIES

1978

OXFORD
AT THE CLARENDON PRESS

Oxford University Press, Walton Street, Oxford, OX2 6DP

OXFORD LONDON GLASGOW
NEW YORK TORONTO MELBOURNE WELLINGTON
IBADAN NAIROBI DAR ES SALAAM LUSAKA CAPE TOWN
KUALA LUMPUR SINGAPORE JAKARTA HONG KONG TOKYO
DELHI BOMBAY CALCUTTA MADRAS KARACHI

© Oxford University Press 1978

All rights reserved. No part of this publication may be reproduced, stored in a retrieval system, or transmitted, in any form or by any means, electronic, mechanical, photocopying, recording, or otherwise, without the prior permission of Oxford University Press

British Library Cataloguing in Publication Data
Donum gentilicium: New Testament studies
 in honour of David Daube
 Index
 ISBN 0-19-826629-4
 1. Daube, David 2. Bammel, Ernst
 3. Barrett, Charles Kingsley 4. Davies,
 William David
 225   BS2280
 Bible. New Testament—Addresses, essays, lectures

*Printed in Great Britain
at the University Press, Oxford
by Vivian Ridler
Printer to the University*

FOREWORD

Dear David,

Ernst Bammel and Kingsley Barrett have generously asked me to write on behalf of the editors, the contributors, and the countless students of the New Testament throughout the world who would want to share in this act of homage.

I first saw you in the New Testament Seminar conducted by Professor C. H. Dodd at Cambridge. It will please you to know that he was one of the first to promise a contribution to this volume; only his fatal illness prevented him from carrying out his intention. And along with that of Professor Johannes Hempel, your teacher at Göttingen, whose memory you cherish with gratitude and affection, it is altogether fitting that C. H. Dodd's name should appear at the beginning of this letter. This is not only because you have always regarded him as representing New Testament scholarship at its best, but because it was through papers for his Seminar that you first began to exert your profound influence on New Testament studies.

The characteristics that you revealed so brilliantly then have, in an even intensified form, marked your work ever since—a hawk-like capacity to pounce upon the essentials of a text or a discussion, a subtlety rooted in a Rabbinic tradition, a scrupulous thoroughness typical of a German training, and an encyclopedic and imaginative awareness of first-century Judaism. All these have enabled you to extend our vision, often limited by the blinkers of our own traditions, to make us see the New Testament in a startingly new and Pharisaic way. For many of us this process was sometimes painful, but the lightness with which you wore your learning and the sparkle of your good-humoured wit always managed to draw its sting.

To you no discipline or religion has been an island. You have brought together two oceans of learning, the Jewish and the Gentile, the waters of which in the past too seldom intermingled. Although strictly *parerga* to your achievements in your special field in Roman and other aspects of Law, your studies across the years in the lexicography, the form-criticism and the ideology of the Rabbinic sources and your illuminating application of these to the New Testament have placed you among the few great Jewish scholars who have helped us to grapple more seriously with the Semitic substructure of the New Testament and to bring about a silent revolution in the study of it. It is for this reason that we have chosen a title for this volume, in special tribute to you, which is, we think, particularly apt. Those who have written essays for it have sought to contribute to the mutual illumination of Judaism and early Christianity in which you have given so conspicuous a lead.

Yet it is not only or even chiefly for your learning that those who know you, and especially your students, hold you in honour. You yourself, as a man, have meant even more to us than your scholarship. Your way has been the same wherever you taught, at Cambridge, Aberdeen, Oxford, and now at Berkeley and Konstanz. Not for you a cloistered remoteness, but, at constant cost to yourself, you have been a teacher who lived for his students—a means of grace to us in concern, in encouragement, in stimulus, and above all in human understanding and in sympathy. To evoke the Aboth, what has been yours has been ours. You have not only spoken of Torah, you have often embodied it. If it is now impossible for us any longer to use the terms 'Jew', 'Judaism', 'The Law' as pejoratives, it is largely due to you. You have humanized our understanding of your Faith and in the process humanized that of our own in relation to it.

This volume, David—and you will understand that I speak for my colleagues as well as for myself—is a small token of our gratitude for the warmth of humanity and richness of spirit that you have shared with us and for the enlarged horizons and deepened sensitivities that you have opened to us. We ask you to accept it with our best wishes for the years to come.

With respect and affection
WILLIAM DAVID DAVIES

CONTENTS

David Daube *Frontispiece*

Foreword: W. D. DAVIES (*Durham, U.S.A.*) v

Abbreviations ix

Rome and the Maccabean Conversions—Notes on 1 Macc.8:
M. SMITH (*New York, U.S.A.*) 1

Die Seligpreisungen der Bergpredigt und das Alte Testament:
W. ZIMMERLI (*Göttingen, Germany*) 8

Eine Bemerkung zum griechischen Danieltext: E. STAUFFER
(*Erlangen, Germany*) 27

Das Licht des Messias: O. MICHEL (*Tübingen, Germany*) 40

Jesus and the Pharisees: B. LINDARS (*Cambridge, U.K.*) 51

Ist das Dankopfermahl der Ursprung des Herrenmahls?:
JOACHIM JEREMIAS (*Göttingen, Germany*) 64

'... As we forgive ...'—A Note on the Distinction between
Deserts and Capacity in the Understanding of Forgiveness:
C. F. D. MOULE (*Cambridge, U.K.*) 68

The Friend at Midnight—Asian Ideas in the Gospel of St. Luke:
J. DUNCAN M. DERRETT (*London, U.K.*) 78

Shaliaḥ and Apostle: C. K. BARRETT (*Durham, U.K.*) 88

On the Question of Fulfilling the Law in Paul and Rabbinic
Judaism: E. P. SANDERS (*Hamilton, Canada*) 103

Das Ölbaum-Gleichnis in Röm 11, 16 ff. Versuch einer weiterführenden Deutung: K. H. RENGSTORF (*Münster, Germany*) 127

Ursprung und Verwendung der $\sigma o \phi \acute{o} s$-, $\delta \upsilon \nu a \tau \acute{o} s$-, $\epsilon \upsilon \gamma \epsilon \nu \acute{\eta} s$-
Formel in 1 Kor 1, 26: W. WÜLLNER (*San Francisco, U.S.A.*) 165

1 Kor 13—Zur Frage von Paulus' rabbinischem Hintergrund:
B. GERHARDSSON (*Lund, Sweden*) 185

Vorbildliches Martyrium. Zur Frage der Lesarten in 1 Kor 13, 3:
H. RIESENFELD (*Uppsala, Sweden*)   210

The Heavenly Jerusalem and Orthodox Judaism: J. M. FORD
(*Notre Dame, U.S.A.*)   215

The 'Two Witnesses' of Rev. 11:3 f. in Jewish and Christian Apocalyptic Tradition: M. BLACK (*St. Andrews, U.K.*)   227

Romanas caerimonias recognoscere: R. FREUDENBERGER (*Würzburg, Germany*)   238

Anfänge des jüdisch-christlichen Problems. Ein programmatischer Entwurf: G. LINDESKOG (*Åbo, Finland*)   255

Die Sefirot und Abbiaʻ in ihrem theoretischen Zusammenhang: H. ODEBERG (*Lund, Sweden*)   276

Israels Dienstbarkeit: E. BAMMEL (*Cambridge, U.K.*)   295

Bibliographia Daubeana   307

Indexes   319

The editors gratefully acknowledge the assistance they received from Mr. J. F. Coakley and Dr. Chilton at various stages of the preparation of the manuscript.

ABBREVIATIONS

Abbreviations of journal titles and other modern works follow *Die Religion in Geschichte und Gegenwart*, ed. Kurt Galling, 3rd edn. (Tübingen, 1957–65).

Other abbreviations of modern works, not given in Galling:

ASTI *Annual of the Swedish Theological Institute*
SBT Studies in Biblical Theology
ThWAT *Theologisches Wörterbuch zum Alten Testament* (Stuttgart, 1970–)
WMANT Wissenschaftliche Monographien zum Alten and Neuen Testament

Rome and Maccabean Conversions: Notes on 1 Macc. 8

M. SMITH

PROFESSOR DAUBE has done so much to increase our knowledge of the relations between Jewish and Roman law that it seems appropriate to offer, in this volume dedicated to his honour, a conjecture as to what may have been one of the earliest and most important of those relations.

Everyone knows the report of the first Jewish alliance with Rome, as given in 1 Maccabees 8, just after the defeat of Nicanor in 160 B.C.:

And Judas heard the reputation of the Romans—that they are powerful, and they are kind to all those who are joined to them, and they establish friendly relations with any who approach them. And [as examples of][1] their power he was told of their wars and military achievements, what they did among the Gauls ... and in the land of Spain ... and Philip [V] and Perseus, King of the Kittim [Macedonians] ... and Antiochus, the great King of Asia ... [and the Greeks, how they made them tributary and took their lands].... And the remaining kingdoms and the islands, as many as ever resisted them, they destroyed and enslaved. But with their friends and those who relied on them they maintained friendship. And they held rule over the kingdoms near and far.... And those whom they wish to help and to have rule, become kings.... But in spite of all this none of them [the Romans] assumed a diadem.... They made themselves a senate, and every day three hundred and twenty senators sat in council ... to keep the people in good order. And each year they entrust one man with rule of the people ... and all are obedient to this one, and there is no jealousy nor rivalry among them.

So Judas chose two ambassadors who went to Rome, 'a very long journey', were admitted to the Senate, and requested that 'Judas and the people of the Jews' be enrolled as allies and friends of the Roman people. The request was granted and the ambassadors were sent back with a treaty engraved on brass tablets, between the

[1] This is the interpretation of A. Kahana, *The Apocryphal Books* (Hebrew), ii, 2nd edn. (Tel Aviv, 1957), ad loc.

Romans and 'the people of the Jews', binding both parties to assist each other in war and give no assistance to each other's enemies.[1] Further, the Romans wrote King Demetrius, telling him to keep his hands off their friends and allies, the Jews, and warning him that further Jewish complaints might lead to war.

The long dispute about this passage has turned largely on the question of the date of the treaty: Was it made under Judas, or later?[2] But this question is comparatively unimportant. Whether the treaty was made under Judas, or ten or twenty years later, there is no doubt that a treaty of this sort was made, and that it had no immediate and important consequences for either country's foreign affairs (unless, as Bickerman suggests, it precipitated Demetrius' decision to get rid of Judas at once).[3] Whenever made, the principal importance of the treaty during the second century B.C. seems to have been its impact on Judaism. Here it evidently became a centre of dispute, for 1 Macc. 8 contains some of the consequent propaganda.

[1] A further clause (8: 30), providing that the treaty may be altered by mutual consent, now stands after what seems an editorial comment at the end of the original text (8: 29). But 8: 30 may have been part of the original text, as Josephus thought (*Ant.* 12. 418) and as analogies suggest (*CIG* XII. iii, no. 173, lines 45 ff.). The remarks of W. Oesterley ('The First Book of Maccabees' in Charles, *AP*, and of E. *Kautzsch*, *AP*, both ad loc., are disposed of by the text in A. Rahlfs, *Septuaginta* (Stuttgart, 1935), followed by F. Abel, *Les Livres des Maccabées* (Paris, 1949; hereinafter Abel, *Macc.*), again ad loc.

[2] See the arguments in Abel, *Macc.*, ad loc., and A. Momigliano, *Prime Linee di Storia della Tradizione Maccabeica* (Turin, 1931), pp. 159 ff. (hereinafter Momigliano, *Linee*), followed by M. Stern, *Documents of the Hasmonean Revolution* (Hebrew; Tel Aviv, 1965), pp. 74 ff. That the treaty is like other Roman treaties of the time does not prove its authenticity—a forger would have followed the familiar pattern. Nor is its date established by its plausibility—the Romans would, indeed, have backed the Jews against Demetrius, but they would also have backed them against later Seleucid kings, and they did. More important are the facts that 1 Macc. 8 is supported by Trogus (Justin), 36. 1. 10; 3. 9; 2 Macc. 4: 11; Josephus, *B.J.* 1. 38 (probably independent of 1 Macc.); and possibly *Ant.* 14. 233 (if the Fannius be identified as the consul of 161 and the Jewish envoys as Judas' emissaries); while the one passage apparently contradicting it (*Ant.* 14. 205) can be explained away. The economic explanation of the treaty proposed by W. Wirgin, 'Judah Maccabee's Embassy to Rome', *PEQ* 101 (1969), 15 ff. does not convince me. To mention only one objection, I doubt that there was much treasure left in the temple by the time Judas got control of it.

[3] E. Bickerman, *From Ezra to the Last of the Maccabees* (New York, 1962), pp. 133 f. Compare M. Sordi, 'Il Valore Politico del Trattato fra i Romani e i Giudei nel 161 a. C.', *Acme*, 5 (1962), 509 ff. For later consequences of the treaty and problems raised by its existence, see E. Bammel 'Die Neuordnung des Pompeius und das römisch-jüdische Bündnis', *ZDPV* 75 (1959), 76 ff.

Rome and the Maccabean Conversions

The dispute, as usual in Judaism, was probably rooted in the law. While Deut. 7: 2 and other passages explicitly prohibited treaties with inhabitants of Palestine (they were to be exterminated), Deut. 20: 10 ff. did permit treaties to be made with cities lying outside the country, but only on one condition: that the outsiders become tributary to the Israelites. The traditional exegesis in *Sifre* was to add that any city which would not submit and become tributary would certainly make war on Israel sooner or later. This policy was not very different from that of Rome itself, which had partly exterminated, partly assimilated its immediate neighbours and made treaties with the more remote ones. In its treaties with Italian states Rome almost invariably required their subordination to itself; treaties recognizing other states as equals were commonly reserved for powers overseas.

Given the Deuteronomic law, the Maccabean alliance with Rome required defence, and 1 Macc. 8 is primarily defensive. The treaty with Rome is excusable because the Romans are so powerful and dangerous, yet they accept those who wish to make peace with them, they are faithful to their friends, and they make rulers of those whom they favour. Their power is shown by the list of their conquests, in which the enemies of the Jews are prominently displayed. It is also emphasized that the Romans live a very long way off—perhaps the thought was that the Deuteronomic law applied primarily to Palestine, secondarily to adjacent lands, and not at all to those more remote. This line of interpretation might have been suggested by Roman practice and, once suggested, could appeal to some elements of the Pentateuchal text and perhaps to some aspects of exegetic tradition which later became explicit.[1] Finally, the treaty was justified by presentation of its immediate result—the warning letter to Demetrius.

A second motive of the writer was to present the Romans as a model to his Jewish readers. The Romans have not only defeated their enemies, but made them tributary and taken their lands— a policy the later Maccabees were imitating. Yet none of the Romans, in spite of their success, had assumed a diadem—and neither did any of the Maccabees prior to Aristobulus I.[2] The

---

[1] Cf. Deut. 20: 15 f.; *M.A.Z.* 1. 8; *M.Shebi.* 6. 1; Bickerman, ibid.; B. Mariani, 'L'Alleanza e l'Amicizia dei Maccabei con i Romani sotto l'Aspetto Teocratico', *Divinitas*, 9 (1965), 75 ff. at least realized there was a difficulty.

[2] *B.J.* 1. 70; *Ant.* 13. 301. In both cases Josephus specifies his 'putting on the

Romans made themselves a council to keep the people in order—this looks like a flattering comparison of the Senate to the Jewish *ḥever*, which first appears on the coins of John Hyrcanus. The Romans chose one man to be ruler over them—a false statement perhaps intended to justify, by analogy, the rule of a single Maccabee chosen by the people.[1] Another false statement, that among the Romans there is no jealousy nor rivalry, may also have been intended to set an example for the Jews: rivalry and jealousy of the Maccabees seem to have become serious under Hyrcanus.[2] All of this, but particularly the reference to the single ruler who has not assumed the diadem, but is supported by the council, makes plausible a date for this chapter in Hyrcanus' later years.[3] This is approximately the time at which the whole of 1 Macc. is commonly supposed to have been written and, shortly afterwards, edited.[4] Whether chapter 8 is due to the author or to the editor, in either event the man who put it in was willing to break the thread of the narrative at this point[5] and insert this long eulogy of the Romans and of the alliance with them as Judas' final achievement, just before his heroic death.[6] This is additional evidence of propagandistic purpose, as opposed to simple reporting.

Another didactic element in the chapter may be the introductory material, particularly those passages praising the Romans' kindness to 'those added to them' (Latins and others made citizens by conquest), and their willingness to make alliances. These virtues were known to have brought important rewards. Polybius, writing a generation earlier than the author of 1 Macc. 8, had gone out of his way to list the forces of Rome at the time of Hannibal's invasion. In his list he distinguished between the troops of Rome itself and those of its allies. Of troops in arms the Romans contributed

diadem'; it presumably caused trouble. No doubt 1 Sam. (8; 10: 17 ff.; 12; etc.) was in the background.

[1] *Ant.* 13. 213; 1 Macc. 14: 25–49.
[2] *B.J.* 1. 67; *Ant.* 13. 288 ff.
[3] On the connections between Hyrcanus' court and Rome see M. Stern, 'The Relations between Judea and Rome during the Rule of John Hyrcanus' (Hebrew), *Zion*, 26 (1961), 1 ff.
[4] Abel, *Macc.*, pp. xxviii f., reviewing other opinions.
[5] As J. Wellhausen noticed, *Israelitische und jüdische Geschichte* (8th edn., Berlin, 1921), p. 250 n. 1; the first verse of ch. 9 is the immediate sequel to the last of ch. 7.
[6] It belonged earlier in the narrative, for if the treaty is genuine the names of the consuls date it to 161, before the defeat of Nicanor. The insertion in the present position may be either erroneous, or emphatic.

52,300, the allies over 158,000; of reserves there were 285,000 allies, 273,000 'Romans and Campanians'.[1] His account of the war, moreover, made quite clear that what saved the Romans from Hannibal was their enormous manpower that enabled them to replace the armies destroyed. Further, Polybius' lumping of 'Romans and Campanians' indicated another aspect of Roman policy that had been even more important for Rome's triumph—the forcible enrolment of subjected peoples in the citizen body of Rome itself, albeit as 'second class citizens' of various sorts.

This distinction between 'those added to' the Romans (whom they treat kindly) and 'those who approach them' (and are made allies) is indicated by the wording of 1 Macc. 8: 1. No one would suppose that the author had a precise or profound knowledge of Roman history, nor that he had read Polybius. But he may be supposed to have known the main facts of Roman history. The subject peoples along the western coasts of the Seleucid empire had probably been interested in the Romans ever since the Roman defeat of Antiochus the Great in 190. 2 Macc. 11: 34 ff. represents the Jews as in touch with Roman envoys in the east already in 165/4. We have a report of an expulsion of Jews from Rome in 139.[2] So by the time of Hyrcanus' high priesthood (135–104), if not earlier, the ruling class in Jerusalem probably knew the essential facts about the rise of Rome. Those essential facts were as 1 Macc. 8 reported them: by taking into itself and treating well the peoples whom it first conquered, and by building up a secondary network of alliances, Rome acquired enough manpower to subjugate Italy, then Carthage, then Macedon, the Seleucids, and the Greeks.

1 Macc. is clearly propaganda for the Maccabean dynasty. To suppose that it reflects—indirectly, of course—the thinking of Hyrcanus himself is not unlikely; it certainly reflects some of the thinking current in his court. Consequently, we may have here an explanation of the Maccabean policy of compulsory conversion of conquered populations to Judaism. The first reported instance occurs in the reign of Hyrcanus, probably about 127; it is the

[1] Polybius 2. 24; the figures may be somewhat high. See F. Walbank, *A Historical Commentary on Polybius*, i (Oxford, 1957), pp. 196 ff.

[2] Valerius Maximus 1. 3. 3. From the phrase 'repetere domos suos' H. Leon, *The Jew of Ancient Rome*, Philadelphia, 1960, pp. 3 f., concludes that the expulsion affected only 'a small group of temporary sojourners'. I doubt that expulsion of such a group would have been remembered.

conversion of the Idumaeans. Josephus (*Ant.* 13. 257) locates it well after the death of Antiochus Sidetes in 130—the captures of Medeba, Samoga, Shechem, and Gerizim intervene—and just before Hyrcanus' dispatch of an embassy to Rome.[1] If the practice, unknown to the Old Testament, arose from Maccabean interpretation of Jewish law, it should have arisen earlier; there were plenty of opportunities under Simon. After Hyrcanus' time Aristobulus 'joined to the Jews a part of the Iturean people, binding them by the bond of circumcision' (so the relationship was described by Strabo, quoted in *Ant.* 13. 319) and Alexander Jannaeus seems to have made considerable use of the practice.[2]

These 'forcible and skin-deep conversions', as Moore called them,[3] have hitherto raised a number of problems which can be answered if the practice is seen as an adaptive imitation of Rome. Why did it begin only under Hyrcanus?[4] Perhaps because knowledge of Rome's success in forcible extension of its citizenship only then produced the notion that the Jews might try something similar. Why was conversion vigorously practised by rulers like Hyrcanus, Aristobulus, and Jannaeus, none of whom seems to have been remarkable for religious devotion? Because these High Priests were using conversion for political, economic, and military ends. Their primary purpose was to build an important military power based on an extensive political and economic union; therefore they pursued possible soldiers and tax-payers with missionary zeal.

Another motive, too, may have been important. From Hyrcanus' time on the Maccabees ran into serious opposition from the Pharisees[5] and probably from other groups, like the Dead Sea sect,

[1] On the date of the embassy see T. Broughton, *The Magistrates of the Roman Republic*, i (New York, 1951), p. 509 n. 2, correcting R. Marcus' note on *Ant.* 13. 260 in *Josephus* vii (Loeb Classical Library, London, 1947). Broughton dates the embassy's arrival in 126.

[2] Josephus' note in *Ant.* 13. 397, that Pella was destroyed because its inhabitants would not convert to Judaism, suggests that most of the places in the preceding list did accept Judaism and were therefore spared.

[3] G. F. Moore, *Judaism in the First Centuries of the Christian Era*, i (Cambridge, Mass., 1927), p. 336.

[4] The practice was not wholly without roots in Judaism. From almost the beginning of their revolt the Maccabees had forcibly circumcised Judean children whom they found without this sign of the covenant, 1 Macc. 2: 46. This is explicable from zeal for observance of the law. The circumcision of whole peoples of Gentiles (who were not obligated to observe the law) requires a different explanation; it did not occur to that generation of the Maccabees who took observance of the law most seriously.

[5] *Ant.* 13. 288–98; cf. *B.J.* 1. 67.

zealous for strict observances of the Pentateuchal law according to their peculiar interpretations. Hyrcanus was the first Maccabee who found it necessary to maintain a force of foreign mercenaries;[1] presumably it served, among other purposes, to defend him from his pious subjects. New converts would serve the same purpose. They would swell the ranks of Jews indifferent to the niceties of religious law, and would almost certainly not become members of the pious opposition parties.

Finally, why did the compulsory converts stay converted? Here again the Roman example suggests some plausible answers. First, defection was likely to be followed by condign punishment. Second, the new Jews, like the new Romans, found themselves members of a military association for profitable plundering. In Palestine of the second and first centuries B.C., as before in Italy, once you had been forced to join the winning side, not only were you safer if you stayed there, but you also got a share of the swag. And besides, there was one more point, one which gave the Maccabees a hold on their converts that the Romans had not enjoyed. The converts were circumcised. That made them not only subjects of the Maccabees, but subjects of the Lord, the great deity worshipped in Jerusalem, whose name was not to be pronounced. Circumcision was the sign that marked, like a brand, his human chattels,[2] the sheep of his flock;[3] it was his sign in their flesh.[4] To try to get rid of it was painful if not impossible, and even if successful might bring down divine as well as human punishment. So long as the mark was there, the converts were the deity's property. It was better not to risk angering him. So most of the converts remained Jews, and the make-up and history of Palestinian Judaism were profoundly changed.

[1] *B.J.* 1. 61; *Ant.* 13. 249. The verb used (*xenotrophein*) indicates that the mercenaries were aliens.
[2] In Hebrew, *segulah*: Exod. 19: 5; Deut. 7: 6; 14: 2; 26: 18; Ps. 135: 4.
[3] Ps. 79: 13; 95: 7; 100: 3; Ezek. 34 *passim*; etc.
[4] Gen. 17: 11 ff.

Die Seligpreisungen der Bergpredigt und das Alte Testament

W. ZIMMERLI

I

DEM Leser des Neuen Testamentes fällt rasch auf, wie sehr hier in gewissen Partien alttestamentliche Formulierungen und Gehalte auftreten. Dabei tritt die alttestamentliche Rede in einen neuen Kontext und wird von ihm her neu bestimmt.

Unter dieser Perspektive der Neubestimmung soll hier ein kleiner Teilbereich der Bergpredigt Mt 5–7 betrachtet werden. Nach der Exposition von Mt 4, 23 beginnt Jesus seine Tätigkeit in den Synagogen von Galiläa damit, dass er das Evangelium vom Reiche verkündet und Krankheiten jeder Art heilt. Illustrieren Mt 8 f. das Tun des Heilenden, so Mt 5–7 in einer thematischen Rede die Verkündigung der Frohbotschaft vom Reiche.[1]

[1] Die Frage ist aufgeworfen worden, ob nicht schon die einleitende Angabe, dass Jesus „auf den Berg" stieg, im Gegenlicht zu der alttestamentlichen Aussage, dass Mose, der grosse Rechtsverkündiger Israels, auf den Berg hinaufstieg, um dort das Gesetz Gottes zu empfangen (Ex 19, 3. 20; 24, 13), gelesen sein wolle, so etwa J. Jeremias, *ThW*, iv. 875. Dagegen steht, dass der Gottesberg des Alten Testamentes Ort der göttlichen Theophanie und geheimer Gottesoffenbarung an Mose ist. Das Herantreten einer grossen hörenden Gemeinde ist dort ausdrücklich abgewehrt, Ex 19, 12. 13a. 21. 23 f. Anders scheint es zunächst in 19, 13b geplant, dem aber dann 20, 18–21 gegenübersteht. Nach 24, 9–11 besteigt eine begrenzte Delegation den Berg, um dort vor Gott (Bundes-)Mahl zu halten. Man müsste also in jedem Fall mit einer kräftigen Umzeichnung des Antitypus gegenüber dem Typus von Ex 19 rechnen. Vor allem aber wird man darauf hinweisen müssen, dass die typologische Entsprechung zur Offenbarung auf dem Berge später in Mt 17 ihre klare Darstellung erfährt. Hier wird Jesus im kleinen Kreise der drei ihn begleitenden Jünger unter Assistenz von Mose und Elia vom göttlichen Lichtglanz umleuchtet und mit dem Sohnestitel ausgezeichnet. In 17, 1 ist denn auch, wie schon in Mk 9, 2 (anders Lk 9, 28) ausdrücklich von dem „hohen Berge" geredet, was in der ezechielischen Redeweise vom הר מרום ישראל (20, 40, vgl. 17, 23) und dem הר גבה מאד (40, 2, vgl. 17, 22) sein Gegenstück haben dürfte. Bei Ezechiel ist an die Gottespräsenz auf dem Zion gedacht. So dürfte das Hinaufgehen auf den Berg von Mt 5, 1, dem in Lk 6, 17 ein „ebener Ort" entspricht, als unbetonte Ortsangabe, die ganz so in Mt 15, 29 (14, 23) wiederkehrt (vgl. weiter Mk 3, 13; Lk 6, 12), zu bewerten sein.

Die Seligpreisungen der Bergpredigt und das Alte Testament

Die Bergpredigt ist deutlicher durchkomponiert als die weiteren, vom Evangelisten mit Bedacht zusammengestellten grossen Reden.[1] Schon die Vorlage, die auch in der „Feldrede" von Lk 6, 20-49 benutzt ist, zeigt den kräftig markierten Abschluss im Doppelgleichnis vom Hausbau, das den blossen Hörer vom Täter des Gehörten unterscheidet.[2] Vor allem aber sind beide Varianten der Rede durch eine Reihe von Seligpreisungen eingeleitet, die den Akzent der Rede schon gleich im Eingang vernehmbar machen wollen. Es bestätigt sich auch vom Inhalt her, dass die Seligpreisungen mit Nachdruck auf den Verkündigungsinhalt, den die programmatische Aussage Mt 4, 23 nannte, ausgerichtet sind: die Frohbotschaft vom Reich.

Dass es sich dabei um eine Ankündigung von Geschehen, das „nahe herbeigekommen ist", handelt, lässt schon der Vorläufer, Johannes der Täufer, in seinen Worten Mt 3, 2 erkennen. Darin ist die Aussage, die im Alten Testament vom „Tage Jahwes", der „nahegekommen ist", redet,[3] aufgenommen und voll auf das Gottesreich, von dem bei Mt als dem „Reich der Himmel" geredet wird, bezogen. Im Horizont dieser Ankündigung des nahegekommenen Himmelreiches stehen nun auch die Seligpreisungen, um die es hier allein gehen soll. Die Rahmung der acht Seligpreisungen in Mt 5, 3-10, die an erster und achter Stelle Menschen nennen, von denen ausdrücklich gesagt wird: „Das Himmelreich ist ihrer", macht deutlich, wie sehr es offenbar in all den acht Sätzen um den Weg zur Gewinnung des Himmelreiches geht. So hat denn Windisch die Seligpreisungen geradezu als „Einlassbedingungen" zum Reich bezeichnet.[4]

II

Das μακάριος der Seligpreisungen entspricht, wie aus der Übersetzungsweise der LXX zweifelsfrei zu entnehmen ist, dem אשרי der hebräischen Vorlage. 46 Beispiele dieser Redeform sind im hebräischen Kanon belegt.[5]

---

[1] Mt 10 Aussendungsrede, 13 Gleichnisrede, 18 Jüngerrede, 23 Pharisäerrede.
[2] Mt 7, 24-27; Lk 6, 47-49.
[3] Ez 7, 7; vgl. auch 9, 1; 12, 23, dazu Zimmerli, *Ezechiel* (BK, XIII; Neukirchen-Vluyn, 1955 ff.) S. 195 f., Anm. a zu 9, 1.
[4] H. Windisch, *Der Sinn der Bergpredigt*, 2. Aufl. (Leipzig, 1937), S. 63 Anm. 1.
[5] E. Lipiński, „Macarismes et psaumes de congratulation", *RB* 75 (1968),

Der Makarismus spricht eine hohe Rühmung dessen, den er nennt, aus. Man könnte vom Inhalt solcher Rühmung, wie auch von der formgeschichtlichen Eigenart der „Reihung" der Seligpreisungen in Mt 5 (und Lk 6) her die Frage aufwerfen, warum Jesus nicht die so hoch Gerühmten als „Gesegnete" anspricht. Zeigt doch Dtn 28, 3–5 in einer gewichtigen Formulierung eine Reihung von nicht weniger als sechs ברוך-Sätzen. Nimmt man dazu noch die Gegenmöglichkeit der ארור-(„verflucht"-) Sätze,¹ so ist nicht nur in Dtn 28, 16–19 die entsprechende Reihe von sechs Sätzen zu finden, sondern in Dtn 27, 15–26 sogar eine Zwölferreihe derselben. Demgegenüber ist innerhalb des Alten Testamentes bestenfalls die Doppelung des Makarismus zu belegen.² Erst bei Sirach künden 25, 7 ff. in Form eines Zahlenspruches die Aufzählung von zehn Seligpreisungen an. In der Durchführung zerbricht allerdings die strenge Form des אשרי-Satzes. Sie ist bestenfalls noch in vier Fällen zu entdecken.³

Man hat denn auch die אשרי-Sätze schon als abgedämpfte Segensformulierungen verstehen wollen.⁴ Janzen weist demgegenüber einleuchtend nach, dass die beiden Aussagen von Hause aus nichts miteinander zu tun haben.⁵ ברוך hat seinem Ursprung nach mit dem Zuspruch des machterfüllten Wortes, das Mehrung und Kräftigung des Angesprochenen wirkt, zu tun. Es kann sich in seinem alttestamentlichen Gebrauch nach zwei Richtungen hin wenden. In der Wendung auf Gott verliert es in Israel alle Akzente eigener Machtausübung des Menschen und wird zur Formel anbetenden Lobpreises Jahwes. Auch in der Ausrichtung auf den Menschen tritt beim „Segnen" im Lauf der Zeit der Charakter der selbständigen Machtausübung des Segnenden

321–367 zählt wie A. George, „La «forme» des béatitudes jusqu'à Jésus", *Mélanges bibliques A. Robert* (Paris, 1957), S. 398–403, 45 Vorkommen. In Jes 3, 10 ist aber mit grosser Wahrscheinlichkeit ein weiterer Beleg zu finden. Zu den 10 Belegen bei Jesus Sirach und weiteren zwischentestamentlichen Belegen vgl. George, art. cit.

[1] W. Schottroff, *Der altisraelitische Fluchspruch* (WMANT 30; Neukirchen-Vluyn, 1969), hier S. 163–198 auch Ausführungen über die Segensformel.
[2] Pss. 32, 1 f.; 84, 5 f.; 119, 1 f.; 1 Kön 10, 8; dazu Sir 14, 1 f.
[3] So R. Smend, *Die Weisheit des Jesus Sirach. Hebräisch und Deutsch* (Berlin, 1906). Anders F. Vattioni, *Ecclesiastico* (Napoli, 1968).
[4] S. Mowinckel, *Psalmstudien*, V. „Segen und Fluch in Israels Kult und Psalmendichtung" (Kristiania, 1924), S. 2, der vor allem von der Wahrnehmung ausgeht, dass in Jer 17, 5–8 das Bildmaterial von Ps 1, der als Seligpreisung gestaltet ist, in einem prophetischen Fluch/Segenswort begegnet.
[5] W. Janzen, „ašre in the Old Testament", *HThR* 58 (1965), 215–226.

Die Seligpreisungen der Bergpredigt und das Alte Testament 11

zurück. Schon die beiden Stellen, an denen solches in älterer Zeit noch mitzuschwingen scheint, die Erzählung von der Segnung Jakobs in Gen 27 und die Bileamgeschichte Num 22–24 lassen erkennen, wie Jahwe allein letzten Endes über die Zuteilung des Segens entscheidet. So wird denn auch da, wo Segensspendung in jüngerer Zeit erwähnt ist, die Wendung zur Segensbitte an Jahwe immer deutlicher erkennbar.[1] Der aaronitische Segen von Num 6, 24–26 ist als Segenswunsch, dessen Gewährung in den Händen Jahwes liegt, dargestellt. Aber die immer entschlossenere Reservierung des gottesdienstlichen Rechtes, Segen zu sprechen, auf den Priester[2] hin, zeigt doch, dass das Element der besonderen Vollmacht aus dem Segenspenden nicht verschwunden ist.[3]

Der Makarismus ist demgegenüber von anderer Art. Im Unterschied zu dem μακάριος der Griechen[4] wird das alttestamentliche אשרי nie auf Jahwe angewendet, sondern nur im innermenschlichen Bereich gebraucht. Eissfeldt[5] möchte nach anderen die Heimat des Makarismus im weisheitlichen Spruch sehen. Janzen schlägt vor, אשרי sinngemäss mit „beneidenswert" wiederzugeben. Lipinski[6] glaubt angesichts der Wahrnehmung, dass אשרי statistisch ungleich häufiger im Psalmbereich auftaucht,[7] in den älteren Proverbien-Belegen eine formgeschichtlich sekundäre Gestalt aufweist und auch inhaltlich in die Nähe von Psalmgehalten (Vertrauen auf Jahwe) führt, auf einen ursprünglichen Sitz im gottesdienstlichen Bereich schliessen zu können. Er findet in den אשרי-Sätzen den Glückwunschruf, mit welchem der Priester den Pilger, etwa den nach seiner Genesung zum Dankerweis ins

---

[1] J. Hempel, „Die israelitischen Anschauungen von Segen und Fluch im Lichte altorientalischer Parallelen", *ZDMG* 79 (1925), 20–110.

[2] Dtn 10, 8 die Leviten, Num 6, 27 Aaron und seine Söhne.

[3] So ist es etwa am Vorkommen der ברוך-Formel in den Psalmen zu illustrieren, wie die weitaus häufigste Verwendung hier im Lobpreis Jahwes liegt (15 von 17 Vorkommen). Wo das ברוך (2 mal) auf den Menschen gewendet ist, da steht es in einem liturgischen Zusammenhang, in dem man den Priester als den Sprechenden vermuten möchte (Ps 115, 15; 118, 26). Ein analoges Bild zeigt die Segnung Melchisedeks von Gen 14, 19 f. im Nebeneinander des Lobpreises des Höchsten und der Segnung Abrahams im Namen dieses Gottes.

[4] Dass Gott 1 Tim 1, 11; 6, 15 als μακάριος bezeichnet wird, beruht auf griechischem Einfluss.

[5] O. Eissfeldt, *Einleitung in das Alte Testament*, 3. Aufl. (Tübingen, 1964), S. 156 f.; C. Keller, „Les «béatitudes» de l'Ancien Testament", *Maqqel shâqedh. Hommage à Wilhelm Vischer* (Montpellier, 1960), S. 85–100.

[6] art. cit., S. 323.

[7] 26 von den insgesamt 46 (nach Lipinski 45) Vorkommen im Alten Testament.

Heiligtum Kommenden, begrüsst.¹ Wie immer diese Frage des ursprünglichen Sitzes im Leben entschieden werden mag, auf jeden Fall ist festzuhalten, dass der „synthetischen", aus einer Vollmacht heraus ergehenden Segnung im Makarismus eine analytisch zu verstehende, schon Vorhandenes feststellende Aussage gegenübersteht.

Zur Beantwortung der Frage nun, warum Jesus bei der Schilderung derer, die Anteil am Gottesreiche bekommen sollen, nicht den Segens-, sondern den אשרי-Ruf formuliert, wird man auf der einen Seite sicher darauf zu verweisen haben, dass das dem ברוך entsprechende εὐλογητός seinen Sitz in jener Zeit besonders stark in der Rühmung Gottes hatte.² Auf der anderen Seite aber zeigt sich darin, dass Jesus nicht als der Spender des Segens als eines Gutes, das er verschenkt, dastehen will, sondern in der Offenheit dessen, der ein Heil erschaut, wie sehr dieses dann immer auch mit seiner Person verbunden sein mag, und das Erschaute wie der Weise, dessen Augen zu Leben hin offen sind, als ein hohes Gut rühmen kann.

Aber nun gilt es zunächst, näher auf das zu achten, was die alttestamentlichen Makarismen erschauen, und dann den Kontext zu bedenken, in dem Jesus und der sein Wort bezeugende Evangelist die Menschen, die seligzupreisen sind, begreifen.

III

Im Alten Testament ist einmal zu erkennen, wie rühmenswerte Tatbestände im politischen Bereich erkannt werden. Ganz allgemein rühmt Pred 10, 17 das Land, dessen König und Fürsten Edle sind,³ während die Königin von Saba nach 1Kön 10, 8 (2Chr 9, 7) in doppeltem Makarismus Salomos Männer⁴ und Diener preist, die Augenzeugen der Weisheit Salomos sein dürfen.⁵ Eine Reihe rühmenswerter innermenschlicher Tatbe-

---

¹ Das Ergebnis Lipinskis wird allerdings nicht ohne kühne kritische Operationen im Blick auf die Vorgeschichte der einzelnen Psalmen erreicht, so dass gewisse Fragen an ihn bestehen bleiben. Vgl. aber auch H. Cazelles, Art. אשרי *ThWAT*, i. 481–485.
² Mk 14, 61 bezeichnet Gott kurzerhand als εὐλογητός; vgl. weiter Lk 1, 68; Röm 1, 25; 9, 5; 2Kor 1, 3; 11, 31; Eph 1, 3; 1Petr 1, 3.
³ Das Wort ist gepaart mit einem Weheruf 10, 16.
⁴ LXX S L lesen „Frauen", doch dürfte MT vorzuziehen sein, vgl. M. Noth, *Könige*, (BK, IX; Neukirchen-Vluyn, 1968) zSt.
⁵ In 10, 9 findet sich unmittelbar daneben die ברוך-Aussage in der Wendung zu Jahwe.

Die Seligpreisungen der Bergpredigt und das Alte Testament 13

stände zählt auch der Zahlenspruch von Sir 25, 7 ff. auf (Freude an Kindern, Erleben des Sturzes der Feinde, im Besitz einer verständigen Frau zu sein usw.), um dann als Höchstes den Gottesfürchtigen zu preisen.[1] Die leidenschaftliche Seligpreisung dessen, der an Babylon Rache übt,[2] zeigt, wie nahe solches Preisen an die Aufforderung zu einem bestimmten aktiven Tun heranreicht.

Mehr Raum nehmen in den Psalmen die Seligpreisungen der mit Gut von Jahwe her Beschenkten ein. Das vom Schutz Jahwes beschirmte Israel,[3] der Mensch, dem Sündenvergebung zuteil geworden ist[4] und der sich daraufhin dem Heiligtum nahen darf.[5] Gepriesen wird der Erbarmende,[6] der auf Gott Vertrauende[7] und auch die Nachkommenschaft des Rechtschaffenen.[8]

Es kann in diesem Zusammenhang näher entfaltet werden, was die Seligkeit der selig Gepriesenen ausmacht. Darin taucht das Element der Begründung, das die Seligpreisung innerlich motiviert, auf. So preist Jes 3, 10 (c. t.) den Gerechten, dem es gut gehen wird und der die Frucht seiner Taten erntet. Der unmittelbar darauf folgende Weheruf über den Gottlosen führt aus, wie diesem das Tun seiner Hände in der Strafe wiederum angetan wird. Die Tat wendet sich gegen den Übeltäter. In Ps 1 wird der Gottes Gebot Gehorsame mit dem schon aus der ägyptischen Weisheit des Amenemope[9] bekannten Bilde von dem am Wasser gepflanzten Fruchtbaum beschrieben. Mag auch einmal im Lobpreis des Mannes, der Söhne hat und darum im Gericht im Tor unbesorgt seinen Widersachern entgegentreten kann,[10] ein in keiner Weise religiös akzentuierter Tatbestand erwähnt sein, so ist doch ungleich häufiger der Hinweis auf die guten Früchte der Frömmigkeit. Ps 112 schildert den Jahwefürchtigen durch den Hinweis auf den Segen, den er erhält und der sich in Reichtum, der ihm zuteil wird, äussert. Ps 128, 3 f. reden vom Segen des zu

---

[1] Vgl. weiter Sir 28, 19; 31, 8; Weish 3, 13.
[2] Ps 137, 8 f.
[3] Dtn 33, 29; Ps 33, 12; 89, 16; 144, 15.
[4] Ps 32, 1 f.
[5] Ps 65, 5; 84, 5 f.
[6] Spr 14, 21.
[7] Spr 16, 20; Ps 2, 12; 34, 9; 40, 5; 146, 5.
[8] Spr 20, 7.
[9] *AOT*, 2. Aufl. 39. Vgl. dazu Anm. 10.
[10] Nach Lipinski, aaO, S. 350–353 handelt es sich in Ps 127 um die Beglückwünschung eines jungen Vaters aus Anlass der Geburt eines Sohnes. Das דבר von 127, 5 versteht er mit Dahood als „niederbeugen" (plier, faire plier [le dos]).

Eingang in einem doppelten אַשְׁרֵי-Wort glücklich gepriesenen Gottesfürchtigen und entfalten dieses in der Schilderung seiner Familie. Spr 28, 14 beleuchtet das Glück dessen, der Scheu kennt,[1] in antithetischem Parallelismus durch das Unglück, das den trifft, der sein Herz verhärtet. In Spr 3, 13 ff. folgt der Preisung dessen, der Weisheit erwirbt, der Hinweis auf langes Leben, Reichtum und Ehre als Frucht solchen Gewinnes, vgl. auch 8, 32–34.

In alledem wird schon sichtbar, dass der Blick nicht nur auf ein Heute geht, sondern ganz so auf Zukunft und Kommendes. Im Vorschein einer Zukunft hereinbrechenden Heils steht in Jes 56, 2 die Seligpreisung des Mannes, der Recht und Gerechtigkeit übt und den Sabbat hält. Die im Vorhergehenden schon erwähnte Terminologie vom nahegekommenen Tage Jahwes wird hier auf das bevorstehende Heil bezogen: „Nahe ist mein Heil, dass es komme, und meine Gerechtigkeit (= Heil), dass sie offenbar werde".[2] Das nachjesajanische Wort Jes 30, 18 ff. weist auf eine kommende Heilszeit, in welcher das Volk in Zion nicht mehr weinen muss und in der das karge Brot und das Wasser der Trübsal, das die vorhergehenden Tage kennzeichnete, in der reichen Fruchtbarkeit des Landes weggetan sein wird. Jahwe harrt darauf, Erbarmen üben zu können. Glücklich wird im Eingangswort 30, 18 gepriesen, wer auf Jahwe harrt. Die Rühmung 32, 20 schaut auf eine Zeit des Friedens aus. Besonders voll zeigt sich das gespannte Harren auf die nahende Erlösung im Abschluss des Danielbuches, wo in 12, 12 gepriesen wird, wer bis zu dem errechneten Stichtag der Wende zum Heil auszuharren vermag.

Diese letztgenannten Stellen[3] führen in den neuen Zusammenhang der prophetischen und apokalyptischen Ausschau auf die gottgewirkte Wende der Zeit. Sie gehören sämtlich der Zeit nach dem Ende der grossen klassischen Prophetie an. Sie preisen den, der nach jener Wende lebt (Jes 32, 20) und der sich harrend nach ihr ausstreckt und in seinem Ausharren die Schwelle derselben zu erreichen vermag (Jes 30, 18; Dan 12, 12). Nur Jes 56, 2 preist den, der im Heute Gottes Gebot hält (das erinnert an die Psalm-

---

[1] Absolut gebrauchtes פַּחַד.
[2] Auch wer mit Lipinski, aaO, S. 356 f. Anm. 153, Jes 56, 1b als sekundär beurteilt (C. Westermann, *Das Buch Jesaja* (ATD, 19; Göttingen), 247, den Lipinski als Zeugen dafür anführt, urteilt zurückhaltender und redet nicht von „sekundär"), muss doch der Verbindung im gegenwärtigen Text Rechnung tragen. [3] Vgl. auch LXX zu Jes 31, 9.

aussagen), aber dieses nun am Vorabend der grossen Wende zum Heil hin tut.[1]

Damit aber sind wir hart an die Seligpreisungen der Bergpredigt herangeführt.[2]

IV

Vier von den acht Makarismen von Mt 5, 3–10 haben ihre Entsprechung in der lukanischen Feldrede. Dafür fehlen in der Bergpredigt die vier Weherufe von Lk 6, 24–26. Janzen hat durch den Hinweis darauf, dass die Weherufe im Alten Testament einen bevorzugten Sitz in der prophetischen Rede haben, in welcher die Makarismen in älterer Zeit ganz fehlen, wahrscheinlich gemacht, dass die beiden Formulierungen nicht von Hause aus in Entsprechung zueinander stehen.[3] Für den vorliegenden Zusammenhang ist die Tatsache bedeutsamer, dass die Weherufe, deren ursprünglicher Sitz im Leben die Totenklage gewesen sein könnte,[4] in der Bergpredigt nicht zu hören sind. Geht man fehl mit der Annahme, dass dem Redaktor der Bergpredigt daran gelegen war, den positiven Ton der neu eröffneten Lebensmöglichkeit, die im Evangelium entfaltet wird, möglichst rein zu Gehör zu bringen? Dass dann an anderer Stelle auch die Weherufe bei Matthäus ihre Bedeutung bekommen, zeigt etwa die grosse Pharisäerrede in c. 23. In der Exposition der Verkündigung vom Reiche aber soll zunächst einmal eindeutig das μακάριος lautwerden.

Formal haben die Makarismen bei Matthäus und Lukas ihre Eigenart darin, dass sie auf den Glückseligkeitsruf einen knappen, mit ὅτι eingeführten Begründungssatz folgen lassen. Das inhaltlich auch in manchen alttestamentlichen אשרי-Worten zu findende Element der inneren Begründung hat sich hier seine straffe Form geschaffen, die nur im letzten Makarismus der Lukas-Version

---

[1] Die Stellen in der nachalttestamentlichen Apokalyptik werden von Lipinski, aaO, S. 363–367 vorgeführt.
[2] Zu diesen ist auch die ausführliche Behandlung bei K. Koch, *Was ist Formgeschichte?* (Neukirchen-Vluyn, 1964), *passim*, zu vergleichen.
[3] aaO, S. 220 f.
[4] J. Hempel, *Die althebräische Literatur* (HLW; Potsdam, 1930), S. 66. E. Gerstenberger, „The Woe-Oracles of the Prophets", *JBL* 81 (1962), S. 249–263, und in seinem Gefolge H. W. Wolff, *Amos* (BK XIV/2; Neukirchen-Vluyn, 1969), S. 284–287 denken an die Entstehung in der Sippenweisheit.

zerbricht. In Mt 5, 10 ist auch dieser letzte, Lk 6, 22 f. entsprechende Makarismus in seiner Form zunächst ganz den vorhergehenden Sätzen angeglichen und der Überschuss gegenüber Lk 6, 22 f. als ein eigenes, gleich den Makarismen des Lukas in Anredeform gehaltenes Wort der Seligpreisung in freierer Form gestaltet. Diese letzte Seligpreisung fällt aber auch inhaltlich als etwas eigenes heraus. Nur hier wird eine frühchristliche Gemeindeerfahrung, die Situation der Verfolgung, angesprochen. Es ist darum mehr als Zufall, dass gerade in diesem Wort alttestamentliche Entsprechungen fehlen. Wohl kennt das Alte Testament, das in der Erwähnung der Prophetenverfolgung von beiden Evangelisten ausdrücklich zitiert wird,[1] auch das Phänomen der Verfolgung des Frommen. Es wird im Bittgebet um Rettung vor den Verfolgern, Hassern und Feinden[2] gebetet. Eine Seligpreisung des Verfolgten aber sucht man im Alten Testament vergeblich.[3]

Die Verfolgten sind in Mt 5, 10, falls die Verfolgung „um der Gerechtigkeit", d. h. wohl um des Lebens unter der Frohbotschaft willen geschieht, unter das $\mu\alpha\kappa\acute{\alpha}\rho\iota o\varsigma$ gestellt. Die so Verfolgten haben die Verheissung des Himmelreiches. Mit der Formulierung dieser Zusage bindet der Gestalter der Bergpredigt den abschliessenden Makarismus der formal geschlossenen Reihe 5, 3–10 an den Eingangssatz (auch der Feldrede Lk 6, 20) und erreicht so die Rahmung der acht Sätze.

Die drei dann verbleibenden streng geformten Makarismen von Lk 6, 20 f. haben ihre Entsprechungen in Mt 5, 3 f. 6. Es geht darin um die Armen, die Trauernden und die Hungernden.[4] Über die Erweiterungselemente bei Matthäus, der von den „Armen im Geist" und den „Hungernden und Dürstenden nach der Gerechtigkeit" redet und ein anderes Wort für die „Weinenden" von Lk 6, 21b verwendet, soll hier nicht geredet werden. Strecker stellt in den Zusätzen einen gewissen Vorgang der Ethisierung fest. Auch die Differenz der Rede in 3. (Mt) und 2. Person (Lk) sei hier ausser acht gelassen. Dagegen muss die radikale Umkehr des Geschickes der glückselig Gepriesenen, die in der Begründung von Mt 5, 4. 6 und Lk 6, 21 ausgesagt wird,

---

[1] Dazu O. H. Steck, *Israel und das gewaltsame Geschick der Propheten* (WMANT 23; Neukirchen-Vluyn, 1967).
[2] Ps 7, 2; 69, 5; 109, 31 LXX; Jer 17, 18.
[3] Es kann bestenfalls der von Jahwe Gezüchtigte glücklich gepriesen werden, Hi 5, 17.
[4] Letztere sind in Lk 6, 21 in umgekehrter Reihenfolge angeführt.

Die Seligpreisungen der Bergpredigt und das Alte Testament 17

näher bedacht werden. Sie ist in der Lukasfassung verschärft ausgesagt, indem in der Beschreibung der gegenwärtigen Situation zweimal ein νῦν zugesetzt wird: „Ihr jetzt Hungernden — sollt gesättigt werden. Ihr jetzt Klagenden — sollt lachen." Auch die letzte Formulierung wirkt schärfer als bei Matthäus, wenn dem aktiven „Klagen" das ebenso aktive „Lachen" gegenübergestellt wird. Matthäus redet im „passivum divinum" vom Getröstetwerden. Er verwendet darin die gleiche Form, die bei der Aussage über die Hungernden auch bei Lukas zu erkennen ist. Auch dieser redet passivisch vom Gesättigtwerden und vermeidet das stärker herausfordernde aktivische „Essen und Trinken", das als genaue Antithese zum „Hungern und Dürsten" zu erwarten wäre.

Der Grund für die Seligpreisung liegt hier in der vollen Wende des Geschickes. Man braucht für diesen Gedanken nicht die griechische Vorstellung von der περιπέτεια zu bemühen.[1] Vom Alten Testament her legt es sich zunächst nahe, an die Formulierung שׁוּב שְׁבוּת zu denken. Wenn LXX diese Wendung etwa in Ez 16, 53 mit ἀποστρέφειν ἀποστροφάς wiedergibt, so scheint sie auch in dem Subst. שְׁבוּת eine Ableitung von שׁוּב zu sehen, sodass man auf die figura etymologica „eine Wendung wenden" geführt würde.[2] Der Ausdruck begegnet immer da, wo es um die entscheidende Wendung des Geschickes geht. In anderer Weise ist diese Wende durch auffallende, mit תַּחַת konstruierte Ersatzaussagen zum Ausdruck gebracht. Diese haben ihren Ort zunächst wieder in den Gerichtsaussagen, welche die Wende zum Unheil am Gerichtstage Jahwes aussagen. So kündet Jesaja den Töchtern Jerusalems und ihrem eitlen, modischen Gehaben an: „Statt Wohlgeruch wird Modergeruch sein, statt des Gürtels ein Strick, statt Lockenwerk eine Glatze, statt des Prunkgewandes Umgürtung mit dem Sack, Brandmal statt Schönheit."[3] Dann aber wird diese gleiche Aussageweise beim Umbruch zum Heil aufgegriffen. Bei Tritojesaja, in dessen Zusammenhang so viele Anklänge der von den Evangelien überlieferten Jesusworte führen, ist die Verheissung

---

[1] C. H. Dodd, „The Beatitudes", *Mélanges bibliques A. Robert* (Paris, 1957), S. 404–410.
[2] Sollte das שְׁבוּת von שָׁבָה hergeleitet werden, so würde darin die Rückbringung der Deportierten ausgesagt sein. Auf jeden Fall begegnet der Ausdruck im Alten Testament immer da, wo von einer abrupten, gottgewirkten Umkehr der Geschicke geredet wird. Vgl. weiter W. Zimmerli, BK, XIII, S. 368 zu Ez 16, 53.
[3] Jes 3, 24.

über Jerusalem zu hören: „Statt Erz bringe ich Gold, statt Eisen bringe ich Silber, statt Holz Erz, statt Steinen Eisen."[1] Darin klingen Worte Deuterojesajas an, in denen dieser die aus der Kargheit zur Pracht verwandelte Wüste schildert: „Statt der Dornen werden Zypressen wachsen und Myrthen statt der Disteln."[2] Auch mit dem Topos vom Erhöhen und Erniedrigen, der seinerseits seine altorientalische Vorgeschichte hat,[3] kann der Wandel der Geschicke zum Ausdruck gebracht werden. Im Rahmen des Stoffes der Pflanzenfabel formuliert Ez 17, 24 die Absicht des heilvollen Tuns Jahwes: „Alle Bäume des Feldes werden erkennen, dass ich, Jahwe, den hohen Baum erniedrigt habe, aber den niedrigen Baum erhöht, — dass ich den saftigen Baum dürr gemacht, den dürren aber habe sprossen lassen. Ich, Jahwe, habe geredet und ich tue es."

Ganz so nun deuten die drei Seligpreisungen auf drei Tatbestände der Niedrigkeit, denen der Wandel widerfahren wird. Alle drei Tatbestände stehen schon der alttestamentlichen Verkündigung vor Augen.

Von Jesaja[4] über Zephanja[5] führt zunächst die Wahrnehmung in die Psalmen hinein, dass gerade die an Jahwe und seiner Verheissung Hängenden sich als die „Armen" bezeichnen.[6] Der Psalm der Hanna redet davon im Zusammenhang mit dem Erhöhen und Erniedrigen: „Jahwe macht arm (c. t.) und macht reich, er erniedrigt und erhöht sie. Er erhebt den Geringen aus dem Staub, den Armen erhebt er aus dem Kot, um ihn sitzen zu lassen bei den Edlen, einen ehrenvollen Thron lässt er ihn bekommen."[7] Was hier ganz allgemein vom Handeln Jahwes gesagt ist, tritt wieder bei Tritojesaja in den Kontext einer Geschichtsankündigung. Der mit dem Geist Jahwes gesalbte unbekannte Verkündiger sagt in Jes 61, 1 ff. in dem Wort, das nach Lk 4, 18 ff. Ausgangswort der ersten Predigt Jesu in Nazareth ist, von sich, dass Jahwe ihn gesandt habe, den Armen frohe Botschaft zu bringen und, die zerbrochenen Herzens sind, zu verbinden.

Dazu tritt die Niedrigkeit des Leidtragenden (Lk: Weinenden).

---

[1] Jes 60, 17.
[2] Jes 55, 13. Übersetzung der ZB.
[3] Zimmerli, aaO, S. 389 zu Ez 17, 24.
[4] Jes 14, 32. [5] Zeph 3, 12.
[6] Die Aussage des Beters אני עני ואביון findet sich des öfteren im Psalter, vgl. 40, 18; 70, 6; 86, 1; vgl. weiter 69, 30; 88, 16; 109, 22; auch 74, 21; 109, 16.
[7] 1 Sam 2, 7 f.

Die Seligpreisungen der Bergpredigt und das Alte Testament 19

Wenn hier der Trauernde glückselig genannt wird, so ist es etwas anderes als die Feststellung von Pred 7, 3. 5, dass Trauer besser ist als Lachen, weil sie näher an die Existenzwahrheit des Menschen heranführt. Es ist wieder die Aussage im Blick auf die bevorstehende grosse Wende. Auch sie hat ihre Entsprechung in Jes 61, 1 ff., wonach der dort Sprechende alle Trauernden trösten soll, und dann unter Verwendung der תחת-Aussage gesagt wird, dass er „Freudenöl statt der Trauerhülle (c. t.), Lobpreis statt des zerschlagenen Geistes" bringe. In anderer Formulierung wurde unmittelbar vorher dem erniedrigten Jerusalem gesagt, dass „zu Ende gehen sollen deine Tage der Trauer" (60, 20). Und so kann denn auch Jes 66, 10 zur Freude über das nahe Heil Jerusalems aufrufen: „Freuet euch hoch mit mir alle, die ihr um sie getrauert habt."

Dazu die Niedrigkeit des Hungernden, die auch im Hintergrund der אשרי-Formulierung von Jes 30, 18 in v. 20 berührt wurde. In einem Danklied redet Ps 107, 9 davon, wie von Jahwe gesättigt wurden, die nach v. 5 hungernd und dürstend durch die Wüste zogen.[1] In der prophetischen Rede von der nahe bevorstehenden Wende aber sagt Deuterojesaja von den durch Jahwe als den guten Hirten Geleiteten: „Nicht werden sie hungern und dürsten, noch werden Glutwind und Sonne sie treffen."

Ganz gegenständlich stellt Lk 6, 20 f. die drei Nottatbestände hin: arm, hungernd, klagend. Mt 5, 3 vertieft sie an zwei Stellen ins Innerliche des Menschen. Das „arm im Geiste" ist nun in Qumran als zeitgenössische Formulierung belegt.[2] Es ist aber mühelos schon aus der Kombination der beiden tritojesajanischen Formulierungen von den „Armen" (61, 1) und den „Zerschlagenen und denen, die niedrigen Geistes (= demütig) sind" (57, 15), oder den „Armen und die zerschlagenen Geistes sind" (66, 2) zu begreifen. Das „Hungern und Dürsten nach der Gerechtigkeit" aber hat im psalmistischen „Dürsten" der Seele nach Gott (42, 3; 63, 2) ein gewisses Vorbild. In beiden Fällen handelt es sich nicht eigentlich um eine vom Menschen zu gewinnende Aktivität sondern um ein Überwältigtsein von Armut, Hunger und Durst, sodass die Feststellung der „Ethisierung" der Aussage gegenüber Lk 6, 21 f. (Strecker) hier nur bedingt gültig ist.

Über all diese Formen menschlicher Niedrigkeit und Bedrängnis nun ist in allen drei Fällen die Seligpreisung ausgesprochen,

---
[1] Vgl. auch Ps 146, 7.
[2] 1QM XIV. 7.

die thematisch an der ersten Stelle mit dem Gewinnen des Himmel-(Gottes-)reiches begründet ist, dann aber in den zwei folgenden Fällen in der Verkehrung des Trauerns in Getröstetsein, bzw. des Weinens in Lachen, und der Wandlung des Hungerns (und Dürstens) in Gesättigtsein konkreter beschrieben wird. Über Tritojesaja hinaus ist hier der Bedrängte und Entbehrende schon in der Gegenwart glückselig gepriesen, weil er sich im Frühlicht der anbrechenden Gottesherrschaft gerade als der Bedrängte und Entbehrende vor die nahegekommene Erfüllung gestellt wissen darf.

V

Von ganz anderer Art ist die fünfte Seligpreisung Mt 5, 7, die den Barmherzigen zusagt, dass sie Barmherzigkeit finden werden.

Es ist ein Satz, der zunächst durch die gleichförmige Korrespondenz von Verhalten und Empfangen gekennzeichnet ist. Solche Entsprechung von Tat und Lohn ist dem Alten Testament durchaus geläufig. In der Aussage, dass eines Mannes Schuld über sein Haupt komme,[1] hat sie sich eine besondere Formulierung geschaffen. Koch hat im Gefolge von Fahlgren, der von einer „synthetischen" Lebensauffassung sprach,[2] ein Gesetz der „schickwirkenden Tatsphäre" herausgearbeitet.[3] Diese kann im Alten Testament aber nicht beziehungslos neben Jahwe stehen bleiben, sondern erfährt von ihm her jeweils ihre Inkraftsetzung oder Ausserkraftsetzung.[4] In der Formulierung von Ps 18, 26 f. etwa ist diese auf die Person Jahwes bezogene Formulierung auch in der Wortverwendung ganz klar zu erkennen, wenn es hier heisst: „Gegen den Frommen zeigst du dich fromm, gegen den Redlichen redlich, gegen den Reinen zeigst du dich rein, gegen den Verkehrten verkehrt" (ZB).

Diesem Gesetz gehorcht auch Mt 5, 7, wo das Barmherzigkeit-Tun und Barmherzigkeit-Empfangen ins Gewand der Seligpreisung gekleidet ist. Auch diese Seligpreisung aber wird, wenn

---

[1] H. Graf Reventlow, „Sein Blut komme über sein Haupt", *VT* 10 (1960), S. 311–327.
[2] K. H. Fahlgren, *ṣᵉdāḳā, nahestehende und entgegengesetzte Begriffe im Alten Testament* (Uppsala, 1932), S. 50–54.
[3] K. Koch, „Gibt es ein Vergeltungsdogma im Alten Testament?", *ZThK*, 52 (1955), 1–42.
[4] H. Gese, *Lehre und Wirklichkeit in der alten Weisheit* (Tübingen, 1958), S. 42–50.

Die Seligpreisungen der Bergpredigt und das Alte Testament

sie recht verstanden werden will, nicht aus ihrem Kontext gelöst werden dürfen. Sie will zweifellos in diesem mehr sagen, als was Spr 11, 17, wo LXX ein איש חסד („Mann der Huld, Gütiger") des MT mit ἐλεήμων wiedergibt und formuliert: „Ein Barmherziger tut sich selbst (seiner Seele) Gutes, der Unbarmherzige aber richtet sich selber (seinen eigenen Leib) zugrunde." Nicht nur auf eine zeitlos allgemeine Regel des Barmherzigkeit-Empfangens, wo Barmherzigkeit gegeben wird, will auch hier gewiesen werden, sondern auf das Geschehen im Gottesreich, wo eben diese Ordnung einem neutral funktionierenden Ablauf entnommen ist und Illustration des Wesens der Gottesreiches wird. Selig wird gepriesen, wer sich in seinem Tun der Barmherzigkeit auf die Wirklichkeit, die im Gottesreich Macht gewinnen will, einstellt. Der hier implizierte Akzent einer ethischen Forderung ist anders als bei den drei unmittelbar vorher betrachteten Seligpreisungen nicht zu verkennen. Ein Gleichnis wie dasjenige vom Schalksknecht illustriert, was Jesus unter dieser Barmherzigkeit verstanden hat (bes. Mt 18, 33).

VI

Noch fehlen die drei Seligpreisungen Mt. 5, 5. 8. 9. Die Vokabel εἰρηνοποιός von 5, 9 fehlt in LXX völlig. Das zugehörige Verb begegnet in Spr 10, 10, wo LXX ganz abweichend vom MT den zweiten Stichus deutet: „Wer offen zurechtweist (im Gegensatz zum ‚Verschlagenen' des ersten Stichus), der stiftet Frieden." Von solchem Raten zum Frieden versteht LXX auch Spr 12, 20: „Die zum Frieden raten, erfahren Freude." Die Abmahnung von Streitsucht und die Mahnung zur Friedsamkeit entspricht dem Weisheitsdenken weit über Israel hinaus. In der ägyptischen Lehre des Amenemope[1] ist der Gegensatz zwischen dem „Heissen" und dem „Schweigenden" die entscheidende Antithese. Wieder aber ist auch hier zu sagen, dass diese allgemeine Weisheitsmahnung zum Frieden, welche bestrebt ist, zur rechten Lebensbewältigung mitzuhelfen, da in einen neuen Kontext rückt, wo sie im Blick auf das nahe herangekommene Himmelreich gegeben wird. Die Antithesen Mt 5, 38-42 und 43-48, welche dem Vergeltungswillen die unbedingte Liebesbereitschaft entgegenstellen, können als nähere Entfaltung des in 5, 9 Gemeinten verstanden werden.

[1] *AOT*, 2. Aufl., 38-46.

Sie zeigen, wie weit die Mahnung eine blosse allgemeine Regel
verträglichen Zusammenlebens übergreift und radikal zur neuen
Wirklichkeit des Himmelreiches ruft. Diese wird hier mit der
Umschreibung durch die Gotteskindschaft verdeutlicht. Werden
im Alten Testament die Israeliten gelegentlich als Söhne Gottes
bezeichnet[1], so ist in der Bergpredigt diese Eingrenzung für die
Bürger des Reiches völlig gesprengt.

Besonders nahe bei einem alttestamentlichen Wort steht Mt 5,
5. In der alphabetisch aufgereihten Kette von weisheitlichen
Mahnungen des Ps 37 stellt v. 11 im Anschluss an die Ermahnung
des v. 8, vom Zorne zu lassen, fest: „Die Demütigen werden das
Land besitzen." Unmittelbar vorher hatte v. 9b die gleiche
Aussage von denen gemacht, die auf Jahwe harren. Das hebr.
ענו der Vorlage des hier von LXX verwendeten πραΰς wird an
anderen Stellen der LXX auch mit πτωχός „arm" wiedergegeben,
sodass diese Seligpreisung nicht ferne von der ersten in 5, 3 liegt.[2]
Hinter der Formulierung vom „Land besitzen" in Ps 37, 9. 11
(auch 22. 29. 34) steht letztlich die heilsgeschichtliche Erinnerung
Israels an die Landnahme als Landaushändigung durch Jahwe.
Die Anschauung der „Besitznahme" hat sich dann zur allge-
meineren Rede vom „Besitz behalten" im verheissenen Lande
abgeschwächt.[3] Landbesitz ist für Israel nie ein ein für allemal
Gegebenes, das in sich selber ruht. Er hängt daran, dass Israel
recht ist vor seinem Gott. So ist denn hier die Demut, die
alles von Jahwe erwartet, die Weise des „Rechtseins" vor Gott,
welches Israel das Leben im Lande sichert.

Im Kontext der Makarismen tritt auch dieses Wort in einen
neuen Gesamtzusammenhang. Sanftmut wird zum Spiegel des
Lebens, das im „Himmelreiche" vor Gott gilt. Wie in 5, 9 ist der
Forderungscharakter auch dieser Seligpreisung nicht zu über-
hören. Aber er ist verbunden mit der Zusage der Nähe des kommenden Reiches, das hier in der Gestalt einer neuen Landnahme
wirklich zu werden scheint. Aber nun eben, und das gibt dem
Wort seine überraschende innere Spannung, nicht in einer

---

[1] J. Kühlewein, Art. בן, ThWAT, i, 1971, bes. S. 323 f.

[2] Da sie zudem die auch bei Lukas bezeugte zweite und vierte Seligpreisung trennt, möchte Dodd, aaO, in ihr einen Einschub sehen und die
ursprüngliche Reihe der Seligpreisungen der Bergpredigt auf die Siebenzahl
reduzieren.

[3] Vgl. dazu etwa die Verheissung beim Dekaloggebot der Elternehrung:
„Damit du lange lebest im Lande, das dir Jahwe, dein Gott gegeben hat (oder:
gibt)" (Ex 20, 12).

Die Seligpreisungen der Bergpredigt und das Alte Testament

Landnahme, wie sie das Josuabuch schildert, in welcher Kampf und Bannvollzug zum Besitz des Landes führen, sondern einer Landnahme, bei welcher das Land den Demütigen, sich Beugenden, auf alle eigene Gewalt Verzichtenden zuteil wird. Auch hier ist dabei die Beschränkung der Ankündigung auf Israel völlig gesprengt.

Die eigenartigste, noch voll von einem Vorgang am Heiligtum herkommende Seligpreisung ist schliesslich in 5, 8 zu finden, wo die Menschen „reinen Herzens" glücklich gepriesen werden, da sie „Gott schauen" werden.

Es ist schon seit längerem gesehen worden, dass die Aussage eine enge Beziehung zu Ps 24, 4 hat. Im Rahmen der Nachbildung einer Tempel-Eintrittsliturgie wird in 24, 3 zunächst (von den Pilgern, die zum Heiligtum wallfahren) die Frage nach den Bedingungen für den Eintritt ins Heiligtum gestellt. Darauf werden, wohl durch den Priester, am Toreingang einige Sätze der Gottesforderung genannt, die erfüllt sein wollen, wenn der Pilger zugelassen werden soll. Wenn dann zunächst gesagt wird: „Wer reine Hände hat", so wird dahinter das rituelle Gebot vorbereitender Waschungen erkennbar.[1] In der Zufügung der Forderung des „reinen Herzens" ist die „Waschung" verinnerlicht und auf den ganzen Menschen bezogen.[2] Dazu treten in Ps 24, 4 noch weitere Forderungen. Wenn 24, 5 weiter formuliert: „Er wird Segen davontragen und Gerechtigkeit von dem Gotte seines Heils", dann ist darin beschrieben, was der Pilger im Heiligtum erwarten darf: Segnung[3] und Zuspruch von „Gerechtigkeit".[4] In der Torliturgie muss dann die Antwort der Pilger gefolgt sein, auf welche hin die Zulassung durch den Priester geschah. Wer die ebenfalls in diesen Zusammenhang gehörige Nachbildung einer analogen Eintrittsliturgie in Ez 18, 5–9 dazu vergleicht, wird dort nicht nur erkennen, wie dem Pilger das „Er ist gerecht"

---

[1] Vgl. das Kleiderwaschen Ex 19, 14. Hindeutungen auf rituelle Waschungen sind auch hinter Jes 1, 15b; Ps 51, 9; Ez 36, 25 erkennbar.
[2] Zu solcher Verinnerlichung von rituellen Geboten vgl. auch die Rede von der „Beschneidung der Herzen", Dtn 10, 16; Jer 4, 4 (9, 26), und H. J. Hermisson, *Sprache und Ritus im altisraelitischen Kult* (WMANT, 19; Neukirchen-Vluyn, 1965).
[3] Dazu s. o. das zum Segensspruch Gesagte.
[4] G. von Rad, „Gerechtigkeit" und "Leben" in der Kultsprache der Psalmen, *Festschrift A. Bertholet* (Tübingen, 1950), S. 418–437 (=*Gesammelte Studien zum Alten Testament* (ThB, 8; München, 1958), S. 225–247).

zugesprochen wurde, sondern auch, wie es für ihn in vollster Formulierung um den Erwerb von „Leben" ging.[1]

In diesem Zusammenhang steht die Seligpreisung dessen, der ein reines Herz hat. Man kann aber noch einen Schritt weiter gehen und die Formulierung noch tiefer im Zusammenhang des Tempelrituals wurzeln sehen. Die alten, schon im Bundesbuch zu findenden Anordnungen für die Wallfahrtsfeste lauteten: „Dreimal im Jahr sollen alle deine Männer das Angesicht des Herrn Jahwe, des Gottes Israels, sehen." So ist der ursprüngliche Text zu lesen.[2] Im vorliegenden MT ist der Wortlaut aus der scheuen Erwägung heraus, dass doch niemand das Angesicht Gottes schauen kann ohne zu sterben,[3] umvokalisiert worden, indem das Verb passivisch verstanden wurde: „Dreimal im Jahre sollen sich alle deine Männer vor meinem Angesicht sehen lassen." Die Formulierung „das Angesicht Gottes schauen" weist in eine vorjahwistische Frühzeit zurück, in welcher am Heiligtum das Bild der Gottheit geschaut wurde. Zum Heiligtum wallfahren hiess danach auch noch für Israel, wenn schon in diesem das mit Augen geschaute Gottesbild keinen Raum mehr hatte, „das Angesicht Gottes schauen".[4]

Mt 5, 8 nun scheint diese Redeweise noch voll vorauszusetzen. Man wird noch weiter gehen und feststellen dürfen, dass hinter Mt 5, 8 auch noch eine lebendige Übung des Tempelbesuches steht,[5] die sich in den Eintrittsbedingungen der vertieften Explikation von Ps 24, 4 verpflichtet weiss, aber zugleich noch etwas vom Privileg des Nahens zu Gott, das sich im „Gott schauen" aussprach, kannte. Zudem ist der Schluss erlaubt, dass die Textveränderung bei den alttestamentlichen Anweisungen zum Heiligtumsbesuch in den Tagen des Evangelisten noch nicht vorgenommen worden war, sondern dass man noch unbefangen nach der alten Lesung des Konsonantentextes von dem „das Angesicht Gottes schauen" sprach.

[1] W. Zimmerli, aaO, S. 399 f. zu Ez 18, 5–9.
[2] Ex 34, 23. Mit der weiteren Änderung von את in אל in Ex 23, 17, vgl. weiter Dtn 16, 16.
[3] Ex 33, 20. 23.
[4] F. Nötscher, *„Das Angesicht Gottes schauen" nach biblischer und babylonischer Auffassung* (2. Aufl., Bonn, 1969).
[5] Dass die Tempeleinlassordnungen in neutestamentlicher Zeit noch lebendig sind, ist auch in Mk 10, 17–31 (und Par.) noch zu erkennen. Vgl. W. Zimmerli, „Die Frage des Reichen nach dem ewigen Leben", *EvTh* 19 (1959), 90–97 (= *Gottes Offenbarung*, ThB, 19; 2. Aufl., München, 1969, S. 316–324).

Aber auch in Mt 5, 8 ist die Tempeleinlassordnung in den neuen Kontext des nahe herangekommenen Himmelreiches getreten. So wie die Ordnungen der Friedfertigkeit, der Barmherzigkeit, der Sanftmut zu Ordnungen wurden, die das Wesen des einbrechenden Reiches spiegelten, so hier nun auch die vom Tempelritual her gebildete Weisung des „reinen Herzens", die schon in Ps 24 die äusserliche Ritualordnung transzendierte. Vor allem aber wird hier das Wesen des nahe herbeigekommenen Reiches nochmals von einer neuen Seite her erhellt. „Gott schauen" wird eine, doch wohl nun die höchste Möglichkeit, die Seligkeit des Lebens im Himmelreich, dessen Nahesein Jesus verkündet, zu beschreiben. Die alte Erzählung von Mose, der Gottes Angesicht zu sehen wünschte, aber seine Bitte nur teilhaft erfüllt bekam (Ex 33, 18 ff.), sollte hier zu ganz neuer Erfüllung gelangen.

Die drei zunächst betrachteten Seligpreisungen sind durch die Interpretationen bedeutsam, die sie der rahmenden Verheissung, „des Himmelreichs teilhaftig zu werden" (5, 3. 10), geben. „Das Land besitzen" verhindert ein Verständnis, das der Erde absagt und nur auf ein seliges Jenseits deutet, wie es die christliche Gemeinde in ihrem Verständnis von „Seligkeit" immer wieder getan hat.[1] „Gottes Kinder werden" zeigt, dass es im Erlangen des Gottesreiches nicht um den Erwerb eines Sachgutes geht, wie es die Vorstellung vom Paradies der Seligen auch immer wieder fälschlich gemeint hat. „Gott schauen" aber formuliert das, was sehnender Glaube immer wieder als letzte Erfüllung erwartet und zeigt die Verheissung, die in der Kunde vom nahegekommenen Himmelreich liegt. Gott schauen — darüber hinaus führt kein weiterer Wunsch.

VII

Im Vorstehenden wollte sichtbar gemacht werden, wie voll schon die grosse Präambel der Bergpredigt in den Seligpreisungen alttestamentliche Formen und Gehalte zur Sprache bringt. Darüber hinaus zeigte sich, wie diese Gehalte im Zeichen eines grossen, neuen Heute, das zugleich Ausschauen auf ein nahe Herbeigekommenes ist, eine neue Füllung erhalten. Es zeigt sich, wie auch gerade im Blick auf die alttestamentlichen Aussagen gängige Gehalte erneuert, aus ruhenden Feststellungen zu Gehalten der

---

[1] W. Zimmerli, *Die Weltlichkeit des Alten Testamentes* (Göttingen, 1971).

grossen Erwartung werden, auf welche die von der Verkündigung des Evangeliums Getroffenen zuzugehen aufgefordert werden.

Dass diese Aufforderung in der Form der Seligpreisung geschieht, verrät zugleich, dass hier nicht Mauern errichtet, sondern Türen geöffnet und Worte lockender Einladung ausgesprochen sein wollen.

Diese Zeilen möchten David Daube, der sich so eingehend mit dem Wort der beiden Testamente beschäftigt hat, in alter Verbundenheit herzlich grüssen.

Eine Bemerkung zum griechischen Danieltext

E. STAUFFER

I

VOR fast hundert Jahren hat Nehemia Brüll die prozessrechtlichen Prämissen und Postulate der Susannageschichte untersucht.[1] Otto Zöckler hat die kleine Erzählung als „Kriminalnovelle" bezeichnet.[2] D. M. Kay und W. O. E. Oesterley haben die rechtsgeschichtlichen Recherchen weitergeführt.[3] Dagegen hat Hermann Gunkel das Thema Susanna im Rahmen seiner Märchenforschungen behandelt. Er zitiert eine indische Parallele und hält eine „Wurzelverwandtschaft der Überlieferungen" für möglich.[4] Walter Baumgartner lehnt die rechtsgeschichtliche Fragestellung nachdrücklich ab und sucht auf motivgeschichtlichem Wege weiterzukommen.[5] Aber das reiche Vergleichsmaterial, das er beibringt, liegt zeitlich und räumlich, problem- und gattungsgeschichtlich[6] einigermassen abseits vom Standort der Susannageschichte. Umso dankbarer darf man es begrüssen, dass David Daube die Konzeption Nehemia Brülls erneuert und vertieft hat: „The story of Susannah, as has been recognized for

[1] N. Brüll, „Das apokryphische Susannabuch", *Jb. f. jüd. Gesch. u. Lit.* 3 (1877), 1–69.
[2] O. Zöckler, *Die Apokryphen des Alten Testaments* (Nördlingen, 1891), S. 214.
[3] D. M. Kay in Charles, *AP.* i. 638 ff., 644; W. O. E. Oesterley, *The Books of the Apocrypha* (London, 1914), S. 393 f.
[4] H. Gunkel, *Das Märchen im Alten Testament* (Tübingen, 1917), S. 126 f.
[5] W. Baumgartner, „Susanna, die Gesch. einer Legende", *ARW* 24 (1927), 259 ff.; „Der weise Knabe und die des Ehebruchs beschuldigte Frau", *ARW* 26 (1929), 187 f. (Neudruck mit einigen Nachträgen in W. Baumgartner, *Zum Alten Testament und seiner Umwelt*, Leiden, 1959, S. 42–67). Die Kritik an Brüll und seinen Nachfolgern gipfelt (S. 47) in dem Satz: „Alle solchen Versuche rechtsgeschichtlicher Deutung nehmen die Erzählung überhaupt viel zu ernst."
[6] Zum literarischen Verständnis der Susannageschichte zitiert Baumgartner einen „bekannten deutschen Schwank" und betont allenthalben „das Burleske", die „witzige Lösung", die „ergötzliche Steigerung" (S. 51 f., 59, 67). Facit: Eine Geschichte, die man „anfänglich zum reinen Vergnügen erzählte", ist hier schliesslich zur erbaulichen Legende geworden (S. 64).

some time, is a veritable *Rechtslegende*, legal legend — designed to justify the introduction of a new mode of dealing with witnesses."[1] Inzwischen hat Detlef von Dobschütz den Begriff der Rechtslegende übernommen,[2] und auch Leonhard Rost betrachtet die Forderung des getrennten Zeugenverhörs als das eigentliche „Anliegen der Erzählung".[3] Aber er spricht das nicht ganz ohne Vorbehalt aus,[4] und Otto Eissfeldt berührt in seiner literarischen Analyse der Susannageschichte das rechtsgeschichtliche Problem mit keinem Wort. So kann denn auch das chronologische Schlussvotum Eissfeldts nur lauten: „Über die Entstehungszeit" lassen sich keine „genaueren Angaben" machen.[5] *Rebus sic stantibus* mögen einige kleine Annotationen zur historischen und prozessrechtlichen Standortsbestimmung der ältesten Susannatexte nicht ganz überflüssig erscheinen.[6]

II

Im Septuagintatext der Susannageschichte treffen wir sieben mal auf den Terminus νεώτερος. In G 44-45 wird Daniel als νεώτερος eingeführt, in 52 wird der νεώτερος mit dem πρεσβύτερος konfrontiert, in 55 kündigt der νεώτερος dem überführten Presbyter das Strafgericht Gottes an, in 60-62 erntet der νεώτερος den spontanen Applaus der συναγωγή, in der abschliessenden Nutzanwendung (62) ist von Daniel und den Zeugenproblemen überhaupt nicht mehr die Rede, dagegen dreimal ganz programmatisch von den νεώτεροι, die als Lieblinge Gottes gefeiert werden, als streitbare Burschen und als Pneumaträger εἰς αἰῶνα αἰῶνος. Hier haben wir, so will uns scheinen, den Schlüsselbegriff der Susannageschichte vor uns. Hier wollen wir

---

[1] D. Daube, „Error and Accident in the Bible", *Revue internationale des droits de l'antiquité*, 2 (1949) = *Mélanges Fernand de Visscher*, i (Bruxelles, 1949), S. 200 f. Vgl. auch *The New Testament and Rabbinic Judaism* (London, 1956), S. 230.

[2] D. von Dobschütz, *Paulus und die jüdische Thorapolizei* (Erlangen, 1968), S. 12 ff., 181.

[3] L. Rost, *Einleitung in die alttestamentlichen Apokryphen und Pseudepigraphen*, (Heidelberg, 1971), S. 66.

[4] „Wenn das Anliegen der Erzählung darin liegt . . . so könnte . . .".

[5] O. Eissfeldt, *Einleitung in das Alte Testament* (3. Aufl., Tübingen 1964), S. 799 f.

[6] Wir beschränken uns auf die griechischen Texte und benutzen die Ausgabe von J. Ziegler, *Susanna, Daniel, Bel et Draco* = Göttinger Septuaginta 16, 2 (1954). Die LXX zitieren wir mit G und nachfolgender Verszahl, Theodotion mit Th und nachfolgender Verszahl (z. B. G 44-45; Th 45).

ein wenig Umschau halten, zumal in Kittels Wörterbuch s. v. νέος (νεώτερος) jeder Hinweis auf die Danieltexte fehlt.¹ Die νεώτεροι sind in 2Chr 10, 14 die Altersgenossen des jungen Königs Rehabeam und Mitglieder des jugendlichen Kronrates (βουλὴ τῶν νεωτέρων), der dem neuen Herrscher einen neuen Regierungsstil empfiehlt (cf. 2Kön 12, 6–14). In Sach 13, 7 bezeichnet Theodotion die Junioren des Hochklerus als νεώτεροι. In Sir 51, 13–17 hören wir von einem νεώτερος, der sich dem Schriftstudium widmet. In *Ant.* 4, 152 weiss Josephus von dem jungen Eiferer Pineas zu berichten: τῶν νεωτέρων κρείττων ἦν (cf. Num. 25, 7–13). In *Ant.* 17, 149 verwendet er zweimal den Kollektivbegriff τὸ νεώτερον für die engagierte Studentenschaft. In *Ant.* 18, 10 spricht er von den νεώτεροι, die hinter Judas Galilaeus und Saddok stehen. In Apg 5, 6 sitzen die νεώτεροι als Hospitanten im Presbyterium des Petrus und übernehmen den Abtransport des Ananias.² Auf einer kleinasiatischen Inschrift aus der Zeit um 200 post erscheinen die Ἰουδαῖοι νεώτεροι als Sondergruppe der jüdischen Gemeinde von Hypaepa.³

Die Vorstellungen, die sich mit dem Begriff der Junioren verbinden, werden noch konkreter, wenn man die Synonyma hinzuzieht, die (vielfach von den gleichen Autoren) im Wechsel mit dem Terminus νεώτεροι gebraucht werden. Wir zählen hier nur die wichtigsten auf und verweisen auf die Konkordanzen und Wörterbücher: οἱ νέοι, τὸ νέον, οἱ νεανίαι, οἱ νεανίσκοι, οἱ μειράκισκοι, τὰ μειράκια, οἱ ἡβῶντες, ἡβηδόν (Adverb), οἱ μανθάνοντες, οἱ ζηλωταί, בַּחוּרִים, יְלָדִים, תַּלְמִידִים, קַנָּאִין, פְּרָחִים.

Welche ist die gesellschaftspolitische Position der Junioren, was haben sie für öffentliche oder geheime Funktionen? Man tut gut, zu dieser Frage zunächst einmal die autobiographischen

---

¹ Gunkel rechnet die Susannageschichte zu den „Erzählungen über halb oder ganz erwachsene Jünglinge" und bemerkt dazu: „Eigentümlich, wie sehr das Märchen, im Hebräischen nicht anders wie im Deutschen, dabei für die Jugend Partei ergreift" (aaO, S. 121). Baumgartner betrachtet Daniel unter Berufung auf Th 45 (S. unten S. 38) als „weisen Knaben" (aaO, S. 56, 61, 66 f.). Ganz anders Rost, der im Blick auf das getrennte Zeugenverhör von der „Methode der Jugend" spricht und von dem „Richterspruch des Jünglings, der die alten Richter überspielt" (aaO, S. 65 f.). Viel wertvolles Material über die „Junioren" im Spätjudentum und Frühchristentum bei D. von Dobschütz, aaO. S. 14 ff., 19 f., 29 f., 33 ff., 47 f., 70 ff., u. ö.
² Vgl. die νεώτεροι in 1Petr 5, 5; 1Tim 5, 1 f.; Tit 2, 6.
³ s. Schürer, iii (1898), S. 12, 35 f., 52.

Notizen des Sirachbuches, der Paulusbriefe und der Vita Josephi zu Worte kommen zu lassen.

Sir 51, 13–19 klingt wie eine Stimme aus der Schreibstube von Qumran. Wir unterstreichen nur die typischen Termini: νεώτερος, ἐκ νεότητος, προκοπή, ἐζήλωσα, διηκριβησάμην.

Sehr viel militanter klingen die Erinnerungen des Apostels Paulus an seine Frühzeit, Gal 1, 13 f. Wiederum nur einige Kennworte: καθ' ὑπερβολήν, ἐπόρθουν, προέκοπτον, ὑπὲρ συνηλικιώτας, περισσοτέρως, ζηλωτής. Den sachkundigsten Kommentar zu diesen Konfessionen liefert uns die Apostelgeschichte. Paulus ist ein Schüler Gamliels des Alten (Apg 5, 34; 22, 3), demnach ein Schulgenosse des Johanan ben Sakkai, der Halacha des Simon ben Schetach verpflichtet (Aboth 1, 9–16; 2, 8). Er ist die grosse Hoffnung seiner akademischen Lehrer, zugleich aber der Vertrauensmann des Jerusalemer Hochklerus[1] und spielt eine führende Rolle in der ältesten Christenverfolgung.[2] Er ist zu jener Zeit noch ein νεανίας (Apg 7, 53), weder ordinierter Rabbi noch ordentlicher Presbyteros, aber verantwortlich für die Lynchjustiz an Stephanus,[3] beauftragt mit der Aufspürung und Verhaftung der Minim im Raume Jerusalem und Damaskus[4] und berechtigt, bei ihrer Verurteilung im Grossen Synhedrium mitzustimmen.[5] *In summa*, ein νεώτερος, auf den alle πρεσβύτεροι stolz sind.

Aber auch Josephus blickt auf eine frühe und vielversprechende Karriere zurück. Er ist im ersten Regierungsjahr Caligulas geboren (*anno* 37), war mit 14 schon ein frühreifer Junge (ἀντίπαις) und vielbestaunter Thorakenner, studierte mit sechzehn Jahren die drei jüdischen „Sekten", schloss sich sodann für drei Jahre dem Wüstenheiligen Bannus an, trat mit neunzehn Jahren in den Pharisäerorden ein und spielte zehn Jahre später eine problematische Rolle im jüdischen Freiheitskrieg.[6]

---

[1] Apg 22, 5; 26, 10. 12.
[2] Ibid. 8, 3; 9, 3; 26, 9. Zur Mitwirkung der akademischen Jugend bei der Bekämpfung des Christentums vgl. b. Ber. 28b.
[3] Apg 7, 53; 8, 1; 22, 20.
[4] Ibid. 9, 1 f.; 22, 4 f. 19; 26, 10 f. Zu den ἐπιστολαί von 9, 2 vgl. die γράμματα von 28, 21.
[5] Apg 26, 10 ἀναιρουμένων τε αὐτῶν κατήνεγκα ψῆφον. Cf. ψῆφος in Josephus, *B.J.* 4, 343.
[6] Josephus, *Vita* 2, 8–12 (προύκοπτον, cf. φιλογράμματον, ἀκριβέστερον, ζηλωτής); 4 ff.; *B.J.* 2, 566 ff.; 3, 387–398 f. Zu προύκοπτον vgl. προκόπτειν in 1QSa I, 8 (בוא בטב); Gal 1, 14; προκοπή in Sir 51, 17; 1Tim 4, 15.

Die Formelsprache, in der diese drei Männer von ihrer Frühzeit reden, ist oft erstaunlich gleichartig. Aber die Lebenswege sind verschieden genug. Und die Charismen, durch die sich die νεώτεροι der jüdischen Geschichte und Literatur auszeichnen, sind noch viel verschiedener. Wir müssen uns mit ein paar Stichworten und Hinweisen begnügen und im wesentlichen auf die Texte des neutestamentlichen Zeitalters beschränken.

Schon das AT bietet eine ganze Galerie vorbildlicher νεώτεροι, mit denen sich die fromme Phantasie, aber auch die juristische Spekulation immer wieder beschäftigt hat: Der junge Joseph ist hier zu nennen, der junge Moses, der junge Daniel und seine drei Freunde. Aber es ist unverkennbar, dass die Haggada wie Halacha noch viel stärker an der Jugendlichkeit der biblischen Prototypen interessiert ist als der kanonische Text. In Ex 32, 26 ff. vollstrecken die υἱοὶ Λευι die Massenexekution unter den Anbetern des Goldenen Kalbs. Nach Philo war es speziell die levitische Jugend, die sich dabei hervorgetan hat, ἅπαντας ἡβηδὸν αὐτοκέλευστοι κατακτείναντες (*Spec. Leg.* 1, 79). Die kanonische Pineasgeschichte sagt vom Lebensalter der verschiedenen Akteure kein Wort (Num 25 und 31). Aber in der nachkanonischen Tradition ist Pineas das jugendliche Idol der „zelotischen" Jugend. In einem Augenblick, da die etablierte Justiz nicht aktionsfähig ist, schafft er die Frevler auf eigene Faust aus der Welt. Formaljuristisch gewiss ein anfechtbares Verfahren. Aber Gott bekennt sich ausdrücklich zur Eifertat des jungen Priestersohnes. Die Jugend Israels zögert nicht, seinem glorreichen Beispiel zu folgen. Moses legt die Führung des Midianiterkriegs in seine Hände. Und die Jugend Israels sammelt sich mit Enthusiasmus unter seiner Fahne.[1]

An zeitgenössischem Anschauungsunterricht hat es den Schöpfern dieses Pineasbildes gewiss nicht gefehlt. Judas Makkabäus zieht durch Erez Israel wie ein Junglöwe (σκύμνος), der Jagd auf seine Beute macht (1Makk 3, 4–9), und führt seine

---

[1] Philo, *Vita Mos.* 1, 300–303; Josephus, *Ant.* 4, 152–154. Ps. Philo, 47, 1: „Ego enim memor sum in iuventute mea, quando peccavit Iambri ... et ego zelatus sum zelum anime mee, et ambos suspendi in romphea mea" (Kisch, S. 236). Zum Handicap des Moses s. Ex 2, 21; b. Sanh. 82a. Zur formalrechtlichen Problematik der Tat s. Sifre Num 25, 6 ff.: Pineas ruft: „Ist denn kein Mensch da, der (diesen Simri) tötet und sich (dafür) töten lässt? Als er sah, dass alle stumm blieben, erhob er sich aus seinem Synhedrium [*sic!*] und machte sich auf den Weg." Cf. Raschi zu Num 25, 1 ff. und 31, 1 ff.

jungen Freiwilligenverbände zum Sieg gegen Nikanor (2Makk 15, 17). Judas Galilaeus sammelt die Jugend zum Widerstand gegen Rom (Josephus, *Ant* 18, 10). Aber die jungen Guerilleros verstehen sich nicht nur auf Kampf und Terror, sie wissen auch zu sterben, wenn die Stunde schlägt. Die Sieben Brüder, die unter Antiochus Epiphanes das Martyrium auf sich nehmen, haben es bewiesen.[1]

In AssMos 6, 4 heisst es von Herodes I: Occidet majores natu et juvenes, et non parcet. In *Ant*. 17, 44 erzählt Josephus, wie Herodes um 7 vChr einer pharisäischen Geheimorganisation mit subversiven Methoden und messianischen Ambitionen auf die Spur kommt, eine Massenliquidation unter den Verschwörern veranstaltet und bei dieser Säuberungsaktion auch seinen Lieblingspagen Carus umbringen lässt, Κᾶρόν τέ τινα τῶν τότε προύχοντα ἀρετῇ τοῦ εὐπρεποῦς καὶ παιδικὰ ὄντα αὐτοῦ.[2] In AssMos 9, 1–6 sagt der Levit Taxo zu seinen sieben Söhnen: Intremus in speluncam, quae in agro est, et moriemur potius quam praetereamus mandata Domini.

Am Toten Meer ist der Ausbildungsplan für die Qumranjugend ans Licht gekommen: Mit zehn Jahren Eintritt in die Klosterschule, mit frühestens zwanzig Aufnahme in die Ordensgemeinde, mit fünfundzwanzig Sitz und Stimme ins Gemeinderat, mit dreissig Zugang zum Richteramt.[3] Die Essener, die *sine ulla femina* leben, nehmen fremde Kinder auf, die nun in der Ordensluft gross werden, βίβλοις ἱεραῖς ἐμπαιδοτριβούμενοι, um sich später als παρεδρεύοντες und μανθάνοντες um einzelne Schulhäupter zu sammeln.[4] Bekanntlich fanden auch Männer wie der Zelotenführer Judas Galilaeus oder der Wüstenheilige Bannus ihren Anhang vor allem unter der kritischen Jugend (s. oben S. 30 und 32).

Aber der wichtigste Sammelpunkt der νεώτεροι war nach wie vor die Thoraakademie in Jerusalem, die ihre Sukzession und Tradition von Moses selber herleitete.[5] In den letzten Jahren des

---

[1] 2Makk 7, 1–40 (νεανίσκος, νεανίας); 4Makk 7, 24–11, 24 (μειράκισκοι, μειράκια, νέοι νεανίαι).

[2] Der alternde Despot war wohl *eo ipso* misstrauisch gegen alles, was einigermassen jung war; s. *B.J.* 1, 538 ff.; 1, 648 ff.; 1, 661–664; Mt 2, 16 u. a. m.

[3] 1QSa I, 8–28. Aber das sind nur Richtlinien. Die intellektuell oder moralisch Minderwertigen bleiben auf der Strecke, die Hochqualifizierten durchlaufen eine Schnellkarriere (cf. I, 17. 28). Auch Johannes der Täufer ist wohl in einem Wüstenkloster aufgewachsen; s. Lk 1, 80.

[4] Plinius, *Hist. Nat.* 5, 17 (sine femina); Josephus, *B.J.* 2, 119–159 (ἐμπαιδοτριβούμενοι); *B.J.* 1, 28 (παρεδρεύοντες).

[5] Aboth 1, 1–15; W. Bacher, *Tradition und Tradenten* (Frankfurt, 1914).

Herodes I. wirkten dort die Rabbinen Judas und Mattathias, über deren Lehrerfolg uns Josephus berichtet: τούτοις οὐκ ὀλίγοι προσῄεσαν τῶν νέων ἐξηγουμένοις τοὺς νόμους, καὶ συνεῖχον ὁσημέραι τῶν ἡβώντων στρατόπεδον (B.J. 1, 649). Welch ein Geist dort gepflegt wurde, erfährt man aus der Geschichte von den vierzig jungen Aktivisten, die auf einen Wink ihrer akademischen Lehrer und mit Wissen des Hochpriesters den Kaiseradler vom Jahvetempel heruntergerissen und für diesen Sabotageakt mitsamt ihrern Lehrern und Beratern zum Tode verurteilt wurden.[1]

Die jüdischen Schriftgelehrten des neutestamentlichen Zeitalters waren in erster Linie Juristen und nicht Theologen. Viele gehörten zu den Senatoren des Grossen Synhedriums, und ihre Schüler[2] sassen auch dort „zu ihren Füssen", um die Praxis der Prozessführung kennen zu lernen. Zugleich aber hatten die תַּלְמִידֵי חֲכָמִים im Strafprozess auch ein bemerkenswertes Mitspracherecht, bei der Zeugenvernehmung sowohl als bei der Urteilsberatung und Schlussabstimmung.

Die Zeugen wurden gemeinsam vermahnt,[3] aber getrennt vernommen, und ihre Aussagen mussten in den geringsfügigsten Einzelheiten zusammenstimmen, sonst fielen sie unter den Tisch.[4] „Es traf sich, dass Ben Sakkai nach den Stielen der Feigen fragte." So berichtet der Mischnatraktat Sanhedrin in lakonischer Kürze.[5] Kein Zweifel, hier handelt es sich um den berühmten Thoralehrer,[6] der anderwärts in der Mischna als Rabban Joḥanan ben Sakkai zitiert wird (z. B. Aboth 2, 8). Warum hier nur die Kurzform des Namens? Eine Baraitha in b. Sanh. 41b gibt die Antwort: „Er war damals noch ein תַּלְמִיד, der vor seinem Lehrer sitzt. Aber als er etwas vorgebracht hatte, was den Gelehrten einleuchtete, rezipierte man es in seinem Namen. Als er noch studierte, nannte man ihn Ben Sakkai. Als er aber lehrte, nannte

---

[1] B.J. 1, 648–655; Ant. 17, 6, 149–167. Es handelt sich nach beiden Berichten um eine Einsatzgruppe von mindestens vierzig Mann. Ebenso gross ist die Zahl der Verschworenen in Apg. 23, 13. Hier wie dort hört man von Kontakten mit dem ἀρχιερεύς (Ant. 17, 164; 23, 14). Auch der junge Saulus legt Wert auf solche Kontakte, s. Apg 9, 2; 22, 5; 26, 12.

[2] Über die Gelehrtenschüler (תַּלְמִידֵי חֲכָמִים) s. Aboth 2, 8; b. Shabb. 114a; b. Erub. 63a u. a. m.

[3] Sanh. 4, 5 (einschüchtern, Angst machen, ins Gewissen reden). Daniel nimmt sich dazu jeden Zeugen gesondert vor, s. G 52 f. und 56 f.

[4] Sanh. 3, 5 f.; 4, 4; 5, 1–4.

[5] Sanh. 5, 2. Zu מַעֲשֶׂה שֶׁבָּדַק cf. G 51a: ἀνακρινῶ κατὰ τὰ ὑποπίπτοντά μοι.

[6] Vgl. Jacob Neusner, A Life of Yoḥanan ben Zakkai (2. Aufl., Leiden, 1970).

man ihn Rabban Joḥanan ben Sakkai." Wenn das zutrifft, war Joḥanan damals noch ein νεώτερος im Sinne von G 44 f. — und verhörte die Zeugen genau nach dem Modell von G 54–58. Eine Baraitha in b. Sanh. 41a beschreibt das ein wenig ausführlicher: „Er fragte sie: Hat jener Feigenbaum dünne oder dicke Stiele gehabt, waren die Feigen dunkel oder hell?"

Wann hat sich der neue Modus der Zeugenvernehmung in Jerusalem durchgesetzt? Joḥanan war der jüngste Schüler Hillels, hat darum wohl um 20 nChr in Jerusalem studiert und wenig später im Grossen Synhedrium hospitiert. Dazu stimmt der Prozessbericht des Markusevangeliums (14, 56. 59), der auf der Voraussetzung basiert,[1] dass Kaiphas das Zeugenverhör streng im Stile (unter der Kontrolle?!) Ben Sakkais durchgeführt hat.[2] Dazu stimmt endlich die Nachricht, dass die Praxis des separierten und detaillierten Zeugenverhörs schon in den Tagen Gamliels I. geläufig war.[3] Nach alledem darf man wohl annehmen, dass sich der neue Modus der Zeugenvernehmung im Lauf der zwanziger Jahre im Grossen Synhedrium des Kaiphas durchgesetzt hat.[4]

Auch bei der Urteilsberatung konnten die νεώτεροι eine beachtliche Rolle spielen. So jedenfalls lesen wir in Sanh. 5, 4: „Sagt einer von den Talmidim, Ich stelle Antrag auf Freisprechung, so holen sie (die Senatoren) ihn herauf (aus den Sitzreihen der Hospitanten) und heissen ihn in ihrer Mitte Platz nehmen, und er kam von dort den ganzen Tag nicht herunter. Wenn an seinen Worten etwas Erhebliches ist, so hört man auf ihn." Noch einen Schritt weiter als die Mischna geht die Baraitha in b. Sanh. 42a: „Es wird gelehrt: Wenn an seinen Worten etwas Erhebliches ist, so steigt er nie mehr von dort herunter." Mit anderen Worten: Jeder νεώτερος hatte das Recht zu einem substantiierten Antrag auf Freispruch. Hatte er mit diesem Antrag Erfolg, so rückte er daraufhin für Lebenszeit zum Rang eines Ordentlichen Senatsmitglieds auf.

---

[1] Siehe Stauffer, „Die Zeugenvernehmung im Prozess Jesu", *Festschrift Isaburo Takayanagi* (Tokyo, 1967), S. 15–33 (japanisch).
[2] Ein ehrendes Zeugnis für die formalrechtliche Korrektheit der pontifikalen Prozessführung, das der Evangelist gewiss nicht erfunden hat.
[3] M. RH. 2, 5 f.; cf. Sanh. 5, 3.
[4] Vielleicht wurde die Nachgiebigkeit des Kaiphas gegenüber den Thorajuristen seines Synhedriums noch gefördert durch die Erschütterung seiner politischen Position (Sturz Sejans im Oktober 31).

Es gab natürlich reaktionäre Juristen, die grundsätzlich nichts von den jungen Kollegen hielten. „Wer von den Kleinen lernt, der gleicht einem Manne, der saure Trauben isst oder Wein aus der Kelter trinkt." So lautet ein skeptisches Maschalwort des Rabbi Jose ben Jehuda (Aboth 4, 20). Aber Rabbi Jehuda Ha-nasi entgegnete ihm in der gleichen Bildersprache: „Schaue nicht auf der Krug, sondern auf das, was darinnen ist. Es gibt neue Krüge voll alten Weines, und es gibt alte Krüge die nicht einmal neuen Wein enthalten" (Aboth 4, 20). Und Rabbis prominentester Schüler, Abba Arikha (= Rab) lehrte: „In Kapitalprozessen soll man mit einem Talmid diskutieren."[1] Ein Talmid aber, der seinem Meister nicht zu entgegnen (עֲנֵה) weiss, ist eine Strafe Gottes (Rab in b. Sanh. 82a). Es scheint, dass man gerade im Hause Hillel und seiner Schultradition auf die Stimme der Jugend stets den grössten Wert gelegt hat.[2]

Die Schlussabstimmung im Strafprozess soll auf der Seite beginnen.[3] Warum? Der Synhedrialpräsident sass in der Mitte. Die jüngsten Senatoren sassen am seitlichsten. Sie sollten zuerst votieren, noch ehe sie wissen konnten, wie die Prominenz votieren würde. Denn „das Herz des Jüngers soll sich nicht verlassen auf die Worte des Meisters. Nicht soll der Jünger neben dem Meister sitzen, auch wenn er sich schweigend verhält. Sondern er steht auf und sucht sich einen abseitigen Platz. Du sollst nicht sagen: ‚Mir genügt es, dass ich erkenne wie mein Meister.' Nein, du sollst sagen, was deine Überzeugung ist." So schärft die Tosephta wieder und wieder ein.[4] Und in Schebu. 30b 31a lesen wir: „Die Rabbanan lehrten: Woher weiss ich, dass ein Schüler, der vor seinem Lehrer sitzt und für den Armen einen Entlastungsgrund, für den Reichen einen Belastungsgrund sieht, nicht schweigen soll? Weil es heisst: Von dem Worte der Lüge sollst du dich fernhalten. Woher weiss ich, dass ein Schüler, der sieht, dass sein Lehrer sich bei der Rechtsprechung irrt, nicht sagen soll: Ich

---

[1] b. Sanh. 36a. „Wobei auch die Ansicht des Schülers als Stimme galt" (Lazarus Goldschmidt zSt.). Cf. Schebu. 31b und Goldschmidt zSt.

[2] Vgl. M. Sanh. 5, 2; b. Sanh. 41 ab; Apg 22, 3 u. a. m. Nach b. Ber. 28b hat Gamliel II. seinen jungen Kollegen Samuel mit der Neuformulierung der Birkat Haminim betraut. Um die gleiche Zeit schreibt ein Paulusschüler in 1Tim 4, 11 ff.: μηδείς σου τῆς νεότητος καταφρονείτω. Zum Terminus πρεσβυτέριον in 4, 14 s. D. Daube, „Evangelisten und Rabbinen", ZNW 48 (1957), 125.

[3] Sanh. 4, 2; cf. b. Sanh. 36a; Git. 59a.

[4] Tos. Sanh. 3, 8; 7, 2–8.

will warten, bis er das Urteil gefällt hat, dann will ich es niederreissen und wieder aufbauen aus dem Meinigen, damit die Rechtsentscheidung unter meinem Namen gehe? Weil es heisst: Von dem Worte der Lüge sollst du dich fernhalten" (cf. Jalqut Schimeoni zu Ex 23, 7).

So viel über die Mitwirkung des juristischen Nachwuchses im Strafprozess. Nicht minder bedeutsam war die Rolle der νεώτεροι im Strafvollzug. Dafür einige Belege aus der Zeit des Zweiten Tempels. „Wenn ein Priester in Unreinheit amtiert, so wird er nicht von seinen Amtskollegen zum Gerichtshof gebracht, sondern die Priesteramtskandidaten (פִּרְחֵי־כְהֻנָּה) führen ihn hinaus in den Tempelvorhof und zerschmettern ihm den Schädel mit Holzscheiten."[1] Im gleichen Zusammenhang (Sanh. 9, 6) sagt die Mischna: „Wenn jemand eine Opferschale stiehlt oder mit dem Kosem flucht oder einer Aramäerin (= Nichtjüdin) beiwohnt, über den können Eiferer herfallen" (קַנָּאִין פּוֹגְעִין בּוֹ). Aus der zugehörigen Schulkontroverse können wir hier nur die wichtigsten Punkte herausheben: Das biblische Paradigma ist Pineas, der „Eiferer, Sohn eines Eiferers". Pineas hat „nicht gebetet, sondern gerichtet". Das haben ihm damals viele übel genommen. Aber Gott hat seine Eifertat glänzend gerechtfertigt. Auch die Hasmonäer haben den Geschlechtsverkehr mit einer Nichtjüdin verboten. Aber die eigenmächtige Justiz der Zeloten bleibt umstritten. Viele Rabbinen wollten das Beispiel des Pineas nur mit mancherlei Kautelen gelten lassen. Andere legten Wert darauf, dass die Justizbehörden sich offiziell von solchen Aktionen fernhielten („Wenn einer kommt, um zu fragen, so gibt man ihm keinen Bescheid"). Das gilt vor allem für die Epochen eingeschränkter Rechtshoheit. In solchen Zeiten

---

[1] Sanh. 9, 6. Hier treten nicht die jungen Juristen, sondern die jungen Kleriker in Aktion (cf. den Priestersohn Pineas in Num 25, 7 und der zugehörigen Haggada), woraus man ersieht, dass es damals auch in den hochpriesterlichen und sadduzäischen Kreisen eine engagierte Jugend gab, die sich einige Sonderrechte erkämpft hatte. Zum *modus liquidationis* vgl. Eusebius, *H.E.* 2, 23, 4–18: Jacobus Justus kniet und betet im Tempel, wird aber von den Schriftgelehrten und Pharisäern öffentlich verdammt, von der Tempelzinne herabgestürzt. Zuletzt zertrümmert man ihm den Schädel mit einem Walkerholz. Nach Josephus, *Ant.* 20, 200 war der Hochpriester Hananja II. der treibende Geist bei dieser Exekution. Dass es dem Jerusalemer Hochklerus auch in den Kreisen der jungen Thorajuristen nicht an Helfershelfern gefehlt hat, wissen wir aus *Ant.* 17, 164; Apg 9, 2; 22, 5; 24, 12.

Eine Bemerkung zum griechischen Danieltext 37

ist der Zelot der unsichtbare Arm der Justiz. „Der Leser des Briefs soll auch der Bote sein."[1]

In Sanh. 6, 5 lesen wir: „Schimon ben Schataḥ hängte achtzig Frauen an einem einzigen Tag, obgleich man nicht einmal zwei Menschen am gleichen Tag richten darf." Nach b. Sanh. 46a (Baraitha); 80b; p. Sanh. 6, 23 und Sifre Dtn 21, 22 hat Schimon ben Schataḥ hier von dem Ermächtigungsgesetz Gebrauch gemacht (הוֹרָאַת שָׁעָה), das dem Präsidenten des Grossen Synhedriums erlaubt, in Ausnahmezeiten exzeptionelle Massnahmen zu ergreifen.[2] Nach p. Sanh. 6, 23 handelte es sich hier um Hexen, die bei Askalon in einer Höhle hausten. Nach p. Ḥag. 2, 78 hat Schimon ben Schataḥ diese Massenliquidation durch ein Sonderkommando von νεώτεροι δυνατοί (בְּחוּרִין גּוּבְרִין) erledigen lassen. Man sieht, Schimon ben Schataḥ ist bis ins dritte und vierte Jahrhundert das Idol der kritischen Jugend geblieben. Ob die palästinischen Amoräer über das Zeitalter Schimons ben Schataḥ sehr zuverlässig informiert waren, mag man bezweifeln. Aber dass die militanten νεώτεροι spätestens im apostolischen Zeitalter in der hier vorausgesetzten Weise tätig waren, wissen wir bereits aus Philo, Josephus, den Paulusbriefen und der Apostelgeschichte (s. oben S. 30–32).

Wie alt ist ein νεώτερος? Nach den griechischen Polisinschriften mindestens zwanzig, nach Xenophon höchstens dreissig Jahre.[3] Unsere Texte setzen etwa die gleiche Altersstufe voraus. Die jüdischen νεώτεροι sind waffenfähig[4] und heiratsfähig,[5] meist aber noch unverheiratet.[6] Mit zwanzig Jahren tritt der Qumrannachwuchs

---

[1] b. Sanh. 82 aba. Wie alt diese Rechtstheorien und Praktiken sind, ersieht man z. B. aus Philo, *Spec. Leg.* 1, 54–57: Wer den Religionsfrevler auf frischer Tat ertappt und vom heiligen ζῆλος ergriffen wird, der soll nach dem Vorbild des Pineas handeln und den Frevler nicht erst εἰς δικαστήριον μήτ' εἰς βουλευτήριον μήτε συνόλως ἐπ' ἀρχήν schleppen, sondern ihn auf der Stelle niedermachen in dem sicheren Bewusstsein, dass er selber in diesem Augenblick βουλευτής, δικαστής, στρατηγός, ἐκκλησιαστής, κατήγορος, μάρτυς, νόμος(!) und δῆμος in einer Person ist. Vgl. *Vita Mos.* 1, 301–304; Josephus, *Ant.* 4, 152–154; *B.J.* 4, 259; 4, 343; Mt 23, 35.

[2] Nach b. Sanh. 46a (Bar.) wurde das Ermächtigungsgesetz schon in der Seleukidenzeit praktiziert. Zur Sache cf. Philo, *Spec. Leg.* 1, 55 (καιρός).

[3] *ThW*, iv. 900.

[4] Josephus, *Ant.* 4, 156. Untere Altersgrenze zwanzig Jahre, s. Num 26, 2 ff.

[5] Philo, *Vit. Mos.* 1, 303. Nach 1QSa I, 9 f. soll man nicht vor zwanzig heiraten.

[6] בָּחוּר = Junggeselle, s. b. Keth. 7 ab.

in die Ordensgemeinde ein, mit dreissig erhält er das Recht zur Leitung eines Prozesses.[1] Josephus ist laut Selbstdarstellung ein Wunderkind und biblizistischer Gottsucher (s. oben S. 30). Nichtsdestoweniger ist er bei seinem Eintritt in den Pharisäerorden immerhin schon ein Neunzehnjähriger. Der Daniel von G 44 f. ist bis dahin weder als Wunderkind noch als früher Gottsucher hervorgetreten. Man wird sich diesen νεώτερος als einen intelligenten jungen Mann im alter von zwanzig bis fünfundzwanzig Jahren vorstellen dürfen. Kein „weiser Knabe" jedenfalls, sondern die Symbolfigur der kritischen Jugend.

III

Th 45 freilich klingt anders: ἐξήγειρεν ὁ θεὸς τὸ πνεῦμα τὸ ἅγιον παιδαρίου νεωτέρου (pueri iunioris). Aber hier steht doch wohl ein sekundärer Kompromisstext vor uns, den Theodotion aus zwei grundverschiedenen Vorlagen zusammengestückt hat. Schon längst hat man vermutet, dass der Theodotion des zweiten Jahrhunderts einen Vorläufer hatte („Vor-Theodotion"), der im apostolischen Zeitalter gelebt und geschrieben hat.[2] Wir möchten diese Quellentheorie ein wenig erweitern und annehmen, dass Theodotion (= Th³) zwei Gestalten der Susannageschichte verarbeitet hat, die beide in verschiedener Richtung über den Septuagintatext hinausgingen,[3] eine polemische Fassung (= Th³) und eine erbauliche Fassung (= Th²). In Th¹ war Daniel ein νεώτερος, ein Zorniger junger Mann.[4] In Th² war er ein παιδάριον,

[1] Siehe oben S. 32. Nach Ex 30, 14 wird man mit zwanzig Jahren Mitglied der Tempelgemeinde. Nach Soṭa 22a kann ein Gelehrtenschüler frühestens mit vierzig Jahren ordiniert werden.

[2] So Bludau, Swete, (Schürer), Montgomery, Ziegler (aaO, S. 28 f., 61 f.). Eissfeldt (aaO, S. 959–972).

[3] Wenn man die orientalischen Versionen mitberücksichtigt, darf man sich die Susannatraditionen wohl ebenso vielgestaltig vorstellen wie etwa die Henochschriften, die Überlieferungen von den Sieben Märtyrern oder die Varianten der Tholedoth Jeschu.

[4] Zu Th¹ möchte ich zählen die Substanz der Verse Th 5. 24. 33. 45 (νεώτερος) 46–59. V. 5 gehört zu den schärfsten Kampfworten der biblischen Literatur, cf. Jer 36, 23 LXX; TestJud 21, 7; Mt 10, 42 (δοκοῦντες!); Lk 4, 6; Jn 10, 12; Apg 13, 1–18. Th 24 frei nach der Vorschrift Dtn 22, 27. Th 32 cf. NumR zu 5, 18. Th 43 Susanna bekennt nicht im Sinne von Sanh. 6, 2 ihre Schuld, sondern ihre Unschuld. Th 46 rechtswirksame Formel (s. 2Kön 3, 28; Jona 1, 14; Mt 27, 24; Apg 20, 26), gesprochen im vorgeschriebenen Augenblick (s. Sanh. 6, 1; b. Sanh. 43a [Bar]). Th 49 ἀναστρέψας genau nach der Vorschrift Sanh. 6, 1. κριτήριον = בֵּית דִּין. Th 50 πρεσβύτεροι präziser als G 51. Th 50 δεῦρο κάθισον ἐν μέσῳ ἡμῶν genau nach der Vorschrift Sanh. 5, 4: „sie holen ihn herauf und

ein Wunderkind.¹ Th³ hat für das Wunderkind optiert² und damit den Boden bereitet für das Danielbild Walter Baumgartners.

heissen ihn in ihrer Mitte Platz nehmen" (s. o. S. 34). Th 50 πρεσβεῖον = Senatorenwürde im Sinne von Num 11, 25; Ps. Philo, 28, 6; b. Sanh. 42a Bar. (anders J. Jeremias in *ZNW* 48 [1957], 127 ff.; P. Katz in *ZNW* 51 [1960], 27 ff.). Der Grossangriff auf die Sexualmoral der Senatoren in Th 53–57 ist nur sinnvoll im Munde eines zornigen jungen Mannes (Th¹), im Munde eines weisen Knaben und halben Kindes (Th²) ein wenig befremdlich. Es sind weithin dieselben Attacken wie in PsSal 1, 7 f.; 2, 11; 4, 1–20; 8, 9–13; 17, 5, aber die Stossrichtung hat sich verändert. Hier kämpft nicht mehr die Pharisäerpartei gegen die Hasmonäerpartei, sondern die kritische Jugend aus allen Parteien gegen die etablierten Senioren aus allen Parteien. Zur zeitgeschichtlichen Situation cf. AssMos 5, 1–7, 10; Jn 8, 7–9; b. Soṭa 47 ab; b. Qid. 71b–72a.

¹ Aus Th² stammt m. E. die Substanz der Verse Th 6–23; 25–31; 33–41; 45 (παιδάριον); 60–62. Der juristische Präzisionsverlust tritt am krassesten in Th 62 zutage. In G 60–62 stürzt man die falschen Zeugen εἰς φάραγγα. In Rom war das *deicere de saxo* (*Tarpeio*) ein offizieller *modus executionis*, in der spätjüdischen Rechtspraxis ein Element des amtlichen Steinigungsverfahrens (Sanh. 6, 4), vor allem aber die beliebteste Form der Sonderjustiz; s. z. B. Lk 4, 29; Hegesipp bei Eusebius, *H.E.* XXX 2, 23, 15; Josephus *B.J.* 4, 343; b.AZ. 26ab; Ḥul. 13ab; Tos. BM. 2, 33. Der Hinabstossung durch Menschenhand folgt die Vernichtung durch die Hand Gottes: Der ἄγγελος κυρίου bestätigt und vollendet den menschlichen Justizakt (cf. Ps. Philo, 26, 1–5; b. Sanh. 19b). An der Stelle dieses forensisch-theologischen Doppelberichtes stehen in Th 62 nur die drei Worte καὶ ἀπέκτειναν αὐτούς.

² Auf die Redaktionsarbeit Theodotions (= Th³) möchte ich die Wortverbindung παιδάριον νεώτερον in Th 45 und vielleicht die erbaulichen Rahmenstücke Th 1–4 und 63–64 zurückführen. In dieser Fassung liefert die Story von der Rettung Susannas die ideale Vorgeschichte (= „Kindheitsgeschichte"!) zum kanonischen Danielbuch. Vgl. Th 64 (μέγας) mit Josephus *Ant.* 5, 276–317; Lk 1, 15. 32. 80; 2, 40. 52.

Das Licht des Messias

O. Michel

1. Exegetische Grundprobleme.

Nach Apg 9, 3; 22, 6; 26, 13 umstrahlte Paulus vor Damaskus ein „Licht vom Himmel" — nach Apg 26, 13 bildhaft verstärkend ein Hinweis auf die Kraft, die stärker ist als die Sonne. Das „Licht vom Himmel" wird unterstützt durch die „Stimme", in der sich Jesus (22, 8 Zusatz: der Nazoräer) offenbart. Von einer himmlischen Gestalt ist bewusst nicht die Rede: der Text legt grossen Wert darauf, dass man die beiden Formen der Epiphanie zusammenstellt (die beiden Zeugen nach Dtn 19, 15). Die nächste Parallele in der Zusammenstellung ist Mk 1, 11: Geist und Stimme. An sich darf man nicht verwechseln: die Taufe Jesu spricht von der besonderen messianischen Begabung (= Geist nach Jes 11, 2) und Legitimation (Jes 42, 1; 49, 3; Ps 2, 7), die Erscheinung vor Saul vor Damaskus vollzieht sich als *Verwarnung und Unterweisung*. Wenn von keiner Gestalt die Rede sein kann, dann fragt sich, worin die Personhaftigkeit des „Herrn" (*Kyrios* Apg 9, 4; 22, 10; 26, 14) besteht. Nach Apg 9, 4 ist der himmlische *Kyrios* noch nicht identifiziert, sondern wird erst durch die feierliche Identifizierung und Präsentation „Ich bin" näher bestimmt. „Licht" und „Stimme" müssen aber in diesem Zusammenhang verschiedene Bedeutung haben.

Ein weiteres ungelöstes Problem kommt hinzu: Nach Apg 9, 7 sahen die Begleiter niemand, hörten aber die Stimme; nach Apg 22, 9 sahen sie das Licht, hörten aber nicht die Stimme. Auf jeden Fall erinnert der Aufbau der Berufungsgeschichte an die Berufung des Moses Ex 3, 1–15: Zweiheit Feuer und Stimme, doppelter Anruf: Mose, Mose, Selbstdarstellung Gottes, Beauftragung, Wahrzeichen. Die Bedeutung eines Augenblicks, der Person des Paulus, sowie der Eingriff Gottes in die Geschichte werden schlagartig offenbar.

Die These von H. Conzelmann, *Die Apostelgeschichte* (HNT 7, Tübingen, 1963), S. 57: „Lichterscheinungen gehören zum Apparat von Epiphanien" vermeidet es, die Lichterscheinung unserer Erzählung zu bestimmen. Dass die Technik (Apparat) hier herbeigerufen werden muss, ist erstaunlich. E. Haenchen, *Die Apostelgeschichte* (Göttingen, 1959) S. 270 spricht zwar vom „gestaltlosen" Licht, hält dies Motiv aber nicht wirklich durch (vermutlich sah Saul im Licht die Gestalt Jesu). Eine deutliche Abgrenzung unseres Stoffes von Gnosis, die Licht und Gestalthaftigkeit — der „Lichtgestaltige" ActThom 34 — miteinander verbindet, wird in den genannten deutschen Kommentaren nicht vollzogen, darin liegt ihre Schwäche. F. J. Foakes Jackson und Kirsopp Lake, *The Beginnings of Christianity*, iv (London, 1933), verweisen mit Recht auf 2Kor 3, 18; 4, 6; Phil 3, 21 und helfen durch die Bemerkung weiter: Spirit, Light and Glory are not synonyms, but they are analogous concepts. Sie verweisen bei der „Stimme" auf die rabbinische Lehre von der *bath kol* und die semitische Namensform *schaul* Apg 9, 4; 22, 7; 26, 14 (in 26, 14: hebräischer bzw. aramäischer Dialekt!). Vgl. auch die Wiederholung der hebräischen Namensform.

2. Religionsgeschichtliche Grundstoffe.

Wichtig ist der Hinweis von Jackson und Lake auf die analogieartigen Strukturen von Geist, Licht und Herrlichkeit. Wir erinnern uns an Qumran, wo diese Verbindung in 1QS III, 6 f. auftritt: „Denn durch den Geist deines wahrhaften Ratschlusses Gottes werden die Wege des Menschen entsühnt, alle seine Vergehen, um das Licht des Lebens zu schauen." Man erinnert sich an Ps 36, 10: „Denn bei dir ist die Quelle des Lebens und in deinem Licht sehen wir das Licht." Hier dürfte das aus der Schrift abgeleitete „Licht" die vollkommene Erkenntnis in sich schliessen, die aus dem Geist kommt und den Menschen entsühnt. Die rabbinische Überlieferung verbindet mit Ps 36, 10 nach Pesiqta rabbati 36 (161a) die Lehre vom messianischen Licht und kombiniert diesen Bibelvers mit Gen 1, 4 (Bill. i. 161). Eine andere Überlieferung Mid. HL 1, 3 (85b) denkt sogar an das Licht der messianischen Erlösung: denn wenn du uns Licht bringst, dann kommen viele Proselyten, um zum Judentum überzutreten, und es werden zu uns hinzugetan, wie Jethor und Rahab (vgl. zum Ganzen Bill. i. 161 f.). Dass die Erscheinung des „Lichtes" ursprünglich als messianisches Vorzeichen galt, kann aus Josephus, *B.J.* 6, 290 ff. herausgelesen werden (vgl. Jes 60, 1 ff.). Zunächst hatte man die nächtliche Lichterscheinung positiv gedeutet, aber die echten Schriftkundigen sahen sofort im Gegensatz zu den „Unkundigen", dass sich das Gericht Gottes über den Tempel ankündigte. Ursprünglich hing mit Jes 60, 1–3 die Ankündigung der Epiphanie Gottes zusammen; Völker gehen zu dem angekündigten Licht, Könige nach dem Glanz deines Aufgangs (Jes 60, 1–3 hat das Nebeneinander von „Licht", „Herrlichkeit" und „Glanz"). Dies „Kommen Jahwes" steht bei Deuterojesaja in Spannung zu dem Dunkel der Völker: ein auf den Zion sich hin bewegender Zug der Völker und Könige macht anschaulich, was das zukünftige Gottesheil bringen wird.

Eine selbständige, verwandte Lichttradition findet sich innerhalb der dritten Komposition der Apostelgeschichte in 26, 16–18. Paulus wird Diener und Zeuge dessen, was er gesehen hat und was ihm gezeigt wird. Der Text reicht weit zurück in die alttestamentliche Tradition. Man vergleiche Jes 42, 6 mit Apg 26, 16! Die Sendung des Gottesknechtes, wie Jesus von Nazareth sie durchführte, wird auf Paulus übertragen. *Der Bote Gottes überträgt seine Aufgabe auf den Nachfolger.*

Das *Grundschema der Epiphanie*: *„Licht"* und *„Stimme"* (auf jeden Fall der Grundstoff der alten judenchristlichen Konzeption) ist in allen Berufungsgeschichten der Apostelgeschichte erhalten (9, 3–4; 22, 6–7; 26, 12–14). Die Beschränkung der Erscheinung auf „Licht" und „Stimme" ist das Entscheidende an diesen drei Berichten: der Herr erscheint nicht eigentlich als „Gestalt", sondern in seinen Zeichen als „Licht" und „Stimme". Dies Grundschema der Erscheinung Jesu als „Licht" und „Stimme" unterscheidet sich deutlich vom Typ der synoptischen Ostererscheinungen, in denen die konkrete Gestalthaftigkeit des Auferstandenen betont wird (z. B. Lk 24, 39). Man könnte annehmen, dass der Erzähler christologisch zwischen der Gestalthaftigkeit des Auferstandenen und der Bezeugung des Erhöhten durch „Licht" und „Stimme" nach der Erhöhung unterschieden hat. Die Berufung der Urapostel vollzieht sich durch den gestalthaften Christus, die des Paulus durch den in „Licht" und „Stimme" erscheinenden Christus. Die Verschiedenheit traditionsgeschichtlicher Urelemente wird durch die konstruktive Komposition des Evangelisten bzw. Historikers unterstützt.

Wir werden hier auf *Fragen der Christologie des Lukas* geführt, die bisher übersehen sind. H. Conzelmann, *Die Mitte der Zeit, Studien zur Theologie des Lukas* (Tübingen, 1954), S. 159 ff. stellt fest: „Eine planmässige Reflexion über das Wesensverhältnis von Vater und Sohn findet sich nicht. Wir finden einen klaren Subordinationismus, der aus der Tradition stammt und in den lukanischen Historismus glatt eingeht. Jesus ist Werkzeug Gottes, der allein den Heilsplan bestimmt."

Das Licht des Messias 43

Ob nicht die angewandten Begriffe (Wesen, Subordination, Historismus) unscharf sind und dem theologischen Tatbestand nicht gerecht werden? Gott und Christus erweisen darin ihre Herrschaft, dass sie berufen, erwählen, das Heil heraufführen, Weisung geben und sich in der konkreten Zeit enthüllen. Der „Sohn" vollzieht zunächst geschichtlich und bildhaft das Werk des Vaters — der Historiker kann es geradezu nachzeichnen — aber Auffahrt und Entrückung Apg 1, 7 ff. setzen eschatologische Geschichte, das Ineinander von Offenbarung und Verhüllung so, dass in der Christologie das Bildhafte, Gestaltmässige zurücktritt und die theophanen Elemente Licht und Stimme den Unterschied zwischen Ostererscheinung und Erscheinung des Auferstandenen markieren. Die Berufung des Paulus vollzieht sich also nicht so, dass „Bild" und „Gestalt" Jesu hervortreten, sondern dass im Gegenteil Licht und Stimme „Bild" und „Gestalt" ersetzen. *Die Erscheinung des Christus vor Paulus gehört für Lukas nicht in den Rahmen der Ostererscheinungen.* Heilsgeschichte vollzieht sich im Rahmen der Erfüllung der alttestamentlichen Weissagung, ist selbst Erneuerung von Berufung und Erwählung, Weisung und Enthüllung — ist also Teilhabe am Auftrag Jesu selbst. Das Wort „Historismus" passt für Lukas auf keinen Fall. Vgl. C. H. Ratschow, „Anmerkungen zur theologischen Auffassung des Zeitproblems", *ZThK* 51 (1954), 360 ff.; H. Flender, *Heil und Geschichte in der Theologie des Lukas* (BEvTh, 41; München, 1965), S. 149 ff.

Man muss die Frage aufwerfen, ob nicht ein ganz anderer Zusammenhang in der Herleitung der „Licht"-Erscheinung in Apg 9, 3 ff. einzusetzen ist. Die bisherigen Traditionselemente, die an das messianische Licht bzw. an die eschatologische Aufgabe der Erleuchtung der Völker erinnern, können nicht erklären, weshalb Paulus nach Apg 9, 8 ff.; 22, 11 ff. (dort ausdrücklich δόξα τοῦ φωτός) geblendet wird. Man sollte ja daran denken, *dass Lichterscheinung „erhellt", nicht „blendet".*

Ausgangspunkt wäre dann die Lehre von der *Herrlichkeit des Thrones* nach den pal. Targumim (vgl. dazu F. Weber, *Jüdische Theologie*, 2. Aufl. (Leipzig, 1897), S. 164 ff. und A. M. Goldberg, *Untersuchungen über die Vorstellung von der Schekhinah in der frühen rabbinischen Literatur* (Berlin, 1969), S. 257 ff.). Vorausgesetzt wird grundsätzlich, dass derjenige, der die *Schekhinah* schaut, d. h. Gott selbst, entweder stirbt oder zum mindesten blind wird. Hier ist auch die enge Verbindung von *Herrlichkeit und Licht* zu Hause, und zwar von einem Licht, das nicht schaubar ist (vgl. dazu F. Weber, aaO, S. 164; A. M. Goldberg aaO S. 319 mit ausdrücklichem Bezug auf Sifre-Material).

(*1*) *Pirqe R. Eliezer 32 (73b)*:

R. Schimon sagte: In der Stunde, da Isaak gebunden wurde, erhob er seine Augen zur Höhe und sah die *Schekhinah*. Es ist (doch aber) geschrieben: Nicht sieht mich der Mensch und lebt (Ex 33, 20)! Allein, statt des Todes erloschen seine Augen in der Zeit seines Alters, denn es heisst: es war, als Isaak alt geworden war und seine Augen erloschen vom Sehen (Gen 27, 1). *Von hier lernst du, dass der Blinde wie der Tote ist.*

(*2*) *Dtn R 11, 3*:

Isaak sprach zu Moses: ich bin grösser als du, denn ich habe meinen Hals auf den Altar hingestreckt und das Antlitz der *Schekhinah* gesehen. Da sprach Moses zu ihm: ich bin bevorzugter als du! Du hast das Antlitz der *Schekhinah* gesehen, doch deine Augen sind erloschen. Wieso? Denn es ist geschrieben: Es war, als Isaak alt geworden war und seine Augen erloschen vom Sehen (Gen 27, 1). Was heisst vom Sehen? Von der *Schekhinah*. Ich aber sprach mit der *Schekhinah* von Angesicht zu Angesicht, doch meine Augen sind nicht erloschen. Wieso? Moses war 120 Jahre alt, sein Auge war nicht erloschen und seine Sehenskraft nicht geflohen (Deut 34, 7). Denn es heisst: Moses aber wusste nicht, dass die Haut seines Antlitzes strahlte (Ex 34, 29).

Hier trägt die Anschauung von der Herrlichkeit Gottes das Lichtmotiv. Man kann auch daran denken, dass die Blendung des Paulus analog der Blindheit des Isaak Folge des Axioms ist, dasss kein Mensch Gott sehen kann bzw. darf. Dürfen wir annehmen, dass die „Herrlichkeit" Gottes hinter dieser Lichterscheinung steht, dann haben wir in diesem Fall eine sehr komplizierte Christologie vor uns, die nicht mehr durch die Formel von der Subordination gedeckt werden kann.

Hier ist die dankbare Erinnerung an den schönen Aufsatz von H. Windisch, „Die Christusepiphanie vor Damaskus (Apg 9, 22, 26)" in *ZNW* 31 (1932), 1 ff. am Platze. Geht man traditionsgeschichtlich von der Heliodorlegende aus (2Makk 3), wie es H. Windisch tut, dann erscheint die Bekehrung des Paulus bei Lukas wie eine Überwältigung eines Feindes und die Errettung einer Gemeinde aus schwerster Gefahr. Diese Überwältigung vollzieht sich durch „Bestrafung" des Gegners: *die Blendung wird dann als Bestrafung gedacht.* An diesem Punkt würde ich vorsichtiger sein als H. Windisch: das Sehen der *Schekhinah* ist niemals als Bestrafung gedacht, wohl aber können Tod und Blendung als Zeichen des Abstandes zwischen Gott und Mensch nach alttestamentlicher Tradition und rabbinischer Exegese eintreten. H. Windisch

Das Licht des Messias 45

sieht aber auch das Problem des Verhältnisses zwischen „Lichterscheinung" und Christophanie (S. 15): die Lichterscheinung, die Paulus gehabt hat, wird in allen drei Berichten so stark betont, dass man annehmen muss, auch Saul hat nur eine gewaltige, ihn niederwerfende und nach 22, 11 auch blendende Begegnung mit Christus gehabt (S. 15). H. Windisch weist auch richtig in die alttestamentliche Tradition (Ex 33, 18 ff.): diese Erscheinungsform, die trotz der Helligkeit auch Verhüllung ist, bedeutet, dass das Schauen der Gestalt todbringend ist (S. 16). H. Windisch unterscheidet mit Recht zwischen Lichterscheinung und Gestalterscheinung, unterscheidet aber nicht deutlich zwischen Bestrafung und Folge des Sehens der Schekhinah. Versuchen wir hier strenger zu scheiden, dann wird allerdings auch die Berührung des Stoffes mit der hellenistischen Heliodorlegende fraglich.

Dass jede Interpretation in Gefahr kommt, zu modernisieren, kann man an E. Haenchens Auffassung unseres Textes erkennen (Kommentar, 6. Aufl. 1968, 270): Vermutlich hat sich Lukas das Ereignis so vorgestellt, dass zwar die Reisegefährten Sauls nur das gestaltlose Licht sahen, er aber darin die Gestalt Jesu. Dann würde noch leichter verständlich, warum Saul das zu ihm sprechende Wesen mit *Kyrie* anredet. E. Haenchen macht weiterhin auf die Differenz zu den Paulusbriefen, etwa Gal 1, 15 und 2Kor 4, 6 aufmerksam.

Tatsächlich scheint das Problem des „Lichtes" in Verbindung mit der „Herrlichkeit Gottes" nicht weit von 2Kor 4, 6 entfernt zu sein: Gott, der gesprochen hat: aus Finsternis soll Licht aufleuchten, der „strahlte auf zur Erleuchtung der Erkenntnis von der Herrlichkeit Gottes auf dem Angesichte Christi".

Man erinnert sich an die *Sprache der Testamente*: „Es wird sein Stern am Himmel aufstrahlen, gleich einem König. Das Licht der Weisheit strahlt auf so wie am Tag die Sonne. Er wird verherrlicht in der Welt. Er leuchtet gleich der Sonne auf der Erde, nimmt jedes Dunkel fort und Friede herrscht allerwärts" (TestLev 18, 3 f.). Können zwischen 2Kor 4, 6 und TestLev 18, 3 f. Berührungen — um mehr wird es sich nicht handeln — bestehen? Man denke (1) an das eigenartige Verhältnis von Herrlichkeit und Licht (beide Begriffe sind deutlich von einander unterschieden), (2) an die Berührung des eschatologischen bzw. messianischen Lichtes mit der Schöpfung (Vergleich mit der Sonne Apg 26, 13, (3) an den Zusammenhang des jüdischen Messias bzw. des Christus des Paulus mit dem Heilschaffen als Lichtbringer.

Im Unterschied von Apg spricht 2Kor 4, 6 ausdrücklich von der Herrlichkeit Gottes auf dem Angesicht Jesu Christi — und damit ist die Verbindung zum „Angesicht des Moses" gegeben (2Kor 3,

7. 13). Die Traditionen und Motive wechseln, aber hinter ihnen wird immer wieder ein hebräischer bzw. jüdischer Stamm erkennbar, der sich in den neutestamentlichen Texten auswirkt. Auf jeden Fall liegt in den Berufungsgeschichten des Paulus nach der Apostelgeschichte eine alte judenchristliche Denkform vor.

Eine sorgfältige Analyse der Berufungsgeschichte des Paulus legt G. Lohfink in den *Stuttgarter Bibelstudien* 4 (1965) vor.

Die Frage ist nur, ob die Motive von Licht und Stimme in der Apg, vor allem die Gestaltlosigkeit des himmlischen Herrn, durch Stoffe erklärt werden können die insonderheit himmlische Boten in ihrer Gestalt beschreiben. Gerade hier tut sich aber eine Lücke auf: der Bericht der Gestaltlosigkeit steht ohne eigentliche Parallelen.

G. Lohfink (aaO, S 22) verweist treffend auf Ex 3, 2 ff (die Berufung des Moses): der Engel des Herrn als Feuerflamme und der Anruf Gottes, verfolgt aber diese Spur deshalb nicht, weil der Text ausdrücklich bezeugt, dass Paulus den Gerechten sah und die Stimme aus seinem Munde hörte (Apg 22, 14).

Weiter führt O. Betz, „Die Vision des Paulus im Tempel von Jerusalem—Apg. 22, 17-21" als Beitrag zur Deutung des Damaskuserlebnisses (Festschrift G. Stählin, herausgeg. von O. Böcher und Kl. Haacker, 1970, 113-123). Die *auditio* stellt dar, was für Paulus ursprünglich in der *visio* durch begleitenden Rückgriff auf die prophetische Berufungstradiion Jesajas und Jeremias gegeben war. Hier ist aus dem paulinischen Sehen des Herrn (1 Kor 9, 1; 15, 8), das Sehen der gestaltlosen himmlischen Herrlichkeit geworden. Wie stark der Prophetentargum nachwirkt, zeigt auch Joh 12, 41, wo aus dem Sehen Gottes bei Jesaja das messianische Sehen der Herrlichkeit Jesu Christi wird. *Die Frage nach dem Lichtmotiv gehört in den Zusammenhang des himmlischen Throns. Von hier aus ist auch der christologische Hintergrund zu bestimmen.*

3. Neutestamentliche Konsequenzen.

Kehren wir zum Anfang unserer Untersuchung zurück: dem Gesetz der zwei Zeugen (Dtm 19, 15). Selbstverständlich erhebt sich die Frage, ob das Gewicht der beiden Zeugnisse gleich stark ist bzw. in welchem Verhältnis sie zueinander stehen. In Mk 1, 10 ist der Geist der erste Zeuge, die Stimme vom Himmel der zweite: es scheint aber, dass der zweite Zeuge auf dem ersten aufbaut und

Das Licht des Messias

selbst das Übergewicht erhält (vgl. die Wiederaufnahme Mk 9, 7). In Apk 14, 13 finden wir das Nebeneinander von „Stimme" und „Geist" als zwei Zeugen. Hier würde das Schwergewicht wieder auf der „Stimme vom Himmel her" liegen; der Geist bestätigt, interpretiert und führt zeugnishaft weiter, was die Stimme sagt. Übrigens zeigt sich, dass die absolute Art, vom Geist (statt vom Geist Gottes) zu reden, in besonderer Weise in der johanneischen Literatur zu Hause ist.

Der absolute Sprachgebrauch von „Geist" in Mk 1, 11 ist im Judentum ungewöhnlich. Hier liegt eine emphatische, betonte Art, vom „Geist" zu sprechen vor. Hier ist eine grössere Untersuchung am Platze. A. Schlatters Abwehr: „kein Gräzismus" ist umkämpft. Mk 1.11 und Ap. Joh. gehen auf dieselbe Grundschicht zurück.

In Apg 9, 1–9 haben wir wieder das Nebeneinander der beiden Gotteszeugen vor uns: Licht vom Himmel und Stimme. Das Schwergewicht liegt zweifellos auf der Stimme, die zur Rechenschaft zieht und konkrete Weisung gibt (Apg 9, 4. 6). Dieser alte, dem hebräischen Denken gemässe Text zeigt also, wie der in Licht und Stimme offenbare Herr einen Verfolger auf einen neuen Weg stellt. Das Erwählungsmotiv schliesst erst viel später an (9, 15). Wir stehen dem hebräischen Denken noch sehr nahe.

Das Ebionäerevangelium, das der synoptischen Darstellung nahesteht, aber eigene theologische Überzeugungen verrät, hat nach Epiphanius, *Haer.* 30, 13, 7 f. im Taufbericht Jesu eine eigenartige Komposition:

Als das Volk getauft war, kam auch Jesus und wurde von Johannes getauft. Und wie er vom Wasser heraufstieg, öffneten sich die Himmel und er sah den heiligen Geist in Gestalt einer Taube, die herabkam und in ihn hineinging. Und eine Stimme (erklang) aus dem Himmel, die sprach: du bist mein geliebter Sohn, an dir habe ich Wohlgefallen gefunden. Und abermals: ich habe dich heute gezeugt. *Und sofort umstrahlte den Ort ein grosses Licht.*
Als Johannes dies sah, heisst es, spricht er zu ihm: *Wer bist du Herr?* Und abermals (erscholl) eine Stimme aus dem Himmel zu ihm: dies ist mein geliebter Sohn, an dem ich Wohlgefallen habe. Und da, heisst es, fiel Johannes vor ihm nieder und sprach: Ich bitte dich, Herr, taufe du mich. Er aber wehrte ihm und sprach: Lass; denn so geziemt es sich, dass alles erfüllt werde.

Zunächst ist zeichenhaft von der Öffnung der Himmel und dem Herabkommen des heiligen Geistes die Rede. Diesem Zeichen entspricht das doppelte Schriftzeugnis im Sinn von Mk 1, 11 und Lk 3, 22 cod. D; Ps 2, 7 als Anrede an Jesus. Dann folgt das zweite Zeichen: Und sofort umstrahlte den Ort ein grosses Licht. Daraufhin folgt ähnlich wie in Apg 9, 4 die Anfrage: „Wer bist du, Herr?" zum Zeichen dafür, dass die Erzählung sich jetzt Johannes zuwendet. Die Stimme vom Himmel legitimiert nun Jesus durch die gleiche, aber an Mt 3, 17 sich anschliessende „Dies ist"-Form. Johannes beugt sich, niederfallend und bittend, dem Gotteswort und wünscht, von Jesus getauft zu werden. Jesus aber wehrt ihm und antwortet wieder mit dem Mt-Stoff Mt 3, 14.

Hier haben wir einen Stoff vor uns, der unbedingt herangezogen werden muss. Gott offenbart sich durch Geist und Licht, durch das Du-Zeugnis an den Sohn und das „Dies ist"-Zeugnis vor Johannes.

H. Waitz hatte in der Bearbeitung von Henneckes *Neutestamentliche Apokryphen* (2. Aufl., Tübingen, 1924, S. 39 ff.) das Ebionäerevangelium nach Epiphanius mit der judenchristlichen Quellenschrift der Pseudoclementinen zusammengestellt und damit die aufgezählten „Bruchstücke" angereichert. Gnostische Anschauungen will H. Waitz nicht im Ebionäerevangelium finden, jedoch auch keine Berührung mit johanneischem Gut. Ph. Vielhauer, 4. Aufl. (1964), S. 101 widerspricht ausdrücklich dem Versuch, Evangelienzitate aus den Kerygmata Petru und einer anderen Quellenschrift der Pseudoclementinen heranzuziehen und beruft sich dabei auf die Untersuchung von G. Strecker, *Das Judenchristentum in den Pseudoclementinen* (TU, 70; Berlin 1958, S. 117-136). Hatte H. Waitz noch kurz darauf hingewiesen, „dass ein grosses Licht, das die endliche Erscheinung des geweissagten Messias (Jes 9, 1) ankündigen soll, den Ort umstrahlt" (S. 41), so bleibt Ph. Vielhauer S. 103 lediglich bei dem Hinweis auf W. Bauer, *Das Leben Jesu im Zeitalter der neutestamentlichen Apokryphen* (Tübingen, 1909), S. 134-139 stehen, ohne näher auf die Lichterscheinung einzugehen. Wichtiger ist aber seine These, dass das „Eingehen des heiligen Geistes" etwas anderes sei als die biblische Herabkunft auf Jesus.

Die hier erzählte Lichterscheinung im Taufbericht steht nun nicht allein da; sie findet sich in zwei altlateinischen Übersetzungen (Cod. Verc. und Cod. Sangerm.). Auch das Evangelium der Syrer, das Diatessaron, scheint nach dem Zeugnis der Kommentatoren Ischodad und Dionysius Barsalibi von einem „Erstrahlen eines Lichtes" geredet zu haben. Verwandt ist dann eine bei den Kirchenvätern wiederkehrende „Feuer"-Tradition (Justin, *Dial.* 88; Ps. Cyprian). Es scheint aber, als ob diese „Feuer"-Erscheinung „im Jordan" gegenüber der „Licht"-Tradition sekundär sei. A. Resch, *Agrapha*, 2. Aufl. (TU, 15, 2; Leipzig, 1906) erwägt, ob nicht hinter dieser „Licht"-Tradition ein echter Kern verborgen ist, vergleicht den Verklärungsstoff Mt 17, 2 ff. mit ihr und kommt dann zu dem Schluss, dass das Legendäre der apokryphen Darstellungen in der Loslösung des Vorgangs von der Person Jesu und in der grobsinnlichen Veräusserlichung des Ereignisses zu finden sei (S. 225). Methodisch ist auch hier falsch, die Besonderheit der einzelnen Traditionen zu missachten. Richtig ist aber die Verbindung zur Apostelgeschichte gesehen (Lichterscheinung, Frage: „Wer bist du, Herr?", Niederfallen). J. Kosnetter, *Die Taufe Jesu*, 1936, berichtet von Versuchen, die Lichterscheinung bei der Taufe Jesu für ursprünglich zu halten und religionsgeschichtlich verschieden einzuordnen (z. B. H. Usener, *Das Weihnachtsfest* (Bonn, 1911), 66; D. Völter, „Die Taufe Jesu durch Johannes", *NThT* 6 (1917), 68 ff.). A. v. Harnack, *Sprüche und Reden Jesu* (Leipzig, 1907) beschränkt sich vorsichtig auf den synoptischen Text, der kein sicheres Urteil zulässt (S. 219). Ich sehe zwei verschiedene Möglichkeiten der Erklärung: Entweder gab es eine alte hebräische Urüberlieferung, die epiphanieartig Licht=Wort Offenbarung traditionsmässig zusammenstellte, oder aber der ursprüngliche synoptische Bericht wurde, wie es im Ebionäerevangelium heute zunächst scheint, aufgefüllt. Eine letzte Entscheidung in dieser Frage muss offenbleiben.

Doch kann man jetzt auf zwei Untersuchungen: E. Bammel, 'Die Täufertraditionen bei Justin', *Studia Patristica*, 8 (TU 19, Berlin, 1966), S. 54 ff. und Fr. Lentzen-Deis, *Die Taufe Jesu nach den Synoptikern* (Frankfurt, 1970) verweisen.

Fragen wir nach dem „Licht des Messias", so werden wir feststellen müssen, dass Feuer, Licht, Herrlichkeit in einem bestimmten Zusammenhang stehen, dass aber zwischen den Begriffen im Einzelnen differenziert werden muss. Ausgangspunkt ist die messianiche Botschaft vom Gottesknecht: Jes 42, 6; 49, 6. Im Traditionsprozess verwandelt sich diese Verheissung in eine Selbstaussage des Gesandten, der als Bringer des gegen die

Finsternis kämpfenden Lichtes sagen kann: „Ich bin das Licht der Welt" (Joh 8, 12). Vgl. auch die Parallele aus der Kabbala II fol. 148b.

Spuren einer Christologie, die vom Eingehen Jesu Christi in seine Herrlichkeit redet, finden sich in Lk 24, 26. Ihr entsprechen die johanneischen Hinweise auf das Erhöhtwerden (Joh 3, 14) und Verherrlichtwerden (Joh 17, 1. 5). Gemeint ist das Eingehen in die himmlische Welt — bei Lukas nur angedeutet — die vor Erschaffung der irdischen Existenz Jesu gegeben war.

Feuerzeichen und Stimme, Herrlichkeit und Anrede, Licht und Wort sind von alters her Begleiterscheinungen der göttlichen Berufung (Moses, Jesaia, Jesus und Paulus). Diese Zeichen gehören in den Zusammenhang einer Epiphanie. Die genannten Zeichen sind als solche nicht austauschbar (z. B. Feuer, Licht). Auffallend ist, dass beides möglich ist: die Herrlichkeit Gottes kann gleichzeitig die Herrlichkeit Jesu sein, die Jesaia schaut (Jes 6, 1–7; Joh 12, 41). Umgekehrt kann das Licht Christi, das den Paulus blendet, aus einer himmlischen Welt stammen (Apg 9, 8 f.). Die Christologie baut auf Ps 110, 1 ff. auf: der Christus ist zur Rechten Gottes erhöht. Hinter diesen Überlieferungsprozessen steht die Verwandtschaft urchristlicher Traditionen mit dem palästinischen Targum, ein Vorgang, auf den D. Daube selbst aufmerksam macht.

Ich postuliere eine alte hebräische Zusammengehörigkeit von Licht und Wort.

Jesus and the Pharisees

B. Lindars

THE Synoptic Gospels present a many-sided portrait of Jesus. By concentrating on one aspect rather than another, the reader may easily form a distorted idea of his character and personality. If we begin with Mark, and read only the first chapter, we shall gain the impression of a religious teacher comparable to the rabbis of first-century Judaism. Jesus preaches in the synagogues of Galilee, notably at Capernaum. Here his prowess is acclaimed by his audience. He speaks with greater authority than the scribes. This puts him on a level with the ordained rabbinate, although he has no such official authorization. It is true that the most astonishing thing about his teaching is the effectiveness of his work of exorcism and healing. But exorcism is one of the functions of the rabbinate.[1] In the next chapter we find Jesus in conflict with the scribes and Pharisees. In one of the stories, the complaint against the disciples for threshing corn in their hands on the sabbath day (Mark 2: 23–8), Jesus shows rabbinic skill in citing a scriptural precedent. In the following pericope, the man with a withered hand (3: 1–6), he defends his action by extending the logical principles of the sabbath laws. After this the rabbinic aspects of the portrait of Jesus fall into the background for a while. But they reappear with new force in the tirade against the Pharisees in 7: 1–23.

Without disputing the fact that there is much more to the character of Jesus than this, we are certainly entitled to take seriously the picture of him as a rabbi. A very large proportion of his positive teaching can be paralleled from rabbinic sources. Some scholars have even reached the conclusion that Jesus was himself a Pharisee. It does not necessarily follow from this that the element of conflict is entirely due to the later estrangement of the church from the synagogue. For there were rival schools of

---

[1] Not officially, of course, but according to popular estimate in the time of Jesus. Cf. D. Daube, *The New Testament and Rabbinic Judaism* (London, 1956), pp. 206 f.

Pharisees in New Testament times. From this point of view Jesus and the disciples constitute a school of their own. But although Jesus fully shares the best Pharisaic aim of promoting personal righteousness before God, and accepts without reserve the doctrine of resurrection which the Pharisees at this time were so anxious to promote, it is going beyond the evidence to suggest that he was himself a Pharisee. Such a view does not make sufficient allowance for the variegated scene of New Testament times. There is certainly much to be said for the assertion that Jesus was a follower of John the Baptist at the time when he began his ministry. But it appears from the implications of Mark 2: 18–22 that Jesus broke with John over the latter's strictness of ceremonial observance, which was a hindrance to his policy of going out among the common people.[1] It is then hardly likely that Jesus would throw in his lot with the equally strict Pharisaic party.

But though it would be a mistake to suppose that Jesus was a Pharisee, the picture of him as a rabbi with his school of disciples still stands. The similarity between him and the Pharisees can still be very close, even if he disagrees with them on some fundamental points of principle. Apparently he is well versed in the scriptures and can deal with legal matters. It may well be that the relationship of his teaching to theirs is closer than the gospels in their present form would lead us to believe. The shift of application which takes place in the oral transmission of his teaching, as the church moves out into new situations, and especially into the Gentile world, may have obscured the essentially rabbinic character of much of the Jesus tradition. Form criticism may then be expected to reveal further rabbinic elements in the portrait of Jesus. This will tend once more to close the gap between Jesus and the Pharisees.[2]

It is the purpose of this paper to sound a warning against too ready an assumption that this can be done. It would obviously be

---

[1] See also my discussion of John 3: 25–30 in 'Two Parables in John', *NTS* 16 (1969/70), 318–29.

[2] The issue is complicated by the difficulty of identifying the Pharisees themselves in New Testament times. It is notable that John Bowker begins his short study (*Jesus and the Pharisees*, Cambridge, 1973) by addressing himself to this problem. Geza Vermes (*Jesus the Jew*, London, 1973) has attempted to close the gap by drawing attention to certain Galilean teachers, whose deeds and teaching are comparable to those of Jesus, but who were accepted as belonging to themselves by the rabbis of the Tannaitic period.

Jesus and the Pharisees 53

impossible within the limits of a short article to survey the evidence on a wide scale. Attention will be confined to two passages which have been interpreted in the light of rabbinic material, and which have thereby placed Jesus in a strongly rabbinic mould. It will be shown that these interpretations are unsound, and that the essential difference between Jesus and the Pharisees stands.

1. *The Parable of the Unjust Steward, Luke 16: 1-8*

The interpretation of this parable turns on the vexed question of the legitimacy of the steward's action in writing off a considerable proportion of the amounts owed by his master's debtors. It is widely held that he was not entitled to do so, so that he was acting unscrupulously in order to gain favour from those who he hoped would help him in his time of need. Consequently the commendation of his action by the *kyrios* in v. 8 has caused trouble to interpreters. Opinion is devided whether this verse is part of the parable, in which case *ho kyrios* means the steward's master, or whether it is an editorial comment by Luke himself, in which case it means Jesus, and *hoti* in 8b begins *oratio recta*. The latter view is strongly favoured by recent commentators, who compare Luke's technique in 18: 6, though it has not been adopted by the modern English translations.[1] The decision on this issue does not depend, however, on the answer to the question of the legitimacy of the steward's action, as v. 8 may still be a Lukan comment, even if the steward is held to be entirely justified in what he did.

A great deal of light has been thrown on the question by the very detailed study of J. Duncan M. Derrett.[2] Here rabbinic sources have been combed to extract as much information as

---

[1] In fact vv. 8 and 9 are best explained as additions made on account of the abrupt ending of the parable and the obscurity of its meaning. First 8a has been added to give the required 'happy ending' to the story. For *ton oikonomon tēs adikias* compare *ho kritēs tēs adikias* in 18: 6. In each case *tēs adikias* suggests a reference to the preceding parable rather than an integral part of it. Secondly, 8b gives the first of two intepretations, to the effect that the prudence of the ungodly should be regarded as an object-lesson to the Christian (for 'the sons of light' cf. John 12: 36; Eph. 5: 8; 1 Thess. 5: 5). Thirdly, v. 9 provides a second interpretation, recommending wise use of worldly goods for ends which are in themselves lasting, and so fit the Christian for the coming age, in which worldly goods will have no place. This interpretation is based on an allegorizing application of v. 4 which accounts for the ambiguity of the subject of *dexōntai*.

[2] *Law in the New Testament* (London, 1970), pp. 48-77.

possible on Jewish laws and customs in connection with agency and usury. The answer that emerges is that the matter is far too complex to admit of a simple either/or. The steward acts for his master with full competence to make decisions on his behalf, so that he has the right to reduce the debtors' bills. On the other hand, in so far as the master has a legal right to exact usury, the action of the steward undoubtedly defrauds him of his due. The proportion that is written off from the bills cannot be regarded as nothing more than the steward's own rake-off in the transaction. But then the legal basis of usury is complex, for it is contrary to the law of God to exact usury at all, though various devices were universally employed to enable people to do so with a good conscience, and these would be upheld by the courts.

The solution which Derrett himself adopts is that the whole point of the parable is contained in the ambiguity which these observations entail. Precisely because usury is forbidden by the law, the steward's action not only wins him the favour of the debtors, but is actually the fruit of a moral conversion prompted by his distressing situation (hence the parable very suitably follows that of the Prodigal Son, Luke 15: 11-32). He writes off all the interest in strict accordance with the law against usury, thus accepting the law of God in place of his previous scandalous disregard of it. The master may lose as a result of this. But he cannot complain of what he knows to be righteous in the sight of God. Derrett applies v. 8 to the master, and so explains his commendation of the steward on the grounds that the final account which the steward renders (v. 2) puts him, too, in a good light as one who does not exact usury. The application of the parable then comes in v. 8b, where the prudence of this worldly steward is held up as an object-lesson to the disciples. They should remember that, even in the transactions of this wicked world which is now passing, circumstances sometimes force men to take what is the only right course in the sight of God, and it is to their advantage to do so. How much more should those whose hearts are set on the everlasting habitations make prudent use of the unrighteous mammon in the light of God's commands! Moreover, if v. 8a refers to Jesus after all, then there is a wise humanity and humour in his commendation of the steward. For, of course, the steward *does* defraud his master, and a scrupulous person might hesitate to follow such an example. But Jesus knows that real life is never ideal.

'Inappropriate scruples are as much a hindrance to obedience to God as disingenuous or inaccurate juristic subtlety.'[1]

What sort of a picture of Jesus is presupposed by this interpretation? He is evidently well versed in the niceties of Jewish legal casuistry. In spite of this, it is not essential to suppose that he has had a legal training, because the legal position on which the whole parable turns must be regarded as common ground between him and his untrained hearers, seeing that the parable includes no explanation of it. But Jesus is interested in the law from a deeply religious point of view. His real concern is to uphold the fundamental Jewish law against the legal quibbles whereby its real purpose in the sight of God is evaded.[2] The case is comparable to the 'Corban' issue in Mark 7: 9–13. However, this time the matter is not brought up in the course of controversy with the Pharisees themselves. It is part of the teaching of the disciples. And it has a certain timeless quality about it, and a universal validity. In short, we have here the picture of Jesus the rabbi, wise, urbane, comparable to the best of the Pharisees, but concerned for the 'weightier matters of the law', which, he complains, they too often forget (Matt. 23: 23).

Quite a different picture appears when the parable is approached from the standpoint of form criticism. The value of the information about agency and usury is not denied. But the ambiguity of the legal position is not taken to be the crucial factor for the interpretation of the parable, and this for two reasons. Firstly, from the point of view of transmission of the parable into a fresh milieu, it is improbable that it would be transmitted intact, including the correct application in v. 8b, without the addition of some kind of explanation of the legal matter which alone makes it intelligible (contrast Mark 7: 11). It would be more likely that the point would be lost and the application would be wrong. Secondly, and more important, from a form-critical point of view it is necessary to distinguish between the form of the story and its content. The content is the stewardship of wealth, and this has dictated the larger context in which it now stands in Luke. So, it takes its place at the head of a series of sayings on faithful stewardship, in which the transient riches of the present age are contrasted

[1] Derrett, op. cit., p. 77.
[2] C. H. Dodd, *The Parables of the Kingdom* (London, 1965), p. 18, allows that this might be the purpose of the parable if v. 8 is taken to be an integral part of it.

with the eternal riches. But if we neglect this theme, and concentrate only on the form of the story, then it becomes unnecessary to suppose that it was originally intended to illustrate teaching of this kind. The story is drawn from life. A man finds himself faced with a crisis which threatens his whole existence. He takes immediate action, such as is appropriate in his circumstances, to secure his future. It is implied, but admittedly obscurely—hence the problematical nature of the interpretation of this parable—that his action involves some personal cost, the sacrifice of a more immediate gain. We may gratefully acknowledge that this implication is confirmed by the careful and patient work of Derrett.

Seen in this light, the parable must be classed with the parables of the crisis of the imminent arrival of God's kingdom, like so many others.[1] It is a warning to the hearers to take stock of their actual situation, to see how they already stand under divine judgement, and to take action now. And they must face the fact that there will be sacrifice involved in it. But they must be ready for that, because the object in view is infinitely more important than what they stand to lose by it.[2]

On this interpretation, Jesus appears as a man with a mission. His work is conducted with a compelling sense of urgency, for the time is all too short. Men must look to their standing before God now, before it is too late. Jesus is not so much concerned with the interpretation of Jewish laws as with the inner motives of men's actions. To be able to face God at the coming of his kingdom, they must face themselves. It is the prophetic element in the character of Jesus which predominates.

2. *The Woman Caught in Adultery*, John 7: 53–8: 11

Our second example shows Jesus confronted by the scribes and Pharisees in a situation in which he cannot escape the challenge to his personal authority. It is a matter of life and death, for the

---

[1] A similar interpretation is given by M. Krämer, *Das Rätsel der Parabel vom ungerechten Verwalter, Lukas 16: 1–13* (Biblioteca di Scienze Religiose, 5; Zürich and Rome, 1972), at the conclusion of a long study of interpretations of the parable; cf. review by K. Weiss, *ThLZ* 98 (1973), Sp. 683 f. (unfortunately this book was not available to me).

[2] The 'crisis' interpretation is adopted both by Dodd (op. cit., p. 17): 'Act boldly to meet the crisis'; and by J. Jeremias (*Die Gleichnisse Jesu*, Göttingen, 1962, p. 44; E. T. 1963, p. 47): 'Resolute action in a crisis.' Both assume that the steward used unscrupulous means, and so miss the point that the action required entails the sacrifice of immediate gain.

woman is liable to the death penalty. It is not quite clear why the case is brought to Jesus, though it seems that it is some kind of trap (v. 6).[1] On the other hand, the story fails to follow the pattern of comparable controversy traditions (e.g. Mark 2: 1–12, 23–8; 11: 27–33; 12: 13–27), in which the conclusion is a pronouncement on the point at issue. There is thus room for different opinions about the nature of the trap—if it is a trap at all, for the questioners may seriously want the judgement of Jesus to help them in a difficult case. It has been suggested that the scribes and Pharisees hope to trap Jesus, because the case, involving the death penalty, runs into practical difficulties, since the Jews have not the power to enforce it. Jesus will thus be forced to declare himself on one side or the other, the law of God or Caesar, as in the case of the Tribute Money. But this can hardly be right, as those who bring the woman are clearly bent on carrying out the penalty of stoning, regardless of the political position.[2] Alternatively, the case is brought to Jesus because it is known that he will wish to excuse the woman. If he does so explicitly, he will incriminate himself as one who disregards the law of Moses, because there can be no dispute that by that law the woman must die.

There can be little doubt that the latter alternative is the right one. But then it raises the question of Jesus' attitude to the law. Are we to suppose that he deliberately set aside the law for the sake of his compassionate ministry? Does he not rather work within the framework of the law, recalling men to its fundamental principles for the sake of truth to themselves before God? This is certainly the impression given by the Marcan controversy stories. In each case Jesus beats the lawyers on their own ground. In the case of the man with a withered hand (Mark 3: 1–6), which provides the closest formal parallel to the present incident, Jesus escapes the dilemma by showing that the act of healing on the sabbath constitutes an extension of a principle which can already be taken as agreed on both sides.[3]

On these grounds there is much to be said for the attempt of

---

[1] V. 6a, which is missing in a few manuscripts, and appears in a different form transferred to v. 4 in D, may well be an explanatory addition to the text, which has an unusually high proportion of variants and interpolations.

[2] Cf. Daube, op. cit., pp. 303–8.

[3] The point at issue is argued more fully in John 5: 9b–18; 7: 16–24, perhaps reflecting later disputes in which the Christians support their position by appeal to the Jesus tradition.

Derrett[1] to show that Jesus saves the woman's life by means of an astute handling of the legal issues, whereby the validity of the law of Moses is upheld and the essential moral challenge of the teaching of Jesus is maintained. According to this interpretation Jesus appears again in a strongly rabbinic mould. As this story is widely held to be an authentic tradition, and has apparently escaped redactional changes for the most part,[2] it is a valuable witness to the character and personality of Jesus, and the interpretation of it is correspondingly important for our estimate of him.

Derrett argues that the facts of the case, which are only indicated in the pericope with the utmost brevity, are explicable only if there are defects in the legality of the procedure. The death penalty can be imposed only if the accused has been warned of the consequences of his or her action. The basic situation, that the woman has been caught in the act of adultery (v. 4), is so difficult to establish on casual evidence, that it must be assumed that the woman was convicted as a result of a trap laid by her husband who already suspected her of associating with a lover. He has thus had the opportunity of giving the required warning, and if he had duly done so there would have been no question that the death penalty must be applied. In this case, there would have been no point in coming to Jesus for a ruling. It thus has to be assumed that the warning had not been given, but that the husband is still pressing for rigorous application of the law. In fact, it could be argued that the duty of giving warning was not indispensable, as it is not actually mentioned in the law of Moses. So the question is, whether the conviction should be proceeded with in spite of the defect of the requirement of giving warning, or whether the case could be quashed. If Jesus takes the latter view, he will have a nice point of law to interpret. He might give a ruling that could be shown to be contrary to the law of Moses. If so, he would fall under the accusation of being a 'rebellious teacher'.

Jesus has been approached as a rabbi, and he is expected to give a ruling on the case. Derrett finds this in the words of Jesus in

[1] Op. cit., pp. 156–88.
[2] The editor has provided the setting (7: 53–8: 2). It is in fact most improbable that the incident took place in the temple, with its highly organized legal courts. A Galilean setting seems more likely. The rest of the pericope (apart from textual embellishments) is told with such economy that no secondary interests appear at all (with the possible exception of the last words of v. 11, cf. p. 61 n. 2 below).

v. 7: 'Let him who is without sin among you be the first to throw a stone at her.' He interprets this to mean that Jesus does not actually give a decision on the necessity of giving warning, but that he shows up the lack of integrity which lies behind it. Seeing that the facts of the case show that the witnesses could have given warning but did not do so, the whole affair must be regarded as a put-up job. The witnesses are tainted, and the scribes and Pharisees who side with them render themselves tainted by their association with them. None of them can be regarded as without sin. But Jesus could hardly have expressed this point in this way, if he had not first shown that he was well aware that the witnesses were false. Derrett suggests that Jesus did this by what he wrote on the ground before he spoke. This must have been Exod. 23: 1b: 'You shall not join hands with a wicked man [to be a malicious witness].' This is reinforced after the spoken reply of v. 6, with a second written text, which actually figures in the rather similar story of Susanna,[1] Exod. 23: 7a: 'Keep far from a false charge [and do not slay the innocent and righteous].' The text also forms a suitable transition to Jesus' own refusal to give a verdict in v. 11. Very properly he does not make a pronouncement on the case, but he gives the warning which the woman should have had in the first place.

According to this interpretation of the story Jesus' interest in the case is confined to the legal issues. There is no suggestion that he might have wished to avoid the strict application of the law. 'By implication we know that had she been warned and had the accusers been sinless her stoning could have taken place with his approval.'[2] But there is a small concession to humane feeling. Jesus' rigorous application of the law has the effect of promoting compassion, because he insists that accusations can only be handled by those who are themselves pure.

Even if the resulting picture of Jesus as a highly skilled lawyer is regarded as acceptable, the interpretation nevertheless fails to convince. From the point of view of the transmission of the tradition, it is intrinsically improbable that the facts should be correctly transmitted in every detail, but yet the crucial factors for understanding it should be omitted on the grounds that they can be taken for granted between narrator and audience. The story owes its survival to the fact that it was credible on its own terms of reference. We are not entitled to assume that there was any

[1] Sus. 53.   [2] Derrett, op. cit., p. 187.

defect of legality in the accusation. The plain sense of vv. 4 f. implies exactly the opposite. The meaning of Jesus' words in v. 7 scarcely requires the content of his writing in v. 6 to elucidate it, seeing that we are not told what he wrote. It is not as if what Jesus said was impossible to understand.

Once more form-critical principles must be applied in order to reach a correct interpretation. The story has been preserved because of its value for promoting a compassionate approach to penitential discipline.[1] But in the unknown gospel to which it belongs it served a different function. It belongs to the genre of controversy stories, in which Jesus appears in conflict with the scribes and the Pharisees. The evangelist's interest may have been promoted by the later conflict between church and synagogue. But the issue is far too deeply embedded in the gospel tradition to be written off as a creation of the church after the opening of its ranks to the Gentiles. In fact, the case of the punishment of an adulteress is scarcely likely to have been a matter of dispute between church and synagogue. It comes into that debate only as an illustration, like the other controversy stories. It is notable that in these traditions Jesus does not dissociate himself from the Jews, as he does in the Fourth Gospel, where the later conditions are clearly reflected.[2]

On a plain reading of the text, the situation which the story presupposes is as follows. The scribes and the Pharisees, who here need not be differentiated,[3] are feeling a growing concern about the influence of Jesus on the mass of the people. Evidence has been accumulating to show that he sits dangerously lightly to the letter of the law. His open association with 'publicans and sinners' is nothing less than defiance of the truly devout Jews' care to preserve the purity. Hitherto Jesus has always managed to maintain this stance, when challenged, without technical breach of the law. That is why his opponents find him so hard to get at, and have to resort to a trap. The case of the adulterous woman, occurring at a time and place where Jesus is within easy reach, at last gives them the opportunity they have been waiting for. The case is

[1] It is referred to from this point of view in the Syriac *Didascalia*, 7, and in the *Apostolic Constitutions*, 2. 24.

[2] Cf. John 7: 19–22; 10: 34 ('*your* law').

[3] Derrett, op. cit., p. 165, suggests that the scribes and the Pharisees are two groups with radically opposed views on the legal issue involved. Hence the decision to ask Jesus for a ruling.

indisputable. In order to answer the lawyers' question, Jesus must either admit that nothing can hinder the full rigour of the law, so that the woman must be stoned, thus spoiling his reputation for compassion and leniency; or else maintain his position at the cost of a direct denial of the law of Moses. Everyone knows that he will choose the latter course, and this is what actually happens. But the whole point of the story is that he finds a way of doing so without actually incriminating himself, and his opponents retire hurt.

Seeing that it is the *way* in which Jesus does this which is the central item of interest in the story, special importance attaches to the description in vv. 6b–9. This includes the peculiar feature of writing on the ground, and the saying in v. 7, which is notable more for its proverbial quality than for the originality of the sentiment expressed. The act of writing has a practical function in the story, and what Jesus wrote (if he was not merely doodling) is immaterial. It serves the function of showing that Jesus does not wish to concern himself with the case. Only when the lawyers persist in their request does he take cognizance of it. Moreover, from the story-teller's point of view, the writing holds up the progress of the story in such a way as to arouse the curiosity of the listeners to see how Jesus will cope with the situation. When at last he does speak, Jesus takes good care not to reveal his own position. What he does is to show up the evil intentions of his opponents. They are guilty of sin by using the case of the adulteress as a means of ensnaring him. The matter, involving the life of a human being, is too serious to be pressed into the service of such an unworthy end. So his reply is aimed at forcing them to face themselves. But he does it obliquely, without accusing them directly. That is why his reply is in proverbial form. It is, as one interpolator goes on to point out,[1] their own conscience which convicts them of duplicity. Hence Jesus' return to his occupation with writing in the dust again has a practical purpose, to allow time for his words to take effect. The lawyers gradually acknowledge the falsity of their position and discreetly withdraw. Even when all have gone, Jesus still refuses to adjudicate on the case. He simply tells the woman to go.[2] The affair has given time for her to think,

---

[1] Words to this effect are added in v. 9 by the Koine texts and some other manuscripts.

[2] The *Didascalia* version of the story abbreviates it considerably, omitting all

just as much as for her accusers. He can thus show mercy in his accustomed manner without condoning her sin.

If this is a correct understanding of the story, and if it is an authentic tradition of the ministry of Jesus, we must take seriously the fact that, without necessarily wishing to overthrow the law, he was resolutely opposed to a rigorous application of it, so much so that he came very close to denying it on occasions. But it would be quite untrue to say that he ever recommended disobedience to the law. Rather, his attitude is essentially practical. He is concerned with 'the weightier matters of the law' (Matt. 23: 23), with the things that are fundamental to the relationship between God and man. This is not because he supports one school of interpretation rather than another, but because of the end which he has in view. This is nothing less than to prepare the *whole* people of God for the coming of the kingdom (Matt. 10: 23).

It now becomes clear how the two elements of the picture of Jesus which we have reviewed fit together. On the one hand Jesus preaches the crisis of the coming kingdom, and draws attention to the piercing moral challenge which this entails. On the other hand he practises a compassionate ministry, which frequently involves him in setting aside the strict application of the law, so that he runs the risk of incriminating himself with the scribes and Pharisees. The qualification for entry into the kingdom, and indeed the moral basis of life in the kingdom once it is established, cannot be measured by exactness in observance of the law, but only by the state of the heart. The point is perhaps expressed most succinctly in the first of the Beatitudes: 'Blessed are you poor, for yours is the kingdom of God.'[1]

reference to vv. 6–8, so as to concentrate attention on the example of Jesus' forgiveness. But for the same reason the conclusion appears to be reproduced verbatim: ' "Have the elders condemned thee, my daughter?" She saith to him: "Nay, Lord." And he said unto her: "Go thy way; neither do I condemn thee" ' (R. H. Connolly, *Didascalia Apostolorum: the Syriac Version*, Oxford, 1929, p. 76). The absence of anything corresponding with *mēketi hamartane* (v. 11) is notable. It may well be an addition from John 5: 14, though it is found in all the Greek texts.

[1] Luke 6: 20. Matthew's 'poor in spirit' has long been recognized to be a correct interpretation. A Hebrew version of the phrase, '*anwē rūaḥ*, has turned up in 1 QM XIV. 7, and there are many comparable phrases in the Qumran texts. The meaning in Christian circles is not necessarily either that of Qumran (the community which professes voluntary poverty) or of the rabbinic texts quoted by Billerbeck (i. 190: the '*ammē hā'āreṣ*). NEB paraphrases Matt. 5: 3: 'How blest are those who know their need of God.'

Jesus and the disciples may have appeared to some extent like a rabbi and his pupils. But the difference is fundamental. We should not forget that the disciples are a large and amorphous group, whereas the men who formed a close group around Jesus, and so most nearly resemble a rabbinic school, are designated apostles. Jesus is not primarily a teacher of the law, training his disciples to become proficient in the law, and passing on to them his accumulated learning of the tradition of the elders. He is a preacher who is recognized to have the gifts of a prophet, and the apostles are chosen to assist him in his mission.

The opposition of Jesus to the Pharisees may very well have been exaggerated in the development of the gospel tradition. But it has its factual basis in their opposition to him. This, too, may have been no more than episodic and occasional, until the final train of events which led up to his arrest and trial, which involved other elements in the 'establishment', notably the Sadducees. The most natural interpretation of this opposition is that it was an example of the recurring phenomenon of the reaction of the establishment, composed for the most part of thoroughly good and estimable men, to a movement which poses a threat to the *status quo*. But it is impossible to contain new wine in old skins.

Ist das Dankopfermahl der Ursprung des Herrenmahls?

JOACHIM JEREMIAS

H. GESE hat eine neue Theorie für die Herleitung des Herrenmahles aufgestellt: es sei aus einer „tōdā (Dankopfermahl) des Auferstandenen" erwachsen.[1] Diese Hypothese soll im folgenden geprüft werden.

I

Vorangestellt seien die Fakten über das Dankopfer (tōdā). Die Vorschrift über seine Darbringung findet sich Lev 7, 12 ff.; 22, 29 f. Danach gehörte es zur Kategorie der Mahlopfer, die von den Darbringenden verzehrt werden durften, nachdem das Blut gesprengt, das Fett auf dem Altar verbrannt und Brust sowie rechte Keule des Opfertieres an die Priester abgeliefert worden waren. Kennzeichnend für das Dankopfer ist, dass mit ihm die Darbringung von verschiedenen Arten ungesäuerter und gesäuerter Backwaren verbunden war, von denen die Priester ebenfalls ihren Anteil erhielten. Die Menge der Kuchen wird von der Schrift nicht festgelegt; die Mischna übertreibt, wenn sie behauptet, dass zu jedem Dankopfer fast ein Zentner Mehl gehört hätte.[2]

Anlass für die Darbringung eines Dankopfers dürfte in der Regel ein in bedrängter Lage für den Fall der Errettung abgelegtes Gelübde gewesen sein.[3] Die finanzielle Belastung des Darbringers wurde in neutestamentlicher Zeit dadurch beträchtlich gemildert, dass man im allgemeinen die Dankopfer mit dem zweiten Zehnt bezahlte, der sowieso in Jerusalem verzehrt werden musste;[4] so beschränkte sich die eigentliche Leistung auf die allerdings erhebliche Abgabe an die Priester.

---

[1] „Psalm 22 und das Neue Testament. Der älteste Bericht vom Tode Jesu und die Entstehung des Herrenmahls", *ZThK* 65 (1968), 1–22; hier 22.
[2] Men. 7, 1: zwei Epha = *ca* 80 Liter.
[3] Lev 7, 16.
[4] Men. 7, 5.

Ist das Dankopfermahl der Ursprung des Herrenmahls? 65

II

Gese hat dieses Bild angereichert. Unter Berufung auf die Aufeinanderfolge von Klagelied und individuellem Danklied in Ps 22 vermutet er, dass beim Dankopfermahl zunächst die Not, aus der man errettet wurde, berichtet und sodann ein Danklied angestimmt worden sei (S. 11, 18). Daraus wiederum folgert er, dass die Opfermahlzeit bedeutet habe, „dass der Errettete . . . nach seinem der Todessphäre Verfallensein eintritt in eine erneuerte Existenz unter den Seinen" (S. 11). „Die tōdā stiftet ein neues Sein" (S. 11). Kurz: im Dankopfermahl wird die Errettung kultisch nachvollzogen (S. 11, 18). Von diesen Erwägungen her wagt Gese einen kühnen Sprung zum Neuen Testament: sie bieten nach seiner Überzeugung den Schlüssel zum Verständnis des Herrenmahls. Denn „nach alttestamentlichen Massstäben" musste „auf die Erfahrung der Auferstehung hin notwendig die Feier der tōdā vollzogen werden, ja, die Verkündigung der Auferstehung kann vollgültig, d. h. als Erfahrung der Auferstehung, nur in dem tōdā-Mahl vollzogen werden" (S. 20). Aus der „tōdā des Auferstandenen" ist das Herrenmahl erwachsen. Weist es doch die Kennzeichen des Dankopfermahls auf (wie Gese dieses sieht): das Mahl ist ein Sättigungsmahl, bei dem Brot eine Rolle spielt, die Klage wird zitiert (1Kor 11, 26: der Tod Jesu wird verkündigt), es folgt die Erinnerung an die Heilstat Gottes (1Kor 11, 24 f.: ἀνάμνησις), Jubel klingt auf (Apg 2, 46; αἰνοῦντες τὸν θεόν).

Freilich unterscheidet sich die „tōdā des Auferstandenen" dadurch vom üblichen Dankopfermahl, dass bei ihr das Opfertier fortfällt. An seiner Stelle gibt der Auferstandene sich selbst (S. 20). Gleichzeitig übernimmt aber auch das Brot die Funktion des Opfertieres, „indem es gleichnishaft an die Stelle des geopferten Leibes tritt" (S. 21).

III

Es erheben sich Fragen.

Zunächst fragt es sich, ob es ein solches Ritual der Dankopferfeier, wie Gese es mit Hilfe von Rückschlüssen aus einigen Klageliedern postuliert, überhaupt gegeben hat. Gewiss mag die Erinnerung an die Bedrängnis und der Dank für die Errettung bei den Gesprächen der Mahlgenossen eine Rolle gespielt haben. Aber das ist etwas anderes als: kultischer Nachvollzug der Errettung. Der Befund der neutestamentlichen Zeit mahnt hier zu grösster Vorsicht. Wir sind über den Kultvollzug zur Zeit Jesu so gut unterrichtet, dass das beharrliche Schweigen der Quellen über ein Ritual für das Dankopfermahl schwer wiegt. Wohl aber hat es im antiken Judentum ein Gemeinschaftsmahl gegeben, bei dem man sich in feierlichem Ritual höchster Bedrängnis und der Errettung aus ihr erinnerte — aber das war nicht das tōdā-Mahl, sondern das Passamahl. „Er [sc. der Hausvater] beginnt [die Passahaggada] mit Schande [Knechtschaft in Ägypten] und endet mit Lob" (Pes. 10, 4).

Sodann: so unlöslich die Lev 7, 12 f. vorgeschriebenen Gebäckarten zur Dankopfermahlfeier gehörten, der Wein wird nie genannt. Denn der Umstand, dass Ps 116 in V. 13 den Becher des Heils und in V. 17 das Dankopfer erwähnt (S. 18), ist doch eine sehr schmale Basis für die Postulierung eines Rituals mit Weingenuss für die tōdā. Anders war es beim Passa: „Auch der Ärmste in Israel ... man gebe ihm nicht weniger als vier Becher Weins" (Pes. 10, 1).

Schliesslich: vollends problematisch ist aus mehreren Gründen „die tōdā des Auferstandenen" als Ursprung des Herrenmahls. Dieses ginge also nicht auf den letzten Abend des irdischen Lebens Jesu zurück, sondern auf die Feier des Dankopfermahls, mit der der Auferstandene und die Seinen „notwendig" (S. 20) auf die Erfahrung der Auferstehung geantwortet hätten; diese Feier, bei der der Auferstandene die Deuteworte gesprochen hätte, müsste im Anschluss an die erste Christophanie erfolgt sein. Wenn ich den Ausdruck „tōdā des Auferstandenen" richtig verstehe, so wäre hier eine Auferstehungsvorstellung vorausgesetzt, die m. E. mit dem pneumatischen Charakter der Christophanien nach den ältesten Auferstehungsüberlieferungen nicht vereinbar wäre. Es kommt aber noch etwas anderes hinzu. Dankopfer waren in der Osterwoche strengstens untersagt (b. Pes. 13b [Bar.]; Tos. Ḥag. 1, 6), weshalb am 13. Nisan der Andrang der Pilger, die ihre Dankopfer darbringen wollten, so gross war, dass die diensttuende Priesterabteilung die anfallenden Kuchen nicht bis Mitternacht bewältigen konnte und grosse Mengen verbrennen musste (b. Pes. 13b). Keiner der Jünger wäre auf den Gedanken gekommen, das strikte Verbot zu durchbrechen und in der Zeit vom 14. bis zum 21. Nisan eine Mahlfeier zu halten, für die, wie für das Dankopfermahl, Gesäuertes vorgeschrieben war. Eine tōdā war in der Osterwoche nicht möglich.

Facit: es empfiehlt sich also, sich bei der Antwort auf die Frage nach dem Ursprung des Herrenmahls an die Quellen zu halten, und ihn mit dem Passamahl (Synoptiker), allenfalls mit dessen Vorabend (Johannes), zu verbinden.

'...As we forgive...': a Note on the Distinction between Deserts and Capacity in the Understanding of Forgiveness

C. F. D. MOULE

IN a celebrated essay on the Lord's Prayer,[1] Israel Abrahams contrasted the limiting clause, 'as we forgive...', which follows the petition for forgiveness, with the unconditional forgiveness of God as it is affirmed in Jewish liturgy. Incidentally, the two versions of the Lord's Prayer differ, as is well known, at this very point. If we follow the generally accepted texts, Matt. 6: 12 has:

καὶ ἄφες ἡμῖν τὰ ὀφειλήματα ἡμῶν,
ὡς καὶ ἡμεῖς ἀφήκαμεν τοῖς ὀφειλέταις ἡμῶν,

whereas Luke 11: 4 has:

καὶ ἄφες ἡμῖν τὰς ἁμαρτίας ἡμῶν,
καὶ γὰρ αὐτοὶ ἀφίομεν παντὶ ὀφείλοντι ἡμῖν.

The version in the *Didache* (8: 2) corresponds, in respect of the tense, to Luke's version:

καὶ ἄφες ἡμῖν τὴν ὀφειλὴν ἡμῶν
ὡς καὶ ἡμεῖς ἀφίεμεν [sic] τοῖς ὀφειλέταις ἡμῶν.

It has been observed that the versions of Luke and the *Didache*, using the present tense, are less patient than Matthew's of being interpreted in the sense that God's forgiveness depends on man's initiative, for if one pressed the perfect tense, ἀφήκαμεν, in the Matthean version, it would mean that the worshipper claimed that he had already forgiven his debtors before he asked God to forgive him, whereas the present tense in Luke and the *Didache*, ἀφίομεν (ἀφίεμεν), makes the two contemporaneous, or might even be

[1] Ch. XII of *Studies in Pharisaism and the Gospels*, Second Ser. (Cambridge, 1924). See especially pp. 95-100.

'... *As we forgive* ...'. *The Understanding of Forgiveness* 69

interpreted as future in intention. J. Carmignac[1] argues that, on the contrary, Matthew subtly distinguishes the *petition* for forgiveness from God's actual *granting* of it, and that Matthew's perfect tense (representing *naśânu*[2] in the original—Hebrew, not Aramaic—as Carmignac conceives it) is to be read in relation merely to the petition for forgiveness, not to the offer itself of the divine forgiveness. Then, if so, Luke and the *Didache* represent a failure to recognize this subtlety and an attempt simply to make more room for the divine initiative. But J. Jeremias[3] reconstructs the original (Aramaic, as he believes, not Hebrew) behind both versions as *uš⁽ᵉ⁾boq lán ḥobaín k⁽ᵉ⁾diš⁽ᵉ⁾báqnan l⁽ᵉ⁾ḥajjabaín*, i.e. 'and forgive us our debts, *as we also herewith forgive* our debtors'.

However, the differences in the versions of this clause are a matter only of degree; for in either case, the petition is a conditioned one. Accordingly, Abrahams, whose two essays on forgiveness[4] should be read side by side with the one on the Lord's Prayer, makes a point of the fact that, in Jewish liturgy, no such condition is expressed. To be sure, outside liturgy, the idea of conditional forgiveness is by no means absent from Jewish writings, as Abrahams recognized. He cited Sir. 28. 2 as a well known example:

ἄφες ἀδίκημα τῷ πλησίον σου,
καὶ τότε δεηθέντος σου αἱ ἁμαρτίαι σου λυθήσονται.[5]

And in the essay on Man's Forgiveness[6] he had cited M. Yoma 8. 9 (not even the Day of Atonement atones for wrongs done by man to man: it effects atonement only if a man has appeased his fellow), T.B.K. 10. 18 (the man who brought a sin-offering and remembered at the very altar that he still held the stolen goods, was ordered to stop his sacrifice, make restitution, and then

[1] *Recherches sur le «Notre Père»* (Paris, 1969), pp. 230 ff.
[2] Ibid., p. 396.
[3] *The Prayers of Jesus* (E.T., London, 1967), pp. 94, 103, or *The Lord's Prayer* (E.T., Philadelphia, 1964), from *Das Vater-Unser im Lichte der neueren Forschung* (Stuttgart, 3d edn., 1965). The transcription follows *Abba* (Stuttgart, 1966), p. 160. More recently, in *New Testament Theology*, vol. i, *The Proclamation of Jesus* (E.T., London, 1971), p. 196, from *Neutestamentliche Theologie*, I. Teil: *Die Verkündigung Jesu* (Gütersloh, 1971), the form used is ... *hobēnan* ... *l⁽ᵉ⁾hayyābēnan*.
[4] Chh. XIX and XX, 'God's Forgiveness' and 'Man's Forgiveness' of *Studies in Pharisaism and the Gospels*, First Ser. (Cambridge, 1917), pp. 139 ff., 150 ff.
[5] And see, indeed, the whole passage, vv. 1-7, elaborating the theme.
[6] Op. cit., p. 162; cf. Bill. i. 287 f.

come back to his sacrifice, cf. Matt. 5: 23), and Philo, *Opif. Mund.* 1 and 4 (though of this I cannot see the relevance). Similarly, G. Friedlander[1] cited B. Yoma 23a ('all who are forbearing and forgiving and do not insist on their rights will be forgiven their sins'), and compared Taan. 25b[2] and Meg. 28a;[3] also Test. Zeb. 5: 3 ('Have therefore compassion in your hearts, my children, because even as a man doeth to his neighbour, even so also will the Lord do to him', cf. 8: 1, 2), and Test. Jos. 18.2 ('if any man seeketh to do evil unto you, do well unto him, and pray for him and ye shall be redeemed of the Lord from all evil').

But, despite the presence of this element in Jewish thought, Abrahams still believed that it was significant that it had been kept out of the actual liturgy, where the unconditional generosity of God is allowed to stand alone; and he contrasted with this the conditionality of the clause in the Lord's Prayer, and pointed to the difference as a mark of the distinctiveness of that prayer.[4] Incidentally, C. G. Montefiore, in the second edition of his commentary on the Synoptic Gospels, criticized Abrahams for this view, and suggested that the apparently conditional element in Matthew's version need not be taken strictly, and that the sentiment, broadly interpreted, was perfectly in accord with Jewish views.[5] If, however, we are looking for statements about the fully unconditional character of the divine forgiveness, the extreme

[1] *The Jewish Sources of the Sermon on the Mount* (London, 1911; reprint with prolegomenon by S. Zeitlin, New York, 1969), 156 f.

[2] '... this man was answered ... because he is ever forbearing and the other is not.' (Cf. T.B.K. 8. 7, 8. 10, etc.).

[3] 'He who waives his right to retribution is forgiven all his sins.'

[4] Op. cit. ii. 98. Dr. W. Horbury of Clare College, Cambridge, calls my attention to the fact that, actually, Jewish liturgy does contain at least one 'conditional' phrase, viz. 'repentance and good deeds are a shield against punishment', quoted from Aboth 4. 13 in the Afternoon Service for Sabbath (see W. O. E. Oesterley, *The Jewish Doctrine of Mediation*, London, 1910, p. 107).

[5] *The Synoptic Gospels*, ii (London, 1927), 102 f. For an acute discussion of Jewish views on the conditions on which an offence may be condoned, see D. Daube, *Sin, Ignorance and Forgiveness in the Bible* (The Claude Montefiore Lecture, London, 1960). But the recognition that there are certain conditions on which an offence may be condoned is not precisely the same thing as the free forgiveness of what is clearly not to be condoned. If the two approximate at all to one another, it is in those interesting cases, discussed by Daube, where what would normally count as deliberate, conscious sin is described as, on a deeper level, unwitting in the sense that all sin is in the last analysis, a failure in *understanding*—in understanding true values: '... the sinner deserves forgiveness because his very misdeeds prove him to be a helpless creature ...' (op. cit., p. 27).

instances are, as a matter of fact, not in Jewish Liturgy but in certain sayings attributed to Jesus, and in the Pauline epistles. Among the sayings attributed to Jesus, the most obvious example is 'love your enemies'[1] with the supporting sayings appealing to the character of God himself, who is kind to the unthankful and evil (Matt. 5: 44-8, Luke 6: 35 f.). And Paul's allusions to God's free forgiveness are, at times, notoriously so radical and unqualified that he has been accused by Jewish and Christian scholars alike of opening the door, logically at least, to antinomianism,[2] with his 'God who clears the wicked' (... τὸν δικαιοῦντα τὸν ἀσεβῆ, Rom. 4: 5).

But is there really a conflict between the conditional terms of the Lord's Prayer and the unconditional terms of Jewish liturgy or —even more extreme—of other sayings attributed to Jesus (such as the ones just adduced) and of Paul's gospel? The key to an answer to this question lies in distinguishing between, on the one hand, earning or meriting forgiveness, and, on the other hand, adopting an attitude which makes forgiveness possible—the distinction, that is, between deserts and capacity. Israel Abrahams more than once formulates the latter idea—that of capacity—, but seems strangely ready to entertain the former also—the idea of deserts. Thus, formulating the latter, he says: '... though there is no limitation to God's forgiveness, there must be a limit to man's taking advantage of it';[3] or, again: 'The Gospel exhortations to forgive take it for granted that, though the response must be prompt and complete, it is response rather than initiative that is contemplated'.[4] Yet, elsewhere he allows himself phrases such as these: '... religion is disciplinary. It must ... make forgiveness in some measure dependent on desert'.[5] Or, again (describing the Pharisaic position): '... man's duty to *strive* to earn pardon, and his *inability* to attain it without God's gracious gift of it';[6] or (on

---

[1] A saying criticized by Eschelbacher and C. G. Montefiore, in the latter's *The Synoptic Gospels*, ii (1st edn., 1909), p. 523, for being 'strung so high that it has failed to produce solid and practical results just where its admirers vaunt that it differs from, and is superior to, the ethical codes of the Pentateuch, the Prophets and the Rabbis.' In the second edition (1927), Montefiore omits this and goes so far, instead, as to speak of 'rather foolish modern Jewish criticism about this command' (p. 80).

[2] See J. Knox, *The Ethic of Jesus in the Teaching of the Church* (New York, 1961; London, 1962), p. 76; H. J. Schoeps, *Paulus* (Tübingen, 1959), p. 197; *Paul* (E.T., London, 1961), p. 188.

[3] Op. cit. i. 145.   [4] Ibid., p. 162.
[5] Ibid., p. 141.   [6] Ibid., p. 147.

the very same page as an example of the other type of formulation): '*He* must forgive, but you must try to earn his forgiveness.'[1] But I venture to think that there is a confusion in these phrases. To make forgiveness conditional on repentance is by no means the same as saying that forgiveness has to be (or, indeed, can be) earned by the recipient. Real repentance, as contrasted with a merely self-regarding remorse, is certainly a *sine qua non* of receiving forgiveness—an indispensable condition. However eager the forgiver may be to offer forgiveness, it cannot be received, and reconciliation cannot be achieved, without repentance. But repentance cannot earn the forgiveness or make the recipient worthy of it, for, by definition, forgiveness is always an act of unearned generosity. Repentance alone makes the recipient capable of receiving the forgiveness which is offered, but the offer remains one of free generosity. Even to say that forgiveness, though freely offered, is actually withdrawn again if there are signs of an unforgiving attitude in the potential recipient is not the same as saying that the recipient must or can earn the forgiveness by his forgivingness: it is only an emphatic and almost pictorial way of describing an incapacity to receive the unearned gift of forgiveness. That forgiveness is conditioned by repentance is true, because reconciliation is a personal relationship, and cannot be achieved without responsiveness on both sides of the relationship. But that forgiveness is earned by repentance or deeds of reparation is not true. Therefore, if, on occasion, God's forgiveness is described in absolutely unconditional terms—he is good to the thankless, he clears the guilty—that is no contradiction of the principle that such generosity cannot be had without appropriate response. And conversely, to insist on appropriate response is not to rob the forgiveness of its character as an unmerited free gift.

There is thus a simple but fundamental distinction to be drawn between deserts and capacity; and, in the light of it, some relevant passages in the New Testament may now be examined more closely. And first, it will be as well to dispose at once of one misunderstanding. There is a story in Luke 7: 36 ff., peculiar (in its details at least) to Luke's Gospel, in which a woman with a bad reputation comes in when Jesus is being entertained to a meal by a Pharisee named Simon, and stands at his feet wetting them with her tears, kissing them, and putting expensive perfume on them.

[1] Ibid., p. 162—Abrahams's own italics in both these quotations.

When his host expostulates to himself, Jesus tells him a story. There were two debtors, he says, one of whom was let off a nugatory debt, while the other was let off a huge one. Which of the two, then, will feel the greater love? Why, I suppose, the one who has been spared the greater sum, replies Simon. Now, the principle indicated by this story is obviously that the degrees of love or gratitude evinced by two people will be an indication of the respective degrees of their indebtedness—that is, their 'forgivenness'. And the application to the circumstances follows inescapably. Jesus has been shown scant courtesy by his host; but the woman has lavished extravagant signs of gratitude on him. Consequently, she must have been forgiven much. But the pronouncement in v. 47 seems, at first sight, to be saying quite the reverse, namely, that her love has earned the forgiveness: 'I tell you, her many sins are forgiven, because she loved much.' If it is indeed the meaning of this phrase that her love is the ground of her being forgiven, then the parable of the two debtors simply does not fit the context, and one has to assume that the Evangelist has unintelligently strung together two incompatible bits of tradition. And this is indeed the assumption adopted by those who interpret the woman's state of forgivenness as the result of her love. Thus (to take one example), C. G. Montefiore, wrote:[1]

> The Parable does not fit the story which it is meant to illustrate. It does not substantiate the moral which one is intended to draw from it. For the parable says: The greater the measure of forgiveness, the greater the love which flows from and succeeds it. Much forgiveness causes much love. But what we find in the story [Montefiore means not the parable but the Evangelist's narrative] is the reverse. The greater the love, the greater the forgiveness. Much love justifies much forgiveness.
>
> It would therefore seem [Montefiore continues] as if the parable had a separate origin and occasion, and was inserted here in this story from a mistaken conception of it.

But it would be an astonishingly stupid Evangelist who could be blind to so glaring an inconcinnity, and it is reasonable to look for a more likely interpretation of the facts. Montefiore himself mentions the attempt to save the situation by pressing the perfect tense of the verb ἀφέωνται 'have been forgiven', but calls it very strained. Actually, however, it is worse than strained: it is useless

[1] Op. cit. (p. 70 n. 5), p. 902.

for the purpose in question, for it fails to alter the causal connection between the forgiveness (in whatever tense) and the love, which is what contradicts the message of the parable. No: the essential question is not the tense of the verb 'to forgive', but upon which verb the ὅτι, the 'because', depends. Why not recognize that the offending ὅτι, the 'because', can depend as easily on the λέγω, the 'I tell you', as on the ἀφέωνται? 'The reason', Jesus is saying, 'why I [am able to] tell you that her many sins are forgiven is the fact that she is showing so much love.' This makes sense and is completely in line with the parable; and, if it be then objected that the next verse, 48, in which Jesus declares the woman forgiven, suggests that, after all, the forgiveness is offered there and then, and is consequent on the exhibition of love, it may be replied that, in view of the consistency of the whole of the rest of the passage, it is not unreasonable to assume that, in this verse, Jesus is simply reassuring the woman by reaffirming a fact which had already been proved a *fait accompli*. The same applies to v. 50, where Jesus says to the woman: 'Your faith has saved you; go in peace' (ἡ πίστις σου σέσωκέν σε· πορεύου εἰς εἰρήνην); and, indeed, this phrase serves to confirm that the message of the whole section is not that love has earned forgiveness but that the woman's trusting response has enabled her to receive what was offered as a free gift with no relation to her deserts. It is not her love that has saved her, but her faith—her trustful response. The whole incident thus becomes a notable example of the distinction between deserts and capacity; and the justification for discussing it at such length is precisely that misinterpretation (as here defined) makes the pronouncement into a saying about the earning of forgiveness, but the correct interpretation (if the reasoning here justifies such a claim) makes it a striking expression of the conviction that forgiveness cannot be earned but must be responded to. It thus serves as a paradigm for the insight that forgiveness is not conditional on merit.

There are other New Testament passages which bring out more emphatically the positive stress on the fact that forgiveness, though not conditional on merit, is, nevertheless conditional—conditional on response to the gift, conditional on the capacity to receive it. Perhaps the most emphatic example, which will serve to represent others, is in Matt. 18: 21 ff.,[1] the parable of the ungrateful servant. A servant (δοῦλος) has, as a result of his piteous

---

[1] Cf. I. Abrahams, op. cit. i. 163.

'... As we forgive ...'. The Understanding of Forgiveness 75

entreaties, been let off a debt of astronomical proportions. (Presumably, to incur such a stupendous debt, he must be conceived of, although called a δοῦλος, as some high-ranking civil 'servant' or official in a colonial empire, unless one simply accepts the size of the debt as a piece of hyperbole, and does not press details realistically.) But as soon as his debt is cancelled, he goes off, finds a fellow servant who owes him a petty sum, and nearly throttles him in a savage attempt to make him pay. On hearing this, the king in whose employ they both work reverses his decision, reaffirms the vast debt, and hands the debtor over to prison and torture till he has paid. And so to the moral of the story: 'that is how my heavenly Father will deal with you, unless you each forgive your brother from your hearts' (v. 35). This, admittedly, is a vindictive formulation of the principle that without forgivingness no forgiveness may be received; but this is, perhaps, intelligible if it is meant as a piece of popular preaching and is shaped by the analogy of the oriental despot in the story to which it forms the conclusion. And, apart from the vindictive tone, it still says no more than that the free forgiveness could not be had without the debtor's capacity to receive it. There is no hint that he could ever earn or deserve it. Now that he is in prison for debt, the question of forgiveness is no longer in view: as things are, he must wait until he can discharge the debt. And if he does, it will not be any forgiveness that he will have 'earned': he will simply have cleared the debt. There is, perhaps, some danger of the clearing of the debt in this way confusing the issue as to free forgiveness; but the distinction in fact remains. Accepting forgiveness is not the same thing as earning enough money to pay off a debt.

Other conditional sayings in the Gospels are:

For if you forgive others the wrongs they have done, your heavenly Father will also forgive you; but if you do not forgive others, then the wrongs you have done will not be forgiven by your Father (Matt. 6: 14 f.—a direct comment on the conditional clause in the Lord's Prayer in v. 12);

... when you stand praying, if you have a grievance against anyone, forgive him, so that your Father in heaven may forgive you the wrongs you have done (Mark 11: 25).

In neither of these sayings is there any reason for seeing any reference to deserving: it is a matter simply of capacity—of making it possible for God's free forgiveness to be accepted. The same applies to Matt. 5: 23 f., the passage already alluded to in connection with T.B.K. 10. 18, cited by Abrahams. It only says that it is no good offering a sacrifice while still at odds with one's neighbour, which need only mean that one is incapable of receiving what God has to bestow on a worshipper until one is reconciled with one's fellow man.

But do the Gospel sayings which have been mentioned, including the clause of the Lord's Prayer, really belong to Jesus himself? One might smooth away the contrast between the conditional and the unconditional sayings of the New Testament by eliminative criticism in one direction or the other. One might urge that the conditional sayings represent authentic traditions of Jesus' own teaching, and that the unconditional type represents a Christian invention; or, conversely, that the conditional sayings are Christian invention, and that the teaching about God's unconditional forgiveness is the only original part. But there is little evidence, if any, to suggest a consistent assigning of either stream (details apart) exclusively to one stage or the other; and the most plausible conclusion is that Jesus himself, from time to time, uttered both kinds of saying—just as, for that matter, Paul is perfectly capable not only of presenting the free unconditionality of God's forgiveness in extreme terms, but also of pressing the importance of response, even to the extent of what, by itself, might look like 'justification by works'.[1] So Jesus could claim, at one time, that the disreputable woman's tears of love did not earn forgiveness but proved that she had already been forgiven, thereby underlining the gospel of God's generosity to the undeserving; but, in another context, he could tell a story of an ungrateful debtor who forfeited his remission by being harsh on a fellow man. Both are true to the essentials of reconciliation between God and men, which depends both on a sovereign divine initiative in making a free offer and on a human responsiveness in transferring concern from oneself to others; but neither says anything about deserving forgiveness. The only thing that is totally alien to the Christian position is the idea that forgiveness needs to be, or even can be, earned or merited. This is undeniably an idea which crept disastrously into Christianity after the New Testament era, and which seems not to be absent from Jewish thought either, at certain periods. But the Jewish and Christian faiths would be at one,

---

[1] e.g. Rom. 2: 6 f.

I suspect, today at least, in repudiating this idea. At any rate, this short note attempting to clarify the distinction between merit and capacity is offered with affection as well as admiration to one who, I believe, would share this sentiment.

The Friend at Midnight: Asian Ideas in the Gospel of St. Luke

J. DUNCAN M. DERRETT

DAVID DAUBE'S work has familiarized every New Testament scholar with the idea that Christian sources must be studied against the background of continuous Jewish religious and literary traditions. With some reservations this proposition is accorded very general lip service. I am afraid that many living Jewish scholars, whose names it is not necessary to mention, being themselves denizens of the Occident, full citizens of a Western civilization, unconsciously and unintentionally give the impression that first-century Judaism, but for some ritual here and there, was quite intelligible in Western terms, and that it was only an accident that 'Jesus & Co.' were not English public schoolboys, or pious Lutherans. In the course of educational endeavour the thing taught is insensibly brought near to the pupil, and unconscious sophistication and corruption results. Especially in religious matters, such adjustments may be fatal to the enterprise. Daube has never been guilty of such sophistication, and he is well aware of the intellectual damage done by bringing the first century to us, instead of taking us to the first century. I wish now to lay a tiny brick upon foundations laid by Daube. Let us go ahead and see the New Testament sources for what they were, not Hellenic materials on the edge of Asia, but Asian materials on the edge of Hellenism. The point has been made, more elegantly, more vaguely, and more ironically by Professor A. Momigliano: but here I want to show it definitely, and precisely, in respect of an incredible piece of universal Occidental ignorance.

In any case a more appropriate topic is not to hand. The parable of the Friend at Midnight (Luke 11: 5-8), erroneously called the parable of the Importunate Friend, has been grievously misunderstood. Scholars are unaware that the parable contains hints pointing away from the context in order specifically to illuminate it. Even the unjustly despised allegorical interpreters of the period before the Enlightenment failed to spot the point, so that darkness is great indeed. Many readers may gasp at what they read below: but patience will reward them.

The Error about Perseverance

Few theologians are willing to separate their treatment of the Importunate Widow (Luke 18) from that of the Friend at Midnight.[1] Almost invariably it is said, with a hasty assumption, that both teach the same lesson, that perseverance in prayer will secure God's attention (!), and procure his aid. I do not think there can be doubt but that the parable of the Importunate Widow is a story in which perseverance, 'importunity', plays a part, even a significant part. But in our parable there is no importunity. The words *et si ille perseveraverit pulsans* in v. 8 in the Vulgate, were not in the Greek original. They must be owed ultimately to someone who did not grasp the parable, hoping to make the story intelligible (as he thought) to the average person, to Western Man. In the story itself there is no word of importunity, nor has it any scope. In fact, the sleeper's dilemma arises at the first call. At Luke 11: 9, indeed, Jesus says 'knock' not 'knock repeatedly'. The story is a beautiful Asian tale, exact and precise, and loaded with dramatic allusions. Some of them, one might argue, could have been introduced at a late stage of the transmission to the text we find in the gospel, but I see no compelling reason why they

[1] A. Loisy, *Les Évangiles synoptiques*, ii (Ceffonds, 1908), p. 186; A. Jülicher, *Die Gleichnisreden Jesu*, ii (Tübingen, 1910), p. 283; W. O. E. Oesterley, *The Gospel Parables in the Light of their Jewish Background* (London, 1936), p. 222; R. Bultmann, *Jesus and the Word* (E.T., New York, 1934/1958), pp. 184–5; W. Michaelis, *Das hochzeitliche Kleid* (Berlin, 1939), pp. 251–62; A. T. Cadoux, *The Parables of Jesus: their Art and Use* (London, n.d.), pp. 34–6, 152–3 (intelligent comment, suggesting that Jesus explained his own ungracious behaviour); G. Bornkamm, *Jesus von Nazareth* (Stuttgart, 1956), p. 124 (E.T., London, 1960, pp. 134 f.); W. Grundmann. *Das Evangelium nach Lukas* (ThK, 3 Berlin, 1964), p. 345 (Doppelgleichnis); J. Jeremias, *Die Gleichnisse Jesu* (Göttingen, ⁶1962, pp. 153, 157; E.T., London, 1963, pp. 153, 157: almost a doublet); the same, *Prayers of Jesus* (Naperville, Ill., 1967; SBT., 2nd ser. 6), p. 88; R. Bultmann, *Geschichte der synoptischen Tradition* (Göttingen, 1954, p. 189; E.T., Oxford, 1968), p. 199; C. H. Dodd, *The Founder of Christianity* (London, 1971), p. 40. D. Buzy hesitated to treat both together ('Le juge inique', *RB* 39 [1930], 378–91). C. Spicq distinguishes the two parables: 'La parabole de la veuve obstinée', *RB* 68 (1961), 86. G. Delling points to differences of form, conception, and object: 'Das Gleichnis vom gottlosen Richter', *ZNW* 53 (1962), 2–4, 24. Preachers' manipulation of the (imaginary) importunity is illustrated by Martin at *Exp.T.* 37 (1925–6), 412–13.

should have been (see below). I must retell the tale with a new commentary, the commentary of one who has known Asians of several countries personally, professionally, and socially, for thirty years and more, has often been a receiver, and not seldom a giver; who has recently checked his impressions with Asians living from Smyrna to Singapore (in fact students temporarily in London), who speak all with one voice. He could call any one of a thousand million witnesses to certify the truth of what he is about to explain.

After the Lord's Prayer, which is principally concerned with requesting spiritual gifts, especially for the spiritual realities (represented by the morrow's 'bread') rather than mundane 'realities', we come immediately to what is evidently an illustration of the teaching conveyed in vv. 2–5. In the words of v. 6 'which of you has a friend and he will go to him in the middle of the night . . .' Jesus asserts that no one has a friend who will behave in the fashion so to be described. In plain English we must begin, 'No one has a friend whom he will approach like this with such-and-such a result.' In other words the emphasis of the story is on what it means to have a friend at all. Throughout we must remember that the Israelites were God's friends (Isa. 41: 8; Mek., Nez. 18).

In Asian circles there are two classes upon whom one relies for co-operation, co-operation being the cement of society. They are relatives and friends. Friends are analogous to relatives, but one treats them differently, and on the whole they are expected to be more useful than 'brothers'. In societies in which easy social intercourse between the sexes does not exist, friends are receptacles for one's emotional potential, whereas brothers can often be rivals. The contrast between the 'friend' and the 'brother' appears on the surface to be a piece of worldly wisdom. Yet it is fit for the preacher, as a simile for the distinction between the *human* support, who is apt to be unpredictable and unreliable, and the *divine* support, upon which one can rely.[1] The distinction between

---

[1] The rabbinical gloss on Prov. 27: 10 (Ex. R. 27. 1) and Targum. 'Thy neighbour (= friend; רעה = (a) 'neighbour', (b) 'shepherd') and the neighbour of thy father thou shalt not abandon (mutual abandonment: Deut. 31: 16–17; men abandon God: Deut. 28: 20; God will *not* abandon men: Ps. 9: 11). And the house of thy *brother* thou shalt *not* enter in the day of thy calamity (איד = 'doom': Deut. 32: 35, Job 21: 30; it is God who saves from calamity: Ps. 18: 19; cf. Prov. 1: 26, 27). 'Better a near neighbour than a remote brother.' The Targum reads שבוק for 'abandon' = 'divorce', 'repudiate', 'send away'. For 'enter' it has עול = 'make an entry'. For 'calamity' it has תבר = 'breaking', 'conflict' (social breaches?).

friend and brother is biblical;[1] we are fixed by fate with our brothers—this limits their concern for us—whereas our friends' self-respect depends upon their co-operation, which is reciprocal. Friends are made (found), in much the same way as Man finds, or discovers, God, and enters into a relationship with him consciously —as illustrated by Moses, who was (significantly) God's friend.[2] Moses can even argue with God. And God is obliged to attend to Moses's needs. The idea that God, more often Father, could even be the Jew's Brother is not uncongenial to Jewish imagery, though actual brothers are often jealous. But that God is Man's Friend is asserted and not repudiated.[3]

What Asian friendship is like numerous Europeans have discovered. It has no counterpart in Western behaviour. One whose experience of it is exhaustive is well content to allow the present reader to ask the first Asian he meets to corroborate what is said. The first factor of Asian friendship is the understanding 'Your honour shall be as my honour', and since honour, prestige, is worth more than everything including money, it is clear a friend will refuse nothing that is asked in appropriate circumstances. If he refuses, his own self-respect is endangered. Self-respect must be maintained at all costs, and should it be irretrievably damaged suicide is not an unthinkable response.

The picture is a simple one. The asker goes in the middle of the night (the word must be original, and yet what overtones of soteriology it carries!) and calls out his need. He addressed the sleeper as 'friend', recalling the relationship by which, as it were, he invokes and adjures him ('Peter, do you love me?': John 21: 15–17 illustrates the attitude). We must not ignore that word φίλε (not ἑταῖρε) at the commencement of the little speech. He asks for bread to be given to him (Luke, of course, knows his hearers have just heard the petition for 'bread' at v. 3). This appears to be

---

[1] It is God that sticks closer than a brother: Prov. 18: 24; 19: 7. Prov. 17: 17 says 'On every occasion the neighbour (= friend) loves; and the brother will be born for adversity.' The brother is said to be God (Mek. Beshallaḥ 4 [Lauterbach, 221; on Ex. 14. 15]), but I submit that one may equally take the 'neighbour' as God, who loves on every occasion, not simply in adversity.

[2] H. Neumark, *Die Verwendung griechischer und jüdischer Motive in den Gedanken Philons über die Stellung Gottes zu seinen Freunden* (Diss., Würzburg, 1937).

[3] Ex.R. 27. 1. M. Kadushin, *The Rabbinic Mind* (New York, 1965), pp. 270–1. One may comment that if God is not συγγενής he is ἀναγκαῖος φίλος; G. Stählin, *ThW*, ix. 166.

ordinary bread, the round cakes that are conveniently snapped into four quarters each. He explains why he needs them. Not because of culpable neglect on his part. A friend of *his* has come (cf. 2 Sam. 12: 4) and he has nothing to offer him (compared with what he will get from the sleeper he has nothing worth giving: καὶ οὐκ ἔχω ὃ παραθήσω αὐτῷ). These words must be original, though doubts could conceivably be held about the originality of 'three' (which recalls the angelic visitors of Abraham for whom bread was provided, bread that earned a huge reward) and 'from the road'. But custom and psychology require that this request must be met if the bread is in that house. Prov. 3: 28 requires it!

In an amusing sequel Jesus suggests what response could not possibly be expected. No one would reply, 'Do not annoy me. The door is shut. My children are with me in bed. I cannot get up and give you (anything).' This is vividly suggested, for it is exactly the answer of a person lacking friendship. The anonymous third party in the story (surely much more than symbolic?) has a right to bread from the asker on two grounds, firstly friendship and secondly charity, for all who are 'from the road' are entitled to care and lodging.[1] The prestige of the *asker* would be damaged if he could not obtain bread from a friend or a brother, and the prestige of his friend would be damaged if he forced the asker to go to other houses.

The imaginary reply, the reply of a non-friend, makes sense. When the door is shut it is a nuisance to open, and close again in the dark. The wife is not referred to, not because of etiquette, but because she could easily go back to sleep, or it would be *her* problem if she did not. In a conflict between wife and friend no Asian would give priority to his wife, whose duty it is to take her husband's part, and a simple divorce will rid him of her should she hesitate. But the children, once woken, might cry and so prevent the master of the house from getting to sleep again.

Now we approach Jesus' own explanation why the real friend would never misbehave himself in such a way. Two scholars expressed the view that the word ἀναίδειαν had been incorrectly translated.[2] Their objections are sound, but their alternatives are

---

[1] The rights of *'or^{e}ḥiym* are well known. Hospitality is *hach^{e}nāṣat 'or^{e}ḥiym*. See, e.g. B. Sanh. 38a (=Soncino trsl., pp. 240–1).

[2] The suggestions are linguistically farfetched. N. Levison, *Exp.* (9th ser.), 3 (1925), 456–60, also at his *Parables* (Edinburgh, 1926), pp. 80–4. A. Fridrich-

wrong. It must be translated 'want of shame'. Assuming that this is correct, v. 8 must be rendered, 'I tell you that even if he will not give to him, getting up because of the fact that he is his (the asker's) *friend*, he will awake and give him whatever he requires at any rate because of his want of shame.' To the European reader the last part of the explanation is hard to understand, the sequence of thought obscure. Jesus says that we can predict that the request will be granted no matter what disturbance is involved, for one or other or both of two reasons. The first is that the friend *is* a friend, the relationship is a fact. If this might not have made it certain (i.e. if recognition of friendship were not present at the moment of waking) another consideration would have ensured the reaction. What would have made it uncertain whether friendship exists? If the asker had made the request in a tentative or conditional manner! A request showing that it was not urgent, or that the request was made as a matter of form, would have enabled the friend to say 'Tomorrow will do just as well!' If the relationship of friendship had not been relied upon, though it existed, the result might have been in doubt. In Asia friends do not make requests with the preface 'Please' just as they do not trouble to say thank you. It is proof of friendship to ask as if the thing requested were the property of the asker. 'Give me ...' is the correct manner of asking, for friendship thrives on co-operation, and the more the co-operation the stronger the friendship. A request phrased 'I wonder if I might bother you ...' speaks the language of distance. Thus even if the naked fact of friendship would not make it certain that he would get up and unbolt the door, the fact that

sen, *Symbolae Osloenses*, 13 (1934), 38–46. The notion 'so that the friend shall not lose face' is initially attractive, but wrong, even though very strongly supported by E. Jüngel, *Paulus und Jesus* (Tübingen, 1967), 156, impressed by Jeremias's reliance on Fridrichsen. The ἀναίδεια (which has in any case no proven instance in a fully laudatory sense) is that of the asker, not the giver, not merely because αὐτοῦ bis refers to the same person, but chiefly because the *giver's* shame would relate to the relative inconvenience of rising and giving, not to the merit of the request, which would be a false emphasis. The giver would be ashamed only if it really were an easy matter to rise and deal with the request, and his refusal were a pretence. Of very recent English versions Barclay's 'bare-faced persistence' is possibly the worst, but the New English Bible's 'shamelessness' (cf. C. K. Williams's 'shamelessly') is, at least literally, ambiguous. B. Weiss (like Cadoux) apologized for the parable (*Die Evangelien des Markus u. Lukas*, Göttingen, 1901, p. 462) but it was superfluous to do so. Oesterley, loc. cit., says 'though not directly expressed, it is implied that the friend outside went on calling ...'. No. He called only once.

the request was made directly and *without shame* would make it certain. The friend would be ashamed not to give! Sir. 20: 23. What sort of request is this? Jesus is shown illustrating it at v. 11 which fits the parable perfectly. A child asks the father 'Give me that thing', not 'Please give me that thing, if you do not mind'. So a small child goes into a lady's house and says, 'Aunty, give me a biscuit'. Our adolescents are taught shame, *not* to ask in that fashion: but in Asia grown men make such requests *of their friends*. Entertaining examples could be cited by those who have lived amongst Asians. Thus we must ask for spiritual gifts from God, no matter how apparently implausible or difficult, as a child asks his father or a man asks his friend. Certainty that the request will be granted is a precondition of success. In a few words, one must pray with faith (cf. Mark 11: 24).

So much depends on that ἀναίδεια. It has proved impossible to find the Aramaic equivalent. In Mishnaic Hebrew it would have been לא התבייש or the like, 'he was not ashamed'. Why did Luke choose ἀναίδεια, which in classical Greek is invariably pejorative? Technically he was justified in using the word, since by his time it had moved to a neutral position, meaning 'boldly', 'unselfconsciously' which fits our parable.[1] Moreover, it was known that the Greek language was weak in not distinguishing (any more than ours does or Hebrew did) between timidity, bashfulness, or false modesty, which is a *bad* thing, and true modesty, conscience, and fear of misbehaviour, which is a *good* thing. The same word serves for both, and this is a linguistic calamity, as Euripides says:

---

[1] *Boldly*, without fear of objections: *Greek Papyri in the British Museum*, ed. by F. G. Kenyon and H. I. Bell, ii. Lond. 342¹⁴ (A.D. 185) (ii. 174): ἀναιδής ἐν τῇ κώμῃ. Moulton-Milligan, *The Vocabulary of the Greek Testament* (London, 1914–29), p. 33. *Determinedly*, without diffidence: W. Dittenberger, *Orientis Graeci Inscriptiones Selectae*, 665¹⁶ (A.D. 48–9). *Without hesitation*: P. Ryl. ii. 141¹⁹ (A.D. 37): ἀναιδευόμενοι μὴ ἀποδῶναι. Of robbers see references at B. S. Jackson, *Theft* (Oxford, 1972), p. 25. Preisigke (*Wörterbuch der griechischen Papyrusurkunden*, i, 1925, col. 88) gives 'ruthless' but on his evidence 'fearless' is better. *Without shame*: Hermas, *Vis*. iii. 15 (7). 5 (A.D. 100–50): ἀναιδευόμενος ἔτι αὐτῇ ἐπηρώτησα (almost laudatory, but not quite?). R. A. Lipsius and M. Bonnet, *Acta Apostolorum Apocrypha*, ii, part 2, p. 122. 4: οὐκ αἰτιᾶται δέ με ἀναιδευόμενον πρὸς αὐτὸν λέγειν καὶ ἃ μὴ οἶδα· διὰ γὰρ τὴν αὐτοῦ ἀγάπην καὶ ταῦτα λέγω (again *almost* laudatory). If I am right Jas. 1: 5–8 actually looks back to our parable: αἰτείτω δὲ ἐν πίστει, μηδὲν διακρινόμενος . . . μὴ γὰρ οἰέσθω ὁ ἄνθρωπος ἐκεῖνος ὅτι λήμψεταί τι παρὰ τοῦ κυρίου, ἀνὴρ δίψυχος. . . . One notes, by the way, the use of 'unabashed' at K. Lake, *The Apostolic Fathers*, ii (Cambridge, Mass., 1913), p. 44.

αἰδώς τε. δισσαὶ δ'εἰσίν, ἡ μὲν οὐ κακή,
ἡ δ'ἄχθος οἴκων. εἰ δ' ὁ καιρὸς ἦν σαφής,
οὐκ ἂν δύ' ἤστην ταῦτ' ἔχοντε γράμματα.[1]

Moreover, the very popular book, Sirach, takes up the idea in the light of semitic religion, proving it to be a commonplace in Hebrew as in Greek—there is 'want-of-shame' = perversity, and 'want-of-shame' = confidence, as the positive entities indicate: there is shame that actually involves one in sin as well as shame that is honourable and graceful (Sir. 4: 21, also Prov. 26: 11b, LXX):—
ἔστιν αἰσχύνη ἐπάγουσα ἁμαρτίαν, καί ἐστιν αἰσχύνη δόξα καὶ χάρις.

Thus the true scope of αἰδώς, and the current broadening of the force of ἀναίδεια and its cognate expressions support Luke in using it here. But was he not risking a misunderstanding? His semitic advisers will not have imagined that anyone would misunderstand the social implications of an everyday dilemma. No one who went with a reasonable plea at midnight would be called 'shameless'. It would be a different matter if he went repeatedly with doubtful excuses. This is exactly what our asker did not do.[2] Insincere asking would certainly be shameless. An Asian could not misunderstand this story, nor the meaning of ἀναίδεια here.

But Luke, as a travelled man, must have known, must he not?, the subtle distinctions, the linguistic problem. Was he not, then, acting deliberately? A double meaning must be involved. Ἀναιδείᾳ means boldly in the positive as well as the neutral sense. One can be bold in one's demand when one knows one's rights. Note how different people knock on doors! Knocking is, after all, necessary if one wants something (see Billerbeck, *Kommentar*, at Matt. 7: 7). Luke understands that the Christian at prayer must use the boldness of the undisqualified (God hears the just: John 9: 31). As Sir. 4: 20 goes, one should show no shame when one's life is at stake: καὶ περὶ τῆς ψυχῆς σου μὴ αἰσχυνθῇς. The parable in its original shape may well have stopped at the 'without shame' idea: but the movement from a simpler to a more complex (and tendentious) idea could well be allowed, though whether it was actually authorized by the author of the parable must remain in doubt.

---

[1] *Hipp.* 385 f. Cf. Hesiod, *Works and Days*, 319; Homer, *Iliad*, 24. 44–5; *Odyssey*, 17. 347.

[2] His behaviour is utterly different from the ridiculous ἀναισχυντία described graphically by Theophrastus, *Char.* 9.

The Symbolic Overtones of the Parable

We have noticed the time of night and the item requested. No horror of allegory can remove the tendentious and superfluous words of the parable, which are there for a purpose. Were they intruded by Luke's advisers? If so, Jesus was thought to be speaking of the world-to-come, of 'eternal life'. He is depicted as saying, 'Provided you ask in this way, even the world to come can be given you.' The idea, which might have been left in vaguer terms, is sketched in with embellishments which, with one exception (see below), adhere so well to the story that they seem to be essential, though one may wonder if they were. The implications of vv. 9–13 seem clear. Whether or not Jesus promises the Holy Spirit (as the words say) he promises everything which is good for the 'children', and this will include what God promised to his elect, namely the world-to-come.

Unnecessary words include: in v. 5 the word 'three'; in v. 8 the second ἀναστάς of the passage, and the ἐγερθείς which is logically unsuitable (he was already stirring, was he not?). The second ἀναστάς could conceivably be original, but in that case its deliberate repetition of the first use of the word, in v. 7, puts us on our guard, as a single use would never have done. The placing of ἐγερθείς after ἀναστάς instead of before it, which would have been more natural, tells us that the resurrection is looked to.[1]

A resurrection of the just (cf. John 11: 24), a reawakening to truth, or both?[2] For the sake of charity as well as friendship,[3] the one who had the right to wake his friend boldly calls him, the door is opened, and the children are then awakened too, and can come out through the doorway. They have the bread of eternal life (Matt. 4: 4, John 6: 32–7) to be eaten in the Kingdom (Luke 14: 15) and can share it with the traveller at the request of the mutual friend. The image is not entirely clear, but the keen distinctions of the Occidental mind are inappropriate. Abraham and those in his bosom, namely the righteous departed (Luke 16: 22–3), will arise when the Friend of Abraham, impelled by the demands of one

---

[1] A friend causes his friend to awake, analogous to τὸν Ἰησοῦν ἀνέστησεν ὁ Θεός (Acts 2: 32; cf. John 11: 3, 5, 11, 35–6; 12: 17). More broadly, Isa. 26: 29 (LXX); Sir. 48: 5; 1 Cor. 15: 51; 1 Th. 4: 16; Luke 16: 31; Jos., *Ant.* 8. 3, § 146. A covert hint of the same kind is at Luke 25: 7.

[2] Eph. 5: 14; Rom. 13: 11.

[3] K. Preisendanz, *Papyri Graecae Magicae*, i (Leipzig, 1928), iv. 195 (p. 78): ἔγειρον, ἱκετῶ, τόν σον, ἱκνοῦμαι, φίλον, καὶ μή με ῥίψῃς χθονοριφῆ, ἄναξ θεῶν.

'from the road', namely one of the lost sheep, the ingathered, and proselytes (Matt. 8: 11, cf. 22: 15), summons them forth so that all may share a meal of friendship. How important that 'want of shame' is! Luke's advisers may well, for all we know, have told him that the Friend who will not hesitate to awaken the dead is none other than the friend who told (so we are told) his own friend to 'come forth' (John 11: 11, 43), and his friend did so, impelled by nothing but the force of friendship. Are we prepared, I wonder,[1] to impute to Luke knowledge of Pauline theology, and see in the story a pattern of the work of the same Awakener of the Dead? For when the door of death was passed by one who responded to that call all those associated with him ($b^e n\bar{a}v$) will be able to share in his resurrection.

That the parable is about the resurrection is proved, to my mind, by Isa. 26: 20. The previous verse is about the resurrection, when the earth will cast forth her dead. V. 21 tells how the earth will no more cover her slain, and the traditional understanding of the passage is that the general resurrection will precede the judgement. The J. B. translates v. 20, 'Go into your rooms, my people, shut your doors behind you. Hide yourselves a little while until the wrath has passed.' It is generally believed that Jesus referred to this verse when teaching how to pray (Matt. 6: 6) which is highly relevant to Luke's context. However, the key word in the verse, $ḥeder$, means inner chamber, particularly bedroom, with two applied meanings, the bridal chamber (by no means irrelevant for us) and the tomb (see Gesenius, who cites Prov. 7: 27). The 'sleep' of death, no matter how long it lasts chronologically, is only a little while before the judgement comes. Those who have used their inner chamber for prayer during life need not fear the sojourn in the chamber of the grave. The Lord comes (v. 21) and it is the duty of the dead to awake (v. 19). Those who are still alive at the coming of the Lord will share the banquet with the righteous dead. One may well pray to be amongst them, and pray boldly, because one's Friend intends that banquet to be a shared affair. Here we may well have one of Jesus' remarkable independent midrashim of scripture, and the parable alludes to so very much more than it says.

[1] W. G. Kümmel, *Einleitung in das Neue Testament* (Heidelberg, [17]1973), p. 118 (E.T., London, 1966, p. 104).

Shaliaḥ and Apostle

C. K. BARRETT

HARDLY any piece of information provided for the student of the New Testament by the literature and history of Judaism has been seized with such enthusiasm and so freely used as that which deals with the שליח or envoy, agent. The essential material has long been known to experts in the field. J. Lightfoot[1] writes:

Vocati sunt hi duodecim *Apostoli*, שלוחי, vel שליחי, quo titulo insigniti sunt *Moses et Aaron* à Chaldaeo Paraph. *Hierem*. II, 1. Non nudè *nuntium* sonat, sed *nuntium vices mittentis gerentem*. Nam שלוחו של אדם כמותו *Apostolus cujusvis est sicut ipse, à quo deputatur. Babyl. Beracoth*, fol. 34. 2. Vide versum hujus capitis quadragesimum. Si tractatum Maimonidis hîc perlegeris, cui titulus שלוחין ושותפין oleum forsan et operam non omninò perdes.

His namesake, J. B. Lightfoot, refers briefly to some of the facts,[2] and Harnack gives the patristic evidence in some detail.[3] The first serious account, however, of the Jewish material was[4] that of S. Krauss,[5] but this was superseded by Billerbeck.[6] Even this clear description of the Jewish שליחים seems to have attracted little attention[7] till Rengstorf collected the data afresh, and used them in a theological exposition of the New Testament apostolate. The fullest collection of the Jewish material is contained in

---

[1] *Horae Hebraicae et Talmudicae*, on Matt. 10: 1. I quote the first German edition published in Leipzig by J. B. Carpzov in 1675, p. 323.

[2] *Saint Paul's Epistle to the Galatians*, 10th edn. (reprinted, London, 1896), pp. 93 f.

[3] A. Harnack, *The Mission and Expansion of Christianity in the First Three Centuries*, E.T. by J. Moffatt (London, 1908), i. 327–31.

[4] According to Rengstorf, *ThW*, i. 414 n. 54.

[5] *JQR* 17 (1905), 370–83.

[6] Bill. iii. 2–4.

[7] F. Gavin, *The Jewish Antecedents of the Christian Sacraments* (London; 1928, 1933), pp. 103 f., gives a brief reference to the facts, noting that 'the word *shaliaḥ (shaluaḥ)* is commonly met with in the sense of deputy, representative, agent, emissary, plenipotentiary'. He does not at this point refer to Bill., but does refer to an article of his own, '*Shaliach and Apostolos*' in *AThR* 9 (1927), 250–9, which I have not seen.

his article ἀπόστολος, κτλ., in ThW, i. 406–46; its theological significance is most cogently argued in his book *Apostolat und Predigtamt* (Stuttgart, 1934, 1954).

It is not the purpose of this essay simply to repeat what has been well said by accurate and careful scholars, but it will be useful to have before us a bare outline of the facts as they have been set out. Billerbeck lists the different sorts of persons who are described by the term שליח.[1] These are (a) the person who is authorized to effect a betrothal (M.Kid. 2. 1); (b) the person who is authorized to deliver or receive a writ of divorce (Git. 3. 6; 4. 1); (c) the person who is authorized to lead the prayers of the synagogue congregation (שליח ציבור; Ber. 5. 5—here occurs the famous clause quoted by J. Lightfoot); (d) the person entrusted by a court with a specific task (שליח בית דין; Git. 3. 6; Yoma 1. 5); (e) persons specially commissioned or authorized by God—Moses, Elijah, Elisha, Ezekiel, and priests when offering sacrifice;[2] (f) late Jewish material speaks of the apostles of Jesus.[3] Rengstorf analyses the material differently, making the following points. (a) The institution of שליחים is old; and the essential feature of it is not simply the fact of sending or the assigning of a special task, but the authorization which is conveyed by the form of the sending. This places it in the juridical rather than the religious sphere; the person commissioned is always the representative of the one who commissions him and in his person represents the latter's person and status. These points are illustrated by the references to marriage procedures given above; and Rengstorf notes the Old Testament roots of the practice (e.g. 1 Sam. 25. 40 f.; 2 Sam. 10. 1 ff.). (b) A שליח may represent not only a single person but also a group. Here a number of important examples can be cited: a court of justice could commission a שליח to carry out its decision; rabbis commissioned with calendrical instructions for the Diaspora were שלוחים of the Great Synagogue; the leader of prayers in the synagogue was שליח ציבור ; the High Priest on the Day of Atonement was the representative of the whole people (Yoma 1. 5); 'als Vertreter der Gelehrten und in ihrem Namen wieder als Vertreter ganz Israels gelten aber vor allem die Rabbinen, die von der Zentralbehörde in die gesamte Diaspora ausgesandt

---

[1] I make no attempt to cite all the passages; for details see Bill., loc. cit.
[2] Note that they are God's שליחים, not the congregation's.
[3] For references, too late to be important here, see Bill. iii. 4.

werden' (*ThW*, i. 416. 38 ff.). The task of these last was the visitation of the Diaspora (417. 6), understood in various senses. They may have been set apart by the laying on of hands.[1] Missionaries, however, were never called שלוחים. (c) Rengstorf notes, as Billerbeck does, that priests, and Moses, Elijah, Elisha, and Ezekiel, were known as שלוחים of God; and adds that rabbis were never so described.

It was Rengstorf's presentation of the material (itself factual and sober, and handled with theological responsibility) that was eagerly seized upon, sometimes at least by writers who had axes to grind but a rather less than adequate grasp of the necessary information.[2] The limitations (from the point of view of ecclesiastical and dogmatic polemics) of the שליח material were succinctly expressed by T. W. Manson in a paragraph too good, and too characteristic, to omit.

What emerges from the consideration of the Jewish evidence regarding the *shaliach*? First, that he performs on behalf of someone else, whether an individual or a corporate body, functions which his principal is himself entitled to perform. Second, that the nature of his activities, and in some cases their duration, is defined; so that his authority does not go beyond the terms of his commission. Third, that his commission is not transferable. When he ceases to exercise it, the authority reverts to the principal. Fourth, that *shaliach* is not a term of status but of function. Fifth, that in so far as the *shaliach* has a religious commission it is always exercised within the borders of Jewry, and does not involve what we should call missionary activity.[3]

This incisive summary makes it pretty clear that sweeping claims on behalf of theories of ministerial succession, or the infallibility of Scripture, cannot be securely founded on the שליחים. Other considerations, too, have led to a more subdued use of the שליח material.

The information about שליחים provided by our sources is important to students of the New Testament because it belongs to

[1] So Rengstorf, *ThW*, i. 417. 23 ff., but the evidence is by no means clear. From this first volume of *ThW* Rengstorf points forward to the article on χειροτονεῖν but in ix. 426 f. (E. Lohse) there is no reference to the laying on of hands. See also E. Lohse, *Die Ordination im Spätjudentum und im Neuen Testament* (Göttingen, 1951), p. 63.
[2] I forbear to give the reference to the well-known theologian who described שליח as the pual participle of שלח!
[3] T. W. Manson, *The Church's Ministry* (London, 1948), pp. 43 f.

the same area from which Christianity emerged, but the principle in itself is one that operates in practically all civilized societies. 'We are dealing here in Jewish law with much the same kind of thing that is dealt with in Roman law under the general heading *de Mandato*.'[1] Study of the passages that Manson himself cites, but does not quote,[2] reveals that there are in fact differences, notably in regard to the responsibility assumed by the mandatary. 'In the theory of Roman law one person could not represent another. The person who actually made the contract, who uttered the binding words, or went through the binding formalities, was the only legal contractor; he alone could sue and be sued. The law would not take notice that it was really in behalf of another that he made the contract.'[3] The relation of mandator to mandatary was thus one of friendship—originem ex officio atque amicitia trahit (*Dig.* 17. 1. 1. 4); the mandatary must himself be willing to accept the consequences of his action. The difference perhaps lies mainly in the fact that the regulations *de mandato* envisage on the whole financial relationships, which is not so with the Jewish regulations concerning שליחים. Where moral questions are concerned (and these are explicitly excluded by Gaius, *Inst.* 3. 157: Illud constat, si quis de ea re mandet quae contra bonos mores est, non contrahi obligationem; veluti si tibi mandem ut Titio furtum aut iniuriam facias), the English legal tag that Manson quotes, Qui facit per alium facit per se, is axiomatic. In matters of a more technically legal kind it will doubtless be well for one who is a layman in legal affairs to tread warily.

Further, it was recognized already by Rengstorf[4] that the New Testament apostolate developed in a setting that included non-Jewish envoys of a religious kind. It is true that the word ἀπόστολος (which is very infrequent in Greek not in or prompted by the New Testament) was not used of these envoys; and Rengstorf thought their importance for the interpretation of the New Testament apostolate small. 'Beschränkt sich somit die Beziehung des gemeingriechischen ἀπόστολος zum urchristlichen allein auf die Wortform, so sind auch die sachlichen Berührungen des Apostolats mit der griechischen Welt nur gering' (op. cit., p. 408. 6–9).

[1] T. W. Manson, op. cit., p. 36.
[2] Gaius, *Institutes*, iii. 155–62; Justinian, *Institutes*, iii. 26.
[3] T. C. Sandars, *The Institutes of Justinian* (London, 1905), p. 378.
[4] Op. cit., pp. 408–12: 'Religiöse Sendboten im Hellenismus'.

Nevertheless, the Cynic-Stoic missionary, the ἄγγελος καὶ κατάσκοπος καὶ κῆρυξ τῶν θεῶν (Epictetus, *Diss*. 3. 22. 69), knew that he had been sent on his mission to mankind (ἄγγελος ἀπὸ τοῦ Διὸς ἀπέσταλται: 3. 22. 23; cf. 1. 24. 6), and that he lived among men as a responsible agent of God. More, he came in this office to share divine properties, to be a θεῖος ἄνθρωπος (cf. 3. 22. 81). Rengstorf gives a full account of these persons, yet concludes, when finally he turns to the New Testament, 'Das Griechische liefert also nur die Form des nt.lichen Begriffs; inhaltlich wird er durch das שליח des Spätjudentums bestimmt' (op. cit., p. 421. 26 ff.).

In more recent discussions, however, this Hellenistic material has been more heavily drawn upon. W. Schmithals[1] argues that the Christian apostle and the Jewish שליח have nothing to do with each other. They differ in every point. The *shaliaḥ*'s message must be accepted on the ground of his authorization:

Gerade das Gegenteil kennzeichnet den Apostolat: alle Autorität liegt in der Botschaft selbst....
Der Apostolat hat einen rein religiösen Charakter; die Bedeutung des *Schaliach* liegt völlig im Juristischen.
Der Apostel ist stets Missionar; der *Schaliach* nie.
Der Apostolat ist eine bis ins letzte eschatologische Erscheinung; dem Institut des *Schaliach* eignet ein eschatologischer Charakter auch nicht andeutungsweise.
Der *Schaliach* hat stets einen befristeten Auftrag; der Apostel stets eine lebenslängliche Berufung (op. cit., p. 95).

These points are not without their validity, and will be referred to again later in this paper; whether they mean what Schmithals thinks is another question. His own view is that the Christian apostolate is fundamentally gnostic.

Es kann ... m. E. kein Zweifel daran bestehen, dass der urchristliche Apostolat eine Übernahme des missionarischen Amtes der jüdischen bzw. judenchristlichen Gnosis war, die in demselben syrischen Raum beheimatet war, in dem der kirchliche Apostolat zu Hause ist. ... Zu der sachlichen Abhängigkeit kommt die Abhängigkeit in der Terminologie. In der Gnosis wie in der Kirche begegnet für die verwandten Amtsträger die technische Bezeichnung ἀπόστολος, und als Verbum findet sich entsprechend ἀποστέλλειν (Röm. 10. 15; 1. Kor 1. 17). (Op. cit., p. 216.)

[1] *Das kirchliche Apostelamt* (FRLANT, 79; Göttingen, 1961).

A complementary study to that of Schmithals is provided by D. Georgi in *Die Gegner des Paulus im 2. Korintherbrief*,[1] of which a substantial part is devoted to the study of missions in the New Testament period—die jüdische Mission, die heidnische Mission, die urchristliche Mission—which provides a background against which the opponents dealt with in 2 Corinthians may be understood. 'Diese judenchristlichen Missionare entstammten dem geistigen Raum der hellenistisch-jüdischen Apologetik und suchten — mit Erfolg — das Erbe der jüdischen Mission anzutreten, wobei sie anscheinend überhaupt eine wachsende Tendenz innerhalb der urchristlichen Missionsentwicklung repräsentierten' (op. cit., p. 301). This was not the origin of the Christian apostolate; at least, it was not the origin of Paul's, for Paul was brought into sharp controversy with these missionaries, whose attack threatened his apostolic and Christian existence. They were in his view ψευδαπόστολοι (2 Cor. 11: 13).[2]

Georgi, though he writes—and illuminatingly—about the missions of antiquity, is not writing about the word *apostle*; it is perhaps significant that the word ἀπόστολος does not appear in his *Griechisches Wörterverzeichnis*. He barely refers to the Jewish שליחים (see p. 209). He was, of course, under no obligation to discuss them, but it is interesting that he can say as much as he does about the apostle Paul and his rivals, and make so little use of a concept of which so many have made so much. On the other hand, Käsemann[3] suggests that it is precisely in regard to the Corinthian false apostles that the שליח institution is relevant, since they were envoys of the Jerusalem church. 'Hier ist vor allem das שליח-Institut zu erwähnen, das zwar kaum die Entstehung des christlichen Apostolates ausreichend erklärt, wohl aber die Entsendung urgemeindlicher Emissäre in das Missionsgebiet.'

It would be fair to say that the enthusiasm with which the שליח-theory of the origin and nature of the Christian apostolate was greeted has in many quarters waned: the שליחים are no longer regarded as providing the original formative influence, or as explaining all the phenomena of the Christian apostolate.

[1] WMANT, 11; Neukirchen-Vluyn, 1964.
[2] For this word see my essay in *Mélanges bibliques en hommage au R.P. B. Rigaux* (Gembloux, 1970), pp. 377–96.
[3] 'Die Legitimität des Apostels', *ZNW* 41 (1942), 33–71; see p. 51, or p. 36 of the reprint (Darmstadt, 1956).

There is substance in the criticisms, and in the additional material that has been adduced; it must moreover be recognized that the Jewish evidence is less complete than one could wish. The following points arise.

1. The age of the institution is in question. Rengstorf writes: 'Die Institution der שלוחים ist alt und lässt sich schon für die Zeit nach dem Exil nachweisen (2 Chron. 17: 7–9), ist aber wahrscheinlich noch älter' (op. cit., p. 414. 18 ff.). It can hardly be said that the reference proves Rengstorf's assertion. In it the Chronicler says simply that Jehoshaphat sent (שלח; ἀπέστειλεν) certain leading men (שריו; ἡγούμενοι αὐτοῦ) to teach in the cities of Judah, which they did, having with them ספר תורת יהוה. That these men were sent is plainly stated; that they were equipped by the king who sent them with due authority to carry out their teaching work may reasonably be said to be implied. But the men are not called שלוחים, nor is there any indication that their appointment fell within the pattern of a recognized institution. The Old Testament does contain the Qal passive participle of שלח (שלוח), but none of the occurrences of this form is capable of establishing anything that could be called an institution. There are in all seven. Of these, three are in the feminine and can be discounted at once (Gen. 32: 19; 49: 21; Ezek. 2: 9). Three others are plainly participial rather than substantival: Jer. 49: 14 (ציר בגוים שלוח) refers to the commissioning of an ambassador, though it need not mean more than *sent*; Ezek. 3: 5 (לא אל עם עמקי שפה אתה שלוח) refers to the sending of the prophet; Ezek. 23: 40 (מלאך שלוח אליהם) is plainly adjectival. The only place where the word can possibly be said to be a noun (and even here it still looks more like a participle) is 1 Kings 14: 6 (אנכי שלוח אליך קשה; ἐγώ εἰμι ἀπόστολος πρός σε σκληρός; I am sent to thee with heavy tidings—RV). Clearly, it is impossible to claim that the Old Testament knows a category of persons called שלוחים and performing a recognizable function.

In the Qumran literature[1] there is no occurrence of a noun שלוח or שליח. The verb שלח occurs and two passages are worth quoting because they imply sending with authorization, and the implication of the principal in his agent's act:

CD XI. 2: אל ישלח את בן הנכר לעשות את חפצו ביום השבת

---

[1] Evidence from K. G. Kuhn's concordance.

CD XI. 18 f.: אל ישלח איש למזבח עולה ומנחה ולבונה ועץ
ביד איש טמא ...

These passages make no serious advance on the Old Testament material. This negative evidence, however, does not quite justify Ehrhardt's statement that 'it cannot be proved that the word *shaliach* is found in any Hebrew source which is earlier that [sic] A.D. 140'.[1] In M.R.H. 4. 9[2] the saying, 'The agent of the congregation fulfils the obligation that rests upon the many', is attributed to Rn. Gamaliel, and even if this reference is to Gamaliel II it falls in the period A.D. 80–120. That שלוחים were sent out to establish calendrical data for Jewish congregations in the Dispersion at an early date is shown by R.H. 1. 3, which, after stating that שלוחין 'now go forth (יוצאין)' on account of six New Moons in the year', adds that 'while the Temple still stood they used to go forth also' (כשהיה בהמ״ק קיים יוצאין אף) because of the New Moon of Iyyar. Again, M. Yoma 1. 5 looks back to the time before A.D. 70 when it makes the elders say to the High Priest before he officiates on the Day of Atonement, 'We are שלוחי of the Court, and you are our שלוח and the שלוח of the Court.' Certainly it was at a later date that the regular visitation of the Diaspora was carried out.[3] Rengstorf writes, for example, 'Nach j Chag 76c, 31ff und anderen Stellen hat der Patriarch Jehuda II (um 250 n Chr) drei hervorragende Rabbinen in die Ortschaften Palästinas "ausgesandt", um dort Bibel- und Mischnalehrer einzusetzen.'[4] When he adds 'Doch scheinen analoge Verfahren, durch "Gesandte" den Zusammenhang zwischen Mutterland und Diaspora, geistlicher Behörde und ausserpalästinischen Gemeinden zu pflegen, schon einer viel früheren Zeit anzugehören' (op. cit., p. 417. 9 ff.), he cites only P. Ḥag. 76d, 3f (and compares P. Ned. 42b, 22f) and, out of the New Testament, Acts 9: 1 ff. and 2 Cor. 11: 13.

The Jewish evidence for a שליח institution in the New Testament period is thus scanty. It is helped out to some extent by

---

[1] A. Ehrhardt, *The Apostolic Succession in the first two Centuries of the Church* (London, 1953), p. 17. The same passage is quoted by G. Klein, *Die zwölf Apostel* (FRLANT, 77), Göttingen, 1961, p. 27.

[2] This passage may have been missed because it appears not to be cited in either Bill. or Rengstorf.

[3] See Rengstorf, *ThW*, i. 416. 38–417. 8.

[4] Note that here the verb שלח, but not the noun (neither שליח nor שלוח), is used.

patristic material, given in detail by Harnack (op. cit. i. 327–31), but here too contemporary attestation is wanting, the main sources being Justin, Eusebius, Jerome, and Epiphanius. Harnack indeed writes, 'According to Justin (*Dial.* xvii., cviii., cxvii.), the thoroughly systematic measures which were initiated from Jerusalem in order to counteract the Christian mission even in Paul's day were the work of the high priests and teachers, who despatched men (ἄνδρας χειροτονήσαντες ἐκλεκτούς) all over the world to give correct information about Jesus and his disciples' (op. cit. i. 327 f.). There is, however, nothing in the texts to prove that Justin is not referring primarily to what happened, or what he believed to be happening, in his own day.

2. The Jewish and patristic evidence is less plentiful and clear than one could wish, yet it is not unreasonable to suppose that the sending out of שליחים in some form and for some limited purposes does go back to the New Testament period. Wanting almost entirely is evidence that such שליחים, if they existed, were in the Greek-speaking world called ἀπόστολοι.

In the LXX, the word ἀπόστολος occurs once only, at 3 Kdms. 14. 6 (see above, p. 94). Theodotion has it at the same place, Symmachus at Isa. 18: 2. The word occurs in Josephus, *Ant.* 17,300, wrongly translated by Harnack (op. cit. i. 327 n. 2). This passage does not describe Varus, or anyone else, as 'their apostle', ἀπόστολος αὐτῶν, that is, the head of a πρεσβεία of Jews allowed to visit Rome to ask for autonomy. The sentence is: Οὐάρου τὸν ἀπόστολον αὐτῶν τῷ ἔθνει ἐπικεχωρηκότος, Varus having permitted to the nation the sending of them. This is important. Not only does Josephus not use the word ἀπόστολος to describe an envoy; to him the word has a different sense.

The passages from Justin referred to above do not contain the word ἀπόστολος. Harnack (op. cit. i. 328 n. 1) considers that the use of the verb χειροτονεῖν is sufficient to indicate that the apostolate is in mind, adding a reference to Acts 13: 3. This verb (which, incidentally, does not import into the discussion the laying on of hands) fails, however, to make the point. It is used also at Acts 14: 23 of the elders whom Paul and Barnabas are said to have appointed in every church.

Rengstorf (op. cit., p. 414. 8–13) bases the linguistic relation between ἀπόστολος and שליח on two observations: (*a*) the fact that the Syriac-speaking church translated ἀπόστολος by שליחא;

(b) the Jewish inscription from Venosa,[1] which includes the words 'duo apostuli et duo rebbites'.[2] Of these, the latter is worth little. It is far too late (fifth–sixth century A.D.) to be relevant to the New Testament period, and we have no means of knowing whether the usage was widespread; silence, for the little it is worth, suggests that it was not. Nor do we know who or what these *apostuli* were. The former is valid as far as it goes, though it remains possible that the translators of the New Testament made the connection themselves: ἀπόστολος is a verbal noun from ἀποστέλλειν; ἀποστέλλειν is to be rendered by שלח, and we must therefore find or make a verbal noun derived from this root. It is not necessary to suppose that they used the Syriac שליחא because they considered a Jewish שליח a close equivalent to a Christian ἀπόστολος.

The suggestion[3] that in M. Taan. 4. 6 אפסטמוס is a corruption of ἀπόστολος (the old Athenian whom the king sent, to compel the Jews to forsake their faith—2 Macc. 6: 1) seems highly improbable; the traditional rendering Postumus, even though no Postumus can be identified, is preferable. Rengstorf is, however, right in saying that the fact that the Rabbis did not (so far as we know—a significant qualification) transliterate ἀπόστολος shows that they had no need for a loan-word, since שליח was established.

3. A third lacuna in the Jewish evidence may be stated much more briefly. There is no evidence that Jewish missionaries were ever called שליחים. This has been noted by almost all writers on the subject, and no fresh Jewish evidence seems to have appeared to contradict their observation. The observation is, of course, a negative one, and does not constitute a proof that missionaries were never thought of, or described, as שליחים.

The Jewish material at our disposal, important and impressive as it is, is thus deficient in important respects: we lack clear evidence about the date of the institution, about the relation between Semitic and Greek linguistic usage, and about the relation between the שליחים and the mission of Judaism to the world. When we turn to the New Testament, we find that the word ἀπόστολος is

---

[1] *CIL*, ix. 648.
[2] Note that the wording appears to distinguish the *apostuli* from the *rebbites*.
[3] M. Jastrow, *A Dictionary of the Targumim, the Talmud Babli and Yerushalmi, and the Midrashic Literature* (New York, 1926), s.v.

used in a bewildering variety of ways. I have discussed the evidence elsewhere,[1] and it will suffice here to summarize the conclusions.

'We must distinguish between at least eight persons, or groups of persons, all denoted, with varying degrees of propriety, by the term "apostle" (ἀπόστολος or shaliaḥ), and probably all giving it somewhat different meanings' (*Signs*, p. 71). The eight groups are:

(1) The original group of Twelve whom Jesus sent out as his agents during his ministry—sometimes, perhaps, but not always and not regularly as evangelists. (2) Among these we may distinguish a special group of Pillars (Gal. 2: 9), perhaps to be identified with the Superapostles of 2 Cor. 11: 5; 12: 11. (3) Peter in particular had an apostolate of the circumcision (Gal. 2: 8). Whether he understood his work as administration or evangelism we cannot be sure; probably he wavered. (4) John may have exercised a similar function in Asia. (5) The Jerusalem leaders had their own envoys who, with or without the authority of their principals, sought to conform the Pauline churches to the law and to obedience to the Jerusalem headquarters. (6) Paul believed himself to be an apostle, though his status was questioned.[2] He understood ἀπόστολος in the sense of missionary—a sense that was ultimately to prevail, except in that the next generation of Christian leaders tended to become administrators (see below, p. 99). (7) Surrounding Paul was a secondary group of apostles, who understood their work in his way but did not play the same leading part. (8) The Pauline churches had their agents, who carried messages and money.

It is thus impossible (as Luke found—see n. 2 on this page) to give a simple answer to the question, What is a New Testament apostle? It is at this point that the thesis of this paper can be stated—a very obvious one, to some extent hinted at and practised from Harnack onwards, but not, so far as I know, plainly enunciated. It is, I hope, one with which David Daube would agree. What we have now surveyed is not two incomplete and puzzling sets of evidence, one about Jewish שליחים and one about Christian ἀπόστολοι; it is one set of evidence about an

[1] *The Signs of an Apostle* (London, 1970; Philadelphia, 1972), pp. 23–81.
[2] Even by his admirer, Luke (I mean, the author of Acts). See my *New Testament Essays* (London, 1972), pp. 76–82.

Shaliaḥ *and* Apostle 99

institution that first-century Jews and Christians had in common. To say this is not to pretend that there is no difference between Jews and Christians;[1] it is rather to recognize that emergent Christianity together with the Judaism from which it issued form a single though complex historical phenomenon, and that, at least in part, they share a common institutional history. On this basis, the following observations may be made.

1. The New Testament insists upon the term ἀπόστολος for the major representatives of the Gospel and the church, and admits no serious alternative. The language we have noted as characteristic of the Cynic-Stoic missionary does not appear. The Christian missionaries are never ἄγγελοι,[2] or κατάσκοποι. κῆρυξ is rare (and unknown in the earlier literature), and εὐαγγελιστής is plainly a formation from εὐαγγέλιον which never attained general usage (so far as we know). In the New Testament period the word ἐπίσκοπος is only just appearing—it is absent from the earlier material, and when it occurs is not fully technical in sense (1 Pet. 2: 25), and applied without distinction to presbyters (Acts 20: 28; 1 Tim. 3: 2; Tit. 1: 7; the precise meaning in Phil. 1: 1 is no longer ascertainable). The usage in the New Testament is, however, clearly distinguishable from that which came to prevail for ἀπόστολος. The prevailing sense of ἀπόστολος is *missionary*; the ἐπίσκοπος is not a missionary but a pastor and administrator, and is thus (see below) a שליח in a different sense from that in which Paul understood the term. In any case, the word ἐπίσκοπος is never applied to the Twelve or to Paul, or to any of their leading colleagues (such as Timothy, Titus, Silas (Silvanus), John Mark, Stephen, Philip, James the Lord's brother, Apollos).

2. It has repeatedly been observed that there was no precedent in Greek to account for this widespread usages of ἀπόστολος by the first Christians; the use of the verbs ἀποστέλλειν, ἐξαποστέλλειν, of Greek missionaries does not explain the adoption of the noun. There is only one reasonable explanation of the data: the noun was already current in some Hellenistic-Jewish circles as an established rendering of שליח. On the Hebrew side, both verb and noun[3]

[1] See David Daube's Preface, too little known, to J. Jocz's *The Jewish People and Jesus Christ* (London, 1949), pp. ix f.
[2] The avoidance of the term is understandable in view of its appropriation in the Old Testament to heavenly beings; see however Rev. 2: 1, 8, 12, 18; 3: 1, 7, 14.
[3] Or participle, if שלוח is the older form.

were current in the technical sense; a Greek noun was needed and it must have been natural and almost inevitable to use ἀπόστολος— or possibly indeed to coin it, in ignorance of the rare Greek uses of it. The Christian evidence thus fills up a lacuna in the Jewish, and should be accepted as doing so; or rather, as was said above, it should be recognized that the combined evidence of the one religio-sociological phenomenon—though of course by no means as complete as one would wish—does not in this respect show a lacuna.

Of this it is a corollary, or rather, perhaps, a parallel conclusion, that the Christian apostolate (a complex phenomenon) arose on Hellenistic-Jewish soil. It is not of gnostic, or of Cynic-Stoic, origin, though in its development the Greek material will have to be taken into account.

3. But what in this setting did the word ἀπόστολος mean? What did the New Testament Christians understand their apostles to be? I have discussed some aspects of the latter question elsewhere,[1] and confine myself here to the inquiry, Is an ἀπόστολος an administrative or a missionary figure? This formulation of the question is much too simple. Paul himself, the great proponent of the missionary understanding of apostleship, knows and approves apostles who are financial administrators (2 Cor. 8: 23; possibly Rom. 16: 7); and 1 Cor. 9 indicates at least a measure of mobility among the 'other apostles' and the Lord's brothers. It does, however, appear that a complete discussion (for which this is not the place) of the relations between Paul and Jerusalem will involve the recognition that the two parties understood the term ἀπόστολος (and ἀποστολή) in different senses. Paul could write in Gal. 2: 7 f. of his apostolate to the Gentiles and of Peter's to the Jews in precisely parallel terms; but his subsequent insistence on his apostolic mission as preaching Christ where his name had not yet been spoken (Rom. 15: 20) and his objection to the unjustified entry of others into his churches (2 Cor. 10: 13–16) suggest, if they cannot be said absolutely to prove, that his pioneering interpretation differed from the administrative, organizational one, that sought to bring all churches into a proper relation with that in Jerusalem.[2] There is no reason to doubt the sincerity of either

[1] See p. 98 n. 1.
[2] See the reference above to Schmithals, p. 92. See *Signs* (p. 98 n. 1), pp. 36–41; my *The First Epistle to the Corinthians* (Black's NT commentaries;

party;[1] it may be that each made a contribution to the development of primitive Christianity. Equally, however, it would be mistaken to overlook, or to underestimate, the sharpness of the tension that existed.

4. If we look at the Christian material from the Jewish side, the position of Peter and his colleagues seems natural and inevitable. If they had been appointed שליחים by the Lord, this would naturally mean that he regarded them as officials and administrators, in his stead, of the community, the eschatological Israel, that he had brought into being. This indeed seems to be the meaning of Matt. 19: 28 = Luke 22: 30 (cf. Matt. 16: 19; 18: 18), a far older saying than the missionary sayings of Matt. 28: 19; Mark 16: 15; Luke 24: 47 (though here the so-called 'mission charges' of Mark 6 and parallels should be borne in mind). What right then had Paul (a) to regard himself as an apostle, and (b) to understand his apostleship to constitute a mission to the Gentile world? With question (a) we are not at present concerned. To question (b) there are three possible answers: (i) the supernatural one—the living exalted Jesus commissioned Paul to act in this way; (ii) Paul interpreted his vocation as ἀπόστολος in terms of what he knew of the Stoic-Cynic missionary; (iii) Paul interpreted his vocation in terms of Jewish missionary practice and usage. These three possibilities are not mutually exclusive; (i) certainly[2] played a major part, and I should not wish to exclude (ii). It is, however, (iii) that comes under consideration here. It was noted above that we lacked direct *Jewish* evidence that missionaries were called שליחים. But does not the Pauline evidence supply what is lacking elsewhere? The development was a natural one. I have argued elsewhere[3] that during his ministry Jesus sent (שלח) disciples, perhaps in pairs, not in the first instance to proclaim the kingdom of God but to perform specific tasks—as his agents to requisition a riding animal, to prepare a Passover room. These disciples, however, acting in the interests of their Master and convinced that his ministry was directly related to the

London, 1968), p. 203, and other passages (see Index, s.v. Apostles); and *The Second Epistle to the Corinthians* (Black's NT commentaries, London, 1973).

[1] This is a great advantage of the view taken here.
[2] I mean, of course, as a matter of Paul's own conviction—a conviction the historian can observe but not evaluate.
[3] *Signs* (p. 98 n. 1), pp. 32 f.

establishing of the Kingdom, can hardly have failed to make use of opportunities that presented themselves to commend to others the belief that formed the ground of their own discipleship. Would it have been otherwise among Jewish agents, sent into the Diaspora? Their mission, whatever its institutional, legal basis, had no meaning apart from the conviction that Judaism was the one true religion, the unique revelation of the being and will of the one true God. Given any measure of readiness to allow Gentiles a positive share in the purpose of this God (and some, though doubtless not all, Jews were prepared to allow this), their position as שליחים in the administrative sense must have led to service as שליחים in the missionary sense. There is no need to conjecture two sets of שליחים, officials and missionaries; at least some officials must have become missionaries too.[1]

It is very probable that this was so. It is usually said that we lack evidence that it was so; but is not Paul himself first-rate evidence, and Jewish evidence, for it? It is at least as justifiable to make this claim as it is to use other Jewish evidence to explain other features of the Christian apostolate. 2 Cor. 8: 18, 23, and the story of Titus,[2] hint clearly enough that Christian delegates (שליחים) did not consider themselves precluded from acting not only as financial agents but also as preachers of the Gospel.

The theological question that arises here, the question of the relation between the institutional and the inspired, missionary, elements in religion, is one to which Judaism and Christianity may in the end have to give different answers; it falls outside the scope of this essay.

---

[1] See Josephus, *Ant.* 20. 34: 'During the time when Izates resided at Charax Spasini, a certain Jewish merchant ('Ιουδαῖός τις ἔμπορος) named Ananias visited the king's wives and taught them to worship God after the manner of the Jewish tradition' (L. H. Feldman's translation). Cf. G. Klein, *Der älteste christliche Katechismus* (Berlin, 1909), pp. 137 ff.; W. D. Davies, *Paul and Rabbinic Judaism* (London, 1948), p. 133.

[2] See 'Titus', in *Neotestamentica et Semitica Studies: in Honour of M. Black* (Edinburgh, 1969), pp. 1-14.

On the Question of Fulfilling the Law in Paul and Rabbinic Judaism

E. P. SANDERS

DESPITE all the work which has been done on the key Pauline statement that 'man is not justified by works of the law but through faith in Jesus Christ' (Gal. 2: 16), the precise and full meaning of the statement must still be considered to be a subject which requires discussion. One need only refer, for example, to the recent debate about the meaning of 'righteousness' or 'justification'.[1] It is the intent of the present essay to make a contribution to the understanding of the first half of the statement, the negative assertion, especially by connecting it with discussions of 'doing the law' in rabbinic Judaism. It is notoriously difficult to prove that rabbinic statements on a certain point are earlier than Paul. Our present attempt is not to argue that such discussions as we may refer to are the direct sources of Paul's view, but to compare Paul's statements with discussions that went on in rabbinic circles in the first two centuries. It is hoped that the comparison and contrast will be useful in itself, even though each particular rabbinic statement in its present form frequently cannot be dated before Paul.

We may begin by inquiring why Paul said that man cannot be justified by works of law. He appears to give two reasons: (1) One

---

[1] Although the two words may have different connotations in English, they are used indifferently here. Both stand for Paul's term *dikaiosynē*. The verb 'justify' is consistently used for *dikaioō*. The recent discussion has primarily concerned the phrase 'righteousness of God', but the discussion of this phrase has obvious bearing on Paul's idea of justification by faith. See E. Käsemann, 'Gottesgerechtigkeit bei Paulus', *ZThK*, 58 (1961), 367–78; P. Stuhlmacher, *Gerechtigkeit Gottes bei Paulus* (FRLANT, 87; Göttingen, 1965); K. Kertelge, '*Rechtfertigung*' *bei Paulus* (NTA, N.F. 3; 1967). See most recently J. A. Ziesler, *The Meaning of Righteousness in Paul* (S.N.T.S. Monograph Ser. 20; Cambridge, 1972), which appeared after the present work was prepared. I have briefly discussed his position, which is quite different from that taken here, in 'Patterns of Religion in Paul and Judaism: a Holistic Method of Comparison', *HThR*, 66 (1973), 476–8.

could in fact be justified by doing the law if he performed it perfectly; he cannot do this, and so, if he attempts to be justified on the grounds of obedience to the law, he only falls under the punishment decreed by the law for transgressors. (2) Obedience to the law, even if achieved, would not result in justification, since justification by definition comes only by faith. The first explanation has an empirical tone: it is theoretically possible to be justified by the law, but experience teaches that no one can achieve this justification. The second is a dogmatic theological assertion: justification comes *only* in another way.

It must be immediately granted that Paul may not have differentiated these two reasons as separate arguments. They doubtless seemed perfectly compatible and harmonious, and in some ways they are. The result is certainly the same. But it may be useful in understanding Paul and his relationship with Judaism to make the distinction and to consider the reasons separately.

1. The argument of the first chapters of Romans, in so far as it touches this question, is that justification does not come by the law because no one can keep it. In commenting on Rom. 2: 6, Sanday and Headlam observe:

> St. Paul himself would have allowed that there might have been a question of earning salvation if the Law were really kept (Rom. 10: 5; Gal. 3: 12). But as a matter of fact the Law was not kept, the works were not done.[1]

The references to Rom. 10: 5 and Gal. 3: 12 are unfortunate, since in both cases Paul is disagreeing with the statement of the law that 'He who does [the commandments] shall live by them' (Lev. 18: 5). The attitude described by Sanday and Headlam is present, however, in Rom. 2: 12–13, 17–27. There Paul argues that not the Jews, who 'heard' the law, but anyone who in fact keeps it, whether he is physically circumcised or not, is justified. Since sin is here conceived as transgression which could have been avoided, but was not, Paul logically speaks of the wrath of God punishing offenders (Rom. 1: 18; 2: 2, 6). Similarly, in 2 Cor. 5: 10 Paul speaks of being judged according to one's deeds. The assumption in all these passages seems to be that man has attempted to be justified by being obedient to God's will, that he has failed, and that he is accordingly punished.

[1] *Romans* (ICC, 5th edn., Edinburgh, 1902), ad loc.

The same view appears in Rom. 3: 23 f.: 'since all have sinned and fall short of the glory of God, they are justified by his grace as a gift.' Men could have avoided punishment by righteously fulfilling the law (whether they were Jews or Gentiles); they did not do so; they deserve punishment. But in this passage Paul indicates that God has provided a means of justifying men despite their disobedience: he offers his grace as a gift, effective in the expiatory act of Christ. Although the grammatical difficulties of Rom. 3: 23 f. make it dangerous to put much weight on any particular construction of the sentence, it seems likely that the sequence of clauses is significant. *First* all men sinned (becoming thereby subject to damnation), *then* God provided the free gift as an alternative means of salvation. This would imply that the free gift would not have been needed had men not sinned in the first place, and consequently that it was at least theoretically possible to obey the law and thus be justified.

In Gal. 3: 10 Paul argues that attempting to be justified by doing the law results in being cursed, since the law requires one who undertakes to fulfil it to do so without exception. As Burton has correctly observed, the negative statement that every one is cursed 'who does not abide by all things written in the book of the law, and do them', implies the corresponding affirmative 'he who faithfully performs all the things written in the book of the law lives thereby'.[1] Yet in 3: 12, when Paul quotes Lev. 18: 5 to that effect ('he who does them shall live by them'), it is clear that he disagrees with the claim. Thus the implied affirmative of Gal. 3: 10 may be deceptive. Paul himself does not actually think that 'he who does them shall live by them'. He is stating the law's own view:[2] he who disobeys is cursed; he who obeys lives. He cites the view here only in order to warn the Galatians. If they undertake to fulfil the law, they are damned, for failure to fulfil the law perfectly leads to damnation by the law; while true life *cannot in any case* come by obedience to the law, even if the obedience is faultless.

Thus we come to a dilemma. It appeared in Romans that Paul held the view that obedience to the law, if it could be accomplished, would bring justification. Gal. 3: 10 seems to imply the same thing by stating that failure to obey perfectly will lead to damnation.

[1] *Galatians* (ICC, Edinburgh, 1921), 165.
[2] Cf. Burton, ibid.

But Gal. 3: 11–12 make it clear that Paul is refuting the idea that obedience *could* lead to justification; for the righteousness which is life comes only by faith, and the law is not based on faith. Before attempting to resolve the dilemma, we should consider Gal. 3: 11–12 and parallel statements more carefully.

2. Having argued in 3: 10 that one who seeks justification by works of law will be cursed, obviously because he cannot keep the law perfectly, Paul then argues (3: 11–12) that one cannot in any case be justified by works of law. It is by definition impossible. As proof, Paul cites Hab. 2: 4: 'He who is righteous through [or, on the basis of] faith shall live' (v. 11). The translation, it is important to note, should not be 'The righteous shall live by faith'. Paul does not take the passage to describe how the righteous will live, but as an assertion that only those who are righteous *in a certain way—ek pisteōs*—will live. Those who seek righteousness *ex ergōn nomou* do not find it and do not live. When Paul cites the second passage (Lev. 18: 5, cited in v. 12), he does not take it to represent an alternative way of gaining life, namely by works instead of faith, but as proof that doing the law cannot lead to life. The righteousness which is or which leads to life comes only by faith (v. 11). The law's very claim that 'he who does them shall live by them' proves that the law does not rest on faith, and so doing the commandments cannot lead to righteousness and life (v. 12). Thus vv. 10–12 provide a crushing refutation of the Galatians who wanted to accept circumcision. Not only would they obligate themselves to obey a law which they could not fulfil, thus falling under its curse, but following that law is in any case a way that cannot lead to salvation.

The dogmatic rejection of the law as a way to salvation recurs frequently in Romans and Galatians. Most closely related to Gal. 3: 11–12 is Rom. 10: 5, where Lev. 18: 5 is also referred to. 'Moses writes that the man who practises the righteousness which is based on the law shall live by it.' But the sequel makes it clear that Paul does not agree. Justification and life come only by faith and confession (Rom. 10: 6–13). The same conclusion about the non-efficacy of obeying the law is reached in another way elsewhere. In Rom. 3: 20 Paul argues that 'no human being will be justified in his sight by works of the law since through the law comes knowledge of sin'. The law has another function than leading to justification and life: it brings knowledge of sin. The argument is

Fulfilling the Law in Paul and Rabbinic Judaism

elaborated in Rom. 7: 7–12. The law promised life, but succeeded only in providing an opportunity for sin, so that the law which promised life gave death (7: 10–11). Since the law cannot overcome sin (Rom. 8: 3), following it cannot lead to salvation. As Paul puts it most succinctly (Gal. 3: 21): 'If a law had been given which could make alive, then righteousness would indeed be by the law.' But no such law has been given. The only possibility for gaining life is stated in v. 22: the promises are fulfilled for those who have faith in Christ.

Before comparing what Paul says about doing the law with rabbinic statements, we may briefly deal with two other questions: the reasons for Paul's second view and the relationship between the two views. It will not be possible to do more than indicate probable answers without providing a full discussion and detailed proof.

There seem to be at least two reasons for Paul's dogmatic statement that justification cannot come by the law. (1) One is stated clearly by Paul himself: 'If justification were through the law, then Christ died to no purpose' (Gal. 2: 21). We cannot decisively exclude the possibility that Paul had come to a negative conclusion about salvation by works of law before he became a Christian, but it seems more likely that the negative conclusion about the law is a necessary corollary to his conviction that salvation is 'in Christ'. This not only puts Jews and Gentiles on an equal footing (Rom. 3: 28–30; 10: 4) but, more important, it recognizes the (to Paul) essential role which Jesus Christ plays in salvation history. (2) The second reason for Paul's conviction points up the pathos of his debate with Judaism and also indicates why that debate is sometimes so confusing. Although 'righteous' is a standard Jewish term for one who is in a proper relation with God,[1] Paul's understanding of 'righteousness' is different from that

[1] In rabbinic literature, few individuals are called ṣaddiq, but those who are correctly religious are regularly called the ṣaddiqim. To take two examples from hundreds available: Mek. Vayyassa' 3 (Friedmann, f. 48b; Horovitz, p. 165; Lauterbach, ii. 110 (ch. 4)): 'If God thus provided for those who provoked him, how much more will he in the future reward the righteous'; Aboth 2. 16 (R. Ṭarfon): 'Know that the recompense of the reward of the righteous is for the time to come.' In 1 QH 1. 37, the ṣaddiqim are parallel to those who are 'perfect of way', while in 1 QH 7. 12 and elsewhere, the ṣaddiq (the righteous) is opposite the rasha' (the wicked). In the Psalms of Solomon, the righteous (dikaioi) remember the Lord, avoid sin, and atone for transgressions of ignorance (Ps. Sol. 3: 3 ff.).

of Palestinian Judaism. As we shall see more fully below, a righteous man in rabbinic Judaism is a man who intends to obey the law, who obeys it as best he can, and who atones for transgression. Being righteous involves preserving one's status: the status is given gratuitously in the election of Israel. The righteous man is the one who stays within the framework established by the election; he keeps the covenant. For Paul, the term righteousness primarily indicates a change of status from slavery to freedom, from bondage to death to life in Christ, in short, from damnation to salvation. This is indicated clearly in Gal. 3: 21: 'If a law had been given which could *make alive*, then *righteousness* would be by the law.' The burden which would be placed on obedience to the law in the Pauline scheme is too heavy for it to bear. No matter how obedient one is, obedience will not move him from slavery to freedom, from death to life. In both cases, righteousness indicates the solution to the human dilemma. In Judaism, the dilemma is transgression; righteousness is obedience and repentance for transgressions which are committed despite one's intention to obey. For Paul, the dilemma is bondage and death. Thus righteousness must be liberation and life.[1] Since the dilemma differs, the content of the word 'righteousness' must differ; and righteousness of the Pauline sort cannot be gained in the way that is appropriate for gaining righteousness of the rabbinic sort.

It thus becomes clear that, of the two answers given by Paul as to why 'no one is justified by works of law', the second is truer to the whole thrust of Paul's thought. The first reason, that no one in fact obeys the law, has rhetorical value in his points directed to Jewish Christians in Rome and leads to the correct conclusion. But the real bite of Pauline theology comes in the second statement: justification cannot come by the law, since the kind of justification required (salvation) comes only by faith in Christ.

It will be obvious that one cannot look to Palestinian Judaism for the source of Paul's thought on the uselessness of fulfilling the law as a means of being 'righteous'. In all forms of Palestinian Judaism, fulfilling the law was required. There are two questions

[1] Rom. 5: 9–10: being justified involves moving from enmity toward God to peace with God; Rom. 5: 16–17: righteousness involves escaping condemnation and death; Rom. 6: 16: being a slave of obedience, which leads to righteousness, is opposite being a slave of sin, which leads to death; Gal. 3: 23–4: 7: being justified by faith is parallel to being 'in Christ' and being a son of God and is opposite to being a slave of the law or of the 'elemental spirits of the universe'.

Fulfilling the Law in Paul and Rabbinic Judaism

about Jewish thought on fulfilling the law which should be answered if Paul is to be compared with other Jews who were more or less contemporary with him. (1) What does it mean to fulfil the law? When has it been fulfilled? How much of it need be fulfilled? (2) What is the function of fulfilling the law in the over-all scheme? Is it a prerequisite for salvation? A consequence of a special status? Both? Neither? In searching for an answer to each question, we shall deal primarily with early rabbinic (Tannaitic) material. A few words on the Manual of Discipline and 4 Ezra will be added at the end.

1. There are basically three types of statement in the Tannaitic literature which seem to answer the question of how much of the law need be obeyed. Crudely stated, the answers are these: 51 per cent fulfilment is required for salvation; one transgression serves to condemn; one fulfilment suffices for salvation. These statements are overlapping, and, as we shall see, the above summaries do not convey the real intention of the material. They will serve as convenient heads, however.

Rabbinic statements which appear to be to the effect that God requires that one fulfil one more commandment than the number of his transgressions are, for the most part, grouped around the ancient *mishnah* Ḳid. 1: 10:

> Everyone who fulfils one *miṣvah*—God[1] benefits him and lengthens his days and he inherits the land. And everyone who does not fulfil one *miṣvah*—God does not benefit him nor lengthen his days; and he does not inherit the land.

The second sentence is euphemistic;[2] the meaning is 'everyone who transgresses one *miṣvah*, God harms', etc. This is a very ancient *mishnah*, as may be readily seen from the promised reward, which is altogether this-worldly.[3] Later, the promise to inherit the land was taken to apply to the world to come.[4] Further, the Rabbis would later argue that reward was paid to the righteous only in the world to come, while the evil were paid in this world for whatever

---

[1] Hebrew, 'they benefit', etc.
[2] See Albeck's note in his text (Jerusalem, 1958) ad loc. and p. 413 of his edition of Seder Nashim. Cf. also Danby's English translation (Oxford, 1933), p. 323.
[3] Epstein, *Introduction to Tannaitic Literature* (Hebrew; Tel Aviv, 1957), p. 53.
[4] Epstein, n. 186; Albeck, op. cit., p. 413.

few good deeds they may have accomplished.[1] In a time of persecution and difficulty, of course, this later view served obvious needs. In any case, the meaning of the ancient *mishnah* is quite clear: it is exhortative. Fulfilling one commandment means that one's days are lengthened, etc., while transgressing one means that they are shortened. The student of rabbinic literature comes to expect such non-systematic and exhortative statements. The point is to encourage people to obey and not transgress.

The non-systematic character was not altogether maintained even by the Rabbis, however. Already in the Tosefta, the passage is explained as meaning that one additional merit or transgression tips the balance if one's good and bad deeds are evenly balanced:[2]

Everyone who fulfils one *miṣvah*—God benefits him and lengthens his days and he inherits the land; and everyone who commits one transgression—God harms him and shortens his days and he does not inherit the land.[3] About this one it was written, 'One sinner destroys much good' (Eccles. 9: 18). A man should always regard himself half innocent (*zakkai*) and half guilty (*ḥayyab*): if he performs one *miṣvah*, happy is he for weighting himself down in the scale of innocence (*kaph zekuth*); if he commits one transgression, woe to him for weighting himself down in the scale of guilt (*kaph ḥobah*). About this one it was written, 'One sinner destroys much good'. On account of a single sin which he committed much good is lost to him. R. Simeon b. Eleazar said: Since the individual is judged according to his majority [of deeds, good or bad], and the world is judged according to its majority, a man should always regard himself half innocent and half guilty, etc.[4]

In the Babylonian Talmud, R. Judah makes a similar comment on the Mishnah: 'This is the meaning: EVERYONE WHO FULFILS ONE MIṢVAH in addition to his [equally balanced] merits GOD BENEFITS HIM, and he is as though he had fulfilled the whole Torah.'[5]

In the Palestinian Talmud, the Mishnah is first interpreted to refer to one in an intermediary position. His deeds are balanced,

---

[1] See Gen. R. 33. 1 (R. Akiba); Sifre Deut. § 307 (Finkelstein–Horovitz, p. 345); and frequently in second century texts.

[2] T. Ḳid. 1. 13 f.

[3] The Tosefta forgoes the use of euphemistic language.

[4] The section beginning 'a man should always regard himself' (after the quotation of Eccles. 9: 18) is paralleled in B. Ḳid. 40a–40b, with only minor verbal changes. The Talmud names the Rabbi as R. Eleazar b. R. Simeon.

[5] B. Ḳid. 39b (cf. Soncino trsl., p. 193).

and if he fulfils one *miṣvah* it inclines the balance in his favour, and so forth. Then there appears more Tannaitic material:[1]

Ben Azzai gave an interpretation of this verse: 'Dead flies makes the perfumer's ointment give off an evil odor' (Eccles. 10: 1). One deduces from the use of the singular verb (though the subject is plural) that just as a single dead fly may infect the perfumer's ointment, so the man who commits only one sin loses thus the merit of his good works.[2] R. Akiba gave an interpretation of this verse: 'Therefore Sheol has enlarged its appetite and opened its mouth beyond ordinance (RSV, measure)' (Isa. 5: 14). It is not written here 'beyond ordinances', but 'beyond ordinance'. [It refers to] whoever does not have one *miṣvah* which can prove in his favour [and so make the scales incline] to the side of innocence (*kaph zekuth*). This he said with regard to the world to come. But in this world, if even 999 angels declare him guilty and one angel declares him innocent, the Holy One, blessed be he, inclines [the scale] to the side of innocence, etc.[3]

It is apparent that the Amora or later Tanna (who apparently begins commenting with the words 'This he said') understood R. Akiba to mean 'one *miṣvah* more than the number of his transgressions'. He contrasts this system of strict reckoning at the future judgement with God's leniency here. And most modern scholars have followed the later commentator. Thus Schwab[4] translates 'one *miṣvah*' 'une bonne action en excédant sur les mauvaises', while Billerbeck explains 'eine Gebotserfüllung' thus: 'gemeint ist die *eine* Gebotserfüllung, die den auf der Wagschale des Verdienstes liegenden Gebotserfüllungen und guten Werken die Majorität verleiht gegenüber den Übertretungen auf der Wagschale der Schuld'.[5] Similarly, Schechter comments, 'From *Jer. Kiddushin*, 61d, it would seem that this insistence upon a majority of good actions applies only to the judgement in the next world, but in this world even one good action can save a man.'[6] This is

[1] P. Ḳid. 1. 10 (61d).
[2] This is an interpretative translation of Ben Azzai's saying which explains his exegesis, based on the translation by Moïse Schwab, *Le Talmud de Jérusalem* (Paris, 1871–90), Qiddouschin, p. 237.
[3] For the continuation, see G. F. Moore, *Judaism in the First Centuries of the Christian Era*, i (Cambridge, Mass., 1927), p. 391, and cf. B. Shabb. 32a. In B. Shabb. 32a, however, the saying that 'if nine hundred and ninety-nine argue for his guilt while one argues in his favour, he is saved (*niṣṣol*)' may refer to the world to come.
[4] Op. cit., p. 237.
[5] Bill. ii. 560.
[6] *Aspects of Rabbinic Theology* (London, 1909), p. 306 n. 4.

with special reference to Aboth 3. 15, which we shall cite below.
Bacher, in commenting on the passage, writes, 'In Ies. 5, 14
betont er [Akiba] den Singular חָק und findet darin die Andeutung, dass eine einzige mangelnde gute That beim Gerichte über
den Menschen auf der Wagschale der Verdienste fühlbar wird, die
Verdammung herbeiführt.'[1] And finally, Montefiore paraphrases
Akiba's statement thus: 'The lack of one good deed may prevent
the balance going in his favour.'[2]

In support of this interpretation of Akiba's saying, one may cite
R. Akiba in Aboth 3. 15 (E.T., 3. 16):[3] 'All is foreseen, but freedom
of choice is given; and the world is judged by grace, yet all is
according to the excess of works [that be good or evil].' The reading
in Aboth is not perfectly clear, since the variant is 'and not according to works'. But if the reading which is generally accepted be
considered accurate, it could be seen as supporting the idea that
Akiba thought that God's judgement is strictly in accordance with
man's merit. Yet it should be clear that Akiba wished to hold
judgement by grace and by works together. Not being a systematic
theologian, he did not explain how it could be done. Nevertheless,
one should not attribute to him a strictly legalistic view on the
basis of Aboth 3. 15.

Leaving Aboth 3. 15 aside, it seems that the view of the rabbinic
commentator on Akiba's saying in the Palestinian Talmud may
have unduly influenced later commentators. In the first place, the
Hebrew of Akiba's saying is quite clear: it refers to any one who
does not have one (single) commandment in order that God may
incline the scale to the side of innocence. There is no indication
that 'one more than the number of transgressions' is meant.
Further, Akiba's saying is in contrast to that of Ben Azzai, the
point of which is that a *single* transgression causes one to lose much
good. It seems only reasonable that Akiba's saying was to the

---

[1] W. Bacher, *Die Agada der Tannaiten*, i (2nd edn., Strassburg, 1903), pp. 325 f.

[2] C. G. Montefiore and H. Loewe, *A Rabbinic Anthology* (London, 1938), p. 595. We should note that this paraphrase of the passage incorrectly reverses the phrases 'in this world' and 'in the world to come', making God lenient in the final judgement but strict here. This 'improvement' solves the problem and may even be close to the general rabbinic spirit, but it is not accurate.

[3] In R. T. Herford's edition (*Pirkē Aboth*, New York, 1925), 3. 19; in C. Taylor's (*Sayings of the Jewish Fathers*, 2nd edn., Cambridge, 1897), 3. 24. For the variants, see their comments on the passage, especially Taylor's notes to the Hebrew text (p. 20) and his additional note on the text (p. 152).

point that the *fulfilment* of one *miṣvah* produces much good. Sayings of this type are in fact fairly common in the Tannaitic literature, and, although they appear paradoxical, they should occasion no surprise. Such sayings are very important if we are to understand the true significance of the 'weighing' theme, and we may profitably pause to consider them before returning to R. Akiba's remark.

We have already noted that in M. Ḳid. 1. 10 it is said that the fulfilment of a single commandment lengthens one's days, and the like, and that the transgression of one commandment shortens them. There is a similar saying from a later period by R. Ḥanina b. Gamaliel in M. Mak. 3. 15: 'If he that commits one transgression thereby forfeits his soul, how much more, if he performs one *miṣvah*, shall his soul be restored to him!' The *qal vaḥomer* argument—'how much more'—is based on the principle that God's quality of rewarding is greater than his quality of punishing. A similar inference on the same grounds is made by R. Jose in a passage in Sifra.[1] If Adam's single transgression of a negative commandment led to death for subsequent generations, how much more will a man's action of repenting of *piggul* and *nothar*[2] and fasting on the Day of Atonement bring good to (מזכה) him and his descendants! R. Jose explicitly refers to the principle that God's 'quality of rewarding' is greater than his 'quality of punishing'.

Sometimes various commandments are singled out which, if a man fulfil, he gains life in the world to come (or something of the sort), but if he break he is damned. Honesty in business is thus elevated:[3]

And wilt do that which is right in his eyes (Exod. 15: 26)—in business dealings. This teaches that if one is honest (lit., faithful) in his business dealings and the spirit of his fellow creatures takes delight in him, it is accounted to him as though he had fulfilled the whole Torah.

The Rabbis duly noted that merely the faith with which Abraham believed was sufficient to merit him life in this world and in the

---

[1] Sifra Ḥobah xii. 10 (on Lev. 5: 17). The paraphrase by Montefiore, op. cit., p. 205, does not specify the good deeds.

[2] *Piggul*: 'A sacrifice rejectable in consequence of an improper intention in the mind of the officiating priest' (M. Jastrow, *A Dictionary of the Targumim, the Talmud Babli and Yerushalmi, and the Midrashic Literature* (New York, 1926), s.v. *Nothar*: 'portions of sacrifices left over beyond the legal time and bound to be burnt' (ibid., s.v. *yathar*). Danby gives another definition of *piggul* in his notes to M.Sh. 3. 2.   [3] Mek. Vayyassa' 1 (46a; 158; ii. 96; on Exod. 15: 26).

world to come.¹ And similarly, Israel's faith merited that the Holy Spirit should rest upon them. In fact, anyone who accepts even one single commandment with faith deserves having the Holy Spirit rest upon him.² It is not surprising that the future world is given to those who keep the Sabbath *only* and that they avoid the great judgement day.³ Similarly, charity is said to have salvific effect:⁴ 'It has been taught: R. Meir used to say: The critic [of Judaism] may bring against you the argument, "If your God loves the poor, why does he not support them?" If so, answer him, "So that through them we may be saved from the punishment of Gehinnom."' The point is that the existence of the poor provides an opportunity for charity, which saves one from Gehinnom. And R. Judah makes the explicit statement that 'charity saves from death', citing Prov. 10: 2.⁵ Acting mercifully is also sufficient for God's favourable judgement, and this is brought into explicit connection with the weighing motif:⁶ 'The one who judges his neighbour on the side of innocence (*lekaph zekuth*) is judged by God as innocent' (favourably, *lizkuth*).⁷

---

¹ Mek. Beshallaḥ 6 (33b; 114; i. 253 [ch. 7]; on Exod. 14: 31). Similarly, one who trusts (√ *bṭḥ*) in God has a refuge in this world and the world to come (B. Men. 29b).   ² Mek., ibid. (Lauterbach, i. 252 ff.).

³ Mek. Vayyassa' 4 (50b; 169; ii. 120 [ch. 5]; on Exod. 16: 25).

⁴ B.B.B. 10a (Soncino trsl., p. 45). A story is also told attributing the same saying to R. Akiba. On charity saving, see also Midr. Teh. on Ps. 17: 14.

⁵ B.B.B. 10a. The meaning, however, is that charity saves from physical death. R. Meir may have extended the idea of charity saving to include salvation from Gehinnom, although, as we saw in the preceding note, this view is also attributed to R. Akiba. In B. Shabb. 156b, the traditional text attributes to R. Akiba the saying ' "charity delivers from death": and not [merely] from an unnatural death, but from death itself.' Urbach has argued, however, that the reading should be: 'not from death itself, but from an unnatural (untimely) death.' See E. E. Urbach, *The Sages: Their Concepts and Beliefs* (Hebrew; Jerusalem, 1969), pp. 235 f. In either case, the idea that charity saves from Gehinnom may be attested no earlier than R. Meir.

⁶ An anonymous *baraitha* in B. Shabb. 127b, near top. And cf. the saying by Rn. Gamaliel II: God will be merciful to those who are merciful; T. B.Ḳ. 9. 30; B. Shab. 151b (Soncino trsl., p. 774, where the exegesis is explained); P. B.Ḳ. 8. 10 (6c). In the latter two passages, the negative statement that God will not be merciful to those who are not merciful is added.

⁷ Some other examples of the efficacy of obeying one commandment: B. Keth. 103b. Those present at the death of Rabbi gain the life of the world to come; Aboth 2. 7 (Hillel): 'He who gains for himself the words of the Torah has gained for himself life in the world to come'; Aboth 6. 6, end: 'He that tells a thing in the name of him that said it brings deliverance unto the world'; Mek. Vayyassa' 2 (47b; 161; ii. 103 f. [ch. 3]; on Exod. 16: 4): 'R. Joshua says: If a man but studies two *halakoth* in the morning and two in the evening and the whole day

Fulfilling the Law in Paul and Rabbinic Judaism

Conversely, breaking a commandment may be said to lead to loss of one's share in the world to come. Those who commit a single sin with the intention of denying the God who forbade the sin are said to break or cast off the yoke. This is to say, they exclude themselves from the covenant. Since accepting the covenant meant accepting the commandments, refusal of the commandments is refusal of the covenant. Such phrases as 'he who does so and so casts off the yoke' should be understood in just this way. The particular sin mentioned is either tantamount to denying God explicitly or is a deliberate sin against one's fellow which violates not only the letter of the law but its basic moral principles. The main example of the first type of sin is idolatry.

Just as the transgression of all the commandments breaks off the yoke, annuls the covenant between God and Israel, and misrepresents the Torah, so also the transgressor of this one commandment breaks off the yoke, annuls the covenant between God and Israel, and misrepresents the Torah. Now what can this one commandment be? The one against idolatry.[1]

'From the way which I command you this day to go after other gods' (Deut. 11: 28)—On the basis of this passage they said: Everyone who confesses to idolatry denies the entire Torah, and everyone who denies idolatry confesses to the entire Torah.[2]

---

he occupies himself with his trade, God accounts [Heb., 'they account'] it to him as though he has fulfilled the whole Torah.' There are numerous other examples of doing small commandments or a single commandment and having 'God account it as if' a large one had been done or as if a great reward had been earned. Thus R. Meir says: 'For everyone who keeps the commandment about fringes, God accounts it as if he saw ['received'] the face of the Shekinah [God himself]' (Sifre Num. § 115 (on 15. 38b; Horovitz, p. 126, near top); P. Ber. 1. 5 (3a). See further Sifra Emor ix. 7; 13. 12; T. Bekor. 1. 4 (it also works vice versa: transgression of a lesser commandment is accounted as transgression of a greater); T. Hor. 2. 7; M. Sanh. 4. 5; Sifre Deut. § 333 (on 32. 43; Finkelstein, p. 383; Friedmann, f. 140b, top); B. Yoma 39a. For the negative (accounting transgression as greater), see Aboth 3. 7, 8 (E.T. 3. 8, 9).

[1] Mek. Pisḥa 5 (5a; 15; i. 37; on Exod. 12: 6). For the translation of the three phrases (breaking, annulling, and misrepresenting), see Lauterbach's notes ad loc. There is a verbatim parallel in Sifre Num. § 111 (on 15. 22; Horovitz, 116). On these and other passages and on the three phrases, see Moore, op. cit. i. 325, 465 ff., iii. 143; Schechter, op. cit. pp. 88, 220 f.; Büchler, *Studies in Sin and Atonement* (Jews' College Publ. 11; London, 1928), pp. 97 ff.; Kadushin, *The Rabbinic Mind* (2nd edn., New York, 1965), pp. 349 f., 342 f. (on 'denying the fundamental principle [God]'). The three terms for rebellion are defined in P. Sanh. 10 (27c).

[2] Sifre Deut. § 54, end (on 11. 28; Finkelstein, p. 122). Friedmann (f. 86b) reads 'Everyone who confesses... is *like* one who denies', etc.

That transgression of a moral commandment may also be equivalent to denying God is seen in this passage from Sifra:[1]

'You shall not lend him your money at interest nor give him your food for profit. I am the Lord your God' (Lev. 25: 37 f.).—On the basis of this passage they said: Everyone who takes upon himself the yoke of [the commandment not to take] interest accepts the yoke of heaven, and everyone who breaks off from himself the yoke of [the commandment not to take] interest breaks off from himself the yoke of heaven.

The logic behind this view is seen in a comment on Lev. 5: 21 ('If anyone sins and commits a breach of faith against the Lord and deceives his neighbour . . .'). R. Ḥannaniah b. Kinai (Ḥanina b. Ḥakinai) takes the sequence to be causal: 'No one deceives his neighbour until he denies the Root.' In the same passage, another Rabbi comments that 'no one transgresses except one who had denied the one who gave the commandment'.[2] It was not a systematic belief that a single transgression always implies denial of God, although it could do so. The Rabbis could also say, however, that one moves from transgression of particular commandments to denial of God. The principal passage is a comment on Lev. 26: 14 f. which takes the phrases of the biblical passage as being stages in a sequence which leads from not studying to denying the existence of God. The biblical passage is this: 'But if you will not hearken to me, and will not do all these commandments, if you spurn my statutes, and if your soul abhors my ordinances, so that you will not do all my commandments, but break my covenant, . . .' The commentary is as follows:[3]

'If you will not hearken to me'—Why does scripture say, 'And will not do'?—Could there be a man who did not study but who did [the commandments]? [No, for] scripture teaches, 'if you will not hearken

---

[1] Sifra Behar v. 3. See Büchler, op. cit., pp. 92, 104 ff. Cf. B.B.M. 59a, on putting one's neighbour to shame.

[2] T. Shebu. 3. 6, cited by Büchler, ibid.; Schechter, op. cit., p. 232; Kadushin, op. cit., p. 351. Büchler cites also Mek. Dekaspa 1 (96b; 316; iii. 150; on Exod. 22: 24): R. Meir says that one who takes usury has no share in the God who forbade it. Schechter cites also B.B.M. 71a to the same point (R. Jose) and Sifre Deut. § 117 (on 15. 9): 'Everyone who withholds mercy from his fellow is like an idolater and has cast off the yoke of heaven.' The last passage is poorly attested, however; see the editions ad loc. Moore, op. cit. i. 467, notes: 'There was . . . a natural disposition, at least for hortatory purposes, to treat all deliberate and wilful transgression as a constructive rejection of God and his Law.'

[3] Sifra Beḥuḳḳothai ii. 3, cited by Kadushin, op. cit., pp. 352 f.

and will not do'.[1] Thus everyone who does not study does not do. Or could there be a man who does not study and does not do, but who does not despise others? [No, for] scripture teaches, 'and if you despise my statutes'.[2] Thus everyone who does not study and does not do [the commandments] will end by despising others. [Similarly, it is proved that such a man goes on to hate the ḥakamim, hinder others from obeying the commandments, and deny the miṣvoth which were given at Sinai.] Or could there be a man who has all these qualities, but who does not deny the Root? [No, for] scripture teaches, 'to break my covenant'. Thus everyone who has all these qualities will end by denying the Root.

Whether wilful transgression be taken as proof that God has already been denied or as the first step in a stage leading to denial, it is clear that the two are closely intertwined. Denial of the obligation to obey a commandment given by God implies, as its cause or result, denial of God himself.[3]

It is clear, then, that if R. Akiba meant that the fulfilment of only one miṣvah was enough to permit God to tip the scale to the side of innocence, he was saying what many other Rabbis also said, just as Ben Azzai had plenty of company in saying that one transgression can condemn. Although one hesitates before disagreeing with such scholars as Bacher and Schechter, this seems the best interpretation of what Akiba said. It is gratifying to be able to quote Finkelstein in support of this view: 'Sometimes [Akiba] asserted God's mercy to be such that a single meritorious act will win a man admission to the future world. He found support for this view in a fanciful interpretation of Isaiah 5: 14.' Finkelstein translates Akiba's statement thus: 'Only those who possess no good deeds at all will descend into the netherworld.'[4] This

---

[1] Here as elsewhere the sequence is taken as causal: 'will not hearken and [consequently] not do'.
[2] The statutes are taken to command respect and love for others.
[3] There are numerous other examples of one transgression condemning. See, e.g., M. Sanh. 10 = A.R.N. 36; Aboth 3. 11 (E.T., 3. 12) = Sifre Num. § 112 (on 15. 31; Horovitz, p. 121); T. Sanh. 12. 10.
[4] Finkelstein, *Akiba: Scholar, Saint and Martyr* (New York, 1936), p. 186. Finkelstein does not bring this passage into connection with Aboth 3. 15, which he cites on p. 207. There is a parallel to the saying of Ben Azzai and R. Akiba in Midr. Ḳoh. 10. 1. The English translator in the Soncino edition (A. Cohen) translates Akiba's saying thus: 'A person who has not [the performance of] one precept [to his credit] which can make the scale of merit incline in his favour' (p. 260). Bonsirven (*Textes rabbiniques*, Rome, 1955, p. 412) has also understood Akiba's saying correctly. A. Wünsche, *Der jerusalemische Talmud in seinen*

interpretation is greatly strengthened by a discussion between Rn. Gamaliel II and R. Akiba, which is cited by Finkelstein. In discussing Ezek. 18: 5–9, which lists numerous sins to be avoided, and concludes that one who has observed the ordinances is righteous and will live, the Rabbis comment:[1]

> When Rn. Gamaliel read this verse he wept, saying, 'Only he who does all these things shall live, but not merely one of them!' Thereupon R. Akiba said to him, 'If so, "Defile not yourselves *in all* these things" (Lev. 18: 24).—Is the prohibition against *all* [combined] only, but not against one? [Surely not!] But it means, "*in one* of these things"; so here, too, for doing one of these things [shall he live].'

It is perhaps almost unnecessary to expound the meaning of such sayings as those with which we have just been dealing. They are evangelistic, for the sake of exhortation. If one transgression can damn, avoid transgression! If fulfilling a *miṣvah* can save, fulfil a *miṣvah*! One should, in fact, consider the case to be *as if* God counted merits and demerits and *as if* his own situation was one of even balance: in his every next act, he should seek to avoid transgression and to fulfil a commandment.[2] This exhortation is very similar in character to the injunction to 'repent one day before your death'.[3] Clearly, one should repent every day.

The idea that perfect fulfilment of one commandment can save is in obvious conflict with the idea that God strictly counts and weighs and judges accordingly. If we ask which is the doctrine, the answer must be that neither is. The passages indicating that fulfilment of one commandment saves do serve, however, to refute the notion that 'weighing' was a rabbinic doctrine.[4] Now we

---

haggadischen Bestandteilen (Zürich, 1880), p. 202, correctly translated the phrase 'does not have one *miṣvah*': 'kein gutes Werk ausübt hat'.

[1] B. Sanh. 81a (Soncino ed., p. 538). The parallel in B. Mak. 24a attaches Rn. Gamaliel's comment to a discussion of Ps. 15, and the answer is prefaced by 'they said' rather than by 'R. Akiba said'. Cf. also Midr. Teh. on Ps. 15: 7 (E.T., pp. 194 f.), which refers to both biblical passages.

[2] The idea of bookkeeping, which is closely allied to the idea of weighing, is also brought forward for the sake of exhortation. Thus Rabbi in Aboth 2. 1: 'Consider three things and thou wilt not fall into the hands of transgression: know what is above thee—a seeing eye and a hearing ear and all thy deeds written in a book' (Danby's translation). But note the purpose: to prevent transgression.

[3] Aboth 2. 10.

[4] The theory that rabbinic religion demands a majority of good deeds over bad for salvation—which leads to anxiety and uncertainty—is held by most Christian writers on Judaism, and seems universally accepted in German Chris-

must note, however, that Schechter is also not altogether correct in treating the accomplishment of one law in a perfect manner as a doctrine.[1] This is, to be sure, much closer to the general spirit of rabbinic religion than is the idea of weighing. But if there is a 'doctrine' of salvation in rabbinic religion, it is election and atonement for transgression.[2] Sayings about fulfilling one law and being given a share in the world to come are balanced by sayings indicating that damnation is the consequence of one transgression.

The truth is that these three groups of sayings—damnation for one transgression, salvation for one fulfilment, and judgement according to the majority of deeds—have a common ground and purpose. Although the three kinds of statement are here brought together from sayings by various Rabbis over an extended period of time, what is common to them is more striking than what is different. Despite their appearing on the surface as mutually contradictory, all three statements could be made without intellectual embarrassment by anyone but a systematic theologian. Each type of saying is an effective way of urging people to obey the commandments as best they can and of insisting upon the importance of doing so.

How non-systematic sayings connecting life in the world to come directly with fulfilment of commandments here should be considered can be shown by an additional example. There is a *baraitha* in the name of R. Joshua[3] to the effect that *extending* restrictions in this world (thereby protecting against transgression) *extends* one's days in the world to come. This seems to indicate that a direct correlation exists between deeds and salvation. The better one is at fulfilling the law, the longer one's salvation lasts. But once it is put in this way, the ridiculousness of taking the statement literally becomes apparent. The Rabbis never contemplated individuals' staying in the world to come for a certain period

tian scholarship. Although the view was held by older scholars such as Gfrörer (see Marmorstein, *The Doctrine of Merits in old Rabbinical Literature* (Jews' College Publ. 7; London, 1920), p. 171), it has been given greatest currency in more recent days by being taken up by Billerbeck (especially in Bill. iv. 3–13, 'The soteriological system of the ancient synagogue') and Bousset (*Die Religion des Judentums im späthellenistischen Zeitalter* (HNT, 21; 3rd edn., Tübingen, 1926), pp. 258 f., 392 f.).

[1] Schechter, op. cit., p. 164, where also more examples of the fulfilment of one commandment saving are listed.

[2] This point is discussed more fully in 'Patterns of Religion in Paul and Judaism', *HThR* 66 (1973), 458–66.   [3] B. Nidda 16b.

and then exiting if they had only a few good deeds in excess of bad, or something of the sort. The point of R. Joshua's saying is, it is obvious, to encourage 'extending' restrictions, that is, building a fence around the law. He brought home the importance of doing so by a play on the word 'extending'. One must be grateful that Billerbeck and others did not seize upon this passage and 'extend' the system which they attribute to the Rabbis by making the *duration* of one's salvation depend upon the magnitude and number of his deeds.

Before leaving the 'weighing' theme, we should consider the famous controversy between the School of Shammai and the School of Hillel[1] over God's treatment of the 'intermediate' class, that is, those who are neither perfectly righteous nor perfectly wicked:[2]

> The School of Shammai say: There are three classes; one for 'everlasting life', another for 'shame and everlasting contempt' (Dan. 12: 2) (these are the wholly wicked) [and a third class which is] evenly balanced. These go down to Gehenna, where they scream and again come up and receive healing, as it is written: 'And I will bring the third part through the fire, and will refine them as silver is refined, and will try them as gold is tried; and they shall call on my name and I will be their God' (Zech. 13: 9). And of these last Hannah said: 'The Lord killeth and the Lord maketh alive, he bringeth down to Sheol and bringeth up' (1 Sam. 2: 6).
>
> The School of Hillel say: He is 'great in mercy' (Exod. 34: 6), that is, he leans in the direction of mercy; and of them David said: 'I am well pleased that the Lord hath heard the voice of my prayer', etc. (Ps. 116: 1); and of them the whole psalm is written.

The two schools apparently agreed that the third class would be redeemed, but the School of Shammai thought that they must first suffer, while the School of Hillel thought that God freely inclined toward mercy and would place the third class together with the first. Nor should we suppose (as some of the Amoraim may have done)[3] that the 'wholly wicked' are those who have only one more evil deed than good. It is an interesting question who the 'wholly wicked' are. They are not those totally devoid of good

---

[1] The two schools were composed of Tannaim of the generation immediately after Hillel and Shammai, i.e. of the first Tannaitic generation.
[2] T. San. 13. 3, Danby's translation slightly modified. There is a parallel in B.R.H. 16b–17a. See further Bacher, op. cit. i. 15 f.; Moore, op. cit. ii. 318.
[3] B.R.H. 17a.

deeds, just as the 'completely righteous' are not totally devoid of bad deeds, since the wholly wicked are paid here for their few good deeds, while the completely righteous are punished here for their few bad deeds.[1] Probably the 'completely righteous' are those who intend to keep the commandments and are very successful at it, sinning only unwittingly and occasionally,[2] while the 'wholly wicked' are those who renounce the covenant, pay no heed to God's commandments, and behave toward their fellows as if God had not commanded love of the neighbour.[3] Perhaps the terms should best be translated 'whole-heartedly wicked' and 'whole-heartedly righteous'. The term 'wholly wicked' does not refer to one who has a simple majority of evil deeds over good, nor even necessarily to one who has a huge majority. Thus one Rabbi argued that even if 999 angels argued for a man's guilt and one for his innocence, God would consider him innocent.[4] Similarly, if one is evil all his life and repents at the end, he is saved.[5] The 'wholly wicked' can only be those who have no intention to obey God. It should be emphasized that not only the 'completely righteous' are saved. One need not be 'completely righteous' to be judged righteous by God. The righteous are not the sinless, but those who confirm the covenant.[6] In any case, it appears that the controversy between the Shammaites and the Hillelites on the 'three classes' lends no support to the theory that the rabbinic doctrine of salvation was one of weighing merits.

This means that the view that God balances merits and demerits against each other, so that a merit can serve to annul a sin, must also be given up. Bultmann, relying on traditional German Christian scholarship, attributed such a view to the Rabbis.[7] It is succinctly put by R. H. Charles, depending on Weber's *Lehren des Talmuds*:[8]

---

[1] Sifre Deut. § 307.
[2] Like R. Simon, Mek. Nezikin 18 (95b; 313; iii. 141 f.), or Paul, Phil. 3. 6.
[3] Above, pp. 115–17.
[4] P. Kid. 61d (1. 10), after the passage quoted above, p. 111 n. 1.
[5] T. Kid. 1. 14 f.; cf. B.R.H. 18a.
[6] See, e.g., R. Eleazar's remark in a *baraitha*, B. Arak. 17a, top, that even the Patriarchs could not stand if God judged strictly; cf. Ps. Sol. 3. 3 ff., and above, p. 107 n. 1.
[7] Bultmann, *Primitive Christianity in its Contemporary Setting* (E.T., London, 1956), p. 69.
[8] R. H. Charles, *The Apocalypse of Baruch* (London, 1896), pp. lxxxii f., referring to Weber, pp. 267–300.

Every good work ... established a certain degree of merit with God, while every evil work entailed a corresponding demerit. A man's position with God depended on the relation existing between his merits and demerits, and his salvation on the preponderance of the former over the latter. The relation between his merits and demerits was determined daily by the weighing of his deeds.... But as the results of such judgments were necessarily unknown, there could not fail to be much uneasiness, and to allay this the doctrine of the vicarious righteousness of the patriarchs and saints of Israel was developed.... A man could thereby summon to his aid the merits of the fathers, and so counterbalance his demerits.

But we have seen, on the one hand, that no matter how many good deeds a man might have, if he 'breaks off the yoke' they avail him naught. On the other hand, any number of transgressions can be atoned for.[1] And God can use the fulfilment of only one commandment to save a man. Merits and demerits do not cancel each other out; God's judgement is on a more fundamental basis than that. The view that 'weighing' is rabbinic doctrine is wrong in all its aspects. Rabbinic sayings about fulfilling one commandment, we may repeat, do not permit such a view to be maintained.

Now we must return to one point mentioned above, that denial of the obligation to obey the commandments is tantamount to denial of God himself. In rabbinic terminology, the opposite of 'deny' is 'confess', not 'obey with perfect success'.[2] Although there are no really early comments on Deut. 27: 26 extant, it should be noted that Paul's use of the passage (Gal. 3: 10) is not in harmony with the rabbinic attitude. Employing the LXX, Paul takes the passage to say that everyone who does not *abide by* all the things written in the law will be cursed. The rabbinic attitude expressed in later passages is that one should *confirm* all the things written in the law.[3] The importance of intention in rabbinic thought can hardly be overemphasized. It is not possible to give here a treatment of this theme. We may cite one typical passage, however:

[1] Some of the most noteworthy passages which indicate that atonement can be made for any sin are these: M. Shebu. 1. 6 (probably pre-70); Yoma 8. 8–9 (probably largely the opinion of R. Akiba), and the parallels and related passages in the Tosefta, the Talmuds, and Sifra; and Mek. Baḥodesh 7 (68b–69a; 227–9; ii. 249–51) and parallels (attributed to R. Ishmael). And see Moore, op. cit. i. 497–545; Büchler, op. cit., pp. 375–461.

[2] On 'confessing' and 'denying', see Kadushin, op. cit., pp. 340–67.

[3] P. Soṭa 7. 4 (21d, near top) (R. Simeon b. Ḥalafta, a student of Rabbi); Lev. R. 25. 1.

'I am the Lord your God who brought you up from the land of Egypt' (Lev. 11:45). For this purpose I brought you up from the land of Egypt: on the condition that you take upon yourselves the yoke of the commandments; for everyone who confesses the yoke of the commandments confesses the Exodus from Egypt, and everyone who denies the yoke of the commandments denies the Exodus from Egypt.[1]

The Rabbis did not suppose that all the commandments could be *obeyed* perfectly, however.

Thus there is no one answer to the question of when the Rabbis considered the law to be fulfilled. What is clear is that perfect fulfilment of the law—or even 51 per cent fulfilment—was not a necessary condition for salvation. In fact, the amount of the law that was fulfilled was not the essential question in determining whether or not a man would have a share in the world to come. In this sense, the Rabbis would have agreed with Paul in saying that man is not justified (= saved) by works of law.

2. The answer to the second question has virtually been given in what has been said thus far. The place and function of 'doing the law' is quite different in rabbinic Judaism from its place in Pauline theology. In rabbinic Judaism the requirement to obey the law comes as a consequence of the election. God is frequently represented as saying to the Jews that, since he has chosen them, they are to obey his commandments.[2] Wilful disobedience can, to be sure, remove one from the covenant, but the value of doing the law is not that it gains salvation for one previously damned. It is the response of one who accepts the covenant to the God who chose him; God's covenantal promise provides salvation. 'Doing the law', in other words, is set in a context of gratuity. For this reason, statements that one should fulfil more commandments than he commits transgressions, and the like, do not constitute rabbinic 'soteriology'. Such statements are primarily parenetic and should not be read as dogmatic or systematic beliefs. When Paul says, in opposing Jews and Judaizers, that no one can be justified by works of law, he puts works of law in a different place in the over-all pattern of religion from the place which it actually occupied in rabbinic Judaism of all periods. He sees it not as a required

[1] Sifra Shemini 12. 4.
[2] See, e.g., Mek. Baḥodesh 5 (66b; 219; ii. 229 f.); 6 (67a–b; 222; ii. 237 f.); M. Ber. 2. 2; Sifra Aḥare Mot 13. 3 (on Lev. 18: 1): 'You have accepted my Kingship, accept my ordinances.'

consequence of being in the covenant, but as a false and deceptive door which purports to lead to justification and life, but which actually leads to death.

Paul's opposing faith to works as the gateway to salvation has misled Christians ever since. The real point of opposition can, however, easily be found. The reason Paul is so adamantly opposed to the Galatians' accepting the Mosaic legislation is that doing so would deny the unique efficacy of Christ for salvation (Gal. 2: 21; 5: 2). The real point of opposition, in other words, is the election. Paul does not regard the revelation at Mt. Sinai as being an election which is effective for salvation. If it were, Jews and Gentiles could not have equal standing before God, and Christ would have died in vain. Only those who have faith in Christ are truly elect (Rom. 9: 6 ff.; Gal. 3: 7, 23–9). In the present, Israel as such is not elect, but is divided into the elect, who obtain salvation, and 'the rest' (Rom. 11: 7; cf. 11: 14). As is clear from Rom. 9: 30–2, the 'elect' who obtain salvation are those who have faith. Even the prediction that in the future all Israel will be saved (Rom. 11: 26) must really be a prediction that all Israel will come to have faith in Christ, since Jews as well as Gentiles are saved only by faith, not by the terms of the covenant with Israel (Rom. 11: 23; 3: 30). The election of Israel thus indicates God's future intention for the people of Israel, but it does not itself provide the means of salvation. This being the case, Paul could not maintain the value of doing the law as it was maintained in rabbinic Judaism. Since the election, though bestowing certain blessings (Rom. 3: 1–2; 9: 4–5), was not effective for salvation, Paul sees the Mosaic law in what is, from the Jewish perspective, a false light: as a false path to salvation rather than as a required consequence of the saving election.

Yet it is well known that Paul insists that certain kinds of actions not only flow naturally from those who are 'in Christ' or 'in the Spirit', but are required. Further, not living according to the deeds appropriate to those who are the new elect results in loss of salvation (Gal. 5: 16–21). Paul even recognizes that the requirement of the law is just and should be fulfilled (Rom. 8: 3). In a similar vein, he speaks of fulfilling the law of Christ (Gal. 6: 2; cf. Rom. 8: 2; 1 Cor. 9: 21) and gives a 'one word' summary of the law which should be obeyed (Gal. 5: 14; cf. Rom. 13: 8–10). There is even a certain similarity between the things Paul views as required and the things required by the Jewish law. He seems

Fulfilling the Law in Paul and Rabbinic Judaism   125

to exclude, however, the 'ceremonial law'—in Jewish terminology, the 'commandments between God and man'—while keeping the 'commandments (which govern relations) between man and man'.[1] Thus, days need not be observed (Gal. 4: 10), circumcision need not be performed and may even be a denial of grace (Gal. 6: 15; 5: 2), and the dietary laws have no intrinsic validity (1 Cor. 10: 25–7; Gal. 2: 12). The 'spiritualization' of the ceremonial laws is not unique to Paul and had doubtless been attempted previously by other Hellenistic Jews.[2] Thus in many ways Paul maintains the traditional Jewish pattern of election followed by obligation; his denial of certain of the traditional obligations is itself not uniquely revolutionary. What sets Paul apart, however, is the denial of the decisiveness of the theophany on Mt. Sinai and the redefinition of election. This leads to a fundamental redefinition of what the law is which must be fulfilled as a consequence of election. It is no longer the Mosaic legislation as such (the doing of which is a denial of grace) but the 'law of Christ' which those follow who walk 'according to the Spirit', the individual elements of which Paul works out only as need arises, although frequently in agreement with Judaism. In other words, Paul not only denies the efficacy of the law as a means for obtaining righteousness or possessing the Spirit, he also implicitly denies that the occasion on which the law was given was a saving revelation of God. Having done that, Paul is quite willing, even insistent, to maintain that one who is in the Spirit or who is justified should fulfil the 'law of Christ', which turns out to be equivalent to the 'just requirement' of the Jewish law, that is, its moral aspects.

If one turns to the Manual of Discipline of Qumran, he will find a very explicit connection between the election offered in a new covenant and requirements to obey the laws specified in the covenant. First, one takes upon himself the covenant, and as a

[1] For the distinction of the two types of commandments in rabbinic literature, see M. Yoma 8. 9; Sifra Aḥare Mot 8. 1–2 (on Lev. 16: 30); Sifre Zuṭa 6. 26 (Horovitz, p. 248); G. Alon, *Studies in the History of Israel*, i (Hebrew; Tel Aviv, 1957), pp. 276 f. It must be granted that Paul does not make an explicit distinction between the two types of commandments. There is, however, a *de facto* distinction. He cannot recommend keeping any of the commandments between God and man which he mentions, and he always condemns transgressions of commandments between man and man.

[2] Philo criticizes some for observing only the intellectual (allegorical) meaning of the law, while ignoring its actual requirements: *Migr. Abr.* 89 (Loeb edn., p. 183).

consequence he must obey the commandments.¹ Disobedience is punished and must be atoned for.² The general pattern is precisely the same as in rabbinic Judaism, although the covenant is different, and the content of the obligatory commandments varies. This general pattern, in fact, seems to be virtually universal in Palestinian Judaism. As is well known, it is only in 4 Ezra that the covenant is not regarded as being efficacious for salvation without perfect obedience.³ The supposition that obeying the law requires perfect obedience is reminiscent of Paul's argument in Rom. 2: 17–27 and Gal. 3: 10. The author of 4 Ezra is not ignorant of the general Jewish belief that repentance atones for transgression, but he seems not to hold it. The seer broaches the possibility and appeals to the mercy of God only to be rejected by the angel (7: 132–8: 3; 8: 20–41).⁴ Judgement is strictly according to works, and on this basis virtually no one will be saved (7: 48; cf. 7: 138). But one should not make too much of the parallel between Paul and 4 Ezra. As we have seen, the main thrust of Paul's denial that justification comes by works of law is dogmatic in origin, rather than being a result of despair at achieving perfection. On the possibility of obeying the law, Paul seems closer, at least occasionally,⁵ to the optimism of some of the greatest Rabbis than to the pessimism of 4 Ezra. But neither Paul nor one of the Rabbis would have claimed that such legal perfection is either the necessary or sufficient cause of salvation. Paul counts his perfection as worthless, since salvation comes through Christ. The Rabbis would count it as important, but insist that salvation comes only from God and that God always forgives penitent sinners, no matter how numerous their transgressions.

[1] 1 QS I. 16–II. 18; V. 7–20. [2] 1 QS VI. 24–VII. 25.
[3] 4 Ezra 7: 45–7, 60–74.
[4] R. Longenecker (*Paul: Apostle of Liberty*, New York, 1964, p. 42) quotes 4 Ezra 8: 36 as indicating that God will have mercy on those who fail to obey the law perfectly. This is actually a plea, and the angel rejects it.
[5] Phil. 3: 6: he was 'faultless' in keeping the law.

Addendum. Since the present article was submitted to the editors, H. Hübner ('Gal 3, 10 und die Herkunft des Paulus', *KuD* 19, 1973, 215–31) has argued that the view of Gal. 3: 10, that all the law must be fulfilled, was Shammaite, while the 'weighing' view was Hillelite. The attribution of these two kinds of sayings to different schools is unpersuasive; and, in any case, neither type of saying is a systematic soteriology, as Hübner holds. See further my *Paul and Palestinian Judaism* (London, 1977), ch. I, section 6, n. 61.

Das Ölbaum-Gleichnis in Röm 11, 16 ff.

Versuch einer weiterführenden Deutung

K. H. RENGSTORF

I

NIEMAND, der sich näher mit dem von Paulus Röm 11, 16 ff. verwendeten Ölbaum-Gleichnis befasst, wird leugnen können, dass die Aufgabe, es befriedigend zu erklären, noch keineswegs als gelöst gelten darf. Einen deutlichen Eindruck von dem Umfang der immer noch nicht behobenen Schwierigkeiten vermittelt wieder der jüngst erschienene Kommentar zum Römerbrief von Ernst Käsemann,[1] wiewohl gerade er sich durch eine bewunderungswürdige Akribie aufgrund umfassender Literaturkenntnis und -verarbeitung auszeichnet. Es liegt daher nahe, ihm bei einem Versuch, über den bisherigen Stand der Forschung hinauszuführen, besondere Aufmerksamkeit zuzuwenden.

Es ist bereits eine Frage für sich, wie man überhaupt das 11. Kapitel des Briefes, das innerhalb von Röm 9-11 einen geschlossenen und zugleich den abschliessenden Abschnitt bildet, gliedert. Indes braucht auf sie hier nicht weiter eingegangen zu werden, da von ihrer Beantwortung Entscheidendes für das Verständnis von 11, 16 ff. nicht abhängt. Deutlich ist ohnehin, worum es Paulus nunmehr geht. Er ist dabei nachzuweisen, dass die Gewinnung des auserwählten Volkes, Israels, das jetzt in seiner grossen Mehrheit dem Evangelium von Jesus als dem Erfüller der messianischen Verheissungen der Propheten ablehnend gegenübersteht, zum unverrückbaren Plan Gottes gehört, und wendet sich nunmehr in seiner Darlegung dem für ihn durchschlagenden Argument zu: Die Bekehrung Israels zu Jesus als Messias wird — es kann nach dem, was geschehen ist, wie nach dem, was die Schrift sagt, gar nicht anders sein — der letzte Akt der Geschichte sein,

[1] Ernst Käsemann, *An die Römer* (HNT, 8a; Tübingen, 1974).

und zwar so gewiss, wie Israels Erwählung durch Gott feststeht.[1] Darauf kann Paulus bezeichnenderweise nicht zu sprechen kommen, ohne auf sein eigenes Verflochtensein in Gottes diesbezüglichen Plan hinzuweisen: Wenn er, der zum Apostel für die Nichtjuden bestellt ist (11, 13; vgl. Gal 1, 16; 2, 1 ff.), sich auch um die Juden kümmert und das nicht ganz ohne Erfolg getan hat und tut (11, 14), so besagt doch auch das, dass Gott sein eigenes Volk nicht aus den Augen verloren hat und dabei beharrt, dass er es zur Hinwendung zu Jesus als seinem Messias bestimmt hat. Paulus selbst ist also in seiner Person eine an Ernst nicht zu überbietende Warnung Gottes an Christen aus den Völkern davor, sich etwa einem Bewusstsein der Arriviertheit hinzugeben und sich in ihm wegen der derzeitigen Unansprechbarkeit der Judenschaft als ganzer für das Evangelium über jene zu erheben und die Erwählung der leiblichen Nachkommenschaft Abrahams durch Gott für überholt zu halten,[2] ob nun in Rom oder wo und wann auch immer.

Dies wird nun von Paulus durch zwei Bildworte begründet. Beide sind miteinander verbunden, sollen sich also wohl auch gegenseitig stützen; sie tragen zudem deutlich dort, wo sie stehen, ihren Sinn in sich selbst und wollen somit nicht allegorisch verstanden werden.[3] Ihren Sitz im Leben haben sie im jüdischen Religionsgesetz. Auf den ersten Blick könnte es so scheinen, als sei für das Folgende nur das zweite Bildwort von Bedeutung und als könnte das erste fehlen, ohne dass dadurch etwas Wesentliches ausfallen würde. Es wird sich indes zeigen, dass für das, was sich anschliesst, das eine so unentbehrlich ist wie das andere und dass das frühere Bildwort in gewisser Hinsicht sogar erst den Raum schafft, in dem das spätere zur Entfaltung gebracht werden kann.

II

Die Grundlage für das erste Bildwort bildet die Anweisung Num 15, 20 f. Hier wird im Zusammenhang der Anordnungen für die Speise- und Trankopfer vorgeschrieben, von jedem Teig, der zum Backen hergerichtet wurde, eine Teighebe als Abgabe an Gott abzuführen. Aus Ez 44, 30 (vgl. Neh 10, 38) ist zu entnehmen, wie dieser Bestimmung zur Zeit des Tempels entsprochen worden ist oder entsprochen werden sollte: Mit dieser Abgabe

---

[1] AaO, S. 294. [2] AaO, S. 295. [3] Ebenda.

waren die im Tempel diensttuenden Priester zu bedenken. Seine volle Verständlichkeit gewinnt der Satz allerdings erst dann, wenn man mit einer Ausführung des Gebots rechnet, bei der von dem bereits hergestellten Gebäck — Brot oder Kuchen — ein Stück abgesondert und im Tempel abgeliefert wurde, weil dann grundsätzlich jedes einzelne Brot oder jeder einzelne Kuchen dazu verwendet werden konnte. Diese Übung kennt Philo (*Spec. Leg.* i, 132), und sie scheint auch Josephus (*Ant.* 4, 71) vertraut gewesen zu sein. Sie wirkt sich, wenn sie praktiziert wird, folgerichtig dahin aus, dass alles Gebackene, das zur Absonderung eines Teils bereitliegt, „heilig" wird, weil alles andere ebenso für den gleichen Zweck abgesondert werden könnte.[1] So wird die in dem Bildwort ausgedrückte Überzeugung anschaulich und praxisnah, dass das wenige, was Gott tatsächlich in der „Teighebe" dargebracht wird, die ganze Menge dessen, wovon es genommen ist, „heilig", nämlich Gott zugewandt, sein lässt.

Bedenkt man dies, so fixiert das erste Bildwort den an sich alles andere als selbstverständlichen Sachverhalt, dass unter bestimmten Umständen die religiöse Qualität eines Teiles auf die religiöse Qualität des Ganzen, zu dem er gehört, nicht nur gewissermassen hinweist, sondern sie sogar garantiert. Man sollte — um es einmal so auszudrücken — die optimistische Betrachtung des Ganzen, die sich darin zu Wort meldet, nicht übersehen oder für nebensächlich halten. Sie hat erhebliche Bedeutung für das im folgenden von Paulus behandelte Problem. Da geht es nämlich um die Frage, wie ein Israel zu beurteilen sei, von dem sich sozusagen nur eine Teighebe Gott als dem Gott und Vater Jesu Christi (Röm 1, 1 ff.) hat zuwenden lassen, und diese Frage wiegt um so schwerer, als Paulus selbst gerade eben erst gesagt hat, es sei ihm zwar nur gegeben, aber immerhin doch wirklich zuteil geworden, „einige" aus dem eigenen Volk durch das Evangelium, wie er es verkündige, auf den Weg der Rettung zu führen (11, 14).

Indes spricht Paulus das jetzt nicht noch einmal aus, wiewohl es in der Luft liegt. Vielmehr schliesst er an das erste Bildwort sofort das zweite an. Dies zweite Bildwort ist nun wesentlich durchsichtiger als das erste. Wenn es die Qualität der Zweige eines Baumes durch die Qualität von dessen Wurzel bestimmt sein lässt, so leuchtet das ohne weiteres ein, selbst wenn nicht

---

[1] Man vgl. in diesem Zusammenhang den in der Mischna (Zeb 9, 1) kodifizierten Grundsatz: המזבח מקדש את הראוי לו.

auch von Früchten an den Zweigen die Rede ist und wenn zudem die nähere Bestimmung der Qualität abermals mittels des Wortes „heilig" erfolgt. Was dies Letzte betrifft, so ist natürlich die Tatsache nicht ausser acht zu lassen, dass die Vorstellung von der Heiligkeit gewisser Bäume dem Altertum geläufig und dass sie auch im Judentum Palästinas um die Zeitwende zu Haus gewesen ist und eine Rolle gespielt hat. Angesichts dessen verdient es Beachtung, dass das zweite Bildwort den Blick auf die Zweige lenkt. Ihr Vorhandensein oder Nichtvorhandensein und vollends ihr Aussehen lässt erkennen, ob in dem Baum, zu dem sie gehören, Leben und Kraft ist oder nicht. Steckt Leben in den Zweigen, so liegt das aber letztlich an der Wurzel des Baumes, da sie es ist, aus der ihnen über den Stamm der Saft zuströmt, der den ganzen Baum belebt. Ist dies deutlich, so darf andererseits auch nicht übersehen werden, dass die Blickrichtung des zweiten Bildwortes der des ersten umgekehrt parallel ist; denn es lässt nicht wie dieses die Qualität eines Ganzen in der Qualität eines Teils von diesem begründet sein, sondern leitet die Art von Gewirktem aus der Art des Wirkenden her und bringt zudem Gewirktes in grosser Fülle ins Blickfeld.

An dieser Stelle ist die Frage nicht zu umgehen, ob Anhaltspunkte dafür vorliegen, dass Paulus die beiden Bildworte verbunden hat, oder ob es Gründe für die Annahme gibt, dass er sie bereits verbunden verfand und sie so übernehmen konnte. Dass beide aus vorgegebener Tradition stammen,[1] kann bei ihrer Art keinem Zweifel unterliegen. Dafür spricht allein schon die Tatsache, dass beide von der schriftgelehrten jüdischen Auslegung benutzt worden sind, um bestimmte Einsichten, die ihr wichtig waren, sowohl anschaulich zu machen als auch zu begründen. Indes bedarf es, ehe mehr als nur dies gesagt werden kann, einer näheren Prüfung der beiden Bildworte in der Überlieferung des antiken Judentums.

Was das erste Bildwort betrifft, so ist es seitens des Rabbinats mit Bezug auf Adam verwendet worden. Er, „der erste Mensch", gilt hier als „eine reine Teighebe für die Welt". Der grundlegende Satz, der das ausspricht, steht j. Schab 5b, 41 f.[2] und dürfte aus viel älterer palästinischer Tradition stammen. Dafür spricht, dass

---

[1] So mit Recht Otto Michel, *Der Brief an die Römer* (MeyerK; 12. Aufl., Göttingen, 1966), S. 274 f.
[2] Er lautet hebräisch: .אדם הראשון חלה טהורה לעולם היה

Das Ölbaum-Gleichnis in Röm 11, 16 ff.

dort, wo er so oder ähnlich auftaucht, stets mit zwei weiteren Charakterisierungen Adams verbunden ist, die ebenso wie er geformt sind und mit ihm zusammen ein wesentliches Stück rabbinischer Adam-Haggada bilden.[1] Der hier zur Sprache gebrachte Satz ist das mittlere Glied der Reihe. Das erste Glied,[2] das wie die beiden anderen die Bedeutung Adams für die „Welt" in besonderer Hinsicht feststellt, hebt im Anschluss an Gen 2, 6 und speziell aufgrund des hier verwendeten, in seinem Sinn nicht eindeutig bestimmbaren אד die konstitutive Kraft des Blutes Adams hervor;[3] das dritte und letzte Glied[4] spricht dann abschliessend unter Berufung auf Spr 20, 27 das von der Seele Adams (נשמת אדם) in die „Welt" ausstrahlende göttliche Licht an.[5] Gerade in ihrem Miteinander stellen die drei kurzen Sätze sicher, dass in ihnen allen mit „Welt" die Menschheit gemeint ist. Es ist also nicht zu bezweifeln, dass sich in ihnen, was den ersten Menschen, Adam, betrifft, eine universalistische Schau der Menschheit ausdrückt, die sich darin begründet, dass Adam der Stammvater aller Menschen ist. Adam erscheint damit als der Faktor, der die Menschheit in allen ihren Angehörigen grundlegend bestimmt und sie bei aller Verschiedenheit zu einem Ganzen verbindet. Besonders bedeutsam ist, dass das in schlechthin umfassender Weise der Fall ist. Jeder der drei kurzen Sätze leistet dazu seinen eigenen, unentbehrlichen Beitrag. Nach ihnen ist die Menschheit nicht nur in blutmässiger (Satz 1) und in geistiger (Satz 3) Hinsicht eine Einheit. Eine solche besteht auch in religiöser Hinsicht (Satz 2); denn das Bildwort von dem ersten Menschen als „eine reine Teighebe für die Welt (= Menschheit)" stellt fest, dass Gott über den ersten, nach seinem Bilde von ihm erschaffenen Menschen Anspruch auf alle Menschen hat, da sie von ihm abstammen und zu ihm gehören, und dass Gott diesen Anspruch nicht aufzugeben gedenkt. Mag es auch infolge der

---

[1] Man vgl. dazu die Parallelstellen Midr. Tanḥ נח 1 zu Gen 6, 9 (Buber, § 1, p. 14a, 11 ff.); מצורע 17 (Buber, § 3 p. 27a, 3 ff.); GenR 14, 5 zu 1, 7; 17, 8 zu 2, 21.

[2] AaO, Zeile 39 f.: אדם הראשון דמו של עולם.

[3] Die haggadische Auslegung scheint unter dem schwierigen Wort den von Adam ausgehenden, die ganze Bevölkerung der Erde bestimmenden (Blut-) Strom zu verstehen. Die Septuaginta übersetzt mittels πηγή.

[4] AaO, Zeile 46: אדם הראשון נרו של עולם היה.

[5] Im Besitz des göttlichen Lebenshauchs, der bei der Erschaffung der Welt nur dem ersten Menschen zuteil wurde (Gen. 2, 7), erkennt also das Rabbinat ein weiteres Indiz für die von Gott so gewollte Einheit des Menschengeschlechts.

Verführung Evas durch die Schlange und weiter durch die Verführung Adams durch Eva zur „Verunreinigung" der „Teighebe der Menschheit" (חלתו של עולם) gekommen sein[1] — es ändert nichts an der Tatsache, dass, entsprechend dem Sinn des von Paulus aufgenommenen Bildworts,[2] prinzipiell die gesamte Menschheit als die Nachkommenschaft Adams Gott zugeordnet ist. Ebenso bleibt es bei der hierauf beruhenden Erwartung, dass sich solches Zugeordnetsein zu gegebener Zeit auch in einem neuen und endgültigen Zugewandtsein aller Menschen zu Gott erkennbar machen wird. Die Art, wie der erste Mensch ins Leben trat, und das Geprägtsein aller Menschen über den gemeinsamen Stammvater durch Gott laufen damit für das Rabbinat, das in diesem Bildwort zu Wort kommt, auf eine Verheissung für die gesamte, jetzt so zerrissene und zugleich von Gott abgekehrte Menschheit hinaus: Das jetzt gestörte Verhältnis zwischen ihr und Gott ist ebenso wie ihre Zerrissenheit nicht etwas Endgültiges; das eine wie das andere wird irgendwann und irgendwie vollständig in Ordnung gebracht werden, weil Gott nicht auf alle sein Bild tragenden Geschöpfe als ihm zugehörig und ihm verbunden verzichten will.

Nach dem, was nunmehr dargelegt worden ist, lässt sich das erste der beiden Bildworte, die Paulus in enger Verbundenheit Röm 11, 16 anführt, nicht von Adam als dem ersten Menschen und dem Stammvater der Menschheit lösen: Er verhält sich zu seiner Nachkommenschaft, mag sie auch über die ganze Erde hin verstreut sein, wie die Teighebe zur ganzen Menge des Teigs oder des aus ihm hergestellten Backwerks, von der sie als *pars pro toto* genommen wird. Demgegenüber besteht kein Grund, in dem Bildwort einen Bezug auf Abraham oder überhaupt die Erzväter in ihrem Verhältnis zu Israel zu finden,[3] wenn schon kein Zweifel daran bestehen kann, dass es in jüdischer, genauer in rabbinischer Tradition beheimatet ist. Die jüdische Tradition schliesst ihrerseits einen solchen Bezug, mag er auch in der Geschichte der Exegese des Römerbriefs bis in die Gegenwart gern hergestellt sein, sogar selbst aus. Schon sie hat vor der Frage gestanden, wie es um die Verteilung der Gewichte auf Adam und Abraham steht. Die Antwort der rabbinischen

---

[1] So Midr. Tanḥ. 1 (Buber, § I, p. 14b, 3 ff.) und in den Parallelen.
[2] Vgl. oben S. 128.
[3] So Bill. iii. 290, sowie auch etwa O. Michel, aaO, S. 276.

Haggada ist ebenso charakteristisch wie lehrreich. Im Midrasch Bereschit rabba wird im Fortgang der Reflexionen über Gen 2, 7 und speziell über das hier erscheinende את האדם Abraham gegen den ersten Menschen abgewogen und ihm der Vorrang vor Adam zuerkannt. Dies wird folgendermassen begründet: Abraham wäre bei seiner ganzen Art ohne Frage geeignet gewesen, vor dem ersten Menschen geschaffen zu werden; es geschah nur deshalb nicht, weil Gott damit rechnete, dass Adam sündigen könnte, und weil er sich darüber klar war, dass er in diesem Fall eben in Abraham, dem viel später ins Leben tretenden Nachkommen Adams, den Menschen zur Verfügung haben müsste und würde, durch den der von Adam angerichtete Schade wieder in Ordnung gebracht werden könnte.[1] Natürlich ist hier an Abrahams Gerechtigkeit und an sein Verdienst gedacht, von dem das Rabbinat zutiefst überzeugt[2] und hinsichtlich dessen es zudem gewiss gewesen ist, es komme in seinem ganzen Umfang Israel zugute.[3]

Wichtiger und weitergreifend ist allerdings in diesem Zusammenhang die Vorstellung, dass mit der Annahme des göttlichen Rufs durch Abraham und seinem gehorsamen Verzicht auf seine Sippe und seine Heimat im Auszug auf ein noch unbekanntes Ziel hin eine neue Epoche in der Geschichte der Menschheit begonnen habe. Abraham empfing ja nicht nur die Verheissung eines neuen Wohnsitzes und einer zahlreichen eigenen Nachkommenschaft, die zu einem grossen Volk werden sollte (Gen 12, 1 ff.), sondern ihm wurde auch in Aussicht gestellt, er würde der Vermittler künftigen Segens für „alle Geschlechter der Erde" werden (Gen 12, 3). Die weltweite Funktion Abrahams, wie sie hiermit als ein Teil des göttlichen Plans mit der Menschheit angesprochen ist, hat im antiken Judentum eine ganze Anzahl von sehr charakteristischen Beschreibungen erfahren, die zwar jeweils selbständig sind, ihre prinzipielle Zusammengehörigkeit aber nicht verleugnen können. So nennt Philo im Blick auf Abraham als Typus des Gerechten diesen „in Wahrheit eine Stütze des Menschengeschlechts"[4] und kann das natürlich nur

---

[1] Vgl. GenR 14, 4 zu 2, 7. — R. Levi, auf den diese Reflexion zurückgeführt wird, gehört zur 3. Generation der palästinischen Amoräer (Anfang des 3. Jahrhunderts), ist fast ausschliesslich Haggadist und vermittelt eine Fülle tannaitischer haggadischer Sätze (vgl. Wilhelm Bacher, *Die Agada der Palästinensischen Amoräer* ii [Strassburg, 1896], S. 300 f.).
[2] Material: Bill. iii. 186 ff.   [3] Material: Bill. i. 117 ff.
[4] *Migr. Abr.* 121: τῷ γὰρ ὄντι ἔρεισμα τοῦ γένους τῶν ἀνθρώπων ἐστὶν ὁ δίκαιος.

deshalb tun, weil er von Abrahams universaler Bedeutung überzeugt ist und deren Recht aus Gen 12, 3 abzuleiten vermag, einer Stelle, die er im Zusammenhang mit seiner These gleich zweimal zitiert. Auch Josephus ist hier zu nennen. Er gesteht Abraham nicht nur zu, dass er als erster den einen und wahren Gott erkannt habe und vom Dienst der Götzen zu seiner Verehrung übergegangen sei; er lässt ihn auch diesen seinen Glauben ebenso geschickt wie bewusst vertreten und damit Erfolg haben, und so ist Abraham bei ihm gewissermassen sogar derjenige der sich als erster unter Heiden um die Gewinnung von Proselyten für den Gottesglauben der biblischen Offenbarung mit Erfolg eingesetzt und sich dadurch ein einzigartiges Verdienst erworben hat.[1] Es verwundert daher nicht, wenn es im tannaitischen Midrasch[2] unter Bezugnahme auf Gen 12, 5 von Abraham heisst, er habe alle diejenigen, die mit ihm aus Charan auszogen, zu Proselyten gemacht.

Was alle zitierten Stellen und ihre Aussagen verbindet, ist die Überzeugung, dass Gott in Abraham begonnen hat, nicht nur den durch Adam angerichteten Schaden wiedergutzumachen, sondern auch die infolge des überheblichen Turmbaus durch den Verlust der gemeinsamen Sprache und die dadurch bedingte Zersplitterung und Zerstreuung um ihre bisherige Einheit gekommene Menschheit (Gen 11, 1 ff.) wieder zu sammeln — nun allerdings zu einem Miteinander — um es in der Terminologie der Proselytenwerbung auszudrücken — „unter dem Schatten Seiner Flügel", also als das eine Volk des einen und allein wahren Gottes. Von daher hat es seinen guten Sinn, wenn der Tannait Jehoschua ben Karcha[3] aus der Schule des grossen R. Akiba aus dem Wort בהבראם (Gen 2, 4: „als sie [nämlich Himmel und Erde] geschaffen wurden") aufgrund der Buchstabengleichheit dieses Wortes mit באברהם („in Abraham") mittels der sogenannten anagrammatischen Deutemethode den Schluss gezogen hat, Gott

---

[1] *Ant.* 1, 155. 161. — Zum Bild Abrahams im jüdischen Hellenismus vgl. zuletzt Günter Mayer, *Aspekte des Abrahambildes in der hellenistisch-jüdischen Literatur*, in: EvTh 32 (1972), S. 118 ff. Die Bedeutung Abrahams und seines Wirkens für den biblischen Gottesglauben und damit für das Judentum für die hellenistisch-jüdische Propaganda um die Zeitwende hat Dieter Georgi, *Die Gegner des Paulus im 2. Korintherbrief*, WMANT 11 (Neukirchen-Vluyn, 1964), S. 63 ff., dargestellt.

[2] Sifre Dtn § 32 zu 6, 5 (Horovitz-Finkelstein, p. 59, 13 ff.). Vgl. dazu noch GenR 39, 14 zu 12, 5; 38, 18 zu 11, 28.

[3] Zeit: c. 130–160.

habe die Welt letztlich überhaupt um Abrahams willen geschaffen.[1] Offensichtlich hat sich das Rabbinat eine in sich geeinte und Gott in Gehorsam und Dienst zugewandte Menschheit überhaupt nur im Anschluss an Abraham und in seiner Nachfolge vorstellen können.

Damit dürfte abschliessend nachgewiesen sein, dass das erste der beiden in Röm 11, 16 miteinander verbundenen Bildworte im Horizont der jüdischen Überlieferung, der es zugehört, nicht auf Abraham hin zu interpretieren ist. Nicht seine Funktion wird in ihm bildhaft erfasst, sondern die des ersten Menschen, Adams. Die Erfassung steht deutlich im Zeichen seiner göttlichen Bestimmung, der er durch seinen Ungehorsam gegen Gott untreu geworden ist. Insofern weist das auf Adam zu beziehende Bildwort über sich hinaus. Es nimmt eine im Verständnis der alttestamentlichen Erzählung historische Situation auf, den Augenblick der Erschaffung Adams. Diese Situation besteht nicht mehr. Sie stellt sich aber in dem Bildwort in einer Weise dar, dass erkennbar wird, dass sie selbst auf Erneuerung hindrängt. So liegt im Rückblick über ihr eine göttliche Verheissung für die Zukunft. Ihre Erfüllung lässt sich bei der Lage der Dinge für die jüdische Auslegung der tannaitischen Zeit nicht von Abraham trennen, weil Gott in seinem Offenbarungswort an ihn seine eigene Zukunft mit der Menschheit an ihn gebunden hat. Folgt dem ersten Bildwort noch ein zweites, so ist deshalb von vornherein zu vermuten, dass es auf die Funktion Abrahams im Plan Gottes mit der Menschheit unter dem Ziel ihrer Heilung abgestellt sein wird. Eine diesbezügliche Vermutung wird zur Gewissheit, wenn sich, wie es Röm 11, 17 ff. der Fall ist, nun an das zweite Bildwort eine Reflexion über das Zustande- und das Zusammenkommen des einen Gottesvolks aus Israel und den Völkern anschliesst und wenn zudem erkennbar wird, dass Paulus als Verfasser von Röm 9-11 dem jüdischen Abraham-Bild seiner Zeit auch selbst verpflichtet ist.

III

Das zweite Bildwort, auf das nunmehr einzugehen ist, stellt etwas an sich Selbstverständliches fest, wenn es die Zweige eines Baumes in ihrer Qualität durch die Qualität seiner Wurzel

---

[1] GenR 12, 9 zu 2, 4. Vgl. dazu Wilhelm Bacher, *Die Agada der Tannaiten*, ii (Strassburg, 1890), S. 313.

bestimmt sein lässt. Man sollte sich nicht darüber wundern, dass in ihm nicht von der Wurzel und dem Baum oder auch vom Baumstamm und von den Zweigen die Rede ist. Nur Wurzel und Zweige — etwaige Früchte bleiben ohnehin beiseite — zu nennen, ist hier angebracht, weil es einerseits um einen Uranfang und andererseits um ein Endergebnis geht. Möglicherweise spielt, was die Formulierung des Bildwortes betrifft, auch eine gewisse Rolle, dass im Kontext des Bildwortes der Ölbaum erscheint. Das Laub des Ölbaums welkt nicht, und wenn seine Zweige laubreich sind, so ermöglicht das bei seiner Art einen Rückschluss auf die seiner Wurzel eigene Kraft.[1] So hat der frühe palästinische Amoräer R. Jehoschua ben Levi,[2] ein Schüler des Tannaiten Bar Kappara und selbst ein bedeutender Haggadist, aus der Vergleichung Israels mit einem „grünenden Ölbaum, fruchtschön von Gestalt" durch den Propheten Jeremia (11, 16) folgern können, nach Gottes Willen werde Israel niemals, weder in dieser noch in der künftigen Welt, zu bestehen aufhören, so wie die Blätter des Ölbaumes weder im Sommer noch im Winter abfallen.[3]

Noch aufschlussreicher als diese Haggada ist allerdings eine andere; sie rankt sich ebenfalls um Jer 11, 16 und hat nach der Überlieferung den palästinischen Amoräer R. Jizchak zum Autor, der im babylonischen Talmud nicht selten den Beinamen Nappacha, d. h. der Schmied, führt und im ausgehenden 3. Jahrhundert gewirkt hat. Das Bedeutsame an dieser weiteren Haggada ist, dass sie Abraham selbst auftreten lässt. Sie tut es zudem in einer Weise, dass sich die Annahme nahelegt, dass in ihr ältere Tradition vorliegt. Jedenfalls lohnt es sich, sie[4] hier im vollen Wortlaut zur Kenntnis zu nehmen:

R. Jizchak hat gesagt: Als der Tempel zerstört worden war, traf der Heilige, gepriesen sei Er, Abraham, wie er im [zerstörten] Tempel stand. Er sprach zu ihm: „Was hat mein Geliebter in meinem Haus zu tun?" (Jer 11, 15). Er antwortete: Wegen meiner Kinder bin ich

[1] Vgl. dazu Gustaf Dalman, *Arbeit und Sitte in Palästina* (Gütersloh 1935), iv. 164.
[2] Erste Hälfte des 3. Jahrhunderts. [3] Men. 53b.
[4] Ebenda. — Zum Verständnis des Stücks ist zu beachten, dass Gottes Antworten z. T. wörtlich Jer 11, 15 f. entnommen sind, allerdings in einem durch die Tradition bestimmten und mit der modernen Auslegung nicht in Einklang zu bringendem Verständnis und unter Umpolung auf eine völlig andere als die historische Situation von Jer 11. Die Übersetzung hat dem durch den Gebrauch von Anführungsstrichen zur Kennzeichnung der Zitate Rechnung zu tragen versucht.

gekommen. Er (d. h. Gott) sprach zu ihm: Deine Kinder haben gesündigt und sind in das Exil gezogen. Er (d. h. Abraham) antwortete ihm: Vielleicht haben sie versehentlich (d. h. nicht vorsätzlich, sondern aus Irrtum) gesündigt?! Er (d. h. Gott) sprach zu ihm: „Ihr Tun — böser Anschlag!" (Jer ebenda). Er (d. h. Abraham) antwortete ihm: Vielleicht hat nur eine Minderheit von ihnen gesündigt?! Er (d. h. Gott) sprach zu ihm: „Die Mehrheit!" (Jer ebenda). (Abraham antwortete:) Es wäre doch wohl an dir gewesen, des Bundes der Beschneidung zu gedenken! Er (d. h. Gott) sprach zu ihm: „Sie haben doch das heilige Fleisch beseitigt!" (Jer ebenda).[1] Er (d. h. Abraham) antwortete ihm: Vielleicht hätten sie, hättest du dich zurückgehalten, in Busse den Rückweg [zu dir] gefunden! Er. (d. h. Gott) sprach zu ihm: „Die Bosheit — dann [wäre daraus] dein Frohlocken [geworden]!" (Jer ebenda). Sofort erhob er (d. h. Abraham) seine Hände zu seinem Haupt und klagte und weinte und sagte zu ihm: Sollte es, was Gott verhüte, keine Chance mehr für sie geben? Da erging eine Himmelsstimme und sprach: „Ein grünender Ölbaum, fruchtschön von Gestalt" (Jer 11, 16), so hat er dich genannt. [Das will besagen:] Wie bei einem [gewöhnlichen] Ölbaum die [ihm bestimmte] Zukunft erst spät erreicht wird, so wird auch Israel die [ihm bestimmte Zukunft] erst spät erreichen.[2]

An diesem Text ist zweierlei bedeutsam. Das eine ist: Für den Haggadisten lässt sich nicht nur Israels Dasein, sondern auch sein künftiger Bestand nicht von Abraham trennen. Das ist schon viel. Aber damit verbindet sich etwas anderes, was noch weit gewichtiger ist: die Überzeugung, dass Israel noch einen langen Weg vor sich hat, bevor es an das ihm von Gott bestimmte Ziel gelangt. Was dies betrifft, so bleibt bezeichnenderweise sowohl

---

[1] Was sich bei Jeremia auf Altar und Opfer bezieht, wird von R. Jizchak von dem Stichwort „Bund der Beschneidung" aus, das den von Gott mit Abraham geschlossenen Bund anspricht, auf die Unkenntlichmachung der Beschneidung durch den sogenannten Epispasmus gedeutet. Zu ihm ist es teils im Zusammenhang mit kulturellen Assimilationsbewegungen teils aus der Furcht, als Jude erkannt und dadurch antijüdischen Massnahmen, wenn nicht sogar einer Gefahr für das Leben, ausgesetzt zu werden, vor allem seit der Berührung der Judenschaft mit dem Hellenismus immer wieder gekommen. Vgl. etwa 1 Makk 1, 11 ff.; Josephus, *Ant.* 12, 237 ff.; Aboth 3, 11; Tos. Schab. 15, 9 sowie 1 Kor 7, 18 und zu dem allen Bill. iv. 33 f.

[2] Der Satz ist nicht ohne weiteres durchsichtig. Wahrscheinlich beruht er auf der Tatsache, dass der Ölbaum unverhältnismässig viel Zeit benötigt, um zur vollen Ertragfähigkeit zu kommen. Es heisst, er brauche bis zur ersten Ernte zehn, bis zur Erreichung des Höchstertrags dreissig Jahre. Diese sicher „runden" Zahlen sind als Teil der Volksweisheit immerhin aufschlussreich. Vgl. dazu W. Bacher, *Pal. Amoräer*, ii. 250; G. Dalman, aaO, S. 164.

das Wann als auch das Wie völlig im Dunkeln. Angesichts dessen ist es relativ belanglos, welcher Art die Situation gewesen ist, in die hinein R. Jizchak Jer 11, 15 f. durch das von ihm komponierte Gespräch zwischen Gott und Abraham aktualisiert hat. Sicher dürfte nur sein, dass sie völlig anders war als diejenige, mit der sich der Prophet konfrontiert sah, dessen Worte R. Jizchak aufnahm. So darf es sein Bewenden mit der Feststellung haben, dass es immerhin möglich ist, dem Text die Gewissheit R. Jizchaks zu entnehmen, dass Abraham in seinem eigenen Erwähltsein, das keiner Revision ausgesetzt ist, auch der Garant der Zukunft seiner Nachkommen ist, und zwar nicht nur vor ihm, sondern zusammen mit ihm und auf seine Zusage hin.

In erster Linie ist Abraham allerdings derjenige, in dem Israel als Gottes Volk seinen Anfang genommen hat. Bildet er auch im Bewusstsein seiner Nachkommen zusammen mit Isaak und Jakob die Gruppe der Väter, so hat er doch unter ihnen unbestritten den ersten Platz, weil er der Vater der übrigen „Väter" Israels ist. Insofern geht seine Funktion, wenn man schon Israel mit einem Baum vergleicht, dessen Zweige dann die verschiedenen Stämme sind, weit über die Funktion eines Baumstamms hinaus. Seine Funktion entspricht, wenn man schon bei dem Vergleich bleibt, derjenigen der Wurzel; denn ohne sie gibt es auch den Stamm nicht, ganz abgesehen davon, dass sie dem Baum in allen seinen Teilen das zuführt, was er für seinen Bestand und nicht zuletzt auch für die Erhaltung seiner Fruchtbarkeit benötigt. Von da aus trifft es genau die Sache, auf die es ankommt, wenn Abraham in den Pseudepigraphen gelegentlich als die Wurzel bezeichnet wird, aus der Israel hervorgegangen ist (äthHen 93, 8; Test Jud 24, 5), und wenn Israel seinerseits als „Pflanze der Gerechtigkeit" (Jub 1, 16; äthHen 10, 16; 93, 5. 10) erscheint. „Wurzel" schliesst hier ganz offensichtlich die Vorstellung der Vaterschaft ein (vgl. dazu schon Jes 11, 1 sowie Dan 11, 7). Das, was aus der Wurzel erwächst, sind eben in diesem Fall „die Söhne Abrahams".

Diese Gedankenassoziation ist für alles, was Röm 11, 17 ff. steht, von grundlegender Bedeutung. Das ist bereits dadurch gesichert, dass Paulus, wie schon früher bemerkt, das Bildwort, das die Zweige durch die Wurzel, mit der sie durch den Stamm verbunden sind, ihr gemäss existieren lässt, an das zweite Bildwort angeschlossen hat. Es kommt hinzu, dass Abrahams Vater-

Das Ölbaum-Gleichnis in Röm 11, 16 ff.

Funktion für Paulus auch sonst im Römerbrief sein Bild des Erzvaters sehr nachhaltig bestimmt. Nur im Römerbrief — und auch hier nur einmal (4, 12) — hat er die an sich doch recht geläufige (Joh 8, 53; Apg 7, 2; Jak 2, 21; vgl. Mt 3, 9 par. Lk 3, 8; Lk 16, 24; Joh 8, 56) Bezeichnung Abrahams als „unser Vater Abraham" verwendet. Er hat es zudem nicht getan, ohne ihn zuvor unter klarer Herausstellung seiner Sonderposition im Kreis der Väter Israels ausdrücklich als Ahn (προπάτωρ) eingeführt zu haben (4, 1) und darin ebenso wie Josephus (B.J. 5, 380) verfahren zu sein.[1] Schliesslich hat er sich selbst 11, 1 einen Israeliten genannt und das mittels seiner Zugehörigkeit zur Nachkommenschaft Abrahams belegt, schon zuvor aber den kühnen Satz gewagt, Abstammung von Abraham bedinge nicht auch ein legitimes Kindesverhältnis zu ihm (9, 7), ohne ihn — anders als er es Gal 4, 21 gemacht hat — auch aus der Abraham-Erzählung der Tora zu begründen. Alles dies zusammen schliesst es aus, dass Paulus ganz allgemein an die Väter Israels dachte, als er im Anschluss an das zweite Bildwort die hier erwähnte Wurzel im Blick auf das Selbstverständnis der Judenschaft einerseits und auf das künftige Geschick Israels interpretierte.[2] Ebensowenig lässt es der Kontext zu, damit zu rechnen, unter dem Bild der Wurzel als „Ursprung, Grundlage, Voraussetzung" möchten hier von Paulus „Abraham" bzw. „die Gerechten" gemeint sein.[3] Man gewinnt dafür allerdings erst dann den richtigen Blick, wenn man sieht, wie planmässig Paulus im Römerbrief auf die von ihm in den Kapiteln 9–11 behandelte Frage hinführt, welche Bedeutung einerseits Jesus, der für ihn der Christus ist, für Israel hat, während doch andererseits an Abrahams ebenso grundlegender Bedeutung für Israel nicht gezweifelt werden kann, und zwar sowohl von der Tora aus, die Abrahams Geschichte berichtet, als auch vom Selbstverständnis der Judenschaft her, das durch die Zugehörigkeit zu Abraham geprägt ist. Nicht nur das, was Paulus in Röm 9–11 ausführt, gerät in die Gefahr einer unzureichenden Interpretation, wenn

---

[1] Philo nennt den ersten Menschen προπάτωρ (Mund. 145) in einem Zusammenhang, in dem er den Nachweis für die Einheit des Menschengeschlechts führen möchte: Alle Menschen sind in ihrem Menschsein durch den ersten Menschen bestimmt, wie vielfältig sie sich auch unterscheiden. Bei den Kynikern heisst Diogenes προπάτωρ im Sinn des geistigen Vaters, der sie geprägt hat (s. Albrecht Dieterich, *Eine Mithrasliturgie*, 3. Aufl., Leipzig und Berlin, 1923, S. 161, Anm. 1).   [2] So E. Käsemann, aaO, S. 295.
[3] So O. Michel, aaO, S. 276.

dies nicht in aller Genauigkeit gesehen und beachtet wird. Dasselbe gilt für den Römerbrief als Ganzes, und zwar sowohl hinsichtlich seiner Ausgangslage als auch hinsichtlich seiner Gedankenführung und vor allem hinsichtlich seiner Zielsetzung. Indes wird darauf später noch einzugehen sein, so dass es an dieser Stelle genügt, darauf hinzuweisen.

Vorerst bedarf es noch der Vervollständigung des Materials zur Rolle Abrahams, wie sie Paulus im Römerbrief vor Augen steht und ihn nach ihrem letzten Sinn beschäftigt.

Bei dieser Materialsammlung ist an erster Stelle darauf hinzuweisen, dass Philo mit dem Eintreten von Verhältnissen rechnet, die sich dahin auswirken, dass der Proselyt wegen seiner Treue einen Platz im Himmel erhält, während der geborene Israelit, weil er sich seines Geburtsadels unwürdig verhält, sich damit abfinden muss, seinen endgültigen Ort in der Finsternis der Unterwelt zu finden (*Praem.* [= *Exsecr.*] 152).[1] Das erinnert an Jesu Wort Mt 8, 11 f. par. Lk 13, 28 f. von dem Mahl mit den Vätern Israels im Reich Gottes, zu dem den „Söhnen des Reichs" der Zugang vorenthalten bleiben wird, aber auch an das Geschick des reichen Mannes in Jesu Gleichnis Lk 16, 19 ff., obwohl Philo nicht sagt, dass die Väter oder auch nur Abraham von ihm als im Himmel befindlich vorgestellt werden. Das spätere Rabbinat hat so gut wie einhellig den Standpunkt vertreten, blutmässige Abstammung von Abraham garantiere, nicht zuletzt über den Anteil am Verdienst des Stammvaters, die Zugehörigkeit zu Gott und den Eingang in die künftige Welt, es sei denn, ein Israelit habe sich bewusst aus der angestammten Gemeinschaft des Bundesvolks gelöst.[2] Es gibt indes Anzeichen dafür, dass man im Rabbinat nicht immer in dieser Weise gedacht hat. Jedenfalls haben sich Erinnerungen an Äusserungen erhalten, die in dieselbe Richtung gehen wie das eben zitierte Wort Philos. So hat der Tannait R. Jehuda (ben Elai),[3] ein Schüler R. Akibas, gesagt, Israeliten könnten nur dann damit rechnen, Gottes Kinder zu sein (s. dazu Dtn 14, 1) und nicht etwa nur solche genannt zu werden, wenn sie ihr ganzes Leben so führten, wie es nun einmal Kindern Gottes anstehe. Er hat sich allerdings den Widerspruch seines Zeitgenossen R. Meir gefallen lassen müssen, den dieser

---

[1] Vgl. Dtn 28, 43.
[2] Material: Bill. iii. 263 f.
[3] Wirkungszeit: c. 130–160.

mittels Hos 2, 1 begründet und mit dem er sich ganz offensichtlich auch durchgesetzt hat.[1] Zu dieser Entscheidung dürfte es allerdings nicht ohne tieferen Grund gekommen sein. Wahrscheinlich ist sie im Zuge der Auseinandersetzung des palästinischen Rabbinats mit dem Anspruch der Christen gefallen, das wahre Gottesvolk zu sein und nunmehr den Platz des alten Bundesvolks einzunehmen, nachdem dieses Jesus von Nazareth nicht als den von Gott gesandten und bevollmächtigten Messias angenommen hatte. Nach allem, was wir wissen, ist diese Auseinandersetzung mit besonderer Leidenschaft in den Jahrzehnten nach dem Fall Jerusalems und der Zerstörung des Tempels geführt worden und hat schliesslich zur völligen Trennung bzw. Ausschliessung der Judenchristen vom jüdischen Gottesdienst geführt. Natürlich sind in sie kräftige Impulse durch die zunehmende Ausbreitung des christlichen Glaubens in der ausserjüdischen Welt hineingekommen, nicht zuletzt deshalb, weil sich mit ihr für das Judentum unvermeidlich und immer stärker ein Entfremdungseffekt verband, wie er zunächst nur eine relativ bescheidene Rolle gespielt hatte. Er hatte wiederum die Folge, dass sich das Judentum mehr und mehr auf das ihm von jeher Wesentliche konzentrierte. Immer entschlossener bildete es sein Selbstverständnis auf dem Boden seiner geschichtlichen und blutmässigen Herkunft von seinen Vätern aus[2] und orientierte sich zugleich an denjenigen seiner heiligen Schriften, in denen es nicht nur deren im Plan Gottes verankerte Geschichte besass, sondern auch die gesetzlichen Grundlagen für ein Leben nach dem Willen Gottes in der Kontinuität mit den Anfängen der Volksgeschichte. Nicht zuletzt waren ihm die Väter auch das göttliche Unterpfand für die eigene Zukunft.[3]

[1] Der Bericht steht Sifre Dtn § 96 zu 14, 1 (Finkelstein, p. 157, 14 ff.).—Reste von einschlägigen Diskussionen, die nach den Namen der beteiligten Rabbinen in die Zeit zwischen 70 und 100 fallen, haben sich in Tos. Sanh. 12, 9–13, 12 erhalten.

[2] Recht bemerkenswert ist in diesem Zusammenhang, dass Josephus Josua angesichts der Tatsache, dass gewisse Stämme ostwärts des Jordans ansässig werden, während ihre Mehrzahl westlich des Flusses ihre Wohnsitze sucht und findet, sagen lässt: Ἀβράμου γὰρ ἅπαντές ἐσμεν οἵ τ' ἐνθάδε κἀκεῖ κατοικοῦντες (Ant. 5, 97). Die von ihm verwendete Wendung erinnert in überraschender Weise an die gern von Paulus gebrauchte Formel τοῦ κυρίου εἶναι. Ob das auf einem Zufall beruht? Liegt hier bei Josephus Polemik vor? Oder handelt es sich um gemeinsamen Sprachgebrauch?

[3] Vgl. Sanh. 10, 1 mit Berufung auf Jes 60, 21. Einschlägige christlich-theologische Reflexion: Justin, Dial. 140.

Historisch gesehen, spricht alles dafür, dass die eben angeführten Auseinandersetzungen noch in ihren Anfängen waren und von einer Erstarrung der Fronten noch keine Rede sein konnte, als Paulus den Römerbrief schrieb. Insofern darf es als durchaus möglich gelten, dass er eine im palästinischen Rabbinat seiner Zeit vertretene These aufnahm, als er Röm 9, 6 f. feststellte: οὐ γὰρ πάντες οἱ ἐξ Ἰσραήλ, οὗτοι Ἰσραήλ· οὐδ' ὅτι εἰσὶν σπέρμα Ἀβραάμ, πάντες τέκνα. . . . Die Selbstverständlichkeit, mit der Paulus diesen Doppelsatz zum Ausgangspunkt für seine weiteren Darlegungen gemacht hat, erscheint sogar nur dann als möglich, wenn es, was ihn betrifft, im schriftgelehrten Judentum seiner Tage angesehene Männer gegeben hat, die in der Überzeugung von seiner Richtigkeit mit Paulus einig waren, auch wenn sie seinen eigenen Weg zu bejahen sich ausserstande sahen.

Der zweite Punkt, der zur Sprache kommen muss, kann sehr viel kürzer als der erste abgehandelt werden, weil er nicht wie dieser eine zunächst noch innerjüdische Kontroverse der Zeit der entstehenden Kirche betrifft, sondern es mit einer rabbinischen Streitfrage zu tun hat. Wenn Paulus wie seine nichtchristlichen jüdischen Zeitgenossen Abraham „unser aller Vater" nennt (Röm 4, 16), so vertritt er auch damit wieder nicht eine Privatansicht, sondern eignet sich eine Aussage an, hinsichtlich derer in der schriftgelehrten Tradition weitgehende Einmütigkeit besteht. Für das Rabbinat hat Abraham nämlich nicht nur grundlegende Bedeutung für Israel und für die zu ihm stossenden Proselyten,[1] sondern auch für die ganze Menschheit. Auch hier gibt wie bei Paulus Gen 17, 5b den Schriftgrund ab: „Zum Vater vieler Völker habe ich dich gesetzt."[2] Dies Wort wird gelegentlich dahin interpretiert: „. . . und jetzt, siehe, du bist Vater für alle, die in die Welt kommen."[3] Leider ist nirgends überliefert, wie man sich dies im Rabbinat vorgestellt hat. Natürlich lässt sich fragen, ob etwa daran gedacht ist, dass Abraham nicht nur für die Geschichte Israels, sondern auch für die Weltgeschichte Bedeutung zukommt, weil Gott doch in ihm gewissermassen das Zeichen aufgerichtet hat, das auf den Weg zu ihm weist, einerlei, um was für Menschen es sich handelt. Indes kann die Interpretation, die mitgeteilt

---

[1] Zur Bedeutung Abrahams für die Proselyten vgl. schon oben S. 134.
[2] Tannaitische Belege: Bill. iii. 211.
[3] Tos. Ber. 1, 13. — Zu dem hier gebrauchten Ausdruck für ins Leben tretende Menschen vgl. Joh 1, 9.

wurde, auch nur beabsichtigen, die Kontinuität im Handeln Gottes zum Heil aller Menschen festzustellen. Und schliesslich bleibt sogar die Möglichkeit, dass im Zug von Auseinandersetzungen um das richtige Verständnis von Gen 17, 4 f. zwischen jüdischen und christlichen Auslegern, wie sie besonders in Cäsarea stattgefunden haben, seitens der jüdischen Überlieferung einiges unterdrückt oder zurückgenommen worden ist, was geeignet war, die christliche Position zu stärken, die jüdische aber zu schwächen. So bleibt nichts anderes zu tun übrig, als die Tatsache als solche herauszustellen, dass auch das Rabbinat Gen 17, 4 f. zum Anlass genommen hat, eine die ganze Menschheit umfassende Funktion Abrahams aus einem unmittelbar an ihn gerichteten Wort Gottes selbst abzuleiten, einem Wort, das sich in der Tora erhalten hat.

Schliesslich bedarf es der Klärung einer dritten und letzten Frage. Sie betrifft das Bild vom Einsenken eines nicht homogenen Schösslings in ein anderes Gewächs, das Paulus im Anschluss an das zweite der beiden Bildworte in Röm 11, 16 verwendet hat. Die Art, wie Paulus dies Bild einführt und durchführt, lässt erkennen, worum es ihm geht und was ihm nicht wichtig ist. Es kommt ihm nicht eigentlich darauf an, den fremdartigen Schössling oder die fremdartigen Schösslinge durch Verbindung mit einer wertvolleren Lebensbasis auch selbst aufzuwerten. Vielmehr reflektiert sich in seiner Bildrede das Interesse des Autors daran, dass es zur Schliessung von Lücken kommt, die in dem mit einem Ölbaum verglichenen Organismus durch den Verlust von für ihn wichtigen Teilen entstanden sind, so dass er nun der ihm anstehenden Fülle ermangelt. Ein Baum, der eines grossen Teils seiner Zweige beraubt ist, nötigt zu der kritischen Frage, ob seine Weiterexistenz sinnvoll ist. Vollends gilt das, wenn es sich um einen Fruchtbaum wie den Ölbaum handelt, dessen Zweige die Früchte tragen, um derentwillen man ihn gepflanzt hat. Ein Ölbaum kann gar nicht an Früchten hervorbringen, was man erwartet, wenn er nicht voller Zweige, wenn sein Gezweig also lückenhaft ist. So führt ein solcher Baum folgerichtig zu Überlegungen darüber, was getan werden kann, um ihn wieder zur Fülle des Gezweigs zu bringen, wenn man ihn schon nicht beseitigen und durch einen neuen Ölbaum ersetzen will, der die auf ihn gesetzten Hoffnungen erfüllt. Angesichts dessen ist es natürlich nicht unerheblich, dass es wenigstens eine rabbinische

Überlieferung gibt, die sich des Bildes vom Einsenken nicht homogener Schösslinge bedient, auch wenn seine Verwendung sich mit der Röm 11, 17 ff. vorliegenden nur berührt, aber nicht deckt. Diese Überlieferung ist mit dem Namen des R. Elazar (b. Pedath)[1] verbunden. Es handelt sich in ihr um eine haggadische Auslegung von Gen 12, 3 unter geistvoller Verwendung eines Wortspiels.[2] Bis auf die jeweils einleitenden Bemerkungen ist der Text[3] hebräisch:

Was ist mit dem gemeint, was geschrieben steht: „Und es werden in dir alle Geschlechter der Erde gesegnet werden (וְנִבְרְכוּ)" (Gen. 12, 3)? Der Heilige, gepriesen sei Er, sagte dadurch zu Abraham: Ich habe da zwei schöne Fruchttriebe (בְּרֵיחוֹת), um sie in dich einzusenken (לְהַבְרִיךְ), Ruth, die Moabiterin, und Naama, die Ammoniterin.[4]

Es wäre eine gute Sache, wenn sich nachweisen liesse, dass R. Elazar lediglich der Tradent dieser Haggada und nicht ihr Autor ist. Leider gibt es in dieser Hinsicht keine sicheren Anhaltspunkte. Immerhin lässt sich einiges dafür geltend machen, dass das von R. Elazar verwendete Wortspiel älter als er ist. Dafür spricht zunächst, dass das Schriftwort, aus dem es entwickelt ist, zentrale Bedeutung für die gesamte schriftgelehrte Überlieferung hat; es ist also nicht damit zu rechnen, dass R. Elazar ihm überhaupt wichtige neue Einsichten hat abgewinnen können. Vor allem aber ist von Bedeutung, dass die von ihm gebrachte haggadische Auslegung als Teil eines umfangreichen Katalogs derartiger Auslegungen erhalten ist. Im Zusammenhang damit ist endlich nicht ausser acht zu lassen, dass dieser R. Elazar als Tradent sehr zahlreicher älterer Aussprüche gilt, von denen sich nicht wenige bis in die tannaitische Zeit (bis 200 nChr.) zurückverfolgen lassen.[5] So darf es in der Tat wohl als nicht ausgeschlossen gelten, dass die hier zitierte Haggada bereits tannaitischen Ursprungs ist. Im Blick darauf fällt es natürlich erheblich ins Gewicht, dass sich

[1] Er ist palästinischer Amoräer mit Wirkungszeit im letzten Drittel des 3. Jahrhunderts. Vgl. zu ihm W. Bacher, *Pal. Amoräer*, ii. 1–87.
[2] Ihm liegt die Wurzel ברך zugrunde, aus der Wörter verschiedener Bedeutung entwickelt worden sind wie „segnen", „einpfropfen" und „Schössling".
[3] Jeb. 63a.
[4] Es handelt sich um die Mutter des Salomo-Sohnes und späteren Königs Rehabeam (1Kön 14, 21 ff.; 2Chron 12, 13).
[5] Vgl. dazu W. Bacher, *Pal. Amoräer*, ii. 4 f.; ferner Wilhelm Bacher, *Tradition und Tradenten in den Schulen Palästinas und Babyloniens* (Leipzig, 1914), S. 100 und passim.

das Bild vom Einsenken von Schösslingen nicht homogener Herkunft zur Veranschaulichung des Akts der Annahme durch eine andere als die bisherige Religion schon bei Philo in jenem bereits angeführten Zusammenhang findet, in dem von ihm die Chance hervorgehoben wird, die echter und ehrlicher Proselytismus bei dem Gott Israels hat.[1] Dort war zunächst davon die Rede, es könne sehr wohl geschehen, dass ein Proselyt mit vollem Recht einen Platz im Himmel erhalte, während ein geborener Israelit trotz aller seinem Volk gegebenen Verheissungen der Gottesferne in der Finsternis der Unterwelt anheimfalle, weil er sich seiner bevorzugten Herkunft nicht würdig gezeigt habe. Anschliessend heisst es dann weiter, solches sei so,

> damit alle Menschen, denen solche Beispiele vor die Augen kommen, einsichtig werden, indem sie daraus für sich die Lehre ziehen, dass Gott die Tugend, die aus unedler Abstammung erwächst, willkommen heisst, während er auf die Wurzeln zwar verzichtet, den kräftigen Schössling aber annimmt, weil er sich in einen edlen verwandelt hat, der gute Früchte bringt.

Von Abraham ist bei Philo — anders als über zweihundert Jahre später bei R. Elazar — in diesem Zusammenhang nicht die Rede, nicht einmal andeutungsweise. Dennoch ist das, worauf er hinaus will, ebenso erkennbar wie die Tatsache, dass er sich vorgegebenen Anschauungsmaterials[2] bedient; denn er könnte sonst kaum damit rechnen, von seinen Lesern verstanden zu werden. So arbeitet auch Paulus wahrscheinlich mit traditionellem Bildmaterial. Wenn das aber stimmt, dann ist damit zu rechnen, dass er im folgenden nicht als ein Stadtmensch redet, der von landwirtschaftlichen Verfahren nichts versteht und deshalb auch nicht weiss, dass man nicht Schösslinge eines wilden Ölbaums auf einen edlen Ölbaum überträgt, um durch sie dort herausgebrochene Zweige zu ersetzen. Vielmehr ist es dann so, dass Paulus, wenn er mittels seines Ölbaum-Gleichnisses Gottes Handeln zu veranschaulichen sucht, in erster Linie dessen Paradoxie erkennbar machen will, wie sie seinem Wesen entspricht, da er beides ist, schlechthin gerecht und schlechthin gütig. Die Paradoxie im Handeln Gottes aber lässt er erkennbar werden auf dem Hintergrund der

---

[1] *Praem.* [= *Exsecr.*] 152 (vgl. oben S. 140). Auf die Bedeutung dieser Stelle haben O. Michel, aaO, S. 275, und Ch. Maurer, Art. ῥίζα, ThW, vi. 987, hingewiesen.

[2] So auch O. Michel, aaO, S. 275.

Kontinuität dieses Handelns im Hinblick auf Gottes von jeher feststehendes Ziel, alle Menschen in sein Heil hineinzuziehen. Dass ihm dies alles auch bewusst ist, belegt sein παρὰ φύσιν in Vers 24. Mit seiner Hilfe macht er deutlich, dass er sich in dem, was er da sagt, ausschliesslich durch die Sache bestimmen lässt, um die es ihm geht, und dass er auch das Anschauungsmaterial, über das er verfügt, vollständig in ihren Dienst zu stellen entschlossen ist.[1]

Indes bedarf es, ehe nun auf das Ölbaum-Gleichnis und seinen Sinn des näheren eingegangen wird, der Klärung einer Frage, die früher zurückgestellt werden musste. Auf sie kann nunmehr eingegangen werden, nachdem die Analyse der beiden Bildworte in Vers 16 abgeschlossen ist. Es handelt sich um die Frage, ob Paulus beide Bildworte bereits verbunden vorfand und übernahm oder ob erst er selbst sie miteinander verbunden hat, um mit ihrer Hilfe die ihm unentbehrliche Basis für seine anschliessenden Ausführungen zu gewinnen.

IV

Was in Teil II über das Bildwort von der Teighebe gesagt worden ist, hat mit einem Höchstmass an Wahrscheinlichkeit ergeben, dass Paulus mit ihm ein rabbinisches Theologumenon aufgenommen hat, das eine grundlegende Aussage über den ersten Menschen, Adam, enthält, auch wenn dieser nicht namentlich erscheint. Das in Teil III besprochene Bildwort konnte, wieder unter Rückgriff auf eine weit gefächerte schriftgelehrte Tradition, Abraham zugeordnet werden, ohne dass es allerdings schon möglich gewesen ist, seinen Sitz im Leben so eindeutig zu bestimmen, wie es für das erste Bildwort — es ist im kultischen Bereich beheimatet — möglich war. Was weiter geklärt werden konnte, ist, dass Paulus' Interesse an dem Bildwort-Paar sich darin begründet, dass es sowohl Adam als den Stammvater der Menschheit als auch Abraham als Stammvater Israels bzw. der Judenschaft ins Blickfeld der Leser rückt und dass so beide in enger Verbundenheit von ihm in den Bereich seines Evangeliums von Jesus als dem von den Propheten Gottes verheissenen Christus/ Messias eingebracht werden können, zumal Jesus beides ist, der Nachkomme Adams wie ein Sohn Abrahams nach dem Fleisch. Bei dem allen blieb die Frage offen bzw. wurde mehr angedeutet

---

[1] Siehe schon oben S. 128.

als wirklich gestellt, wie es um den Sitz im Leben auch des zweiten Bildwortes stehe. Sie zu beantworten, muss jetzt in einem Zwischenstück versucht werden, da nur dann, wenn das gelingt, Aussicht besteht, auch zu klären, wie es zu der Röm 11, 16 vorliegenden Verbindung beider Bildworte gekommen ist oder doch gekommen sein kann.

Was nun das zweite Bildwort betrifft, so lässt sich nachweisen, dass die Frage, ob sich die Wurzel eines Baumes nach dessen Zweigen oder ob sich die Zweige eines Baumes nach dessen Wurzel richten, Gegenstand rabbinischer Diskussionen gewesen ist. Der Sitz im Leben befindet sich allerdings, anders als bei dem ersten Bildwort, nicht im Bereich des Kultus oder auch nur ganz allgemein im Bereich der Religion, sondern im Bereich der Rechtsfindung. Die beschriebene Alternative ist in Verbindung mit dem Asylrecht durchdiskutiert worden. Sie ist dadurch veranlasst, dass in Verbindung mit der Frage nach dem Ausmass der „Umgebung" einer Asylstadt auch zu entscheiden war, wieweit das schützende Grenzgebiet reiche, wenn jemand in ihr Zuflucht sucht. Die entscheidende Frage ist, ob ein mit seiner Krone über die Mauer der Asylstadt hinausreichender Baum dem Asylsuchenden bereits Schutz gewähre oder nicht, da doch seine Wurzel sich innerhalb der Stadt befinde. Die ganze Diskussion,[1] die auszubreiten in diesem Zusammenhang keinen Sinn hat, hat zur Voraussetzung, dass es Fälle gibt, in denen, was die Beurteilung eines Baums als Rechtsfaktor betrifft, die Wurzel massgebend ist, während in anderen Fällen es die Krone ist bzw. es die Äste oder Zweige sind. Die spätere Zeit hat, wie die Mischna ausweist, das Gezweig des Baums zu seinem Mass gemacht: Ein Baum reicht so weit, wie seine Zweige reichen.[2] Demgegenüber scheint ursprünglich die Baumwurzel ohne Rücksicht auf die Ausdehnung der Krone ausschlaggebend gewesen zu sein, also der reine Standort.

Auch in dem zweiten Bildwort Röm 11, 16 geht der entscheidende Einfluss von der Wurzel aus. Damit legt sich die Annahme nahe, dass Paulus in ihm Anschluss an frühe rabbinische Lehre hat. Ihr Einfluss auf ihn reicht aber möglicherweise noch weiter.

[1] Einen Einblick in sie gibt Børge Salomonsen in seinem Kommentar zu Tosefta Makkot 3, 6 in *Rabbinische Texte*, erste Reihe: Die Tosefta, Band 4, 3: Seder Nezikin: Sanhedrin — Makkot (Stuttgart, 1976), S. 288 f. Dort findet sich reichlich Stellenmaterial. [2] Mak. 2, 7.

Er kann sich durchaus auch in Vers 18 bemerkbar machen, wenn Paulus dort mit Nachdruck darauf hinweist, die Wurzel trage die Zweige, und es sei nicht etwa umgekehrt. Natürlich ist das logisch. Entscheidungen des Rabbinats beruhen indes oft auf besonderen Denkverfahren. Hier beharrt Paulus jedenfalls wiederum auf dem Standpunkt des älteren Rabbinats, das die Wurzel des Baums den massgebenden Einfluss ausüben lässt. Ob er nun seine Sätze so, wie sie bei ihn stehen, unmittelbar aus rabbinischer Tradition entnommen hat oder auch nur hat übernehmen können, muss dahingestellt bleiben, da unsere Kenntnisse nicht ausreichen, um eine glatte Entscheidung zu treffen. Immerhin lässt sich die Möglichkeit nicht ausschliessen, dass er wenigstens das zweite Bildwort selbst formuliert und dass er es deshalb so formuliert hat, wie es dasteht, um es mit dem ersten Bildwort koordinieren zu können. Jedenfalls ist das für ihn wichtige Stichwort, das beide Bildworte zusammenschliesst, das Wort „heilig", und dies Wort ist ihm durch die hier herangezogene Diskussion nicht vorgegeben. „Heilig" bedeutet in Vers 16 sicher so viel wie „gottgeweiht".[1] Paulus hat dies Stichwort aber schwerlich aus dem ersten Bildwort übernommen.[2] Es war ihm mit der Sache gegeben, um derentwillen er es verwandt hat. Erscheint hinter der Wurzel die Gestalt Abrahams als Stammvater Israels und ist seine Nachkommenschaft das Volk des Bundes Gottes (9, 4), dann war das Wort „heilig" ohnehin das gegebene Wort für seine nähere Kennzeichnung. Er konnte gar nicht an Israel als sein Volk denken, ohne dass sich auch dies Wort in sein Bewusstsein drängte. Mit ihm übernahm er zudem nur ein Prädikat, das die Tora Gottes auserwähltem Volk vorbehalten hat (Ex 19, 6; Dtn 26, 19).

Überdenkt man das alles, so neigt sich, was das Miteinander der beiden Bildworte in Röm 11, 16 betrifft, die Wage zugunsten des Apostels Paulus als seines Autors. Er hat darin doch wohl selbst der Tatsache Rechnung getragen, dass das erste, von ihm der Tradition entnommene Bildwort über sich selbst hinausweist und insofern die Zuordnung eines zweiten Bildwortes geradezu fordert. Paulus selbst liefert aber noch ein weiteres Argument für die Richtigkeit dieser Beurteilung des Doppelsatzes. Es liegt darin vor, dass er zwar seine eigenen Gedanken äusserlich an das

---

[1] So richtig E. Käsemann, aaO, S. 295.
[2] Das meint E. Käsemann, aaO.

Das Ölbaum-Gleichnis in Röm 11, 16 ff.

zweite, möglicherweise sogar von ihm selbst formulierte Bildwort angeschlossen, dass er aber doch das erste auf seinen weiteren gedanklichen Weg mitgenommen und ihm sogar wesentlichen Einfluss zugestanden hat.[1] Insofern kann auch der Ansicht nicht zugestimmt werden, nach der das zweite Bildwort eine Veränderung des Gedanken gegenüber dem ersten Bildwort bewirkt.[2] Im Gegenteil, man wird sagen müssen, dass das zweite Bildwort auf Grund seiner Verbindung mit dem ersten von diesem aus jene menschheitsweite Dimension erhält, die Paulus benötigt, wenn er sich anschickt, den Nachweis zu führen, dass er sich in Übereinstimmung mit dem Willen Gottes von Uranfang an befindet, wenn es ihm, dem zur Verkündigung des Evangeliums von Jesus Christus ausgesonderten Apostel (Röm 1, 1), um die eine menschheitsweite Gemeinde aus Israel und den Völkern geht.

V

Paulus hat, wie gezeigt werden konnte, sowohl sein Bild Adams, wie es sich für ihn in dem ersten der beiden Bildworte von Röm 11, 16 reflektiert, als auch sein Bild Abrahams, wie es das zweite von ihnen fixiert, der schriftgelehrten jüdischen Tradition entnommen, durch die er selbst hindurchgegangen ist und die ihn in seinem Denken weitgehend geprägt hat. Von ihr aus war für ihn von der Erinnerung an Adam die Vorstellung einer von Gott gewollten Einheit des Menschengeschlechts ebensowenig zu trennen wie die Überzeugung, dass das, was die Menschen nach dem Fall des Vorvaters und erst recht nach dem Verlust der gemeinsamen Sprache zusammenschliesst, die ihnen allen gemeinsame Verfallenheit an die Sünde sei (Röm 5, 12 ff.). In dieser Hinsicht bildet für ihn auch die Judenschaft keine Ausnahme (Röm 2, 17 ff.). Daran wird auch dadurch nichts geändert, dass sie von Gott des Bundes mit ihm gewürdigt ist und als dessen Unterpfand das Zeichen der Beschneidung empfangen hat sowie sich der Kenntnis seines Willens durch das Gesetz freuen kann (Röm 2, 1 ff.). Wenn es aber so ist, so liegt es daran, dass Israel durch die Zeiten hin nicht zu erkennen vermocht hat, welche Möglichkeit Gott durch die Erwählung Abrahams und durch seinen Bund mit ihm seiner Nachkommenschaft eröffnet hatte:

---

[1] Das hat E. Käsemann, aaO, nicht beachtet.
[2] So O. Michel, aaO, S. 274.

dass die Menschheit als eine Gemeinschaft von Glaubenden und im Glauben Handelnden zu ihrer verlorenen Einheit zurückfinde (Röm 4, 1 ff.). Abraham war ja selbst, ehe ihn Gottes Ruf erreichte und er ihm gehorchte, ohne Kenntnis des einen und allein wahren Gottes gewesen und hatte anderen Göttern gedient. Er hatte aber voll begriffen, worauf es nun ankam. So hatte er sich nicht darauf beschränkt, sich selbst von seinem bisherigen Götzendienst ab- und dem Dienst des einen Gottes zuzuwenden. Er hatte auch andere veranlasst, dasselbe zu tun.[1] Insofern war mit ihm ein hoffnungsvoller Neuansatz gegeben. Nun war nämlich klar bzw. sollte es nun klar sein, dass die Vereinigung aller Menschen zu einer Gemeinschaft des Glaubens an den einen Gott und der gehorsamen Erfüllung seines Willens nicht nur im Bereich des Möglichen liegt, sondern auch und vor allem von Gott selbst so gewollt und in der Berufung Abrahams auch einen ersten Anfang der Verwirklichung erfahren hat.

Es würde zu weit führen, sollte jetzt dargelegt werden, wieso es von seiten Gottes eines ebenso langen wie für ihn und alle Beteiligten mühevollen Weges bedurfte, um das Ziel, das er sich mit der Berufung Abrahams zu Glaube und Gehorsam gesetzt hatte, trotz aller menschlichen Widerstände und trotz alles menschlichen Versagens zu erreichen. Zu weit würde es auch führen, sollten nun die Gedanken, die sich Paulus hierzu gemacht hat, in voller Breite dargelegt werden. Ganz abgesehen von einem summarischen Verweis auf Gal 3, 19 ff.; Röm 5, 20 ff. und 7, 7 ff. muss es hier genügen, wenn lediglich darauf hingewiesen wird, dass Paulus Jesus als Christus für unentbehrlich für die Durchführung des Programms hält, mit dem sich Gott an Abraham gebunden hat. Er hat das etwa Röm 4, 23 ff., aber auch Gal 4, 1 ff. im Anschluss an die Abraham gegebene Verheissung, die Völker würden durch ihn in den Besitz des göttlichen Segens kommen, mit aller Deutlichkeit ausgesprochen und darüberhinaus in Röm 8, 1 ff. und anderswo auch gesagt, worin sich für ihn solcher Segen konkretisiert: in einem Verhältnis zu Gott, wie es sich nur mit dem völlig ungestörten Verhältnis von Kindern zum Vater vergleichen lässt (Röm 8, 15; Gal 4, 6).

Jesu Unentbehrlichkeit für die Erreichung des mit der Erwählung Abrahams verbundenen Ziels Gottes mit der Menschheit beruht für Paulus darauf, dass er — unbeschadet dessen, dass er

[1] Siehe dazu schon oben S. 134, 142.

Das Ölbaum-Gleichnis in Röm 11, 16 ff.

zugleich Mensch und Gottes Sohn ist — selbst zur Nachkommenschaft Abrahams gehört. Er ist für Paulus sogar derjenige Nachkomme des Erzvaters, an den bereits Gottes Verheissung den künftigen Segen für alle Völker gebunden hat (vgl. Gal 3, 15 ff.). Natürlich hat auch seine Abstammung von David ihr erhebliches Gewicht, da von ihr seine Funktion als Christus unablösbar ist, und sicher verbindet sich mit ihrer Erwähnung im Eingang des Römerbriefs (1, 3) die Überzeugung seines Verfassers, auch sie gehöre zu den Voraussetzungen für das, was er in den Kapiteln 9–11 über das Verhältnis Israels zu Jesus Christus und dessen Verhältnis zu Israel ausführt.

In unserm Zusammenhang steht allerdings im Vordergrund, dass Jesus Christus sowohl als Nachkomme Abrahams als auch als Nachkomme Davids der Nachkomme des ersten Menschen, Adams, ist. Das ist er allerdings nur „nach dem Fleisch" (vgl. Röm 1, 3; 9, 5; Gal 4, 4), da er anders als seine menschlichen Vorfahren „von keiner Sünde wusste" (2Kor 5, 21), vielmehr in Vollkommenheit das aufzuweisen hatte, was Adam gegenüber Gott vermissen liess: schlechthinniges Vertrauen und Gehorsam (vgl. dazu vor allem Phil 2, 5 ff. neben Röm 5, 18 f.). Wenn es so ist, so liegt das aber daran, dass Gott beim Eintritt Jesu in sein Leben als Mensch, wie bei Adam, noch einmal unmittelbar gewirkt hat (Gal 4, 4: „seinen Sohn . . ."). Ihm kommt deshalb die Schlüsselstellung im Plan Gottes und in seinem Wirken zu, die auf eine Gottesgemeinde abzielen, die alle Menschen ohne Unterschied umfasst und Gott ebenso gemeinsam in Vertrauen und Gehorsam dient, wie sie ihn gemeinsam anbetet und preist (Röm 15, 1 ff. nach 11, 33 ff.). Indes wird dadurch die Bedeutung Abrahams in diesem göttlichen Plan und für seine Verwirklichung in keiner Weise eingeschränkt. Ohne ihn und vollends ohne seinen Glauben würde es Jesus als Christus gar nicht geben. Nur weil Abraham so war, wie er war, ist Jesus derjenige, in dem sich die Abraham gegebene Verheissung universalen Segens mit allem, was dieser einschliesst (Röm 5, 15; Gal 3, 26 ff.), erfüllen konnte (vgl. nochmals Röm 8, 33 ff.).[1]

Auf diesem Hintergrund dürfte verständlich sein, weshalb

---

[1] Auf den Schriftbeweis, den Paulus Gal 3, 15 ff. für die These führt, die Erfüllung der Abraham gegebenen Verheissung sei durch die Schrift selbst ausschliesslich an Jesus Christus als seinen Nachkommen und als einzelnen gebunden, braucht hier gewiss nicht näher eingegangen zu werden.

Paulus im Römerbrief, in dem er die universale Geltung und Kraft seines Evangeliums darlegt, zuerst von Abraham (4, 1 ff.) und danach erst von dem ersten Menschen spricht, zugleich mit ihm aber jenen anderen, wiederum einen Menschen ins Spiel bringt und bezeugt, durch ihn sei nicht nur der durch Adam angerichtete Schaden wieder gutgemacht, sondern auch weit darüberhinaus jene Fülle göttlichen Segens für alle Menschen in die Welt gekommen, die Gott ihnen von jeher zugedacht habe, die ihnen aber durch die Schuld Adams vorenthalten blieb (Röm 5, 12 ff.). Durch diese Gedankenführung erhöht Paulus die Bedeutung Abrahams im Plan Gottes in einem höheren Mass, als wenn er zunächst von Adam und seinem Fall gesprochen hätte und erst danach auf Abraham und seine Bewährung als Glaubender zu sprechen gekommen wäre. Dies Verfahren des Apostels entspricht bezeichnenderweise durchaus der Wertung, die das Rabbinat Abraham hat zuteil werden lassen, wenn es die Meinung vertreten hat, letztlich sei die Welt überhaupt um seinetwillen geschaffen worden.[1] Nur so, nämlich über Abraham und seine hohe Wertung, war es Paulus aber auch möglich, Israel bzw. der Judenschaft als seiner Nachkommenschaft so vordergründig Raum in seinem Brief nach Rom zu geben, wie er es getan hat. Sehr überspitzt lässt sich das, was darin erkennbar wird, etwa so ausdrücken: Das Interesse des Christen und Christuszeugen Paulus gilt Abraham nicht deshalb, weil der Unglaube der Judenschaft für ihn eine Anfechtung ist, da sie sich ihrerseits nicht nur für ihr Dasein, sondern auch für das Recht ihres Selbstverständnisses als das Volk Gottes auf Abraham beruft; vielmehr vermag er den Unglauben der Judenschaft nicht zu übersehen und empfindet ihn als sein persönliches Problem ebenso wie als Gottes eigenes Problem, weil sie die Nachkommenschaft Abrahams ist, der Gott vertraute und sich seiner Führung überliess.

Was Paulus in Röm 9–11 abhandelt, erweist sich von da aus als das Gegenteil eines vervollständigenden Nachtrags zu den Kapiteln 1–8, als den man es nicht selten verstehen zu sollen gemeint hat. In Röm 9–11 geht es vielmehr um die zentrale Frage des ganzen Römerbriefs, deren sachgemässer Vorbereitung die vorhergehenden Kapitel von Anfang an gewidmet sind. Die zentrale Frage ist, wie es sich erklären lässt, dass einerseits Gott die Erneuerung des Verhältnisses der Welt = Menschheit an

[1] Siehe dazu schon oben S. 134 f.

Das Ölbaum-Gleichnis in Röm 11, 16 ff.

Abraham als den Menschen seiner Wahl gebunden hat, dass aber nun, da das Heil in seinem Nachkommen Jesus erschienen und zugänglich geworden ist, sich das von ihm abstammende Volk in seiner grossen Masse ihm verschliesst. Schon das sogenannte Thema des Briefs mit seiner Vorordnung der Juden vor den Nichtjuden (1, 16 f.) zielt genau auf das ab, was dann in 9, 1– 11, 36 zur Sprache gebracht wird.

Das wird auch dadurch gesichert, als Paulus die entscheidende Wendung im Thema, was ihm als Evangelium anvertraut sei, das gelte vor den Nichtjuden den Juden u. ä., im Fortgang des Briefs mehrfach wiederholt (2, 9 f.; vgl. 3, 9) und sie auch in den Kapiteln 9–11 verschiedentlich anklingen lässt (9, 24; 10, 12). Dabei wird allerdings von Paulus nie der die gesamte Gedankenführung beherrschende Gedanke ausser acht gelassen, dass Gottes Anliegen so gewiss das Heil aller Menschen ist, als er als der eine und wahre Gott und als der Erschaffer von Himmel und Erde auch selbst der Gott aller Menschen ist (3, 29; 10, 12 f.) und sich als solcher auch nicht nur versteht, sondern in seinem Handeln mit der Welt auch beweist. Es erschien Gott lediglich als richtig, sich als den, der er ist, nach einer Zeit der Verdunkelung des Gottesbewusstseins in den Menschen zunächst Abraham und damit auch seinen Nachkommen zu offenbaren und ihn so zum Ausgangspunkt einer neuen Gotteserkenntnis unter den Menschen zu machen. In Aufnahme dieser Intention hat sich die Judenschaft bis in die Zeit der Ausbreitung des christlichen Glaubens als auch zur Mission verpflichtete Glaubensgemeinschaft verstanden und entsprechend gewirkt.[1] Es mag auch damit zusammenhängen, dass ein so fest in der jüdischen Überlieferung verwurzelter Christ und Zeuge wie Paulus seine Zugehörigkeit zu Israel und Abraham — gerade dann und geradezu leidenschaftlich betont hat, wenn seine apostolische Würde und die Echtheit seiner missionarischen Intention in Frage gestellt wurden (Gal 1, 10 ff.; 2Kor 11, 22; Phil 3, 5 ff.). Was für diejenigen, die im Namen Abrahams um die Werbung von Proselyten für das Judentum bemüht sind, recht ist, ist nach seinem Selbstverständnis auch für einen Apostel Jesu Christi nur billig, wenn er, wie Paulus, davon überzeugt ist, in Gemeinschaft mit Abraham zu stehen, wenn er zum Glauben an Gott als den Vater Jesu Christi einlädt. Er hat zwar nicht gesagt, was im Johannesevangelium, sogar als

[1] Bill. i. 924 ff.

ein Wort Jesu, zu lesen ist: „Abraham . . . jubelte, dass er meinen Tag sehen dürfe, und er sah ihn und freute sich" (Joh 8, 56), und auch einen ähnlichen Satz suchen wir bei ihm vergebens. Er hat aber doch keinen Zweifel daran gelassen, dass sich in der Erscheinung Jesu und den von ihm in die Weite der Menschheit ausgehenden Wirkungen Abrahams Bestimmung erfülle.

VI

Erst dann, wenn man auch das in dem eben abgeschlossenen Abschnitt Gesagte in Rechnung stellt, gewinnt das, was Paulus in Röm 11, 17 ff. ausführt, seine volle Durchsichtigkeit. Das gilt zunächst schon für die einzelnen Elemente der Bildrede, in die er seine Gedanken kleidet. Sie seien deshalb, soweit noch nicht geschehen, kurz ins Auge gefasst.

Das Bild vom Ölbaum ist durch Jer 11, 16 vorgegeben. Israel als grünender Ölbaum, voller Kraft und Frucht — so hat sich prophetische Schau um der Abraham gegebenen Verheissung willen das Volk der göttlichen Erwählung vorgestellt, gleichgültig, in welchem Zustand es sich dem Beobachter darbot. Das Bild ist dem Rabbinat so vertraut, dass es auf den ersten Blick den Eindruck erwecken kann, auch hier sei mit ihm das Volk Israel gemeint. Das, was Paulus dann unter Verwendung des Ölbaums als Bild für die universale Gottesgemeinde sagt, widerspricht allerdings einer einfachen Gleichsetzung des Ölbaums mit der empirischen Nachkommenschaft Abrahams. Von dem zweiten Bildwort aus, von dem Paulus herkommt, bildet nicht sie den Mittelpunkt der Gedanken des Apostels. Diesen innezuhaben, ist vielmehr Abraham vorbehalten, und die Funktion, die ihm zugefallen ist, greift weit über das Volk hinaus, das von ihm abstammt, so gewiss andererseits, wenn Abraham im Bewusstsein des Apostels erscheint, auch Israel in Erscheinung tritt. Beide lassen sich nicht voneinander trennen, nicht einmal dann, wenn Israel durch die Art seines Verhaltens nicht erkennen lässt, dass Abraham sein Vater ist. Im Gang der Bildrede wird dem dadurch Rechnung getragen, dass die aus dem Ölbaum herausgebrochenen Zweige als die Zweige eines Ölbaums, die sie sind, erhalten bleiben und nicht, wie es Gewohnheit war,[1] zum Feuermachen verwendet werden. Das entspricht genau dem, was Paulus später, am Ende

[1] Vgl. dazu G. Dalman, aaO, iv. 157.

Das Ölbaum-Gleichnis in Röm 11, 16 ff.

des Kapitels, von Gott sagt: Was er einmal gewährt hat, nimmt er nicht zurück, und eine Berufung, die er hat ergehen lassen, wird von ihm nicht annulliert (11, 29). Er würde ja sich selbst untreu werden, wenn er anders verführe.

Auf die Sache, die Paulus am Herzen liegt, angewandt, heisst das: Die künftige universale, im Glauben an Jesus als Christus geeinte Gottesgemeinde und in ihr die erneuerte eine Menschheit wird es nicht ohne die Nachkommenschaft Abrahams nach dem Fleisch geben. Das ist von Gott so gewollt, und wenn es dabei bleibt, so heisst das, dass Israel den Kern der neuen Menschheit bilden wird, die, wenn sie da ist, sich um Gott sammelt. Darauf weist Paulus nachdrücklich dadurch hin, dass er die Nichtjuden, die sich unter seinem Evangelium im Namen Jesu Christi dessen Vater als dem einen und allein wahren Gott zugewandt haben, daran erinnert, dass sie ohne die Wurzel, aus der das Volk Israel entstanden ist, nicht da sein würden und dass sie deshalb allen Grund haben, dafür dankbar zu sein, dass Gott Abraham erwählt und zu seinem Werkzeug gemacht hat. Das drückt er durchaus sachgemäss aus, wenn er im Rahmen des von ihm gebrauchten Bildes den nicht aus dem Judentum stammenden Christen zuruft: „Nicht du trägst die Wurzel, sondern die Wurzel trägt dich" (11, 18). Die Kontinuität der biblischen Offenbarung herzustellen und dabei auch Abraham eine gewisse Bedeutung zuzugestehen, ist nicht Sache christlicher Reflexion, die sich zurückblickend über die Geheimnisse des Handelns Gottes in der Geschichte bis hin zu Christus klar zu werden bemüht ist. Sie ist der christlichen Reflexion vorgegeben, und zwar so, dass sich jeder, der sie ignoriert, nicht etwa nur von Abraham emanzipiert, sondern folgerichtig auch von Christus löst, weil es ihn ohne Abraham eben gar nicht gäbe. Das bedeutet nicht nur, dass es christliche Kirche nicht ohne Rückbezug auf die vorchristliche Offenbarung geben kann und dass eine Christenheit, die glaubt, auf das sogenannte Alte Testament verzichten zu können, oder gar um der dem Judentum ablehnend gegenüberstehenden Welt auf das Alte Testament willen verzichten zu sollen meint, den Boden unter den Füssen verliert und in die Gefahr gerät, über kurz oder lang auch den Gott zu verlieren, der der Vater Jesu Christi ist. Es hiesse, Gott in den Arm fallen oder ihm Vorschriften machen, wollte man so verfahren. Paulus lässt jedenfalls daran keinen Zweifel, dass Gott nicht zuletzt um Abrahams willen, aber doch auch um Jesu Christi, seines Nachkommen, willen, niemals auf die **Judenschaft** als Bestandteil der erneuerten einen Menschheit als seiner universalen Gemeinde verzichten kann und wird.

Von hier aus muss es — es ist noch einmal darauf zu kommen — als definitiv ausgeschlossen gelten, dass sich Paulus in 11, 17 ff. auf eine Praxis bezieht, die darauf hinauslaufen würde, einen überalterten oder sonstwie unfruchtbar gewordenen Ölbaum durch das Einsetzen von Schösslingen eines wilden Ölbaums zu verjüngen. Ganz abgesehen davon, dass in der Nähe eines Ölbaums im allgemeinen andere Ölbäume stehen, von denen man die etwa benötigten Schösslinge nehmen könnte, ist schon deshalb nicht an ein solches Verfahren zu denken, weil Paulus mit dem Vorhandensein von Saft in der Wurzel des von ihm bildlich verwendeten Ölbaums rechnet (11, 17). Auch haben diejenigen Exegeten sicher recht, die der Meinung sind, Paulus selbst sei sich der Unnatürlichkeit dieses Zuges in dem von ihm gezeichneten Bild bewusst gewesen.[1] Das gilt ganz abgesehen davon, dass er natürlich weiss, dass Gott über ganz andere Möglichkeiten verfügt als der Mensch, der in seinem Umgang mit Bäumen an die Ordnungen der Natur gebunden ist.[2]

Letzte Mutmassungen oder auch nur eine gewisse Unsicherheit in dieser oder einer ähnlichen Richtung erledigen sich endgültig, sobald man erkennt, dass Paulus in der Bildrede von den ausgebrochenen und wieder eingesetzten Zweigen eines edlen Ölbaums nicht nur nicht auf einen wie auch immer gearteten landwirtschaftlichen Brauch zurückgreift, sondern von einem familienrechtlichen Institut im palästinischen Judentum seiner Zeit mitsamt der ihm zugehörigen Terminologie ausgeht, auf den dankenswerterweise in neuerer Zeit David Daube wieder die Aufmerksamkeit gelenkt hat.[3] Erkennbar wird das allerdings erst, wenn man sich das Vokabular, dessen Paulus sich im Ablauf seiner Bildrede bedient, näher

[1] So E. Käsemann, aaO, S. 296.
[2] Columella, *Res rustica* V 9, 16, erwähnt ein Verfahren, mittels eines frischen Aststücks von einem wilden Ölbaum einen nicht mehr gesunden edlen Ölbaum zu regenerieren. Diese Stelle wird zur Erläuterung von Röm 11, 17 ff. gern herangezogen, um Paulus von dem Verdacht mangelnder Sachkenntnis oder eines nicht hinreichend überlegten Bildes zu befreien, aber schwerlich mit Recht. ,,Es handelt sich natürlich nicht um ein Pfropfen im üblichen Sinne, zumal man statt des ‚frischen Aststückes' nach Palladius 4, 8, 2 auch einen Stein, einen Pinien- oder Eichenpflock verwenden kann" (so Karl Ahrens, *Columella: Über Landwirtschaft* [Berlin, 1972], S. 423 zSt).
[3] David Daube, ,,Inheritance in Two Lucan Pericopes", *Zeitschrift der Savigny-Stiftung für Rechtsgeschichte*, Romanistische Abteilung, 72 (1955), S. 326–34.

Das Ölbaum-Gleichnis in Röm 11, 16 ff.

besieht. Da ist zunächst von einem Ab- oder Herausbrechen von Zweigen die Rede (Vers 17. 19 f.).[1] Dann aber wechselt Paulus im Ausdruck und verwendet, um denselben Vorgang zu beschreiben, ein anderes Wort, das förmliches Abtrennen als Akt meint, und er tut das in dem Augenblick, in dem er — gewissermassen zwischendurch und in der Absicht, ganz deutlich zu sein — das Bild ins Persönliche wendet: „... sonst wirst auch du abgetrennt [bzw. abgehauen] werden" (Vers 22. 24).[2] Bezeichnenderweise hat aber die Wendung ins Persönliche nicht die Folge, dass das Bild aufgegeben wird. Es wird vielmehr bis zum Ende des Gedankengangs voll und ganz durchgehalten. Das geht mit aller Deutlichkeit daraus hervor, dass nun die Möglichkeit angesprochen wird, dass eine von ihrem ursprünglichen natürlichen Lebenszusammenhang abgetrennte Person[3] in diesen wiedereingefügt wird, und das geschieht so, dass zugleich auch die Voraussetzung für die Verwirklichung eines solchen Verfahrens dargelegt wird: Es geht dabei im Grunde nicht anders zu, als es der Fall ist, wenn ein Zweig eines edlen Ölbaums wiedereingepfropft wird, nachdem er durch äussere Einwirkung dort abgebrochen worden war (Vers 23 f.).[4]

Der für Paulus entscheidende Punkt ist offensichtlich mit der Vorstellung des Abgetrenntwerdens berührt, wie der bereits vermerkte Wechsel im Ausdruck nahelegt. Das belegt Vers 23. Er besagt, wenn man die Bildrede vom Kontext her interpretiert, dass Menschen, die von Haus zur Nachkommenschaft Abrahams gehören, ihrer Zugehörigkeit zu ihm verlustig gehen, wenn sie nicht Glaubende sind und bei ihrem Unglauben beharren; er eröffnet aber auch die Aussicht, dass sie in die Gemeinschaft mit ihm zurückkehren, wenn sie ihren Widerstand aufgeben.

---

[1] Das hier benutzte Verbum könnte um des Wortspiels willen von Paulus gewählt sein: κλάδοι — ἐκκλάειν bzw. ἐκκλάεσθαι.

[2] ἐκκόπτειν bzw. κόπτειν wird vielfach für das Abhauen von Bäumen und sogar von ganzen Wäldern gebraucht, so auch von Josephus (Belege in der von mir herausgegebenen *Complete Concordance to Flavius Josephus* [Leiden, 1973 ff.]). Der Wechsel im Ausdruck beruht sicher nicht auf einem Zufall, sondern auf genauer Überlegung des Apostels. Das wird sich im folgenden noch erweisen.

[3] Die direkte Anrede darf nicht darüber hinwegtäuschen, dass der Satz eine allgemeine Regel im Auge hat.

[4] Verbum: ἐγκεντρίζειν. Die entscheidenden Verben erscheinen alle im Passiv. Es handelt sich um typische *Passiva divina*. Ein „natürlicher" Vorgang wird also dazu benutzt, um ein Handeln Gottes *sui generis* und *sui juris* zu beschreiben.

Das von David Daube wieder in das Gespräch der Exegeten eingebrachte familienrechtliche Institut[1] ist die sogenannte ḳeṣāṣāh. In ihr handelt es sich um ein innerfamiliäres Verfahren, in dem es, entsprechend dem Sinn der Bezeichnung, zur „Abtrennung" eines Familienangehörigen entweder von dem Besitz der Sippe oder überhaupt von dieser oder von beidem kommt. Soweit sich bei der Lage der Quellen darüber etwas sagen lässt, ist Palästina, also das jüdische Kerngebiet, als Heimat des Verfahrens anzusprechen. Über sein Alter lässt sich überhaupt nichts Sicheres ausmachen. Indes spricht einiges dafür, dass es eine längere Geschichte gehabt hat, aber wie manches andere an alten Bräuchen und Verfahrensweisen in der Folge der Aufstände von 66–77 und 132–135 wegen der völlig veränderten Strukturen des Landes und der Bevölkerung abgekommen und nicht wieder belebt worden ist. Dies wird der Grund sein, weshalb die ḳeṣāṣāh in der Mischna nicht erscheint, während sich in der Tosefta, die viel altes und inzwischen überholtes religionsgesetzliches und rechtsgeschichtliches Material enthält, eine Erinnerung an sie erhalten hat.[2] Zur Zeit der Redaktion der Mischna war das Verfahren wohl schon so lange ausser Übung, dass auch nur seine Erwähnung als unnötig angesehen wurde.

Es würde zu weit führen, sollte nunmehr im einzelnen geschildert werden, wie es zur Einleitung des Verfahrens kam, wie es verlief und welche Auswirkungen es für den von ihm Betroffenen hatte.[3] Immerhin muss darauf hingewiesen werden, dass die ḳeṣāṣāh in der Regel auf eine völlige Abtrennung des Betroffenen von seiner Familie oder seiner Sippe hinauslief. Das ging so weit, dass er mit dem Abschluss des Verfahrens für sie nicht mehr existent war; er war für sie, und so kann es auch formuliert werden, bereits zu seinen Lebzeiten ein Toter. Allerdings darf nicht übersehen werden, dass eine Revision der „Abtrennung" möglich war. Sie konnte aber nur unter der Voraussetzung geschehen, dass der Betroffene sein Verhalten, das zu ihr führte, radikal revidierte. Vor allem kam es darauf an, dass er sich den in seiner natürlichen

---

[1] Vgl. zum Folgenden Karl Heinrich Rengstorf, „Die Re-Investitur des Verlorenen Sohnes in der Gleichniserzählung Jesu Lukas 15, 11–32", *Arbeitsgemeinschaft für Forschung des Landes Nordrhein-Westfalen*, Geisteswissenschaften Heft 137 (Köln und Opladen, 1967), passim.
[2] Tos. Ket. 3, 3. Parallelstellen sind von K. H. Rengstorf, aaO, S. 22 Anm. 45 zusammengestellt worden.
[3] Darüber Näheres bei K. H. Rengstorf, aaO, S. 23 ff.

Das Ölbaum-Gleichnis in Röm 11, 16 ff. 159

Gemeinschaft gültigen und befolgten Gesetzen und Ordnungen ohne Vorbehalt unterwarf und auf jegliche Beanspruchung von Autonomie für alle Zukunft ausdrücklich verzichtete, nachdem er zunächst ohne Rücksicht auf die anderen Glieder seiner Sippe oder Familie und auf deren Regeln seinen eigenen Weg gegangen war.

Nichts spricht dagegen, dass die kᵉṣāṣāh zur Zeit Jesu im Judentum seiner palästinischen Heimat bekannt war und geübt wurde. Im Gegenteil, es lässt sich sogar einiges dafür geltend machen. Ganz abgesehen davon, dass sich bis in das zweite Jahrhundert gewisse Erinnerungen an sie erhalten haben, bildet sie mit Sicherheit den rechtsgeschichtlichen Hintergrund des Gleichnisses Jesu, das gewöhnlich als das Gleichnis vom verlorenen Sohn bezeichnet wird (Lk 15, 11–32).[1] Schlechthin so gut wie alle Züge dieses Gleichnisses, unter ihnen auch die Wiederannahme des „abgetrennt" gewesenen jüngeren Sohnes und die näheren Umstände, unter denen sie sich in der Form einer Re-Investitur vollzieht, erfahren vom Verfahren der kᵉṣāṣāh aus die einfachste und zugleich die durchschlagendste Erklärung. Indes scheint auch die sogenannte Weinstockrede Jesu im Johannesevangelium (Joh 15, 1 ff.) Rückbezüge auf das Verfahren der kᵉṣāṣāh aufzuweisen, dies vor allem in den Versen 6 und 16, möglicherweise auch noch an anderen Stellen, wo es allerdings dann weniger deutlich hervorträte.[2]

Aber auch Röm 11, 17 ff. wird in diesen rechtsgeschichtlichen Zusammenhang einzuordnen sein. Vor allem sollte nicht übersehen werden, dass Paulus sich in Vers 22 zweimal des Wortes ἀποτομία bedient, das die sprachliche Entsprechung zu kᵉṣāṣāh im Griechischen ist. Mit diesem Wort beschreibt Paulus eine

---

[1] Vgl. dazu meine S. 158, Anm. 1, genannte Untersuchung.

[2] Das Bild vom Abgeschnittenwerden begegnet nicht selten auch in den mandäischen Texten (vgl. Rudolf Bultmann, „Die Bedeutung der neuerschlossenen mandäischen und manichäischen Quellen für das Verständnis des Johannesevangeliums", ZNW 24 (1925), S. 117, Anm. 1). Besonders wichtig dürfte Rechtes Ginza III 72 sein. Hier wird Mandā dHaijē von Mānā in seiner schwierigen Lage auf der Erde, die auf seine Trennung von den Bereichen des Lebens hinzuwirken scheint, getröstet: „Du sollst nicht abgeschnitten werden... Du bist bei uns gefestigt und sollst von uns nicht abgeschnitten werden. Wir sind bei dir, denn das Leben ist der Güte zu dir voll...': M. Lidzbarski, *Ginza. Der Schatz oder das grosse Buch der Mandäer* (Göttingen, 1925), S. 68, 17 ff. Vgl. auch ebenda S. 169, 9 f. und beachte, dass auch hier die Güte als Motiv erscheint. In den genannten und in weiteren verwandten Stellen dürfte bei den Mandäern jüdisches Rechtserbe nachwirken.

Haltung Gottes, deren Gegenteil er als χρηστότης bestimmt. So gewinnt er ein Gegensatzpaar, das es ihm ermöglicht, die verschiedene Reaktion Gottes auf angemessenes oder auf unangemessenes menschliches Verhalten exakt zu kennzeichnen: auf Glaube reagiert er mittels χρηστότης, auf Unglaube mittels ἀποτομία. Man darf allerdings im Blick auf diese Termini nicht übersehen, dass sie nicht die Beschreibung von Stimmungen Gottes bezwecken, die wieder verfliegen und ohne nachhaltige Wirkung bleiben. Es handelt sich bei χρηστότης mit Sicherheit um ein Wort, das eine Haltung beschreibt, die sich in einem gütigen Verhalten auswirkt. Liegt aber in diesem Wort ein unübersehbarer Bezug auf Praxis beschlossen, so kann es bei ἀποτομία nicht anders sein, wenn schon Paulus es mit χρηστότης zu einem Gegensatzpaar verbunden hat; dann beschreibt dies Wort eine Haltung und ein Verhalten, die die Verneinung der Gemeinschaft mit dem, dem diese Haltung gilt, feststellen.

Mit der Wahl von ἀποτομία scheint sich ohnehin eine besondere Absicht bei Paulus zu verbinden. Dieser hat nämlich in 2, 4 f. schon einmal von Gottes χρηστότης und ebenfalls von ihrem Gegenteil gesprochen. Er hat aber dort zu dessen näherer Kennzeichnung sich nicht wie 11, 22 des Wortes ἀποτομία, sondern des Wortes ὀργή bedient. Das nötigt zu der Frage, weshalb er an der späteren Stelle nicht ebenso verfahren ist. Die Antwort kann nur sein, dass ihm nunmehr weniger an der Sache als solcher als vielmehr an einer bestimmten Art ihrer Charakterisierung lag und dass er deshalb nun ein anderes Wort als früher, nämlich ἀποτομία, wählte. Dies anzunehmen, liegt um so näher, als das nun von ihm vorgezogene Wort im Neuen Testament nur hier, in der Septuaginta aber überhaupt nicht vorkommt und auch Josephus es nicht hat. Es kommt noch hinzu, dass — wie bereits gesagt — ἀποτομία die gegebene griechische Wiedergabe des hebräischen keṣāṣāh ist. Führt das nicht folgerichtig zu dem Schluss, dass sich in dem Auftauchen von ἀποτομία in Röm 11, 17 ff. ebenfalls ein Bezug auf die keṣāṣāh meldet, nun aber in der Weise, dass Gott als der erscheint, der sie einleitet, während Israel in seiner Jesus den Glauben versagenden Mehrheit der von der „Abtrennung" Betroffene ist? Gerade wenn man in den gehäuften *Passiva* des Abschnitts *Passiva divina* erkennt, wie es doch wohl unvermeidlich ist, kommt man um diese Folgerung nicht herum.

Ἀποτομία wird in den Kommentaren zSt unter Berufung auf

hellenistischen Sprachgebrauch in der Regel entweder mit „Ernst"[1] oder, dies überwiegend,[2] mit „Strenge" übersetzt, und dabei wird an die Strenge Gottes als Richter gedacht.[3] Es bleibt jedoch zu fragen, ob das vom Kontext her gefordert ist und ob nicht vielmehr ein ganz anderer Gesichtspunkt den Vorzug verdient. In der Tat dürfte dies der Fall sein. Die Begründung liegt darin, dass Paulus in 8, 1 ff. und damit unmittelbar vor 9, 1 ff. an Gott nicht das Richterliche herausgestellt hat, sondern seine Väterlichkeit. Diese ist es also, die — wie zudem durch 9, 4 ausdrücklich bestätigt wird — die Grundlage für die gesamten Ausführungen des Apostels in den Kapiteln 9–11 bildet. Folgerichtig ist von da aus die entscheidende Frage, um die es in diesen Kapiteln geht, wie sich die Abrahamskindschaft derer, die Israeliten sind, zur Gotteskindschaft verhält (vgl. 9, 6 ff.). Auf diese und nur auf diese kommt es aber letztlich an. Wenn Paulus darauf besteht, so bedeutet das jedoch ebensowenig eine Abwertung der Abrahamskindschaft, wie früher gesagt werden konnte, Paulus denke nicht daran, um Jesu Christi willen Abraham abzuwerten.[4] Eine Abwertung ist im übrigen schon deshalb ausgeschlossen, weil die Gotteskindschaft den Israeliten ausdrücklich zugesagt ist (9, 6). Wenn irgend jemand, dann sind die Nachkommen Abrahams für sie prädestiniert.

Es bedarf allerdings, um diese Zusage zu verwirklichen, eines eigenen Aktes Gottes. In der zugesagten Gotteskindschaft handelt es sich nicht um eine, die man hat, sondern um eine, die man erhält, ohne sie beanspruchen zu können. Ihre Zusprechung erfolgt nach der Art eines Adoptionsakts. Seiner bedarf jeder Mensch, wenn er ein Kind Gottes werden soll. Hier sind schon die Proselyten der älteren Zeit einzuordnen, darunter nicht wenige, deren sich die Judenschaft zu rühmen Anlass hat.[5] Zwischen den Nachkommen Adams, die auch Nachkommen Abrahams sind, und den übrigen Nachkommen Adams, die zu Abraham in keiner natürlichen Beziehung stehen, besteht, was die Annahme zur Kindschaft Gottes betrifft, ein Unterschied, der nicht übersehen oder geringgeachtet werden darf. Über Abraham haben die Angehörigen Israels in der Gotteskindschaft

[1] So in Luthers Übersetzung.
[2] So wird in fast allen neueren deutschen Kommentaren übersetzt.
[3] Vgl. etwa E. Käsemann, aaO, S. 297.
[4] Siehe dazu schon oben S. 151.
[5] Vgl. dazu die S. 144 zitierte Haggada zu Gen 12, 3.

einen gewissen Vorsprung vor den Nichtjuden. Das bringt Paulus in Röm 11, 17 ff. anschaulich dadurch zum Ausdruck, dass er die Israeliten mit Schösslingen eines edlen Ölbaums vergleicht, während die Nichtjuden nur mit Schösslingen eines wilden Ölbaums verglichen werden können. Wer immer zu Abraham gehört, hat also auch an seiner einzigartigen Würde Anteil, und sie geht ihm niemals und unter gar keinen Umständen verloren, selbst dann nicht, wenn der Zustand des Abgetrenntseins von Gott für ihn eintreten sollte. Insofern schuldet die nichtjüdische Christenheit der Judenschaft auch dann Respekt, wenn sie auf ihrer Ablehnung Jesu besteht und in ihr und durch sie sich religiös oder gesellschaftlich oder so und so isoliert.

Ob von Haus aus Juden oder Nichtjuden — der Weg an das Vaterherz Gottes führt für alle Menschen nur über Jesus. Das ist so, weil Gott seine Väterlichkeit in ihm, seinem Sohn, der der Christus ist, als Grundzug seines Wesens unübersehbar gemacht hat. Paulus meint genau dies, wenn er die Annahme an Kindesstatt zu Gott für die Völker, d. h. die nichtjüdische Menschhheit, an den Glauben an Jesus als Gottes Sohn bindet und sie über solchen Glauben zustandekommen und durch die Taufe auf seinen Namen bestätigt werden lässt (Röm 6, 1 ff.). Auch die Juden bedürfen somit der Taufe auf Jesu Namen, weil sie nur so aus sozusagen bevorzugten Anwärtern auf die Gotteskindschaft deren ihrer gewisse Inhaber werden, weil sie vor allem aber nur so ihren endgültigen Platz in der weltweiten Gemeinde Gottes und damit in der durch Christus erneuerten Menschheit finden können.

Wenn es so ist, so deshalb, weil Gott Jesus von den Toten auferweckt und an seine Seite erhöht hat. Genau darin hat er ihn als seinen wesenhaften Sohn, sich selbst aber als seinen Vater erwiesen, und dies so, dass nun jeder, der sich an Jesus hält, in seinem Namen auch Gott als Vater anrufen und sich wie ein Kind bei seinem Vater bei ihm geborgen wissen darf (Röm 8, 15; vgl. Gal 4, 6). Wo immer das der Fall ist, ist das durch Adam angerichtete Unheil ebenso prinzipiell behoben, wie Abrahams Bestimmung zum Vater vieler Völker sich erfüllt hat.

Paulus begreift das, was darin geschieht, mittels des Bildes von dem Ölbaum, der eigene Schösslinge, fremde und ursprünglich wilde Schösslinge und ehemalige eigene, zeitweise herausgebrochene, aber dann wieder an ihren Platz gekommene Schösslinge in sich vereinigt, alle genährt von der gleichen Wurzel, die — das wird man nun angesichts des biblischen Bildes Abrahams sagen dürfen und müssen — ihre Kraft und ihre Fülle von Gott durch Christus empfängt. Es ist die *Familia Dei*, die sich so darstellt: aus der weltweiten Nachkommenschaft Adams gebildet, ist sie die Frucht der väterlichen Selbstbezeugung Gottes in Jesus als dem Christus, in dem sich die Abraham zugewandte und von ihm glaubend und gehorsam hingenommene Verheissung göttlichen Heils und Segens für alle Menschen universal erfüllt hat bzw. wieder und wieder erfüllt.

VII

Mit dem, was im Vorhergehenden ausgeführt worden ist, sind noch keineswegs alle Fragen beantwortet, die dem Ausleger aus Röm 11, 16 ff. zuwachsen. Indes darf bei aller Selbstbescheidung doch wohl einiges als weitergehend als bisher geklärt gelten. So mögen einige Ergebnisse abschliessend zusammengestellt werden, auch wenn ihr lediglich partieller Charakter nicht zu leugnen ist.

Vor allem war es möglich nachzuweisen, dass sich Paulus in dem untersuchten Abschnitt nicht nur einiger traditioneller Metaphern bedient, sondern dass er sich in ihm vom Anfang an und bis zum Ende im Bereich rabbinischer Haggada bewegt und sie in den Dienst seiner Verkündigung stellt: dass alle Menschen, Juden wie Nichtjuden, Christus nötig haben, wenn sie zu einem geordneten Verhältnis zu Gott kommen und in ihm ihren göttlichen Vater erkennen und erfahren sollen. Dabei erkennt Paulus Abraham nicht nur die Würde des zuerst von Gott Erwählten zu, sondern zeigt auch seine Unentbehrlichkeit nicht allein für Israel auf, sondern auch für eine menschheitsweite Christenheit aus Juden und Heiden. Das Christusgeschehen hat ihm nichts von einer Bedeutung für die biblische Offenbarung genommen, sondern sie eher noch stärker herausgestellt, zumal Jesus Christus auch Abrahams Nachkomme ist. Abrahams Würde wiederum verpflichtet die Christen aus den Nichtjuden zum Respekt auch gegenüber seiner natürlichen Nachkommenschaft, selbst wenn sich diese dem Evangelium und dem Glauben an Jesus als Gottes Sohn versagt.

Unbeschadet dessen, dass sich in dem, was Paulus, vor allem

in seinem Ölbaum-Gleichnis sagt, keine Spur von Antijudaismus erkennen lässt, prägt der Abschnitt weiter die Unerlässlichkeit eines christlichen Selbstverständnisses ein, das sich in ungebrochener Kontinuität mit der vorchristlichen biblischen Offenbarung weiss und, um nicht in Geschichtslosigkeit und Ideologien zu versinken, das Alte Testament als Buch auch der Christenheit weder entbehren kann noch auch entbehren will. Wo in der Christenheit „Vater Abraham" die Tür gewiesen wird, geht nicht nur Christus mit ihm von dannen, sondern übernimmt auch jener Mensch allein durch Adam geprägte das Regiment, der wie Gott sein wollte oder will und diesen Schaden vererbt und verbreitet, es sei denn, dass Christus als der Nachfahre Abrahams und als der Vollender dessen, was mit ihm begonnen hat, ihm entgegentritt und ihn entmächtigt. Hier sind für Paulus auch die natürlichen Kinder Abrahams nicht ausgenommen, auch wenn ihnen ihre angeborene Würde niemand nehmen kann. Deshalb ist er davon überzeugt, dass auch sie einmal über und durch Christus den Zugang zur vollen Gotteskindschaft empfangen werden, wenn er selbst auch sich daran genügen lassen muss, dem einen oder anderen von ihnen den Weg dahin zu weisen (11, 14). Auch das will und darf nicht überhört werden.

Ursprung und Verwendung der σοφός-, δυνατός-, εὐγενής-*Formel* in *1 Kor 1, 26*

W. WUELLNER

DIE Eigenartigkeit und Seltsamkeit, mit der der Apostel Paulus im ersten Korintherbrief die dortigen Christen mit der triadischen Charakterisierung als σοφοί, δυνατοί, und εὐγενεῖς kennzeichnet, ist bereits bemerkt und kommentiert worden.[1] Der formelhafte Charakter dieser triadischen Bezeichnung der Korinther hat bisher vier verschiedene Interpretationen hervorgebracht: (1) die älteste und dominierende Interpretation sieht in der triadischen Formel soziale, ökonomische Hinweise.[2] (2) Man hat versucht, die triadische Formel rein rhetorisch oder stilistisch zu erklären.[3] (3) Ein anderer neuerer Versuch, die Herkunft der drei genannten Eigenschaften zu erleutern, bezieht sich hauptsächlich auf den kynischen anti-εὐγενής topos, der in der Polemik gegen die Sophisten seinen Sitz haben mag.[4] (4) Schliesslich hat man die eigen-

---

[1] Johannes Munck, *Paulus und die Heilsgeschichte* (Acta Jutlandica, Teol. Ser. 6; København, 1954), S. 155 schrieb: ,,Der Dreiklang ,Weise, Mächtige, Vornehme' mutet merkwürdig an, weil der Apostel unnötig hart . . . ihre (sc. der Korinther) schlichte Herkunft und ihren bescheidenen Platz im Dasein ihnen unter die Nase reibt."

[2] H. Conzelmann, *Der erste Brief an die Korinther*. (H. A. W. Meyer Kommentar, 11. Auflage; Göttingen, 1969), S. 66: ,,es sind zusammengestellt: die Gebildeten, Einflussreichen, Leute aus angesehener Familie." Die linguistischen Argumente zu einer radikalen Revision dieser nach wie vor dominierenden soziologischen Interpretation von 1Kor 1, 26 ff. sind dargelegt in W. H. Wuellners Aufsatz „The Sociological Implications of I Corinthians 1: 26–29 Reconsidered", *Studia Evangelica*, vi, ed. E. A. Livingstone (TU, 112; Berlin, 1974), S. 666 ff.

[3] Neben den Urteilen von Blass-Debrunner und J. Weiss, zitiert bei Conzelmann, aaO, S. 65, Anm. 3, siehe N. Schneider, *Die rhetorische Eigenart der paulinischen Antithesen* (Hermeneutische Untersuchungen zur Theologie, 11; Tübingen, 1970), S. 53. Schneider sieht in 1Kor 1, 26 f. eine rhetorische *litotes*, was nach Lausberg als ,,eine periphrastische Kombination der Emphase und der Ironie" verstanden wird.

[4] Hans Dieter Betz, *Der Apostel Paulus und die sokratische Tradition* (BHTh, 45; Tübingen, 1972), S. 97. Ebenso B. Pearson, *The ΠΝΕΥΜΑΤΙΚΟΣΨΥΧΙ-ΚΟΣ Terminology in 1 Corinthians* (SBL Dissertation Series 12, Missoula,

artige Komposition der drei genannten Eigenschaften aus einem bestimmten Teil der nachbiblischen liturgischen Tradition zur Erinnerung des Tages der Zerstörung des Tempels zu erklären versucht.[1]

Die Versuche, die Eigenart der triadischen Formel aus biblischen Traditionen abzuleiten, sind auf drei beschränkt. (1) In seinem Aufsatz „St. Paul's Quotations of the Book of Job" wies Hanson[2] auf Hi 12, 17–22 als Anstoss zu dem Gebrauch triadischer Formeln in 1Kor 1, 25–29 hin. Der Hiobtext bezieht sich zwar auf σοφός und δυνατός, aber nicht auf εὐγενής. (2) Cerfaux[3] wollte in der σοφός, ἰσχυρός, πλούσιος-Reihe in Jer 9, 22 f. die Quelle für Paulus sehen, was aber schon von Munck als ungenügend für die eigenartige triadische Formel in 1Kor 1, 26 bewertet worden war. Der neuerdings gemachte Versuch, die Substituierung von εὐγενής für πλούσιος dadurch zu erklären, dass εὐγενής ein terminus technicus der korinthischen Opposition war, den Paulus nun geschickt hier verwendet,[4] ruht auf hypothetischen Prämissen und bleibt unüberzeugend. (3) Ich selber hatte in meinem Aufsatz über das „Haggadic Homily Genre in 1 Cor. 1–3" die Vermutung ausgesprochen,[5] dass die triadische Formulierung in 1Kor 1, 26 irgendwie mit den haggadischen Traditionen zu den *sedarim* zu Gen 1–3 in Verbindung standen. Weiteres Studium der Predigttraditionen der älteren Synagoge zu diesen Texten hat allerdings ergeben, dass sich die triadische Formel dort in keiner

---

1973). J. Munck, aaO, S. 155 sieht in der triadischen Formel einen Hinweis „auf ganz normale Voraussetzungen und Lebensverhältnisse der Schüler (und Lehrer) der Weisheit", d. h. derjenigen, „die in der Sophistik unterrichtet werden".

[1] E. Peterson, „1 Kor. 1, 18 f. und die Thematik des jüdischen Busstages", in: *Frühkirche, Judentum und Gnosis* (Freiburg, 1959), S. 43–50, besonders S. 45: „Man versteht die Polemik gegen die δυνατοί und εὐγενεῖς in 1, 26 bei Paulus gegen τὰ ἰσχυρά (1, 28) und τὰ ὄντα bei der Gegenüberstellung der christlichen σοφία und ihres nichtchristlichen Gegenbildes erst, wenn man sieht, wie in der Paulus vorliegenden jüdischen Tradition schon die Verbindung Weisheit und Macht der Fürsten, der Völker und der Giganten vorgenommen war, der nun die Weisheit, die Gott seinem geliebten Sohne Israel (Bar 3, 37) gegeben hat, gegenübergestellt wird." Peterson folgt einer Anregung von H. St. John Thackeray nach der Bar 3, 9–4, 4 eine Homilie über Jer 8, 13–9, 24, und der Jeremia-Text die Lektion für den Busstag zum Tag der Verbrennung des Tempels am 9. Ab darstellt.

[2] R. P. C. Hanson, in: *Theology* 53 (1950), 250 ff.

[3] L. Cerfaux, „Vestiges d'un florilège dans I Cor. I, 18–III, 24?" *RHE* (1931), 521–34.

[4] Pearson, aaO, S. 111–12: „Excursus on εὐγένεια in 1 Cor. 1, 26 f."

[5] *JBL* 89 (1970), 201.

Weise nachweisen lässt. In den *haftarot* aber, die den *sedarim* von Gen 1–3 zugeordnet sind, lassen sich die gleichen Motive finden, die auch bei Paulus in 1Kor 1, 27–29 anklingen: Schöpfung aus Chaos, und Erneuerung aus dem Gericht.[1]

Zwei weitere Anregungen führten mich erneut zu der Vermutung, dass die Eigenart der triadischen Formel in 1Kor 1, 26 aus biblischen Traditionen zu erklären sein mag. Die drei *derek-erez* Fragen, die sich um Normen sittlichen Verhaltens bemühen, um drei begehrenswerte Ziele zu erlangen, nämlich was zu tun nötig ist, um (1) weise zu werden, um (2) reich oder mächtig zu werden, und (3) männlichen, d. h. edlen Nachwuchs zu sichern,[2] sind gewiss in der Reihenfolge identisch mit den drei Eigenschaften, die in der triadischen Formel in 1Kor 1, 26 genannt werden. Doch möge es hier einstweilen dahin gestellt bleiben, ob es sich dabei nur um eine formale Analogie handelt. David Daube hatte bereits früher zeigen können, wie Elemente der *derek-erez* Tradition in der frühchristlichen Literatur fruchtbar wurden.[3] Dass den „Söhnen edler Abstammung",[4] die als „Söhne Gottes" in eheliche Beziehung zu Menschentöchtern traten (Gen 6), Weisheit und Stärke nachgerühmt wurde,[5] liess mich ferner vermuten, dass hinter der in 1Kor 1, 26 gebrauchten triadischen Formel mythologische Traditionen lagen, die biblisch verankert waren.

Bevor ich mich der Untersuchung der Tradition der triadischen Formel zuwende, möchte ich drei Beobachtungen zusammentragen, die den Stand der Forschung betreffs dieser triadischen Eigenschaften kennzeichen. (1) Es ist zwar allgemein anerkannt, dass die von Munck als merkwürdig bezeichnete dreifache Bezeichnung der Korinther als weise, mächtig und von edler Abstammung formelhaft ist, aber es besteht keinerlei Konsensus über die Herkunft noch über die Bedeutung der triadischen Formel, wie

[1] Jacob Mann, *The Bible as Read and Preached in the Old Synagogue*, vol. i (Cincinnati, Ohio, 1940), S. 23–42.
[2] Der kurz nach dem Konzil von Jamnia in Palästina wirkende R. Joschua ben Hanania beantwortete die drei Standardfragen des *derek-erez* als Teil der zwölf Fragen, die die alexandrinische Synagoge an ihn richtete (BT Nidda, 70b–71a).
[3] *The New Testament and Rabbinic Judaism* (London, 1956), S. 98 ff. Cf. W. D. Davies, *Paul and Rabbinic Judaism*, rev. ed. 1955, S. 132 ff.
[4] Rabbi Schimon bar Johai, ein Schüler R. Akibas, und als vermuteter Autor des Zohar die Autorität für spätere kabbalistische Traditionen, las in Gen 6, 1 „Söhne edler Abstammung" statt der traditionellen Lesung „Söhne Gottes".
[5] Louis Ginzberg, *The Legends of the Jews* (Philadelphia, 1954–55), i. 147 ff.; v. 169 ff. hat die betreffenden Traditionen zusammengetragen.

eingangs skizziert wurde. (2) Man hat erkannt und nachgewiesen, dass die triadische Umkehrung der Dreier-Formel, wie sie 1Kor 1, 27 ff. erfolgt, genau so formelhaft ist und aus der Tradition abzuleiten ist, die ebenfalls in mythologischer Weise davon zeugt, wie Gott sowohl im Laufe der Geschichte, als auch am Anfang wie am Ende der Geschichte, ins Sein ruft was Nichts ist, und wiederherstellt was zunichte gebracht wurde. Religionsgeschichtlich lassen sich die beiden Dreier-Traditionen (wenn nicht als Dreier-Formeln, so wenigstens als Dreier-Motiv der Weisheit, Stärke, und edler Abstammung) getrennt in verschiedenen ausserbiblischen mythologischen Traditionen nachweisen. Nur die Zuordnung beider Dreier-Traditionen zu einander lässt sich als das Besondere der biblischen Offenbarungstradition behaupten. (3) Sieht man die triadische Formel im textlichen wie gedanklichen Zusammenhang der κλῆσις- und καύχησις-Traditionen, die unsere Perikope (1Kor 1, 26-31) bestimmen, so lässt sich fragen, ob es fruchtbarer ist, die καύχησις-Tradition mit E. A. Judge[1] aus der dem Paulus zeitgenössischen beruflichen Praxis des Selbst-Ruhmes zu erklären, oder die Beziehungen zwischen κλῆσις- und καύχησις-Traditionen aus dem alttestamentlichen Erbe Israels zu erklären, wie es Sánchez Bosch tut.[2]

So gewiss es ist, dass Paulus hier in 1Kor 1, 26, wie oft in seinen Briefen, den Traditionen des hellenistischen Judentums und als Apostel den Traditionen des hellenistischen Judenchristentums wie gewissen gnostischen Motiven verpflichtet ist, so ungewiss bleibt es, wo man den Ursprung der merkwürdigen triadischen Formel in 1Kor 1, 26 zu suchen hat, und welche Bedeutung man ihrer Anwendung in diesem Zusammenhang zuschreibt.

Die Traditionen der σοφός-, δυνατός-, εὐγενής-Formel

1. Im Alten Testament lässt sich zwar die Formel nicht belegen, wohl aber lassen sich die drei Attribute in verschiedener Reihenfolge, doch stets im gleichen Textzusammenhang in vier Arten von Texten finden, die alle mehr oder weniger deutlich von

---

[1] Edwin A. Judge, „St. Paul and Classical Society" *Jahrbuch für Antike und Christentum*, 15 (1972), 35 Anm. 81. Cf. A. D. Leeman, *Gloria. Cicero's waardering van de roem en haar achtergrond in de hellenistische wijsbegeerte en de romeinse samenleving* (Rotterdam, 1949).

[2] J. Sánchez Bosch, *'Gloriarse' segun San Pablo*. (AnBibl, 40; Rom-Barcelona, 1970), S. 4-36.

σοφός, δυνατός, εὐγενής in 1Kor 1, 26

derselben mythologischen Tradition abhängig sind.[1] Drei der vier Text-Arten haben die Königsfigur zum Thema, die vierte den Menschen im allgemeinen.

(a) Prophetische Gerichtsreden an fremde Könige. Ez 28 droht dem tyrischen König mit dem göttlichen Gericht, weil der König sich dreierlei angemasst hat: göttliche Abstammung, Weisheit und Reichtum. Letzteres ist synonym gebraucht mit Ruhm und Macht. In Jes 14, 12 ff. findet sich eine genauso begründete Gerichtsdrohung an den babylonischen König. Im Neuen Testament findet sich eine Spur dieser Gerichtstradition in Apg 12, 21-2. Herodes Antipas wird plötzlich vom göttlichen Gericht getroffen, weil er sich Macht, Weisheit, und göttliche Abstammung anmasste.

(b) Prophezeiungen über den eschatologischen König Israels. Jes 9, 6 ist die früheste Bezeugung. Des kommenden Königs Eigenschaften sind drei: Weisheitsrat; edle Geburt, mächtig durch Frieden. Diese drei Eigenschaften sollen aber von Gott als König ausgesagt sein.[2]

(c) Die Königspsalmen, besonders die Inthronisationspsalmen. Angespornt durch Gunkels Psalmenkommentar hat die skandinavische Schule zeigen können[3] wie die Königstexte mit der Urmensch-Tradition des vorderen Orients zusammengehören. Hier zeigt sich deutlich, wie konventionell die Betonung der

---

[1] Zur Diskussion über die verschiedenen Theorien zum „ausserisraelitischen Hintergrund des Menschensohn-Messianologie" s. C. Colpe, Art. υἱὸς τοῦ ἀνθρώπου, ThW, viii. 411-22. S. auch F. Borsch, *The Son of Man in Myth and History* (London, 1967) und sein *The Christian and Gnostic Son of Man* (London, 1970).

[2] Nach dem Text der Jewish Publication Society of America (Philadelphia, 1916), wonach zu lesen ist „Wonderful in counsel is God the Mighty, the everlasting Father, the Ruler of peace."

[3] Zu den Königspsalmen werden gerechnet Pss. 2, 18, 20, 21, 45, 72, 101, 110, 132, 144, 1-11. Cf. H. Gunkel-J. Begrich, *Einleitung in die Psalmen* (Göttingen, 1933, 2. Aufl. 1966), und S. Mowinckel, *Psalmenstudien* (Kristiania, 1921-1924). Die für unser Thema wichtigen Werke der skandinavischen Schule sind: A. Bentzen, *Messias, Moses redivivus, Menschensohn* (AThANT, 17; Zürich, 1948), S. 37 ff; S. Mowinkel, „Urmensch und ‚Königsideologie'" StTh 2 (1949), 71-89; H. Ringgren, *The Messiah in the Old Testament* (SBT, 1st Ser. 18; London, 1956), S. 68 ff; I. Engnell, „Die Urmenschvorstellung und das Alte Testament", *SEA*, 22-3 (1957-8), 265-89). Neuere Arbeiten, die diese Anregungen fruchtbar gemacht haben, sind: K.-H. Bernhard, *Das Problem der altorientalischen Königsideologie im Alten Testament* (VT Suppl. 8; Leiden, 1961); W. H. Schmidt, *Die Schöpfungsgeschichte der Priesterschrift* (WMANT, 17; 1964, 2. Aufl. 1967), S. 140 f.; W. Schlisske, *Gottessöhne und Gottessohn im Alten Testament* (BWANT, 97; Stuttgart, 1973), S. 78-115.

drei königlichen Eigenschaften der Weisheit, der Stärke und der edlen (d. h. göttlichen) Abstammung ist.

(d) Die Weisheitsdichtung. Hier werden nun κλῆσις und καύχησις in ihrer Verbindung auf den Menschen im allgemeinen, auf Jedermann, angewandt. Neben Hansons Hinweis auf Hi 12, 17-22 könnte man hier auf Hi 15, 1-7 weisen. Der Text spricht deutlich von Weisheit, weniger deutlich von Stärke, doch deutlich wieder von der edlen Abstammung in dem Hinweis auf Adam als Stammvater der Menschen.[1] Ähnliches lässt sich zu Psalm 8 als Beispiel des Weisheitspsalms sagen.[2]

2. In den alttestamentlichen Apokryphen lässt sich die Formel zwar auch nicht belegen, aber wiederum erscheinen die drei Attribute im gleichen Textzusammenhang, und zwar in Texten, die zumindest implizit von der κλῆσις und καύχησις Israels oder des Menschen schlechthin reden.

(a) In Sir 17 spricht der Text zuerst von dem Ursprung des Menschen als dem Bilde Gottes (17, 3), dann von der Stärke (V. 3-4), und schliesslich von Weisheit, Einsicht und Verständnis. In seiner Analyse der Beziehungen zwischen „Weisheitsdenken und Schöpfung" im Sirachbuch hat Marböck gezeigt, dass 17, 1 ff. ein Teil der grösseren Einheit ist, die von 15, 9 (11) bis 18, 14 reicht. In dieser Einheit werden zum Thema Gott und die Sünde verschiedene Antworten „in völlig weisheitlicher Gedankenführung gegeben: mit dem Hinweis auf die umfassende Schöpfungsordnung in allen Bereichen, (a) im Himmelskosmos (16, 24-8), (b) auf der Erde unter den Menschen (16, 29-17, 10), und (c) vor allem im auserwählten Volk (17, 11-14)."[3] Während in

---

[1] M. H. Pope, *Job* (Anchor Bible; Garden City, 1965), S. 109. Zur Beziehung von Hiob 15, 7 zu Psalm 8, 7 ff., Ez 28 und anderen Texten dieser Art s. S. 109 des Aufsatzes von J. A. Soggin, der in der folgenden Fussnote zitiert ist. Über Adam als Vorfahre Israels und als Ahnherr der Menschheit, siehe unten zu Sir 17, 1-2.

[2] W. H. Schmidt, „Gott und Mensch in Ps. 8", *ThZ* 25 (1969), 1-15, besonders S. 10 f. J. A. Soggin, „Zum achten Psalm", *Annual of the Swedish Theological Institute*, 8 (1970-1), 106-22. Cf. auch B. Gemser, „Humilitas or dignitas", in *Adhuc loquitur* (Pretoria Orient. Series, 7; Leiden, 1968), S. 62-77. G. von Rad, *Genesis* (Old Testament Library; Philadelphia, 2. Aufl. 1972), S. 58 f.

[3] Über Sirachs Position in der Entwicklung der nachbiblischen jüdischen Anthropologie, s. G. Maier, *Mensch und Freier Wille* (WUNT, 12; Tübingen, 1971), S. 24 ff., besonders 60-76. Sirachs Verwandtschaft mit stoischen Traditionen als Hintergrund für Sir 17 wird von Marböck (S. 171, Anm. 2) höher bewertet als der naheliegende Bezug zum Schöpfungsbericht der Genesis. Über Alternativgliederung der grösseren Einheit, in der unser Text seinen Sinn erhält,

σοφός, δυνατός, εὐγενής in 1Kor 1, 26

dem uns interessierenden Text für Marböck die biblischen Grundlagen (Gen 1–3 und 9, 2) deutlich erkennbar sind, für Fuss aber der weitere mythologische Hintergrund vorderorientalischer Traditionen sichtbar wird,[1] wird aber selbst von Marböck zugegeben, dass es „zeitlich und geistesgeschichtlich naheliegender [ist], dass Ben Sira hier ... insbesondere von der Philosophie der Stoa angeregt worden ist."[2]

(b) Im Zweiten (slawischen) Henochbuch, c. 30 führt der Gedanke von der Erschaffung des Menschen („klein in Grösse, gross in Kleinheit" 30, 10), was man als dialektische Umschreibung der εὐγενής-Eigenschaft ansehen kann, zu dem Auftrag sich die Erde zum Untertan zu machen, was man als Synonym für δυνατός ansehen kann, und schliesslich zum Hinweis auf die Weisheit, die dem Menschen eigen ist.

(c) In den Psalmen Salomons findet sich in einem Loblied auf den König als Sohn Davids (17, 21), dass er als solcher alle Israeliten als Gottessöhne anerkennt (17, 27).[3] Das wäre unser εὐγενής-Motiv. Das δυνατός-Motiv findet sich im folgenden Lobpreis auf die Stärke des Königs (17, 22–5). Das σοφός Motiv findet sich wieder in dem Hinweis, dass der König die Völker und Nationen in der Weisheit seiner Gerechtigkeit richtet (17, 29).

(d) In c. 10 der Weisheit Salomons lässt sich das Dreier-Motiv von Weisheit, Stärke und adeliger Abstammung wie folgt nachweisen: in der Charakterisierung Adams, der dank der ihm eigenen Weisheit als der πρωτόπλαστος πατὴρ κόσμου (10, 1) erscheint, findet sich das εὐγενής-Motiv. Was hier von Adam ausgesagt wird, wird in 5, 5 (die Gerechten sind Söhne Gottes) und 8, 17 (die göttliche συγγένεια aller Weisen)[4] von der adeligen Abstammung

siehe J. de Fraine, „Het hooglied op de menselijke waardigheid in Eccli. 17, 1–14", *Bijdragen*, 11 (1950), 10–23, und J. Haspecker, *Gottesfurcht bei Jesus Sirach* (AnBibl, 30; Rom, 1967), S. 151, Anm. 57.

[1] W. Fuss, *Tradition und Komposition im Buch Jesus Sirach* (Diss., Tübingen, 1963), S. 114.

[2] J. Marböck, *Weisheit im Wandel. Untersuchungen zur Weisheitstheologie bei Ben Sira* (BBB, 37; Bonn, 1971), S. 136–8. Ebenso T. Middendorp, *Die Stellung Jesu ben Siras zwischen Judentum und Hellenismus* (Leiden, 1973), S. 30 und 52 zu Sir 17.

[3] Siehe nächste Anmerkung zu Weish 5, 5, wo alle Gerechten als Gottessöhne bezeichnet werden. Die Tannaiten haben diese Tradition weitergeführt.

[4] Zur griechischen *Syngeneia* Tradition im hellenistischen Judentum siehe J. M. Reese, *Hellenistic Influence on the Book of Wisdom and its Consequences* (AnBibl, 41; Rom, 1970), S. 14, 36 f. Die sonst gute Materialsammlung in der Monographie von Édouard des Places, S.J., *Syngeneia. La parenté de l'homme*

aller Israeliten ausgesagt. Das δυνατός-Motiv erscheint in 10, 2, wo von Adam, dank der Weisheit die ihm zuteil wird, ausgesagt wird, dass er die Stärke hat, sich alles untertan zu machen. Das σοφός-Motiv findet sich in der dem ganzen Buch eigenen Panegyrik auf die Weisheit wie sie Richtern und Weisen (c. 1-5), dem König (c. 6-9),[1] und Israel zum Lob aller Menschen (c. 10-19) zuteil wird.

3. In den rabbinischen Traditionen liesse sich nachweisen, dass die drei Motive besonders auf Israel und die gesetzestreuen Israeliten angewendet wurden.[2] Das Material zur Adam-Interpretation in der Synagoge ist kürzlich von Nico Oswald kritisch untersucht worden.[3] Neben den mythologischen Schöpfungsberichten wäre noch der mythologische Bericht von dem Ursprung der Giganten in Gen 6 zu nennen, der zu den Geheimtraditionen der Synagoge gehörte. Was diese Giganten auszeichnete, waren eben unsere drei Motive: sie waren göttlicher, adeliger Abstammung; sie waren mächtig und weise. Dass es nicht trotz, sondern wegen eben dieser drei Eigenschaften, die missbraucht wurden, zum sintflutlichen Gericht kam, diente den Rabbinen als ein Modell unter anderen in ihren Lehren und Predigten an Israel.[4]

4. In der Literatur des hellenistischen Judentums erscheint unser triadisches Motiv bei Philo, besonders in seinem Werk *de*

avec dieu d'Homère à la patristique. (Études et Commentaires, 51; Paris, 1964) ignoriert diesen Aspekt des Themas völlig.

[1] Der pseudo-Daniel-Text von Qumran (4QpsDan Aᵃ), der in einem apokalyptischen Kontext von der Gottessohnschaft des Königs redet, weist nach J. A. Fitzmyer vermutlich auf einen hasmonäischen Herrscher hin. Die Hasmonäer waren die ersten, die das priesterliche, prophetische und königliche Amt in einer Person vereinten. Ob und in wie weit sich diese Dreizahl der Ämter mit den drei adamitischen Attributen in Verbindung setzen lässt, wäre eine besondere Untersuchung wert.

[2] Wie es im tannaitischen Judentum zu dieser inklusiven Interpretation kam, dazu hat Ephraim E. Urbach interessantes Material aus der Religions- und Sozialgeschichte zusammengetragen in seinem Aufsatz „Class-Status und Leadership in the World of the Palestinian Sages", *Proceedings of the Israel Academy of Sciences and Humanities*, 2 (1968), 38-74, besonders 64 ff. Zum Thema der Beziehung zwischen „Berufung" und des Sich-Rühmens über besondere Vorteile, siehe R. Akibas und R. Meirs Lehre in Aboth 3, 18 und Aboth de R. Nathan 39.

[3] *Urmensch und Erster Mensch* (Diss., Berlin, 1970).

[4] Eine Übersicht über verschiedene Interpretationen unseres Textes im nachbiblischen Judentum findet sich in L. Ginzberg, aaO (siehe S. 167, Anm. 5). Eine lehrreiche Zusammenfassung bietet Gustav E. Closen, S.J., *Die Sünde der „Söhne Gottes" Gen 6, 1-4* (Rom, 1937).

σοφός, δυνατός, εὐγενής in 1Kor 1, 26

Opificio Mundi, ganz besonders deutlich. Was Oswald zur Auslegung der Adam-Traditionen in der rabbinischen Literatur betonte, lässt sich auch für Philo sagen, nämlich dass diese Traditionen, aus welchen unser Dreier-Motiv abzuleiten ist, weniger die biblischen Schöpfungsberichte oder gewisse griechische Traditionen als Ursprung haben, als viel mehr das Bemühen zeigen, normative Aussagen über den Menschen des ersten Jahrhunderts und über seine κλῆσις zu machen.

Philo sieht in den zwei Schöpfungsberichten von Gen 1 und 2 Aussagen über zwei verschiedene Dimensionen des Menschen. Die triadische Charakterisierung des Menschen in seiner Weisheit, Stärke und edlen Abstammung findet sich allerdings für Philo in beiden Aussagen: einmal in der Aussage über den idealen Adam in Gen 1; zum anderen in der Aussage über den historischen, individuellen Adam als πρῶτος ἄνθρωπος, als dem προπάτωρ des Menschengeschlechts in Gen 2.

Der ideale Adam (*Opif. Mund.* 68–88) existiert in συγγένεια (77) mit Gott,[1] und als solchem kommen Adam die zwei Attribute von σοφία und δύναμις zu (77). Adams Weisheit besteht in der göttlichen Verwandtschaft der menschlichen Vernunft, der συγγένεια λογική.[2] Adams Stärke besteht in der seiner φύσις gemässen Rolle als ἡγεμὼν καὶ δεσπότης (83). Adam ist der ὕπαρχος des göttlichen Königs.[3]

Der historische Adam (*Opif. Mund.* 134–50) wird ebenfalls zuerst dadurch charakterisiert, dass ihm die göttliche συγγένεια nachgesagt wird (144–5). Wiederum wird gezeigt, dass sich diese edle Abstammung Adams in den zwei Attributen der Weisheit (146–7) und Stärke (148) äussert. Trotz der stetigen Minderung beider Attribute in den Menschen des gegenwärtigen Zeitalters — ein bekannter *topos* der stoischen Tradition seit Poseidonius — ist die κλῆσις des Menschen dennoch weiterhin bestimmt als eine,

[1] Zur *Syngeneia* in Philo siehe F.-W. Eltester, *Eikon im Neuen Testament* (BZNW, 23; Berlin, 1958), S. 123. Philo selber betont (§ 134) den ungeheuren Unterschied zwischen dem Adam von Gen 2, 7 und dem Adam von Gen 1, 26. Zu dieser wichtigen Unterscheidung siehe Ursula Früchtel, *Die kosmologischen Vorstellungen bei Philo von Alexandrien* (Arbeiten zur Lit. und Gesch. d. hellenistischen Judentums, 2, Leiden, 1968), S. 31 Anm. 4 und ihre Kritik an Käsemanns oft zitierter Arbeit zur Urmenschtradition auf S. 35 Anm. 1.
[2] Als solcher ist der Mensch αὐτομαθής (Philo, *Quaes. Gen.*, Loeb Aufl. S. 5, ed. Ralph Marcus). Cf. θεοδίδακτος als Attribut von Christen im Neuen Testament und in der patristischen Literatur.
[3] Philo, *Quaes. Gen.*, Loeb Aufl. S. 13.

die auf Grund seiner adeligen Abstammung ihn aufs neue mächtig und weise zu handeln nötigt.

Was sich bei Philo und in gewisser Weise auch in den haggadischen Traditionen der Synagoge nachweisen lässt, findet sich auch in Artapanus, in dem Werk des Anonymen, und in dem Roman über Joseph und Aseneth.[1] Das Dreier-Motiv der dem Menschen eigenen adeligen, d. h. göttlichen Abstammung, Weisheit und Stärke, wird in besonderer Weise von Glaubenshelden der Vergangenheit ausgesagt, besonders von den Patriarchen Abraham und Joseph, und natürlich von Moses. Aus dem Munde eines Heiden ertönt der Psalm über Joseph, dem als „Sohn Gottes" Weisheit und Stärke nachgesagt werden.[2]

Abschliessend möchte ich noch auf folgendes hinweisen. Was von Oswald zum Beispiel zur Erforschung der Adam-Überlieferungen in der rabbinischen Literatur, oder von Pearson zum Beispiel zur Genesis-Exegese des hellenistischen Judentums methodologisch beigetragen worden ist, müsste auch in der Erforschung der Tradition der triadischen Formel in 1Kor 1, 26 beachtet werden. Die blosse Aufzählung und Zitierung von Stellen, in denen man die drei genannten Eigenschaften des Menschen (als allgemeiner oder als israelitischer Mensch) finden kann, zeigt zwar die Existenz der drei zusammengehörigen Motive an, aber besagt doch nichts bezüglich der Bedeutung dieser Motive als Teil der prähistorischen, mythologischen Traditionen. Ursprung und Entwicklung der triadischen Formel aus dem Alten Testament nachweisen zu wollen ist für die Bedeutungsbestimmung der drei Motive im nachbiblischen Judentum doch nebensächlich. Wichtig dagegen ist die Bestimmung der Bewegungsgründe oder des Interesses für gerade diese umfassende Dreier-Formel oder dieser triadischen Motive in Aussagen über den Menschen und seine Berufung. Das gleiche gilt auch

---

[1] Ch. Burchard, *Untersuchungen zu Joseph und Aseneth* (WUNT, 8; Tübingen, 1965).

[2] Joseph als Sohn Gottes: 46, 11; 46, 20–47, 1; 58, 1. 5; 71, 15; 75, 4 f.; 86, 19 f.; als weise: 44, 8 f.; als mächtig: 44, 4. In Burchards Übersetzung (S. 89 f.) erscheint unser Dreier-Motiv in Aseneths Psalm wie folgt: „Joseph ... der Starke Gottes ... der Sohn Gottes, durch seine Weisheit ergriff er mich ... durch seine Kraft stärkte er mich ...". Cf. E. Schweizer, Art. υἱός, *ThW*, viii. 357 Anm. 134. Weitere Anregungen zur Fruchtbarmachung dieser Traditionen für die Paulusforschung finden sich in M. Rissi, *Studien zum Zweiten Korintherbrief* (AThANT, 56; Zürich, 1969), S. 8–11.

für die noch ausstehende Behandlung der drei Motive in den griechischen und hellenistischen Traditionen und im Neuen Testament.

5. Die uns beschäftigende Dreier-Formel lässt sich wenigstens in der Zusammengehörigkeit der drei Motive auch in der Literatur des klassischen und hellenistischen Altertums nachweisen. Die Studien von Guthrie und Baker geben einen Überblick und partielle Einblicke in die das Wesen und die Berufung des Menschen betreffenden Traditionen des Altertums.[1]

(1) In Platons *Symposium*, in der Anwendung der mythologischen Tradition vom androgynen Urmenschen (189E–190B), kommt unser Dreier-Motiv zum Ausdruck in der Charakterisierung dieses Urmenschen als eines, der (a) von erstaunlicher Stärke (τὴν ἰσχὺν δεινὰ καὶ τὴν ῥώμην) war; der (b) von grosser Weisheit (τὰ φρονήματα μεγάλα) war; und (c) nach Gleichheit mit Gott strebte (ἐπιχείρειν τοῖς θεοῖς). Dass er dem göttlichen Gericht verfällt wegen Missbrauchs seiner drei Attribute, erinnert an Ez 28, Jes 14, Apg 12, 21 f., und an das Schicksal der Giganten in Gen 6.

(2) Die alten Kyniker sprachen vom wahren Menschen, und suchten diesen in ihrem eigenen Lebensstil zu demonstrieren als einen, der in seinem ihm angeborenen kosmischen Adel vornehmer als die Vornehmsten sei, in seiner Weisheit weiser als gelehrte Philosophen, und in Stärke mächtiger als Könige. In der Stoa verbindet sich diese kynische Tradition mit der stoischen Anthropologie und Kosmologie. Die allen Menschen eigene δύναμις und σοφία sind Manifestationen der den Menschen auszeichnenden συγγένεια.[2]

(3) Schliesslich sei noch kurz auf die Traditionen des hermetischen Synkretismus verwiesen, wo gleichfalls der Adel des Menschen als θνητὸς θεός und ἀθάνατος ἄνθρωπος das Wesen und die Manifestationen der ihm eigenen σοφία und δύναμις begründen.[3]

---

[1] W. K. C. Guthrie, *In the Beginning. Some Greek Views on the Origins of Life and the Early State of Man* (London, 1957); H. Baker, *The Image of Man* (New York, 1961).

[2] Zur Interpretation des stoischen συγγένεια-Begriffes siehe É. des Places, S.J., aaO, S. 129 ff. Cf. dazu K. Deissner, *Das Idealbild des stoischen Weisen* (Greifswald, 1930).

[3] A.-J. Festugière, *L'Idéal religieux des Grecs et l'Évangile* (2. Aufl., Paris, 1932), S. 48 und 81 zur „adeligen" Abstammung des Menschen und der dadurch bedingten Attribute. Cf. G. Schrenk, Art. πατήρ, ThW, v. 957 f.

6. Auch im Neuen Testament lassen sich Spuren des uns beschäftigenden Dreier-Motivs finden. In den Evangelien erscheinen die drei Motive vereint im Zusammenhang mit der Menschensohntradition. In der paulinischen Brieftradition stehen sie in engstem Bezug zu den Traditionen vom himmlischen Adam. Im Jakobusbrief sieht man das Dreier-Motiv einer ganzen paränetischen Abhandlung zu Grunde liegen.

(1) In der Markus-Tradition findet sich eine Lehrtradition zwischen dem Ende der galiläischen Wirksamkeit Jesu und seinem Einzug in Jerusalem eingebaut, die durch drei Voraussagen der Notwendigkeit der Passion des Menschensohns gekennzeichnet ist.

Der ersten Passionsvoraussage (Mk 8, 31/Mt 16, 21/Lk 9, 22) folgt in Markus eine Unterweisung über die Voraussetzungen des Verständnisses der τὰ τοῦ θεοῦ und des Erlangens des wahren, göttlichen Lebens,[1] und in der Verklärungsszene erfolgt die der Taufe, den Wundern, und der Auferstehung nächststehende Manifestation des wahren Gottessohnes.[2] Das entspräche dem εὐγενής-Motiv.

Der zweiten Passionsvoraussage (Mk 9, 31/Mt 17, 22 f./Lk 9, 44) folgt die Unterweisung über wahre Grösse oder Stärke,[3] wie sie sich in zwischenmenschlichen Beziehungen äussert. Ähnliches wird zu Jak 2 zu bemerken sein.

Der dritten Passionsvoraussage (Mk 10, 33 f./Mt 20, 18 f./Lk 18, 31–3) folgt eine Unterweisung über die Voraussetzungen der Teilnahme an der endzeitlichen δόξα, was man als Teil apokalyptischer Weisheitsforderungen verstehen kann.[4]

---

[1] A. Oepke, Art. ἀπόλλυμι, ThW, i. 394 sieht hier eine „schillernde Bedeutung von *Leben*, mit deren Hilfe die für die irdische Existenz elementar empfundene Unersetzlichkeit vielmehr für die ewige Existenz zum Bewusstsein gebracht wird." R. Bultmann, Art. ζάω, ThW, ii. 863 sieht hier ζωή „im at.lichen Sinne (als) die von Gott geschenkte Kraft". W. Foerster, Art. σώζω, ThW, vii. 991 f. spricht hier nur von „Leben im umfassenden Sinn". Über „Gotteskindschaft" im Neuen Testament, siehe A. Oepke, Art. παῖς und τέκνον, ThW, v. 650–3; G. Schrenk, Art. πατήρ, ibid. 981–1016; und E. Schweizer, Art. υἱός, ThW, viii. 392–5.

[2] Über die Texte aus der „Gemeindetradition" zum Thema der Gottessohnschaft Jesu, siehe E. Schweizer, aaO, S. 367–80, und ihre Verwendung in der Redaktionsgeschichte, S. 380–92.

[3] Siehe W. Grundmann, Art. μέγας, ThW, iv. 537. 28 ff.; cf. O. Michel, Art. μικρός, ibid. 653 ff.; und W. Michaelis, Art. πρῶτος, ThW, vi. 869.

[4] G. Kittel, Art. δόξα, ThW, ii. 249 f. weist auf die im palästinischen Judentum bekannte Thematik der Teilhabe der Menschen an der Kabod Gottes auf

σοφός, δυνατός, εὐγενής in 1Kor 1, 26   177

In der johanneischen Tradition wird die Zusammengehörigkeit der drei Motive noch deutlicher. Ob man in Nathanaels Bekenntnis (Jn 1, 49) „Rabbi, du bist der Sohn Gottes. Du bist der König Israels" schon die drei Attribute anklingen, mag dahingestellt bleiben. Während seines zweiten Jerusalem-Aufenthaltes (Jn 5) bringt Jesus selber zum Ausdruck, dass er göttlichen Ursprungs ist (5, 17-18); dass er mächtig in Werken ist (5, 19 ff.); und dass er die weisheitliche Funktion des Richteramtes innehat (5, 27). Im dritten Jerusalem-Aufenthalt (Jn 7-11) wird über das Dreier-Motiv in modifizierter Weise aufs Neue reflektiert.

(2) Im Epheserbrief lassen sich die drei Motive wie folgt aufweisen. Der Briefanfang spricht von der eschatologischen Erbschaft (1, 14. 18), von der Weisheit (1, 17) und der Stärke (1, 19), die den Gläubigen eigen sind. Das androgyne Adam-Motiv klingt deutlich in 2, 15 an (εἷς καινὸς ἄνθρωπος), was in 2, 19 ff., wie in 1Kor 3, 16 f. und 1Petr 2, 4 ff., mit dem Tempel in Verbindung gebracht wird. Die drei Motive klingen schliesslich wieder an in dem Gebet (3, 14 ff.), das den ersten Teil des Briefes abschliesst: die Stärke (3, 16); die adelige Abstammung (3, 17) in dem κατοικεῖν Christi in den Herzen der Gläubigen; und die Weisheit (3, 18-19).

Das mythologische Adam-Motiv erscheint aufs Neue gleich zu Anfang des zweiten, paränetischen Teils des Briefes (4, 12 f.), im Zusammenhang mit dem κλῆσις-Motiv (4, 1) wie in 1Kor 1, 26. Ich sehe die Dreiheit unserer Motive wie folgt in der Paränese expliziert: zuerst das konstitutive Element der adeligen Abstammung, was in 4, 24 schon anklang (ὁ καινὸς ἄνθρωπος ὁ κατὰ θεὸν κτισθείς) und dann thematisch entwickelt wird in dem mit τέκνα ἀγαπητά eingeleiteten Abschnitt 5, 1-14 (man beachte auch die korrelativen Begriffe wie κληρονομία 5, 5, und υἱοὶ τῆς ἀπειθείας vs. τέκνα φωτός 5, 6-8). Dann folgt das Weisheitsmotiv in dem Abschnitt 5, 15-21, der mit dem Kontrast zwischen ἄσοφοι und σοφοί beginnt (5, 15, cf. ἄφρονες vs. συνίετε in 5, 17), und diese Thematik in der Anwendung der Haustafeln (5, 22-6, 9) expliziert. Und schliesslich das Stärke-Motiv in dem abschliessenden Grund der den Menschen eigenen Gottebenbildlichkeit. Kittel betont (250, 16 ff.), dass diese Gedanken in der Apokalyptik eine besondere Rolle spielten. Cf. O. Schmitz, art. θρόνος, ibid. 165 zur Bedeutung des Sitzens (cf. C. Schneider, *ThW*, iii. 445) eines jeden Gläubigen auf dem ihm verheissenen endzeitlichen θρόνος δόξης.

Abschnitt 6, 10–20, der mit der Aufforderung eingeleitet wird ἐνδυναμοῦσθε ἐν κυρίῳ καὶ ἐν τῷ κράτει τῆς ἰσχύος αὐτοῦ, und der von der Waffenrüstung spricht (πανοπλίαν τοῦ θεοῦ 6, 11 ff.).

(3) Im Jakobusbrief erscheinen die drei Motive wie folgt: in dem einleitenden Kapitel, in dem die Gläubigen, Glieder der zwölf Diaspora-Stämme, als τέλειοι καὶ ὁλόκληροι angesprochen werden, klingt zuerst das σοφός-Motiv an (1, 5–8), dann das δυνατός-Motiv in der Thematik des πλούσιος (1, 9–11). Das εὐγενής-Motiv kommt dann in 1, 12–27 so zum Ausdruck, dass in 1, 12–16 ein Irrtum geklärt wird, dann aber die Gotteskindschaft klar betont wird, und in dem πατήρ Attribut Gottes (1, 27) noch einmal anklingt.

Das δυνατός-Motiv wird in 2, 1–26 in konventioneller Weise in Blick auf zwischenmenschliche Beziehungen expliziert. Man könnte argumentieren, dass das gleiche Thema im Chiasmus in 5, 1–6 (oder 4, 13–5, 6) erscheint.

Zentral für den Jakobusbrief ist das σοφός-Motiv, das in 3, 9 mit der Adam-Tradition in Verbindung gesetzt wird. Der ganze Abschnitt 3, 1–4, 12 (oder 17), der in chiastischer Weise die κλῆσις und καύχησις des τέλειος ἀνήρ einer kritischen Prüfung unterzieht, zeigt starke Anklänge an die σχίσματα und ἔριδες der sich τέλειοι dünkenden Korinther (1Kor 1, 5–7; 2, 6; 3, 1; 4, 8. 18 f.).

Was hier an neutestamentlichen Daten zusammengetragen worden ist, kann im besten Fall nur als Andeutung dienen. Selbst wenn nur ein Bruchteil von dem Genannten stichhaltig wäre, würde damit der Erforschung der Texte ein neuer Anstoss gegeben. Diesen Anstoss methodologisch klarer zu machen, bedarf es der Anregungen, die im modernen Strukturalismus bisher am deutlichsten formuliert worden sind.[1]

Bevor wir uns der Verwendung der triadischen Formel bei Paulus zuwenden, lässt sich rückblickend auf die bisherige Untersuchung zu den dargestellten Traditionen sagen, dass (a) die in 1Kor 1, 26 bezeugte Formel vor Paulus als Formel zwar nicht bezeugt ist; dass (b) aber die drei Elemente der Formel als eng zusammengehöriges Dreier-Motiv sowohl im Alten und Neuen Testament wie in nahöstlichen und griechischen, mythologisch

---

[1] Neben Erhardt Güttgemanns' programmatischen Essays in *Linguistica Biblica* und in seinen Büchern (vgl. meine Rezension in *JBL* 92 (1973), 619 f.), siehe René Kieffer, *Essais de méthodologie néo-testamentaire* (Coniectanea Biblica, NT Ser. 4; Lund, 1972).

geprägten Traditionen zu finden sind, und als Strukturprinzip von Textkompositionen deutlich wird. Da weder der formelhafte Charakter noch die bei Paulus zu findende Reihenfolge der drei Elemente traditionell ist, gäbe es zur Erklärung des gegebenen Textes in 1Kor 1, 26 zwei Möglichkeiten: einmal die bereits anfangs genannte rhetorische Struktur nicht nur des Satzes, der von V. 26 bis 29 reicht, sondern der ganzen hier vorliegenden Homilie.[1] Zum anderen wäre der Einfluss der genannten drei Standardfragen betreffs des *derek erez* in Erwägung zu ziehen.[2]

Die Verwendung der σοφός-, δυνατός-, εὐγενής-Formel bei Paulus

In der Art und Weise, in der Paulus die Formel anwendet, zeigt sich deutlich, wie er selbst hier stark konventionell gebunden ist. Der gegebene Rahmen, in dem die Formel zur Anwendung kommt, ist das konventionelle Thema einer gegebenen κλῆσις und des damit sachlich verbundenen und ebenso konventionellen καυχᾶσθαι.[3]

Was Paulus hier in 1Kor 1, 26 ff. intendiert, ist genau so konventionell wie das in 10, 1 ff. Gesagte, oder was im Röm 3, 1 ff. und 9, 4 ff. zum anerkannten „Vorteil" Israels ausgeführt wird. Das Konventionelle an der der Intention gemässen Ausführung ist die Strukturierung des Argumentes in der Form einer Antithese oder eines Kontrapunktes. So wird in all den genannten Texten zunächst betont, dass in der Tat zwar Grund und Anlass zum Rühmen, eben wegen der gegebenen κλῆσις, vorliegen; dass aber alles Gewonnene, Gegebene, oder Geschenkte, wieder

---

[1] Siehe S. 165, Anm. 3, und W. H. Wuellner, „Haggadic Homily Genre in 1 Corinthians 1–3", *JBL* 89 (1970), 199–204. Über Spuren der hellenistischen Rhetorik in der mit Paulus zeitgenössischen jüdischen Tradition siehe J. Heinemann, Art. „Preaching", *Encyclopedia Judaica*, xiii (1971), Sp. 996 über „forms of the sermon". Ebenso der Artikel „Aggadah", ibid. ii, Sp. 360 f. über stilistische Eigenarten in haggadischen Vorträgen. Ein gutes Resumé über den derzeitigen Stand der Forschung über den Einfluss der Popularrhetorik auf Paulus bietet E. A. Judge, „St. Paul and Classical Society", *Jahrbuch f. Antike und Christentum*, 15 (1972), bes. S. 33–6.

[2] Siehe S. 167, Anm. 2. Dass auch hier der Einfluss der hellenistischen Rhetorik und Popularphilosophie nachwirkt, wurde von D. Daube, *The New Testament and Rabbinic Judaism*, S. 162 bemerkt, wenn er sagt, dass „the appearance of *derekh 'ereṣ*... points in the direction of Hellenism, where this branch of philosophy (concerning the principles of moral and successful life) was greatly cultivated."

[3] Siehe S. 168, Anm. 2 den Hinweis auf das Werk von J. Sánchez Bosch.

verloren gehen, oder der vorhandene „Vorteil" zum „Nachteil" werden kann, wenn das an sich legitime Rühmen auf falscher Basis geschieht.

So betont denn Paulus in 1Kor 1, 26–31 zuerst, dass alle korinthischen Gläubigen — πολλοί in V. 26 hier, wie oft im Neuen Testament im semitischen Sinn von πάντες — weltlich gesehen (κατὰ σάρκα hier im neutralen Sinn)[1] durchaus Grund und Anlass zum Rühmen haben.[2] Das wird ja auch in der „Danksagung" der Briefeinleitung (1, 4–9), die dem eigentlichen Brief vorsteht,[3] deutlich betont, besonders in Verse 5 bis 7. Grund und Anlass dazu werden in der triadischen Formel mit derselben Intention hier eingeführt wie durch das Aratos-Zitat in der Areopagrede (Apg 17, 28).[4] Allerdings fällt die Transformation dieses *topos* beim lukanischen Paulus theologisch ganz anders aus als beim authentischen Paulus.

Was Paulus hier in 1Kor 1, 26–31 anstellt, um Klarheit und Sinngebung bezüglich der geistlichen Existenz der Korinther zu schaffen, das wiederholt er strukturell, wenn er um Klarheit und Sinngebung anderer Thematiken ringt. Da wäre erstens zu nennen, was wir bereits streiften: seine Ausführungen zum Thema des „Vorteils", den Israel hat. Zweitens zeigt sich die gleiche Struktur in seinem Argument in Röm 1, 18 ff. über die „natürliche Offenbarung", die allen Menschen zugängig ist.[5] Drittens zeigt sich die gleiche Struktur-Denkweise in seiner Argumentation über das apostolische Amt und seine Autorität. Um das Konventionelle der Argumentationsstruktur des Paulus im Kampf mit den Gegnern im zweiten Korintherbrief plausibel zu machen scheinen mir H. D. Betz[6] mit seinem Rückgriff auf die sokratische

---

[1] E. Schweizer, Art. σάρξ, ThW, viii. 127 betrachtet unsere Stelle im Lichte des hier vorliegenden alttestamentlichen Sprachgebrauchs.

[2] Siehe den S. 165, Anm. 2, zitierten Aufsatz mit den linguistischen Argumenten für den durch βλέπετε ὅτι οὐ eingeleiteten indirekten Fragesatz, wie er auch von der *Jerusalem Bible*-Übersetzung gelesen wird.

[3] Zur Rolle der Danksagung in der Struktur des griechischen Briefes, siehe John Lee White, *The Body of the Greek Letter* (SBL Dissertation Series 2; 1972), S. 8 f., 70 und 76.

[4] E. Haenchen, *Die Apostelgeschichte* (Meyer K; 11. Aufl., Göttingen, 1957), S. 464 f. sagt vom Aratos-Zitat, dass es „formal wenigstens ein personales Verhältnis Gottes zum Menschen voraussetzt: Gott ist der Stammvater der Menschen — vgl. Lk 3, 38." Cf. Oepke, Art. παῖς, ThW, v. 652, Anm. 98.

[5] Max Pohlenz, „Paulus und die Stoa", ZNW, 42 (1949), 69–82 hat das Konventionelle dieses Abschnittes gut herausgearbeitet.

[6] Siehe S. 165, Anm. 4 das zitierte Werk.

Tradition und D. Georgi[1] mit seinem Hinweis auf die hellenistisch-jüdische Missionspropaganda, unnötig weit auszugreifen. Rabbinische Traditionen, mit denen Paulus und andere Christen innigst bekannt waren, bieten sich als nächstliegender an.[2]

Abschliessend sei als viertes Beispiel auf die Struktur seiner christologischen Argumentation verwiesen, wie sie sich besonders klar in Röm 1, 3–4 zeigt. Was Paulus in 1Kor 1, 26 mit Bezug auf ein konventionelles adamologisches Motiv tut, das geschieht in Röm 1, 3 f. mit dem bekannten messianologischen Motiv der David-Sohnschaft,[3] was ja auch in den Evangelien immer wieder abgewandelt wird (e.g. Geburtsgeschichten, Genealogien, alttestamentliche Erfüllungszitaten, Bekenntnissen, Diskussionen, Kreuzestitel, usw.). Der konventionell ehrenhafte Titel „Sohn Davids" wird in der antithetischen Struktur (κατὰ σάκρα/κατὰ πνεῦμα) zum Niedrigkeitstitel. Ähnlich geht es ja mit gewissen Menschensohn-Texten. Die wahre Bedeutung Jesu wird dann durch Paulus mit dem Hinweis auf die traditionelle Gotteshandlung der endzeitlichen Auferstehung zum Ausdruck gebracht. Κατὰ πνεῦμα bedeutet oder funktioniert hier Röm 1, 4, was in 1Kor 15, 4 mit κατὰ τὰς γραφάς ausgedrückt wird. Strukturell bleibt Paulus in all dem völlig konstant und völlig konventionell.

Auf den möglichen Einwand, dass zwar messianologisch/christologisch bei Paulus viel Konventionelles nachzuweisen ist, aber das vermeintlich Konventionelle der adamologischen Formel in 1Kor 1, 26 doch wohl recht eigenartig und einzigartig in den Paulusbriefen sei, kann man folgendes erwidern. Wohl kein anderer Brief des Paulus ist so durchzogen mit Adam-Motiven wie der erste Korintherbrief.[4] Im zweiten Hauptteil des Briefes (c. 5–16) finden sich diese Motive in den Kapiteln betreffs ehelicher Beziehungen (6, 12–20; 7, 1 ff.; und 11, 2–16, was in chiastischer Zuordnung zu 14, 33b–40 steht), und im Auf-

---

[1] *Die Gegner des Paulus im 2. Korintherbrief* (WMANT, 11; Neukirchen-Vluyn, 1964).

[2] Siehe jetzt den breit angelegten Versuch, das Dunkel der Traditionen aus der Zeit vor 70 zu erhellen, in J. Neusner, *The Rabbinic Traditions about the Pharisees before 70* (3 Bände, Leiden, 1971).

[3] E. Schweizer, Art. υἱός, *ThW*, viii. 367 f.; und Art. πνεῦμα, ibid. vi. 414 f.; E. Lohse, Art. υἱὸς Δαυίδ, *ThW*, viii. 482–92, bes. 487 f.; E. Käsemann, *An die Römer* (HNT, 8a; Tübingen, 1973), S. 2, 7–11.

[4] Zum Beweis des „signicant influence of the stories of Adam upon the central themes of Pauline theology" siehe D. M. Stanley, S.J., „Paul's Interest in the Early Chapters of Genesis", *Analecta Biblica*, 7 (1963), 241–52, bes. 244–6 zum 1Kor.

erstehungskapitel 15; weniger deutlich, doch keineswegs abwesend, auch in der Einheit 8, 1-11, 1. Wie sehr Paulus darin seinem rabbinischen Erbe treu bleibt ist ja nicht zuletzt von David Daube und seinen Schülern seit langem betont worden.

Meine oben genannten Beobachtungen zur Struktur der haggadischen Homilie, die Paulus in 1Kor 1, 18-3, 20 verwertet, möchte ich zum Abschluss hier weiter verschärfen durch den Aufweis gewisser Infrastrukturen, was wiederum neues Licht auf die Verwendung der triadischen Formel in 1, 26 wirft. In drei Gedankenzügen mit je drei Unterabschnitten kommt die Intention des Paulus in diesem Zentralstück des ersten Hauptteiles (1, 10-4, 21) zum Ausdruck.

Als Ausgangspunkt des ersten Gedankenzuges dient das paulinische Wort in 1, 18. Es wird gefolgt von einem Schriftzitat (1, 19) und einer kurzen, midraschartigen Reflektion über das vom Zitator betonte Thema des Schriftzitates (1, 20). Das ist der erste Unterabschnitt. Paulus kommt ein zweites Mal zum Zug in den Versen 21-5, in denen er die theologische Basis der gegenwärtigen apostolischen Tätigkeit, die zum ersten Mal in 1, 17-18 zur Sprache kam, weiter ausführt. Dem folgt der formal, d. h. stilistisch-rhetorisch wie inhaltlich konventionelle Kontrast oder Kontrapunkt (1, 26-9) zum Thema der durch die apostolische Tätigkeit bestimmten κλῆσις und καύχησις der Gläubigen in ihrer geschöpflichen Beziehung zum Schöpfer. Das ist der zweite Unterabschnitt. Paulus kommt ein drittes Mal zum Zug in dem kompakten Satz 1, 30, in dem die Anliegen der beiden ersten Unterabschnitte seiner Argumentation zusammengefasst werden und im abschliessenden Schriftzitat (1, 31) unterstrichen werden.

Nach der bedeutsamen rhetorischen παρέκβασις in 2, 1-5, die als *exemplum* hier genau so funktioniert wie die anderen exkursartigen Digressionen im ersten Korintherbrief (e.g. 9, 1 ff.; 13, 1 ff; 15, 30-2), lässt sich zeigen, dass im folgenden Abschnitt 2, 6-12 die gleiche dreiteilige Struktur von Paulus eingehalten wird. Im ersten Unterabschnitt (2, 6-11) macht erst Paulus sein Anliegen klar (6-8). Dann folgt das unterstützende Schriftzitat (9) mit midraschartigen Erläuterungen (10-11). Im zweiten Unterabschnitt (12-15) klärt Paulus wieder die theologische Basis für das Verhalten der Hörer und Prediger des Evangeliums (12-13), und zitiert dann den konventionellen Kontrast[1] zwischen dem

[1] E. Schweizer, Art. πνεῦμα, ThW, vi. 422. 24 ff.; 435. 12 ff.

σοφός δυνατός, εὐγενής in 1Kor 1, 26

ψυχικός und πνευματικὸς ἄνθρωπος (14–15). Im dritten Unterabschnitt (16) ändert er die Struktur. Das Schriftzitat (16a) wird der kompakten Affirmation des Paulus vorangestellt, weil er im folgenden Abschnitt (3, 1–20) die kritische Trennung, die in dem umfassenden und emphatischen ἡμεῖς δὲ ... ἔχομεν impliziert ist, sogleich explizit machen will.

Lässt sich die dreiteilige Struktur der beiden vorigen Abschnitte (1, 18–31 und 2, 6–16) auch im dritten und letzten Abschnitt der Homilie (3, 1–20) nachweisen? Ich glaube, dass es möglich ist, trotz scheinbarer Schwierigkeiten. Im ersten Gedankenzug (3, 1–8) sieht man Paulus zunächst sein Anliegen klarmachen (1–6), was den Anlass des Briefes (1, 10 f.) wieder anklingen lässt. Dem folgt (7–8) zwar kein Schriftzitat, wohl aber „jüdisches Überlieferungsgut".[1] Im zweiten Unterabschnitt (9–15) legt Paulus wieder zuerst die theologische Basis dar; in diesem Fall die Basis für die kritische Verantwortung aller Betreffenden vor Gott (9–11),[2] dem der konventionelle Kontrast (12–15) folgt betreffs dem, was dem Gerichtsfeuer verfällt oder überlebt.[3] Im dritten Unterabschnitt (16–20) bringt Paulus die kosmologischen und apokalyptisch-kritischen Gedanken zusammen (16–19a) und unterstreicht die für diesen dritten Abschnitt wie für die ganze Homilie charakteristische kritische Note mit den zwei abschliessenden und zusammenfassenden Schriftzitaten (19b–20).

Je imposanter diese Struktur erscheinen mag, um so dringender wird man fragen müssen, welcher Tradition der Apostel hier wohl verpflichtet sein mag. Den Anregungen des in diesem Band gefeierten Jubilars folgend steht zu erwarten, dass solche Traditionen wahrscheinlich in der vom Hellenismus beeinflussten Synagoge und rabbinischen Schule zu Hause sind.

Die triadische Formel in 1, 26 hat also in einer grösseren Komposition ihre Verwendung gefunden. Die im Blick auf die Besorgnis erregenden Umstände in der Gemeinde (1, 10 f.)[4] hervorgerufene Betonung der kritischen Verantwortung aller

---

[1] H. Preisker, Art. μισθός, ThW, iv. 726–31.
[2] Zum Gebrauch der stilistisch konventionellen „images accumulées" in 1Kor 3, 9 (wie auch sonst bei Paulus, e.g. 1Kor 9, 7; 2Kor 11, 20), siehe N. Hugedé, *Saint Paul et la culture grecque* (Genf-Paris, 1966), S. 196.
[3] Zu den alttestamentlichen Motiven hier, s. J. Munck, aaO, S. 143f., Anm. 50.
[4] Siehe N. A. Dahl, „Paul and the Church at Corinth according to 1 Corinthians 1: 10–4: 21", in: *Christian History and Interpretation*. Studies presented to John Knox (Cambridge, 1967), S. 313–35.

Beteiligten führt Paulus dazu, im ersten Teil mit protologischen, adamologischen Traditionen; im zweiten Teil mit gegenwärtigen anthropologischen Traditionen; und im dritten Teil mit eschatologischen, kosmologischen Traditionen zu arbeiten. Wie im Übergang von 1, 26 zu 27-9, so auch in den beiden anderen konventionellen Kontrasten (2, 14-15; 3, 12-15), werden durch die Kontraste theologische Aussagen gemacht, die in der Denkstruktur allerdings genau so konventionell sind wie die, die sich in den Schriftzitaten und midraschartigen Erläuterungen findet.

Wir können also das Ergebnis unserer Untersuchung wie folgt zusammenfassen: die in der triadischen Formel von 1, 26 enthaltenen drei Motive der Weisheit, der Stärke, und der vornehmen (= göttlichen) Abstammung des Menschen sind konventionell. Es ist das Verdienst des Paulus, diese drei Motive formularisch zusammengefasst und geschickt in die grössere Strukture und eine der kleineren Sub-Strukturen der haggadischen Homilie eingebaut zu haben.

1 Kor 13.
Zur Frage von Paulus' rabbinischem Hintergrund

B. GERHARDSSON

Es ist nicht immer leicht zu verstehen, warum gewisse Personen „historisch" wurden und die Aufmerksamkeit einer Generation nach der anderen auf sich lenken konnten. Zu diesen zweifelhaften Figuren der Geschichte gehört jedoch nicht Paulus von Tarsus. Dieser Mann mit seinen Erfahrungen, seinem Ringen mit den grundlegenden Problemen und seinem Vermögen, in Wort und Schrift mit anderen Menschen in Verbindung zu treten, ist und bleibt eine der wichtigsten Informationsquellen, wenn es darum geht, das Mysterium zu erklären, wie sich das Christentum von der jüdischen Mutterreligion löste. Zunächst ist er natürlich ein unentbehrliches Sprachrohr für genuinen christlichen Glauben; noch heute tönt seine Stimme in den Kirchen der Christenheit mit der Autorität des unbestrittenen Klassikers — um das Wort „Apostelrecht" nicht anzuwenden. Hinzu kommt, dass Paulus von Tarsus ohne Zweifel Fragen behandelt und in eine Tiefe reicht, wo er Interesse auch von Kreisen erhält, die weit ausserhalb der jüdischen und christlichen liegen. Er gehört zu den Giganten der Religionsphilosophie.

Paulus' Bedeutung wurzelt — wie alle wissen — im Geheimnis seiner eigenen Person. Wenn wir versuchen, in diese hineinzudringen, ist es wichtig, zu fragen, was den christlichen Apostel Paulus vom Rabbinenjünger Saulus unterscheidet. Im Corpus Paulinum rücken vor allem zwei Typen von Textabschnitten in den Blickpunkt: (a) Stellen, in die der Apostel selbstbiographische Notizen einflicht, die seinen Lebenslauf beleuchten, und (b) Stellen, in denen er, indem er unterrichtet und polemisiert, seine neue Anschauung mit dem Glauben vergleicht, den er verliess. Diese Texte sind natürlich unentbehrliche Quellen für den, der auf die angedeutete Frage eine Antwort sucht. Aber sie müssen ergänzt werden durch (c) Stellen, wo Paulus ohne Polemik seine jetzige Auffassung auf eine Weise präsentiert, dass es *unsere eigene Aufgabe* wird — als Forscher — das, was er jetzt als Christi

Apostel verkündigt, zu vergleichen mit dem, was wir über die zeitgenössische Anschauung der pharisäischen Schriftgelehrten zu wissen meinen. Der Vorteil bei dieser Arbeit besteht darin, dass wir es bei diesen Stellen teils mit einer Darstellung zu tun haben, die in keinem allzu hohen Ausmasse von den negativen Gefühlen des Apostels gegen die Gruppen und Bindungen gefärbt sind, die er verlassen hat, teils, dass wir selbst als Forscher die Sachverhältnisse analysieren können, ohne dass unsere eigenen Sympathien und Antipathien uns zu stark prägen. Dies sei sowohl in bezug auf jüdische wie christliche Forscher gesagt.

In diesem Artikel will ich die Aufmerksamkeit auf einen Text lenken, der zu der hier an dritter Stelle erwähnten Kategorie gehört und der für unser Problem noch nicht so ausgenutzt wurde wie dies möglich ist: 1Kor 13. In diesem Kapitel dürfen wir nämlich Zeuge werden, wie Paulus *als Christ* einen Text auslegt, der für ihn seit seiner frühesten Kindheit zentral war und der jeden Tag während seines Heranwachsens und seiner Erziehung als ,,Sohn von Pharisäern" und Schüler Gamaliels auf seinen Lippen lag: die einleitenden Sätze im *Schemaʻ* (Dtn 6, 4–5).

Es ist nicht leicht, Paulus' Beziehungen zu seinem historischen Milieu anzugeben. Wenn man die gängigen — heute aber sehr in Frage gestellten — Kategorien vermeiden will, könnte man die Sache ganz einfach mit Hilfe von drei konzentrischen Kreisen ausdrücken. Paulus war (a) beeinflusst von der hellenistischen Kultur- und Bildungstradition, die nicht nur die Juden in der Diaspora, sondern auch die im Lande Israel umschloss. Er war (b) durchdrungen von der jüdischen Tradition, die religiös bestimmt, von Schriftgelehrten durch- und überarbeitet und was die Partei anbelangt, pharisäisch gefärbt war. Und er war schliesslich (c) ein positives Mitglied der frühen Kirche mit ihrer Schriftgelehrsamkeit und Verkündigung.

Zu entscheiden, in welchem Ausmasse diese drei Zusammenhänge den Glauben und die Anschauung des Apostels geprägt haben, ist keine leichte Aufgabe. Die Verbindungen zwischen der übrigen hellenistischen Welt und den darin eingeschlossenen Juden waren während der Jahrhunderte nach Alexander lebendiger als viele Forscher bereit waren zuzugeben[1]. Und nicht

---

[1] V. Tcherikover, *Hellenistic Civilization and the Jews* (E.T., Philadelphia, 1959); M. Hengel, *Judentum und Hellenismus* (WUNT, 10; Tübingen, 1969).

zuletzt erinnert uns ein Text wie der, den wir hier behandeln sollen—1Kor 13—an frappierende Ähnlichkeiten zwischen Hellenistischem, Jüdischem und Christlichem. Zu 1Kor 13 wurde ein reichhaltiges Vergleichsmaterial herangezogen, das zeigt, dass wir in der hellenistischen Bildungstradition sowohl Stilformen und literarische Muster[1] wie Ideen, Argumentationsweise und technische Phraseologie[2] von auffallender Gleichheit vorfinden können, ohne dass jedoch diese Tradition die Quelle zu sein scheint, aus der Paulus *in erster Linie* schöpfte. Wir wollen keinen Augenblick verneinen, dass Paulus hier in 1Kor 13 auf eine Weise spricht, dass ihn ein stoischer Philosoph nicht nur verstanden, sondern seine Darstellung auch wertvoll gefunden hätte. Aber wir wollen hier von einem unausweichlichen Faktum ausgehen und dies sogar bestärken: Paulus muss primär auf dem Hintergrund des jüdischen Milieus verstanden werden, dem er mit seinem ganzen Herzen bis zum Tage seines Christuserlebnisses angehörte.

1Kor 13 und sein Kontext

Die Kommentatoren betonen heute oft, in Polemik gegen populäre Wahnvorstellungen, dass 1Kor 13 kein Hymnus sei. Der Abschnitt enthält — wie der ganze 1Kor — lehrhafte Darstellung. Dies ist wichtig zu bedenken; Charakteristiken wie Hymnus, Lied, Lyrik usw. werfen nicht das rechte Licht auf dieses Kapitel im ersten Korintherbrief. Aber auf der anderen Seite kann man diesen Gesichtspunkt auch zu weit treiben. Allein wenn man dieses Kapitel in seinem Kontext liest, sieht man, wie es sich als geschlossene, sorgfältig geformte Komposition abgrenzt, die nicht umsonst für seine poetische Schönheit berühmt geworden ist: Wohllaut, Rhythmus, stilistische Figuren, kunstvolle Struktur.[3] Man kann ja diskutieren, wie man ein abgerundetes Stück Kunstprosa dieser Art klassifizieren soll. 1Kor 13 ist übrigens nicht die einzige Stelle im Corpus Paulinum, wo wir eine

---

[1] Siehe zuletzt H. Conzelmann, *Der erste Brief an die Korinther* (MeyerK; Göttingen, 1969), S. 256–73.
[2] Siehe besonders E. Lehmann und A. Fridrichsen, „1. Kor. 13. Eine christlich-stoische Diatribe", *ThStKr* 94 (1922), 55–95.
[3] Vgl. C. Spicq, *Agapè dans le Nouveau Testament*, ii (3. Aufl., Paris, 1966), S. 59–63. — Spicqs grosse Arbeit ist wie bekannt unübertroffen, wenn es gilt, die exegetische Diskussion zu 1Kor 13 insgesamt und im einzelnen zu beachten und zu belegen (auch die Literatur!). A. Nygrens Wegleitung durch die christliche Dogmengeschichte, *Eros und Agape*, 2 Bde. (dt. Übers., 2. Aufl., Berlin, 1955), möchte ich in diesem Zusammenhang auch erwähnen.

abgegrenzte, künstlerisch gebaute Insel in einem mehr oder weniger vernachlässigten prosaischen Kontext finden. Dass auch diese Stellen im Dienst der Verkündigung, des Unterrichts und oft auch der Polemik stehen, ist kein Hindernis dafür, dass sie sich sowohl für ihre Inspirationsintensität wie ihre profilierte Form und Struktur auszeichnen. Ich fasse 1Kor 13 als ein rhetorisch-didaktisches Prosagedicht auf.

1Kor 13 grenzt sich wie gesagt klar von seinem Kontext ab. Das Kapitel scheint — um J. Weiss' Formulierung zu leihen — sehr lose in den Nieten zu hängen.[1] Es ist verlockend — wie ja auch etliche Forscher taten — sich diese abgerundete Darstellung als eine Interpolation zu denken, die sekundär im vorliegenden Kontext vorgenommen wurde. Die umschliessenden Rahmennotizen (12, 31b bzw. 14, 1) haben den Charakter schroffer Übergangsformulierungen und als solche sind sie nicht besonders geschickt formuliert. Eine Annahme dieser Art ist jedoch eine Verlegenheitslösung. Die Interpolationshypothese kann mit keinem einzigen Textzeugen gestützt werden, und eine interne Analyse liefert uns keine entscheidenden Gründe, sie zu akzeptieren. Kapitel 13 hat eine tiefere Verankerung im Kontext als die äusseren Verbindungen andeuten.

1Kor 13 gehört — wie C. Spicq hervorgehoben hat — zu einem Briefteil, der vom rechten Gottesdienst handelt (c. 8–14). Paulus diskutiert die Frage des Götzenopferfleisches (c. 8–10), die Stellung und Funktionen der Frau im Gottesdienst (11, 1–16), die Eucharistiefeier (11, 17–34), die verschiedenen Gnadengaben und ihre Anwendung bei den kultischen Versammlungen (12, 1–31a und 14, 1–19), sowie die Ordnung, die es bei den Gottesdiensten zu beachten gilt (14, 20–40). In der *Einleitung* zu diesem Abschnitt über den rechten Gottesdienst wird u. a. konstatiert, dass die Gnosis aufbläht, während die Agape erbaut (8, 1).[2] Dass die Agape an dieser einleitenden Stelle erwähnt wird, verdient Aufmerksamkeit; das Wort kommt ja nur sparsam im übrigen Brief vor (nur 4, 21 und 16, 14.24).

Das Kapitel über die Agape (13, 1–13) steht also in einem kultischen Kontext. Die abgerundete und in sich abgeschlossene Form — mit drei klar markierten Strophen (V. 1–3, 4–7 bzw.

---

[1] *Der erste Korintherbrief* (Göttingen, 1910), S. 311. Weiss' Kommentar zeichnet sich besonders durch seine genaue Formenanalyse aus.
[2] Spicq, aaO, S. 56.

1Kor 13. Zur Frage von Paulus' rabbinischem Hintergrund

8–13) — darf uns nicht verhehlen, dass der Apostel hier, ja in besonderer Weise hier vom *Gottesdienst* spricht. Der καθ' ὑπερβολὴν ὁδός,[1] den er hier seinen Zuhörern in Korinth demonstrieren will, ist nichts anderes als eine konzentrierte Unterweisung über das innerste Wesen des Gottesdienstes, was es bedeutet, Gott zu dienen. Diese Behauptung muss ich näher entwickeln und begründen.

Die Pflicht des Menschen, Gott zu dienen

Umsichtige Ausleger haben seit langer Zeit bemerkt, dass die Darstellungsweise in 1Kor 13 an die Art und Weise erinnert, wie die hellenistischen Popularphilosophen zu reflektieren und zu argumentieren pflegten. Die stoischen Philosophen stellten in ihren Erörterungen existentielle Fragen und äusserten Feststellungen von der Art οὐδέν εἰμι, οὐδὲν ὠφελοῦμαι.[2] Und ihr Reflektieren wurde in der Regel sowohl von Religiosität und ethischem Bewusstsein wie pädagogischem und seelsorgerlichem Eifer getragen. Aber trotz aller Ähnlichkeit mit den hellenistischen Philosophen begegnen wir in 1Kor 13 einem Mann, dessen Denkungsweise in letzter Hinsicht unverkennbar jüdisch und urchristlich ist. Seine existentiellen Fragen und Antworten werden *coram deo* gestellt, vor dem einen wahren Gott. Wenn er fragt, was gefordert wird, damit ich etwas bin oder etwas wert sein soll, so ist sein fester Orientierungspunkt die ganze Zeit Gott. Wenn er sagt οὐθέν εἰμι, οὐδὲν ὠφελοῦμαι meint er selbstverständlich: vor dem, der mein Schöpfer, Herr und Richter ist.[3]

Unter dem, was in 1Kor 13 gesagt wird, liegt ein existentielles Axiom: der Mensch ist von Gott geschaffen, um *Gott zu dienen*: עבד, λατρεύειν. Seine wahre Lebensaufgabe ist עבודה, λατρεία (vgl. übrigens Röm 12, 1–2). Halten wir diesen axiomatischen Ausgangspunkt fest, fällt gewisses Licht auf 1Kor 13, besonders die erste Strophe (V. 1–3):

(1) Paulus meint nicht, dass das Reden der Menschen oder Engel allen Sinn und Inhalt in dem Falle verliert, wo es ohne Agape geschieht. Er meint vielmehr, dass die Menschen- und

---

[1] Vgl. zum Ausdruck: Lehmann-Fridrichsen, aaO, S. 65–70; und H. Riesenfeld, „La voie de charité", StTh 1 (1948), 146–57.
[2] Lehmann-Fridrichsen, aaO, S. 72 f.
[3] Vgl. übrigens die Art und Weise der Rabbinen, zu fragen, was gefordert wird, damit ich ein Gebot erfüllt habe oder nicht, mich verpflichtet habe oder nicht, usw. Wie einige ihrer Ausdrücke dabei auf Griechisch lauten, können wir bequem in Mt 23, 16–22 studieren.

Engelrede in diesem Falle kein lebendiger *Gottesdienst* ist, das heisst, nicht die Funktion erfüllt, vor Gott „das Opfer der Lippen (Zunge)" darzubringen.

(2) Der Apostel meint auch nicht, dass Prophetie, Mysterienweisheit, Gnosis und wunderwirkender Glaube keine Bedeutung haben, wenn sie nicht mit Agape verbunden sind. Er meint, dass der blosse Besitz dieser Geistesgaben mich zu keinem Diener Gottes macht, der Gott geistige Opfer darbringt. In dieser Hinsicht „bin" ich, *mit* ihnen aber *ohne* Agape, nichts vor Gott.

(3a) Wenn ich all meinen äusseren Besitz weggebe, so ist dies an und für sich nicht nutzlos deswegen, weil es ohne Agape geschieht. Denn die Not derjenigen, die diese Werte erhalten, wird ja zu einem Teil gelindert. Der springende Punkt des Gedankengangs tritt erst unter der Perspektive zum Vorschein, die wir hier angedeutet haben: auch wenn ich meine ganze Habe wegschenke, so ist dies kein Opfer, das Gott gefällt, ist kein Gottesdienstakt, der mir vor dem Herren meines Lebens nützt, wenn das Ganze ohne Agape geschieht.

(3b) Wenn ich meine Person zur Verbrennung ausliefere, kann dies sicherlich gewisse gute Folgen zeitigen, auch wenn die Agape im Herzen fehlt: es kann andere zu Mut und Bekenntnis inspirieren usw. Der Gedankengang des Apostels muss aber folgendermassen umschrieben werden: nicht einmal diese Handlung, die als die höchste aller Opferhandlungen gilt, nützt mir etwas bei Gott, wenn sie ohne Agape geschieht. Denn sie *ist* in diesem Fall kein Opfer, das von jemand ausgeführt wird, der Gott dient.

Ahaba (Agape)

In ihrer wohlbekannten Arbeit über 1Kor 13 weisen Lehmann und Fridrichsen darauf hin, dass es eine typische Auswirkung stoischen Geistes ist, auf das Innere, Zentrale zu dringen und ein inneres, einheitliches Prinzip der Tugenden aufzustellen.[1] Das ist sicherlich zutreffend. Aber wir wollen uns nicht dazu verlocken lassen, das Wasser jenseits des Flusses zu holen. Denn zur Zeit des Neuen Testaments sahen sich sogar jüdische Lehrer und Denker gezwungen — vielleicht veranlasst durch die Popularphilosophen der Umwelt — Fragen gleicher grundlegender Art zu stellen, näher bestimmt in der Form der Frage, wie der wahre Diener

---

[1] AaO, S. 63.

1Kor 13. Zur Frage von Paulus' rabbinischem Hintergrund

Gottes sein soll: genügt es, Gott aus Furcht (מיראה) zu dienen (עבד) oder muss man ihm aus Liebe (מאהבה) dienen? Dies verrät eine synthetische Arbeit religionsphilosophischer Natur. Bekanntermassen finden sich in den verschiedenen alttestamentlichen Schriften verschiedene Termen und Ausdrücke für die rechte Haltung Gott gegenüber. Formulierungen wie „Gott fürchten" oder „Gott lieben" werden ohne Rangordnung oder Abgrenzung voneinander verwendet. Zu Beginn unserer Zeitrechnung ist das Reflektieren und die Analyse des ererbten Materials jedoch soweit gekommen, dass man intensiv damit begonnen hat, die Bedeutung der verschiedenen Ausdrücke und die Rangordnung der dahinterliegenden Haltungen zu diskutieren. Hier merken wir dann, dass man die Haltung „Gott fürchten" als unzureichend auffasst. Die Kinder Gottes sollen „Gott lieben" — oder „Gott fürchten und lieben".[1] Dass die Formulierungen im *Schemaʿ* hier eine wichtige Rolle spielten, ist offenbar.

Ohne näher auf diese Diskussion einzugehen, möchte ich die Aufmerksamkeit darauf lenken, dass der Terminus *ahaba* (*agape*) in diesem Zusammenhang oft ohne nähere Qualifizierung verwandt wird. Man meint anscheinend, nicht ausdrücklich sagen zu brauchen, dass es sich um Liebe *zu Gott* handelt, obwohl man das meint; die Diskretion, Gott ausdrücklich zu nennen, kennen wir ja wieder. Und man unterscheidet auch nicht die Liebe *zum Nächsten*; diese denkt man sich ja oft als untrennbar von der rechten Liebe zu Gott und darin eingeschlossen. Typisch ist die lakonische Einleitung zur Auslegung von Dtn 6, 5 in Sifre (§ 32): „Tue (Gottes Gebote) aus Liebe (עשה מאהבה)!" Mit anderen Worten haben wir hier genau das gleiche sprachliche Phänomen vor uns wie in 1Kor 13. Die alte Streitfrage, ob der Apostel hier „Liebe zu Gott" oder „Liebe zum Nächsten" meint, soll natürlich durch eine Analyse der eigenen Worte des Apostels gelöst werden.[2] Aber die Formulierungen kommen unleugbar in ein bestimmtes Licht, wenn wir sie mit dem Hintergrund der Wortwahl vergleichen, an die er sich während seiner früheren Ausbildung gewöhnt hat.

---

[1] Siehe besonders M. Soṭa 5, 5; T. Soṭa 6, 1; und H. Sander, *Furcht und Liebe im Palästinischen Judentum* (Stuttgart, 1935); B. J. Bamberger, „Fear and Love of God in the Old Testament", *HUCA*, 6 (1929), 39–53; A. Büchler, *Studies in Sin and Atonement* (Jews' College Publ. 11; London, 1928), S. 119–211; A. Nissen, *Gott und der Nächste im antiken Judentum* (Tübingen, 1974), S. 161–219.   [2] Vgl. Spicq, aaO, S. 108–11; s. auch Conzelmann ad loc.

Die erste Strophe in 1Kor 13 (V. 1–3)

Als Apostel ist Paulus davon überzeugt, dass „das Gesetz sein Ende in Christus gefunden hat" (Röm 10, 4). Das bedeutet jedoch keinen Augenblick, dass die Aufgabe des Menschen, *Gott zu dienen*, und dies in der vollen Bedeutung, *Gott zu lieben*, hinfällig geworden wäre. Ein solcher Gedanke ist dem Apostel völlig fremd: Agape kann nie fallen (1Kor 13, 8). Das Geheimnis der inneren Verbindung zwischen dem himmlischen Vater und seinen Kindern ist für den Apostel klarer geworden, aber es ist kein völlig anderes geworden. Das zentrale Wort ist immer noch *ahaba* (*agape*). Wenn Paulus jetzt darüber unterrichten soll, kann er nicht länger einfach ein Gebot aus der Thora zitieren und ganz einfach auf die formale Autorität dieses Gebotes hinweisen. Aber seine Art und Weise, vorzugehen, ist frappierend. Das alte Gebot der Liebe zu Gott (Dtn 6, 4–5) liegt dem Apostel so tief im Blute, dass er trotz allem — und natürlich ganz bewusst — darauf baut, wenn er zeigen soll, dass Liebe das alles Entscheidende sogar für die ist, die „in Christus" sind. Wir wollen noch einmal die erste Strophe seines „Weges" untersuchen (V. 1–3):

(1) Paulus beginnt mit dem Beispiel: wenn ich mit Menschen- wie mit Engelszungen rede, aber Agape vermissen lasse. Für die Rabbinen gab es zweierlei Lebewesen, die „das Joch der Himmelsherrschaft auf sich nehmen" konnten, d. h. sich Gott bewusst unterwerfen und ihn *mit Worten* anbeten, bekennen und loben konnten: die Engel und die Menschen. Die Menschen — und hier vor allem die wahren Menschen, die Gottes Kinder sind und Gott dienen — haben das Vermögen, das Joch der Himmelsherrschaft auf sich zu nehmen dadurch, dass sie den einleitenden Satz des *Schema'* „Höre, Israel, der Herr, unser Gott, ist ein einiger Gott" rezitieren. Die Engel nehmen das Joch der Himmelsherrschaft auf sich, indem sie singen: „Heilig, heilig, heilig ist der Herr Zebaoth" (Jes 6, 3).[1]

Paulus konstatiert: wenn ich — scilicet: als Gottesdiensthandlung[2] — mit sowohl Menschen- wie mit Engelzungen rede, aber dies ohne Agape tue, so bin ich nichts anderes als ein tönender

---

[1] Beachte übrigens, dass im traditionellen synagogalen Morgengottesdienst das Thema, dass die Engel das Joch der Himmelsherrschaft auf sich nehmen und trishagion singen, kurz vor der Rezitation des *Schema'* erwähnt wird. Siehe S. Singer, *The Authorized Daily Prayer Book* (London, 1962), S. 38–40.

[2] Vgl. H. Riesenfeld, „Note sur 1 Cor. 13", *CN*, 10 (1946), 1 f.

1Kor 13. Zur Frage von Paulus' rabbinischem Hintergrund

Gong oder eine klingende Pauke. Der Apostel hat hier zwei Musikinstrumente als Exempel gewählt, die seelenlose Laute (vgl. τὰ ἄψυχα φωνὴν διδόντα, 14, 7) hervorbringen. Diese beiden Instrumente sind sehr gut gewählt. Beide sind eintönig und konnten beim Tempeldienst nicht verwendet werden, um den Gesang zu begleiten.[1] Der Gong und die Pauke können somit das Opfer der Lippen (Zunge) vor Gott nicht darbringen. Gleiche ich diesen, bin ich kein Diener Gottes; meine Worte sind tote Laute vor Gott.

(2) Paulus rechnet dann die höchsten geistlichen Gaben auf (πνευματικά), die — gemäss der Psychologie der Rabbinen und seiner eigenen — das „Herz" eines Menschen füllen können: Prophetie, Mysterienkenntnisse, Gnosis, wunderwirkender Glaube. Und er steigert diese bis zur Höchstgrenze: beachte das dreimalige πᾶς. Er nimmt infolgedessen nicht nur die höchste göttliche Ausrüstung, die ein Menschenherz entgegennehmen kann (abgesehen von Agape), er nimmt diese ausserdem in ihrer vollendetsten Form.

Ein wahrer Diener Gottes soll aber „Gott, seinen Herrn, lieben mit seinem ganzen Herzen". Paulus schlussfolgert: Wenn ich alle diese Geistesgaben in ihrer Totalität habe, aber keine Agape besitze, bin ich nichts vor Gott. Erst wenn diese Gaben mit Liebe zur Anwendung kommen, werde ich ein Diener Gottes, der vor Gott als Opfer darbringt, was ich bin und habe. Erst dann werde ich etwas vor Gott.

(3) In den zwei Beispielen, die der Apostel in V. 3 heranzieht, geht es ihm nicht um das, was ich „habe", sondern, was ich „tue". Paulus nennt die umfangreichsten Opferhandlungen, die ein Mensch — gemäss ererbter Denkungsart — ausführen kann: das Opfer allen Besitzes und das Opfer des eigenen Lebens. Dass er sie in dieser Ordnung vorführt, geschieht wohl nicht nur aus stilistischen Gründen (das Grösste soll zuletzt kommen), sondern auch aus sachlichen (das Letzte, was ein Mensch opfern kann, ist sein Leben).

(a) Im ersten Beispiel handelt es sich um den Fall, dass ich alle meine Habe austeile. Der Ausdruck πάντα τὰ ὑπάρχοντά μου entspricht genau dem, was die Rabbinen mit „meinem ganzen Mammon" meinten. Der Terminus ממון war ja ihre bequeme

---

[1] Siehe weiter Riesenfelds Beobachtungen, aaO, S. 2, und in „Note supplémentaire sur 1 Cor. XIII", CN, 12 (1948), 50–3.

Bezeichnung für alle äusseren Mittel, über die ein Mensch verfügen konnte, alles, was er über das Leben und den Leib hinaus besitzt.

Die alte Forderung an einen Diener Gottes lautete aber: „Du sollst *den Herrn, deinen Gott, lieben* mit deinem ganzen Mammon." Nach der klassischen rabbinischen Interpretation soll das Wort מאד ja in der Bedeutung ממון gedeutet werden. Paulus führt nun den extremsten Fall an, den er sich denken kann, wenn es um den Gottesdienst geht, der mit dem Mammon ausgeführt werden soll: das Wegschenken *allen Besitzes*. Und er konstatiert: mache ich dies ohne Agape, nützt es mir vor Gott nichts. Das, was ich tue, ist in diesem Fall kein Opfer vor Gott. Es ist nur zum Schein eine Opferhandlung.

(b) Das letzte Beispiel ist: „Wenn ich meine Person (σῶμα) ausliefere, damit ich verbrannt werde."[1] Das ist nicht nur das äusserste Opfer, das ein einzelner Mensch bringen kann, sondern es ist ausserdem in seiner extremsten Form gewählt. Nicht genug damit, dass ich mein Leben (meine „Seele") dem Tode ausliefere, lasse ich ausserdem noch „Fleisch und Bein" so zerstören, dass der Leib nicht mehr begraben werden kann und dadurch — zumindest nach volkstümlichen Vorstellungen — die Auferstehungshoffnung getrübt werden kann.[2] Hier fällt die unbeholfene Ausdrucksweise auf, die der Apostel anwenden muss, um den Gedanken an ein totales Selbstopfer zum Vorschein zu bringen. Er schreibt nicht: „Wenn ich meinen Leib ausliefere, damit er verbrannt werde", sondern „wenn ich meinen Leib (d. h. meine Person) ausliefere, damit ich verbrannt werde". Demnach repräsentiert hier „Leib" (σῶμα) meine ganze Person gleicher-

---

[1] Zur Argumentation, dass wir hier die Lesart ἵνα καυθήσομαι wählen müssen, muss der Hinweis gefügt werden, dass der Ausdruck „seine Person (Leib), ausliefern" einer Ergänzung bedarf, wie etwa folgender „dem Tode", „um verbrannt zu werden" oder etwas Entsprechendes. C. Spicq weist darauf hin, dass der Ausdruck παρέδωκεν τὰ σώματα αὐτῶν εἰς πῦρ bereits in Dan 3, 95 Theod., nachweisbar ist, aaO, S. 72–7 (vgl. auch LXX: π. τ. σ. αὐ. εἰς ἐμπυρισμόν). — Hinzugefügt werden soll auch, dass der Ausdruck παραδιδόναι ἑαυτόν usw. voraussetzt, dass der Mensch in der Verfolgungssituation in der Wahl steht, entweder durch Flucht oder Verrat sein Leben zu retten, oder sich durch Standhaftigkeit und Bekenntnis seinen Verfolgern auszuliefern. Vgl. den Ausdruck ἀπολλύναι τὴν ψυχὴν αὐτοῦ in Mt 16, 25 mit Par. Ich teile also B. M. Metzgers Urteil nicht, *A Textual Commentary on the Greek N.T.* (London, 1971), S. 563 f.

[2] Vgl. D. Daube, *The New Testament and Rabbinic Judaism* (London, 1956), S. 301–12.

1 Kor 13. Zur Frage von Paulus' rabbinischem Hintergrund

massen wie vorher „alles, was ich besitze" für alle meine äusseren Ressourcen steht.

Zu den bleibenden Forderungen an einen Diener Gottes gehört allerdings den Rabbinen und dem Apostel gemäss: „Liebe den Herrn, deinen Gott . . . mit deiner ganzen Seele!" (Dtn 6, 5). Dieses Gebot wurde von den Rabbinen bekanntermassen als Aufforderung verstanden, bereit zu sein, auch das Leben für die Sache Gottes zu opfern. Hatte man erst einmal begonnen, das Gebot über die „Liebe mit ganzer Seele" in dieser konkreten Weise zu interpretieren, so war man nicht mehr an die Terminologie gebunden. Man konnte die Forderung nach Lebensopfern unter Zuhilfenahme anderer, bequemerer Begriffe ausdrücken. Wir sehen z. B. in einem Kommentar, der wahrscheinlich von R. Eliezer ben Hyrkanos herrührt,[1] dass man anstelle von der „Seele" zu reden ganz einfach vom „Leib" (גוף) in der Bedeutung „Person" redet. Das lag übrigens gerade in diesem Text sehr nahe. Hierdurch wurde es möglich, vom nachfolgenden Element, das von den äusseren Ressourcen („Mammon") spricht, eine klare Abgrenzung durchzuführen. — Wir finden also in diesem Spruch des besonders traditionsgebundenen Eliezer ben Hyrkanos genau den gleichen Sprachgebrauch, den Paulus hier in 1 Kor 13 verwendet.

Paulus baut auch hier auf der Formulierung des göttlichen Gebotes: „Du sollst *den Herrn, deinen Gott, lieben* mit deiner ganzen Seele." Und er konstatiert: Wenn ich das Leben auf die totalste Art und Weise opfere, meine Person totaler Zerstörung ausliefere, aber dies ohne Agape tue, so habe ich davon keinen Nutzen vor Gott. Ich habe dann nämlich nicht wie ein Diener Gottes gehandelt und Gott kein Opfer dargebracht, obwohl es rein äusserlich so aussehen könnte.

Die Darstellung des Paulus in V. 2–3 über das, was ich „habe" bzw. „tue" scheint auf der alten Einteilung der menschlichen Verdienste vor Gott aufzubauen: „Kenntnisse" (V. 2) und

---

[1] So in Ber. 61b: „R. Eliezer sagt: ,. . . Wenn es einen Menschen gibt, dem sein Leib (seine Person) (גופו) lieber ist als sein Mammon, darum heisst es: Mit deiner ganzen Seele, und wenn es einen Menschen gibt, dem sein Mammon lieber ist als seine Person (Leib), darum heisst es: Mit deinem ganzen Mammon'." In Sifre Dtn §32 wird dieses dictum R. Eliezer ben Jakob zugeschrieben, aber der referierte Meinungsunterschied besteht sicherlich zwischen Eliezer *ben Hyrkanos* und Aqiba. So W. Bacher, *Die Agada der Tannaiten*, i (2. Aufl., Strassburg, 1903), S. 115.

„Taten" (V. 3). Er potenziert beide, nimmt die höchste Schicht der göttlichen Kenntnis, wozu auch der wunderwirkende Glaube gerechnet werden kann, und die höchsten Taten, die Ganzopfer. Wir können daraus zwei Schlüsse ziehen. (a) Da seine Beispiele keine „Beispiele der Breite" (dass ich eine Menge der Gebote erfülle) sind, sondern „Beispiele der Höhe" (dass ich die höchsten Kenntnisse habe und die grössten Taten vollbringe), will er offensichtlich Agape als die *grösste* aller dieser Gaben und Handlungen darstellen: Agape wiegt schwerer, hat einen höheren Rang (vgl. übrigens V. 13). (b) Da seine Beispiele nicht noch höher gesteigert werden können, wird klar, dass Agape nicht dazu notwendig ist, um Kenntnisse und Opferhandlungen quantitativ zu vermehren. Agape erfüllt eine wesentlichere Funktion: sie macht das lebende Prinzip selbst im Dienen Gottes aus. Agape ist das, was meine Kenntnisse zu Taten werden lässt und meine Taten Gott wohlgefällig macht. Man muss alles in der Agape „haben" und alles in Agape „tun" (vgl. 16, 14). Die grundlegende Funktion der Agape wird in Kol 3, 14 mit der Formulierung ausgedrückt, dass sie „das zusammenhaltende Band der Vollkommenheit" ist ($\sigma\acute{\nu}\nu\delta\varepsilon\sigma\mu\sigma\varsigma\ \tau\hat{\eta}\varsigma\ \tau\varepsilon\lambda\varepsilon\iota\acute{o}\tau\eta\tau\sigma\varsigma$). Das ist nicht genau die gleiche Sache, aber ein ähnlicher Versuch, zum Ausdruck zu bringen, auf welche Weise sich Agape von allen anderen Mitteln und Taten unterscheidet und eine tragende Funktion erfüllt[1].

Was wir hier in V. 1–3 sehen, erlaubt uns einen Einblick in die Art und Weise des Apostels, zu diskutieren und zu argumentieren, die wir von vielen anderen Stellen in seinen Briefen wiedererkennen. Die Thora hat für ihn keine formale Autorität. Es kann deshalb so aussehen, als hätte er das Gebot und den Buchstaben aufgegeben. Aber wenn wir das betrachten, was er darstellt, so sehen wir, wie ausserordentlich selbstverständlich es für ihn ist, die *Sache* aufrechtzuhalten, worum es in der Thora seiner Meinung nach in letzter Konsequenz geht: nämlich um Liebe. Er verwendet das Gebot der Agape — und beachte besonders die Formulierungen des Gebotes und die autoritative Auslegung, die er von seinen jüdischen Lehrern gelernt hat —, wenn er einschärfen will, was „in Christus" geltend ist. Aber gleichzeitig verlässt er das Gebot selbst. Alles wird zuletzt auf die Frage reduziert, Liebe zu haben. Wer diese Frage löst, indem er sagt: Lerne die Thora und

---

[1] Die Absolutheits- und Totalitätsaspekte in 1Kor 13 sind natürlich vom *Schema'* mit seinem אחד und dem dreifachen כל inspiriert.

halte die Gebote! besitzt nicht länger das Gehör des Apostels. Denn der Apostel ist inzwischen dahin gekommen, dass man die höchsten Kenntnisse besitzen und die schwersten Gebote halten kann, ohne jedoch ein wahrer Diener Gottes zu sein. Derjenige, der 1Kor 13 geschrieben hat, glaubt weder, dass Weisheit noch dass Taten den Menschen in Gottes Augen „massgerecht" machen. Und was die Thora betrifft, glaubt er, dass der Buchstabe tötet und der Geist lebendig macht (vgl. 2Kor 3, 6; Röm 7, 6).

Die zweite Strophe (V. 4–7)

Nachdem Paulus nun in der ersten Strophe gesagt hat, dass der Mensch ein Diener Gottes ist — oder, um seine eigene radikale Sprache zu sprechen: *etwas ist* (vor Gott)[1] — nur wenn er Agape hat, geht er in der zweiten Strophe (V. 4–7) dazu über, zu beschreiben, wie Agape fungiert und sich äussert. Der Abschnitt ist mit grosser Sorgfalt aufgebaut.[2] Eine breite negative Erklärung (V. 4b–6) wird von einer kürzeren, zweigeteilten positiven Darstellung umschlossen (V. 4a bzw. 7). Die Disposition hat somit inclusio-Charakter. Die einleitende positive Beschreibung (V. 4a) umfasst zwei Sätze, asyndetisch aneinander gefügt und chiastisch arrangiert. Die positive Darstellung am Schluss (V. 7) bilden vier kurze, symmetrische Sätze. Auch diese sind asyndetisch aneinander gefügt. Sie bestehen aus dem Akkusativobjekt πάντα und einem finiten Verb. Auch diese Struktur scheint inclusio-Charakter zu besitzen. Die zwei Sätze „sie glaubt alles, sie hofft alles" sind von den fast synonymen Sätzen umschlossen „sie verträgt (στέγει) alles" bzw. „sie hält (ὑπομένει) alles aus". Die negative Erklärung in der Mitte der Strophe (V. 4b-6) enthält acht negierte Sätze, die alle bis auf einen[3] mit οὐ eingeleitet werden. Von diesen hat der letzte einen positiven Ergänzungssatz erhalten. Dass οὐ ζηλοῖ vor ἡ ἀγάπη οὐ περπερεύεται gestellt wurde, ist wahrscheinlich von sachlichen Gründen diktiert worden: die nahe

---

[1] Beachte, dass Paulus in 1Kor 13 zu einer Argumentationsstruktur greifen muss, die sich — wenn auch äusserst schwach — auf Verdienstdenken gründet: es geht darum, „etwas zu sein" in Gottes Augen; es gilt, etwas zu tun, was einem vor Gott „nützt"!

[2] Vgl. besonders G. Bornkamms feine Analyse, „Der köstlichere Weg", in: *Das Ende des Gesetzes* (BEvTh, 16; München, 1966), S. 101 f.

[3] Auch wenn es nicht leicht ist, zu dem textkritischen Problem in V. 4 Stellung zu nehmen, scheint es mir am nächstliegenden zu sein, die *formell gesehen* störende Ausnahme als lectio difficilior aufzufassen und sie als die ursprüngliche Lesart zu beurteilen.

Zusammengehörigkeit mit den unmittelbar vorhergehenden Worten über die „Güte" der Liebe (siehe weiter unten).

Die Strophe ist somit mit bewusstem, stilistischem Formwillen aufgebaut. Auf der anderen Seite zeigen die kleinen Inkonsequenzen, dass keine formalistische Pedanterie den Verfasser daran gehindert hat zu sagen, was er sagen wollte.

Schon eine Untersuchung des Formellen kann uns bei der Exegese helfen. Wir bemerken zuallererst, dass diese ausführliche Charakterisierung erfolgt, ohne dass ein einziges Substantiv prädikativ gestellt wird. Agape ist sui generis, Paulus kann Liebe ganz einfach nicht mit etwas Anderem identifizieren. Bezeichnend ist auch, dass die Beschreibung ohne Zuhilfenahme von Adjektiven geschieht. Die ganze Charakterisierung geschieht mit Verben, einer langen Reihe solcher, nicht weniger als fünfzehn an der Zahl. „Alles ist auf das Verbum gestellt" (A. Harnack).[1] Zum Schluss können wir auch notieren, welchen Absolutheitscharakter die Beschreibung allein durch seine Form erhält. Hier gibt es keine Einschränkungen oder Nuancierungen. Was gesagt wird, ist, dass die Agape so und so ist, dass Agape nicht so und so ist, und dass Agape *alles* verträgt, glaubt, hofft und aushält. Es ist eine reine und absolute Grösse, die auf diese Weise charakterisiert wird.

Keine der formellen Parallelen, die zu dieser Strophe herbeigezogen wurden,[2] liegt so nahe, dass wir Anlass haben, damit zu rechnen, dass der Apostel hier sklavisch einem überkommenen Muster folgt. Er formuliert offenbar selbst. Die Frage ist: was will er eigentlich in diesem Abschnitt über die Liebe aussagen? Ist das Muster nur eine schöne didaktisch-rhetorische Disposition oder entspricht es einer darunter liegenden *sachlichen* Struktur? Das letztere scheint der Fall zu sein.

Paulus folgt hier keiner aufgestellten Sammlung von Geboten (z. B. dem Dekalog) oder der inhaltlichen Ordnung eines einzelnen Textes (z. B. dem *Schema*').[3] Es scheint eher so zu sein, dass

---

[1] „Das Hohe Lied des Apostels Paulus von der Liebe (1. Kor. 13)", in: *Sitzungsber. der Kgl. pr. Akad. der Wiss.* (1911), S. 154.

[2] Siehe G. von Rad, „Die Vorgeschichte der Gattung von 1. Kor. 13, 4–7", in: *Gesammelte Studien zum Alten Testament* (ThB, 8; München, 1958), S. 281 ff.

[3] Nicht einmal der Gedanke an das, was „erbaut", scheint hier im Vordergrund zu liegen, obwohl er eine stark hervortretende Idee im Kontext ist. Siehe zu dieser Idee bei Paulus: D. Daube, „Pauline Contributions to a Pluralistic

1Kor 13. Zur Frage von Paulus' rabbinischem Hintergrund 199

er mit den Charakteristiken, die er hier liefert, zeigen will, dass die Agape gewisse grundlegende Definitionen und Ideale erfüllt, die er auch „in Christus" aufrecht erhalten will. Er scheint mit dieser Strophe das Folgende demonstrieren zu wollen:[1]

(1) positiv (V. 4a) dass die Agape nur tut, was „gut" ist (טוב, ἀγαθός, καλός),

(2) negativ (V. 4b–6) dass die Agape nichts tut, was „böse" ist (רע, κακός, πονηρός),

(3) positiv (V. 7) dass die Agape „vollkommen" ist (תם, τέλειος).

Auch hier müssen wir uns an das Prädikament des Paulus erinnern. Er ist zur Einsicht gekommen, dass „die Thora ihr Ende in Christus gefunden hat" (Röm 10, 4). Dies hat ihm — wie wir bereits erwähnt haben — der Möglichkeit beraubt, einfach auf einen unbestrittenen, autoritativen Kodex hinzuweisen. Er will aber dennoch die grundlegenden Werte der überkommenen Werteskala aufrecht erhalten, untrennbar von seinem Bild des einen Guten (Gott), und es geht ihm darum, klar zwischen „dem Guten" (τὸ ἀγαθόν, τὸ καλόν) und „dem Bösen" (τὸ κακόν, τὸ πονηρόν) zu unterscheiden.[2] Wie aktuell die Vorstellung über „das Vollkommene" ist, ersehen wir aus dem Zusammenhang: er spricht dieses Wort (τὸ τέλειον) in V. 10 selbst aus.

Unsere Behauptung betreffs Abschnitt (1) kann gestärkt werden mit einem Hinweis auf Röm 2, 4–6. Dort äussert Paulus den Gedanken, Gottes Güte (τὸ χρηστόν) zeige sich darin, dass er trotz der Übertretungen seiner Kinder nachsichtig und langmütig (mit ἀνοχή und μακροθυμία) fortsetzt, gut gegen sie zu handeln, um ihnen Frist zur Busse zu geben. Er hört nicht auf, sie mit dem Masse seiner Barmherzigkeit zu messen und schiebt sein gerechtes Gericht (δικαιοκρισία) bis zum letzten, bis zu „dem Tage" auf. Dieser Gedankengang wird unter Zuhilfenahme der rabbinischen Vorstellungen von den zwei Gerichtsprinzipien Gottes (den zwei Massen, מדות) durchgeführt. Wenn hier in 1Kor 13, 4 gesagt wird, dass die Agape nachsichtig und gut (μακροθυμεῖν and χρηστεύεσθαι) ist, und — in einem Übergangssatz

Culture: Re-creation and Beyond", in: *Jesus and Man's Hope* (Pittsburgh, 1971), ii. 226–31.

[1] Eine denkbare Alternative finden wir in Röm 12, 2: „Gottes Wille" wird dort als τὸ ἀγαθὸν καὶ εὐάρεστον καὶ τέλειον charakterisiert.

[2] τὸ ἀγ. — τὸ κακ. z. B. Röm 2, 9–10; 12, 21; 13, 4; 16, 19; τὸ ἀγ. — τὸ πον. Röm 12, 9; τὸ καλ. — τὸ κακ. Röm 7, 21; vgl. 2Kor 13, 7; beachte auch ἀγ. — φαῦλον Röm 9, 11; 2Kor 5, 10.

— dass sie nicht in Eifer ausbricht (ζηλοῦν), ist dies nach dem Modell gezeichnet, wie der Gute den Söhnen seines Wohlbehagens gegenüber hier in der Welt handelt.

Über Abschnitt (2) gäbe es viel zu sagen, aber wir begnügen uns damit, an die definitionsähnlichen Worte in Röm 13, 10 zu erinnern: „Die Agape tut nichts Böses gegen den Nächsten; folglich ist die Agape die Erfüllung des Gesetzes." Dass diese Art zu überlegen aus der Definitionsarbeit der Rabbinenschulen stammt, dürfte unbestreitbar sein.

Was in Abschnitt (3) gesagt wird, ist ja, dass es in der Weise der Agape, die grundlegenden Forderungen des Glaubens, der Hoffnung, der Vertragsamkeit und des Aushaltens zu erfüllen, keinen Mangel gibt. Die Agape macht und vermag in dieser Beziehung alles. Dies muss bedeuten, dass die Agape ganz und untadlig ist, so wie ein vollkommenes Opfer sein soll, ja auch ein geistiges Opfer: ἄμωμος, ἄμεμπτος, τέλειος.[1]

Das, was wir in 1Kor 13 finden, kann noch genauer profiliert werden, wenn wir einen kurzen Blick auf den Jakobusbrief werfen. Dort treffen wir auf einen Abschnitt, der auf eine ähnliche Weise wie 1Kor 13 verrät, dass das *Schema'* der Darstellung zugrunde liegt: nämlich der Abschnitt über das rechte Hören und Tun in 1, 19–27 und dort besonders die beiden abschliessenden Verse über den rechten Gottesdienst (V. 26–7). Dort wird gesagt, dass derjenige ein rechter Anbeter Gottes (θρησκός) ist, dessen Dienen bei Gott (θρησκεία) rein und unbesudelt (καθαρὰ καὶ ἀμίαντος) ist, dass er seine Zunge (γλῶσσα) zügeln soll, dass er sein Herz (καρδία) nicht betrügen soll, dass er sich vater- und mutterloser Kinder sowie Witwen in ihrer Trübsal annehmen soll (Handlungen, die verlangen, dass man seine *Seele* demütigt), und dass er sich von der Welt (κόσμος, in seiner gewöhnlichen Bedeutung von gottabgewandtem und unreinem *Mammondienen*) unbefleckt

---

[1] Es ist möglich, dass in diesem Abschnitt (3) Agape mit „Furcht" kontrastiert wird. Während — um rabbinisch zu reden — derjenige, der Gott fürchtet, ihm nur dient, wenn er gute Gaben erhält, und das Joch von sich wirft, wenn Gott schlechte Zeiten schickt, ist derjenige, der Gott liebt, so beschaffen, dass er glaubt und hofft, ganz abgesehen davon, was er als Diener Gottes gezwungen ist, zu ertragen und auszuhalten. Im Neuen Testament finden wir ein gewisses Echo von den Diskussionen der Rabbinen betreffs der *Unterschiede* zwischen Gott zu lieben und Gott zu fürchten, so z. B. in Mt 25, 14–30 (der böse und faule Diener hat keine Liebe zu seinem Herren, sondern nur Furcht, V. 25); 1Joh 4, 18; Röm 8, 15, aber normalerweise wird im Neuen Testament „Furcht" vor Gott in der älteren, weiteren Bedeutung angewendet.

erhalten soll. Auch hierhinter verbirgt sich das *Schema'*, aber die Darstellung ist oberflächlich und paränetisch, während 1Kor 13 tiefgehend und argumentierend ist. Einen anderen interessanten Unterschied bemerken wir in der Terminologie. Sowohl Paulus wie auch Jakobus bewegen sich innerhalb der Vorstellung von einem geistigen Opferdienst. Jakobus' Termini stammen aus dem Wortvorrat der priesterlichen Reinheitsvorschriften. In 1Kor 13 dagegen sind die Ausdrücke in der Hauptsache aus dem juridisch-ethischen Wortschatz der Schriftgelehrten genommen. Hier spricht ein „Laie", der zu Gamaliels Füssen erzogen wurde!

Die dritte Strophe (V. 8–13)

Das, was Paulus in den zwei vorhergehenden Strophen gesagt hat, wird in der dritten (V. 8–13) ergänzt und zum Abschluss gebracht. Der Übergang geschieht durch die Vollkommenheitsassoziationen am Schluss der zweiten Strophe (V. 7).

Die dritte Strophe hat nicht die gleiche formelle Bündigkeit wie die zwei vorhergehenden und ist auch inhaltlich nicht so klar. Nur um die groben Linien festzuhalten, können wir zuerst konstatieren, dass auch diese Strophe wie eine inclusio-Komposition strukturiert ist.[1] Ein einleitender Satz stellt fest, dass die Agape niemals „fallen" wird (V. 8a) und eine abschliessende Aussage drückt die gleiche Sache aus — obwohl nun positiv (die Agape „besteht") und ausführlicher und mit zwei nahverwandten Begriffen als Stützen im Gedankengang: Glaube und Hoffnung (V. 13). Zwischen diesen beiden thetischen Sätzen liegt ein argumentierender Teil (V. 8b–12). Die Argumentation soll zeigen, warum die Agape in ihrer Eigenschaft, vollkommen zu sein, niemals fallen kann, sondern immer bestehen soll. Hier scheinen zwei Gedankenlinien miteinander verbunden zu sein: der Apostel baut hier teils auf seiner religiös-eschatologischen Gewissheit, dass „das Vollkommene" ($\tau\grave{o}$ $\tau\acute{\epsilon}\lambda\epsilon\iota o\nu$) kommen soll — nämlich in Übereinstimmung mit Gottes Verheissungen und dem von den Vätern ererbten Erlösungsglauben — teils auf einer erfahrungsgemässen und allgemeinphilosophischen Gewissheit, dass „das Vollkommene" niemals vom Fragmentarischen ($\tau\grave{o}$ $\acute{\epsilon}\kappa$ $\mu\acute{\epsilon}\rho o \upsilon s$) ausgemerzt werden kann; diese Möglichkeit ist dem Apostel so absurd wie dass der erwachsene Mann zu einem unwissenden und unmündigen Kind heranreifen sollte.

[1] Vgl. Bornkamm, aaO, S. 103 f.

Es heisst hier, dass die Agape niemals „fallen" wird. Das Verb πίπτειν muss hier bedeuten „von seinem Platz gestürzt werden, seine Stellung, Funktion und Gültigkeit verlieren". Der Terminus scheint am ehesten aus der Gesetzessprache genommen zu sein, die ein reiches Arsenal von Ausdrücken für die Vorstellung enthält, dass eine Satzung feststeht, aufrecht erhalten wird, in Kraft ist usw. Mit Recht hat man zum Vergleich Lk 16, 17 (und Röm 9, 6) herangezogen. Hier in 1Kor 13, 8 geht es nicht um ein Gebot, den Buchstaben in einem Gebot oder einen Haken in einem Buchstaben in einem Gebot, sondern um einen entscheidenden „Wert" in der göttlichen Weltordnung: Agape. Beachte übrigens, wie der Ausdruck „fallen" hier mit einem anderen Terminus aus der Gesetzessprache parallelisiert wird: „ausser Kraft gesetzt werden" (καταργεῖσθαι); vgl. Röm 3, 31.

Die Argumentation in den V. 8b–12 lädt zu gewissen anregenden Beobachtungen ein. Paulus hat bereits in V. 1–2 das Reden mit Menschen- und Engelzungen, die Prophetie und Kenntnisse, ja sogar wunderwirkenden Glauben relativiert. Hier erhalten wir nun einen ergänzenden Gesichtspunkt. „Die Zungen" — und in V. 8 zielt der Apostel wohl ab auf das Bekennen, Lobsingen, Anbeten in der Form des „Zungenredens" — sollen aufhören, und Prophetie und Gnosis sollen ausser Kraft gesetzt werden, wenn „das Vollkommene" kommt. Dieser Gedankengang setzt voraus, dass Paulus den kommenden, vollkommenen Zustand nicht als *Ergänzung* und Vollendung dessen auffasst, was — auch in seiner vollendetsten jetzigen Form (V. 1–2) — in diesem Zeitalter fragmentarisch (ἐκ μέρους) ist. „Das Vollkommene", worauf der Apostel wartet, ist so ganz anders, dass es auch das beste Wissen und Reden, mit dem ein Sterblicher in diesem Zeitalter begnadet sein kann, ausser Kraft setzt und *ersetzt*. Wenn einem Menschen hier in dieser Zeit die Gnade beschieden ist, Gott sowohl mit Engel- und Menschenzungen zu preisen und das vollste Mass an Gnosis und Prophetie zu erhalten, so ist dies trotzdem nur etwas, das fallen muss, wenn „das Vollkommene" kommt. Auch nicht die klarsten irdischen „Spiegel" zeigen uns mehr als ein Abbild.[1] „Das Vollkommene" ist jedoch kein Bild, sondern Wirklichkeit und darüber hinaus das ganz Andere,

---

[1] Bezüglich der Spiegelmetaphern siehe Conzelmann ad loc. (mit Lit.). Die Verbindung mit den Vorstellungen zum Thema in Num 12, 8 scheint mir besonders wichtig zu beachten.

etwas, das kein Auge gesehen und kein Ohr gehört hat und das sich kein Menschenherz denken konnte (vgl. 1Kor 2, 6–16).
Jedoch — etwas von dem Vollkommenen gibt es bereits. Es gibt etwas, das so beschaffen ist, dass es bestehen soll und muss. Das rechte *Dienen Gottes* soll niemals aufhören; die Agape hat die Ewigkeit vor sich. In dem Augenblick, wo der Apostel darauf zu sprechen kommt, was bestehen wird, müssen auch zwei andere Grössen erwähnt werden: der Glaube ($\pi i\sigma\tau\iota s$) und die Hoffnung ($\dot{\epsilon}\lambda\pi i s$). Diese zwei können sich mit der Agape nicht an Rang messen, aber sie teilen ihre Eigenschaft, dem anzugehören, das Bestand hat. Hier in V. 13 wird der Glaube also nicht als etwas betrachtet, das vom Sehen ersetzt werden soll (vgl. 2Kor 5, 7), und die Hoffnung als etwas, das aufhört, indem sie verwirklicht wird (vgl. Röm 8, 24). Hier in 1Kor 13, 13 werden der Glaube und die Hoffnung als bleibende Teile des menschlichen *Gottesdienstes* aufgefasst. Glaube ist hier nicht (wie in V. 2) das Vermögen, Wunder hervorzubringen, sondern $\pi i\sigma\tau\iota s$ $\delta\iota$' $\dot{\alpha}\gamma\dot{\alpha}\pi\eta s$ $\dot{\epsilon}\nu\epsilon\rho\gamma o\upsilon\mu\dot{\epsilon}\nu\eta$ (vgl. Gal 5, 6). Die Hoffnung ist kein tastendes Hoffen, sondern eine vorgreifende Gewissheit auf die Auferstehung und das ewige Leben. — Das augenscheinlich überflüssige $\tau\dot{\alpha}$ $\tau\rho i\alpha$ $\tau\alpha\hat{\upsilon}\tau\alpha$ soll vermutlich unterstreichen, dass diese drei zusammengehören.

Die Übergangsformel (14, 1)

Mit der Übergangsformel „Strebet ($\delta\iota\acute{\omega}\kappa\epsilon\tau\epsilon$) nach der Agape" kehrt Paulus zurück zu seiner mehr konkreten Behandlung des Problems der Geistesgaben (14, 1). Die Formulierung ist teilweise abhängig vom Parallelismus im zweiten Teil des Verses („befleissiget Euch auch der Geistesgaben"), aber sie braucht nicht — wie man behauptete — im Gegensatz zum Vorhergehenden zu stehen. In c. 13 hat Paulus die Agape als das vorgeführt, das die geistigen Gaben so an mir befestigt, dass ich in Wort und Tat, ja mit dem ganzen Leben ein Diener Gottes werde und damit auch der Menschen. Wie Paulus sich dieses Geschehen denkt, wissen wir aus anderen Stellen in seinen Briefen. Agape ist *eine Gabe Gottes*, durch Christus gegeben, und „in unsere Herzen ausgegossen durch den Heiligen Geist" (Röm 5, 5). Agape ist die Erstlingsfrucht des Geistes beim Menschen (Gal 5, 22). Das denkt Paulus sich oft in innerkirchlichen Kategorien, aber er kann hier auch offen und generell überlegen: „Alle, die vom Geiste Gottes getrieben werden, sind Söhne Gottes" (Röm 8, 14). Die Gewissheit, dass „alles von Gott kommt" (vgl. 2Kor 5, 18) schliesst jedoch nicht aus, dass der Apostel gewohnt ist, häufig an die eigene Arbeit des Menschen zu seiner Rettung zu appellieren (s. z. B. Phil 2, 12–13). Deshalb überrascht es nach der Ausführung in 1Kor 13 nicht besonders, den Appell zu finden: „Strebe (jage) nach der Agape!". Es war eine alte Erkenntnis, dass der Mensch *suchen* muss, obwohl es in Gottes Hand steht, ob er finden wird oder nicht.

Der Apostel und seine Vergangenheit

Paulus' Darstellung der Agape in 1Kor 13 gehört zu einem grossen Problemkomplex, auf dessen fundamentale Bedeutung ich anderswo aufmerksam zu machen versuchte: die grundlegende Verbindung der urchristlichen Verkündigung mit dem überkommenen Bekenntnis zu dem einen wahren Gott und — in concreto — mit dem zentralen Bekenntnistext, dem *Schemaʻ*. Die Problemstellung ist relevant für alle urchristlichen Dokumente. In den johanneischen Schriften dürfen wir Bekanntschaft mit einer Kirchenprovinz machen, die sich in allem Wesentlichen vom Judentum frei gemacht und die eigentliche Kontroverse hinter sich hat. Dennoch ist es typisch, dass der Gedanke an die *Einheit* Gottes und die Pflicht des Menschen, *Agape* zu besitzen, hier im Zentrum der Reflexion stehen und dass der Traditionsstoff viele Elemente in sich birgt, die geprägt sind von ihrer genetischen Verbindung mit dem *Schemaʻ*. Von den Synoptikern hat besonders Matthäus den Konflikt zwischen Jesus (Kirche) und den führenden Männern Israels (Synagoge) als eine Auseinandersetzung darüber aufgefasst, wer von den beiden das wahre Israel — in der Bedeutung: Gottes wahrer *Diener* — darstellt. Entscheidend ist hier die Frage, wer wirklich den Willen des himmlischen Vaters — in der Bedeutung „Gott und den Nächsten zu lieben" erfüllt. Dies habe ich in anderen Zusammenhängen zu beleuchten versucht und über das umfassende Material braucht hier nicht Rechenschaft gegeben zu werden.[1]

Um das Blickfeld auf das Corpus Paulinum zu begrenzen, sollte unsere Interpretation von 1Kor 13 noch mit einer Analyse ergänzt werden, (a) was der Apostel sonstwo in seinen Briefen

---

[1] Ein besonders interessantes Problem ist die Frage, ob Paulus bei seiner Darstellung der Opfer („Früchte") für Menschen zu Gott in 1Kor 13, 1–2 auf irgend eine Weise an das Gleichnis vom Säemann (Mt 13 mit Par.) in der Jesustradition denkt.

über seine Vergangenheit sagt, über den Übergang vom Pharisäertum zum Christentum; (b) seiner polemischen Demonstration des Unterschiedes zwischen Gesetzesgerechtigkeit und Glaubensgerechtigkeit — wie auch zwischen Weisheit und Glauben; (c) seiner positiv erklärenden Verkündigung seiner neuen Botschaft. Dies wollen wir hier nicht durchführen (aber auch niemanden daran hindern, der das tun will). Nur einige abschliessende Bemerkungen seien zu dem bereits Gesagten hinzugefügt.

Paulus hat ein durchgreifendes Erlebnis gehabt, das ihn davon überzeugte, dass Jesus von Nazareth Gottes Sohn in qualifiziertem Sinne war. Dies hat ihn zu einem radikalen Umdenken veranlasst. Er sah sich gezwungen, sich selbst zu fragen: wie kommt es, dass ich, obwohl ich nichts anderes als untadlig treu dem Gesetz Gottes gegenüber (vgl. z. B. Phil 3, 6) sein wollte, so verblendet sein konnte, dass ich die Versammlung Gottes verfolgte und Gottes entscheidendes Werk zerstören wollte? Dies hat ihn dazu geführt, sowohl über die Sterblichkeit der menschlichen Weisheit (1Kor) wie die Unzulänglichkeit der Gesetzeswerke (Röm, Gal) nachzugrübeln. In 1Kor 13 sehen wir, wie tief seine Auseinandersetzung geht. Was er kritisiert, ist nicht nur äussere Gesetzesgerechtigkeit, oberflächlicher Konformismus auf der Ebene der Halacha, sondern eine Lebenshaltung, die gekennzeichnet ist von den höchsten göttlichen Erkenntnissen und den höchsten Opferhandlungen. Das Geheimnis, das hier gelüftet wird, besteht nur in einem: Agape. Wie ist Paulus zu diesem Standpunkt gekommen?

Dass das persönliche Erlebnis des Auferstandenen von fundamentaler Bedeutung war, ist ohne weiteres klar. Dieses hat offensichtlich viel über den Haufen geworfen. Aber es gibt dennoch einen tiefen inneren Zusammenhang zwischen dem alten und dem neuen Standpunkt. Paulus hat, wie Konvertiten allgemein, eine Tendenz — wenn er auf sein Leben vor seiner Umkehr zurückblickt — den Bruch mit dem Verflossenen als absolut darzustellen. Dies geschieht jedoch nicht immer ohne gewisse Nuancen. Sowohl in seinen selbstbiographischen Aussagen wie in seinen polemischen Gedankengängen kann er anerkennende Worte über die jüdische Lebenshaltung und Gemeinschaft, die er verlassen hat, aussprechen. Wenn wir ein mehr realistisches Bild vom Verhältnis zwischen dem Pharisäer Saulus und dem Christen Paulus erhalten wollen, müssen wir jedoch zu den Stellen gehen, wo die Polemik zurückgedrängt wird und die positive Darstellung das Hauptgewicht hat. Zu diesen Stellen gehört — wie wir hier zu zeigen versuchten — 1Kor 13. Wir ahnen hier den Zusammenhang zwischen seiner Vergangenheit und seinem Jetzt.

Die schriftgelehrten Männer im Hause Hillel und Hause Schammai hegten eine tiefe, religiöse Ehrfurcht für die göttliche Offenbarung, die den Vätern und dem Volke Israel zum Gehorsam von Geschlecht zu Geschlecht gegeben worden war. Aber sie behandelten diese Tradition nicht wie einen übernommenen, kompletten Kodex mit endgültig festgelegten Bestandteilen. Sie arbeiteten mit ihm. Bei ihren gelehrten Analysen wurden die Gebote in der Thora auch in eine mehr philosophische und didaktische Sprache übersetzt als sie in ihrer tradierten Form und ihrem Kontext hatten. Die schriftgelehrten Männer versuchten, *den Sinn* der Gebote und *die Absicht* mit ihnen zum Vorschein zu bringen. Diese kritische Arbeit hatte zur Folge, dass einige Gebote in ein eigentümliches Licht gerieten. Nichtsdestoweniger war es in der Regel für einen Thora-treuen Schriftgelehrten etwas Fremdes, ein Gebot aufzuheben. Die Thora hatte eine absolute, formale Autorität. Die Gebote wurden als verpflichtend angesehen, auch dann, wenn man in dem betreffenden Gebot weder einen haltbaren Sinn noch eine einleuchtende Absicht erblicken konnte. Gut bekannt ist die Tradition, wie Joḥanan ben Zakkai direkt verneint, dass eine gewisse Reinheitsvorschrift in der Thora irgendeine Bedeutung habe, sie aber dennoch aufrecht erhält mit einem einfachen Hinweis darauf, dass ja das betreffende Gebot von Gott gegeben wurde.[1]

In den Paulusbriefen sehen wir, dass die Gebote der Thora diese formale Autorität für den Apostel verloren haben. Die Thora hat als solche ihr Ende in Christus erhalten. Gleichzeitig aber sehen wir, dass Paulus in bemerkenswertem Ausmass die religiösethischen *Werte* aufrecht erhält, wozu die zentralen Gebote, nach den Analysen der Schriftgelehrten, bestimmt waren, das Volk Gottes zu verpflichten.

Ein gut bekanntes Beispiel ist Paulus' stehender Lehrsatz betreffs der Beschneidung, einem Lehrpunkt, den er nach seiner eigenen Aussage allen seinen Gemeinden einprägte (1Kor 7, 17–24; vgl. Gal 5, 6 und 6, 15). Die Formulierungen erinnern an

---

[1] PesiqthaK (ed. B. Mandelbaum, New York, 1962), S. 74; NumR 19, 8.

1 Kor 13. Zur Frage von Paulus' rabbinischem Hintergrund

1 Kor 13, 2–3, sind aber radikaler (Paulus stellt ja die Beschneidung nicht auf die gleiche Stufe wie die höchsten Erkenntnisse und Taten): ... οὐδέν ἐστιν, ... οὔτε ... τι ἰσχύει, οὔτε ... τί ἐστιν. Beschneidung und Unbeschnittensein sind äussere Dinge, die jetzt nach dem Apostel ihre eigentliche Bedeutung verloren haben. Aber die Werte, für die die Beschneidung bisher stand, bleiben unentbehrlich. Paulus meint auch jetzt, für „das wahre Halten der Gebote Gottes" zu kämpfen (1 Kor 7, 19), für „einen Glauben, der durch die Agape wirksam ist" (Gal 5, 6), und für „eine neue Schöpfung" (Gal 6, 15). Der eigentliche Sinn der Beschneidung wird also aufrecht erhalten.

Wie der Gedankengang geführt werden kann, wird besonders deutlich in Röm 2. Der springende Punkt ist hier, dass der Vorrang der Juden vor den Heiden nicht im „Äusseren", sondern im „Inneren (Verborgenen)" liegt, also in der inneren Umwandlung, die die äusseren Privilegien beabsichtigen, beim Volk Gottes hervorzubringen. Es geht darum, ein Jude zu sein—nicht in erster Linie dem „Äusseren" nach, sondern „in dem Verborgenen"; es geht darum, beschnitten zu sein—nicht in erster Linie am Fleische, sondern im Herzen; es gilt, nicht in erster Linie die Thora zu haben, sondern die Thora zu erfüllen (vgl. die Sätze von der λογικὴ λατρεία in Röm 12, 1 f.). Argumentiert man auf diese Art und Weise, so vereint man diejenigen, die im Innersten faktisch den göttlichen Herzensforderungen entsprechen. Die äusseren Formen sind dazu verurteilt, zu fallen, da sie falsche Mauern zwischen denen errichten, die ihren Herzen nach (vgl. Eph 2) zusammengehören, während sie die vereinen, die nur äusserlich zusammengehören.

Paulus' Christuserlebnis hat seine Anschauung von Grund auf erschüttert, ihn gezwungen, mit neuen Perspektiven zu sehen und neue, radikale Konsequenzen zu ziehen. Es wirkt aber eigentümlich, zu beobachten, dass er programmatisch mit der formalen Autorität der Thora brechen kann — gerade indem er die Instrumente zu Hilfe nimmt, die er von den gelehrten jüdischen Thoraspezialisten erhalten hat, bei denen er vor seiner Umkehr in die Schule ging. Es ist bezeichnend, dass ihn die schriftgelehrte Schulung und Bildung, die er zu Füssen Gamaliels erhalten hat, in den Stand versetzt, von der Thora zu Christus zu gehen ohne das Gefühl zu haben, dass er Gottes Willen bricht oder trotzt. Die positive Verbindung zu dem pharisäischen Schriftgelehrtentum, das er verlassen hat, ist stärker als seine polemischen Aussagen den Anschein geben. Das bedeutet auch, dass er die Argumentationsebene nicht verlassen hat, wo seine früheren Lehrer und Kameraden sich befinden. Er ist immer noch „in Kontakt" mit ihnen, auf jeden Fall der Sache nach.

Noch viel gäbe es hinzuzufügen zu all dem, was in 1 Kor 13 darauf hindeutet, dass Paulus hier — natürlich, um seine neue radikale Botschaft zur Geltung zu bringen — Kunstgriffe und sachliche Themata seiner vorchristlichen, rabbinischen Ausbildung aufnimmt und benutzt. Seine Darstellung verrät Vertrautsein mit rabbinischen Distinktionen, Kategorien, Methoden usw. Er verwendet hier ältere Ausdrücke oder wendet Worte in einer anderen Bedeutung an als er in den Briefen zu tun pflegt, die er als christlicher Apostel schrieb.[1] Zur Sache gehören auch solche Symptome wie, dass er es vermeidet, Gott ausdrücklich zu nennen, obwohl die ganze Diskussion theozentrisch orientiert ist; dass er den Geist nicht als Argument in seiner Darstellung verwendet, obwohl er den Geist als die göttliche Kraft hinter der Agape betrachtet; dass er Christus nicht nennt, obwohl Jesu Identität, Lebenshaltung und Werk für Paulus als die verkörperte Offenbarung der Agape dastehen,[2] usw. Diese Andeutungen mögen jedoch genügen.

Agape als Gegenstand für einen Dialog

Dieser Artikel ist Professor David Daube gewidmet. Er wurde in tiefer Bewunderung und grosser Dankbarkeit für eine Forschung geschrieben, die geprägt ist von weiter Perspektive, tief reichenden Analysen und einer gleichzeitig positiven und sachlichen Haltung zum Material. David Daube gehört zu denen, die am klarsten demonstrieren konnten, wie fruchtbar es ist, die jüdisch-rabbinischen und die urchristlichen Traditionsströme zusammenzuhalten und sie sich gegenseitig beleuchten zu lassen;

---

[1] Beachte z. B. wie er in V. 2 das Wort πίστις in der Bedeutung „wunderwirkender Glaube" gebraucht (was er sonst wohl nur in 1 Kor 12, 9 tut) und wie er in V. 3 das Wort ψωμίζειν verwendet (das er sonst nur noch einmal in einem Psalmenzitat hat, Röm 12, 20) und τὰ ὑπάρχοντα (das er sonst niemals in seinen bewahrten Briefen anwendet).

[2] 1 Kor 13 kann man als ein typisches Beispiel dafür nehmen, wie sehr man theozentrisch, christozentrisch und pneumatozentrisch sein und denken kann, ohne dass man Gott, Christus oder den Geist ausdrücklich nennt!

1Kor 13. Zur Frage von Paulus' rabbinischem Hintergrund

dies hat er mit einer einheitlichen Einstellung zum Material auf beiden Seiten der Scheidungsmauer getan.[1]

Eine Forschung wie David Daubes Untersuchungen über die Beziehungen zwischen dem rabbinischen Judentum und dem frühen Christentum, gehört auch zu den Zeichen, die die Hoffnung nähren, dass der voll von Vorurteilen und seit langem aus den Gleisen geratene Konflikt zwischen Judentum und Christentum ausgewechselt werden kann gegen gegenseitigen Respekt, gemeinsames Wachehalten über die grundlegenden Verpflichtungen und gegen einen existentiellen Dialog, der derer *wert* ist, die sich zu dem einen wahren Gott bekennen. David Daube ist es fremd, die generöse und sachliche Arbeit mit den christlichen Glaubensvorstellungen zum Preise leichtwindiger Nonchalance den eigenen Traditionen und Überzeugungen gegenüber auszuführen. Das scheint mir äusserst wichtig für die zu sein, die an verschiedenen Orten mit den religiös-ethischen Grundproblemen arbeiten sollen. Eine geistliche Gemeinschaft, die dadurch gewonnen wird, indem man zynisch oder gedankenlos von der Eigenart der eigenen Tradition und Überzeugung absieht, muss notwendig auch einen geistlichen Regress für alle Beteiligten mit sich bringen. Soll eine tiefe und vollwertige Gemeinschaft gewonnen werden, müssen wir sicherlich alle bereit sein, im Gehorsam der Wahrheit gegenüber alle unsere Standpunkte umzuprüfen, aber der Weg führt über sachliches Studium auf beiden Seiten und über einen Dialog, durch welchen wir mit vollem Respekt für sowohl den eigenen wie den Glauben anderer in die Tiefe vorzudringen versuchen, wo der Konflikt zwischen den Konfessionen letzlich liegt. Und welches Gebiet könnte fruchtbarer sein zu diskutieren als das, worüber gelehrte jüdische und christliche Männer vor fast zweitausend Jahren grübelten: *Ahaba, Agape?*[2]

[1] In diesem Zusammenhang sei die Hoffnung zum Ausdruck gebracht, dass Dr. Daube *The New Testament and Rabbinic Judaism* bald einen neuen Band gesammelter Aufsätze zur gleichen Problemsphäre folgen lässt!
[2] Übersetzung von Walter G. Übelacker.

Vorbildliches Martyrium. Zur Frage der Lesarten in 1 Kor 13, 3

H. Riesenfeld

URCHRISTLICHES Gemeindeleben wird in keiner neutestamentlichen Schrift so greifbar wie im ersten Korintherbrief. Ein Zeichen der Lebendigkeit sind die Charismen, die in einem Spektrum verschiedener Aktivitäten zum Ausdruck kommen und das Wirken des lebenspendenden Geistes manifestieren, zugleich aber auch zu Spannungen führen und somit in ihrem Überschwang problematisch werden. Berichte über die Zustände in der Gemeinde und Fragen im Anschluss daran haben dem Briefschreiber Paulus den Anlass gegeben, seelsorgerisch ordnend und theologisch systematisierend einzugreifen und die auseinanderstrebenden Kräfte einander zuzuweisen und in Einklang zu bringen. Inwiefern die schriftlichen Anweisungen von unmittelbarer Wirkung waren, entzieht sich unserer Kenntnis.

Eine bleibende Bedeutung haben jedoch die Kapitel 12-14 des Briefes für unser Verständnis einer der wichtigsten Phasen in der geschichtlichen Entwicklung des Urchristentums: Was geschah, als die christliche Botschaft, mit ihrem jüdischen Hintergrunde, auf griechischem Boden Gemeinden ins Leben rief, in denen Menschen mit griechisch-hellenistischen Denkformen plötzlich Christen wurden und in entsprechende Denk- und Lebensweisen hinüberwechseln mussten? Und wie entwickelte Paulus, der Apostel zu den Heiden, seine Aufgabe in dieser kulturell zwiespältigen Situation?

Hier soll nur ein ganz kleiner Ausschnitt aus dem Ganzen dieser Begegnung zur Sprache kommen. Die pneumatisch-enthusiastische Veranlagung gewisser Gemeindeglieder muss wohl mit ihrer griechischen Vorgeschichte in Verbindung gesetzt werden (12, 1).[1] Paulus distanziert das christliche Leben von der früheren

---

[1] H. Conzelmann, *Der erste Brief an die Korinther* (Meyer[11]), Göttingen, 1969, S. 241 ff. — Es erübrigt sich, die sonstigen neueren Kommentare zu 1 Kor, hier aufzuzählen und auf deren Angaben zu verweisen.

Vorbildliches Martyrium

Existenz seiner Adressaten. Ein neuer Geist herrscht jetzt, ein neuer Herr (V. 3) und eine neue Gemeinschaft, die mit dem Bilde des Körpers beschrieben wird (V. 12 ff.). Dann macht er Ansätze zu einer neuen Einteilung — und zugleich auch Beurteilung und Beherrschung — der überfliessenden Geistesgaben. Sie äussern sich in Erkenntnissen, Dienstleistungen und Wirkungen übernatürlicher Art (V. 4–11, 28–30). Als entscheidendes und somit auch die neuen Gegebenheiten bewältigendes Kriterium führt der Apostel schliesslich in mächtigen Ausführungen die Liebe ein (12, 31–13, 13).

Hat man, in der Forschung im Anfange des Jahrhunderts, manchmal das Kapitel 13 als Einschub in den paulinischen Brief betrachtet, so hat es sich seitdem immer deutlicher gezeigt, wie eng dieses Kapitel in der Anlage und in Einzelheiten mit dem vorhergehenden verklammert ist. V. 1 und 2 nehmen 12, 4–11 auf.[1] Aber auch V. 3 knüpft an das in 12, 4 ff. Gesagte an. Schon in V. 2 nimmt Paulus den Begriff „Glaube" aus 12, 9 auf: „... und wenn ich allen Glauben habe, so dass ich Berge versetzen kann, aber keine Liebe habe, so bin ich nichts." Um Höchstformen des Glaubens zu veranschaulichen — die jedoch ohne Liebe bedeutungslos sind — greift der Apostel zu einem paradoxalen Jesuswort.[2]

Wie ist die Fortsetzung aufzufassen? „Wenn ich alle meine Habe zu Spenden mache und wenn ich meinen Leib hingebe, um verbrannt zu werden, aber keine Liebe habe, so nützt es mir nichts" (V. 4). Von der ersten Hälfte der Protasis könnte man meinen, dass sie das Wort „Dienstleistungen" (διακονίαι) in 12, 5 aufnimmt. Dies ist jedoch ganz unwahrscheinlich, da dieselben (im Plural) dort dem Herrn zugeordnet sind[3] und daher wohl nicht diakonale Funktionen der Christen untereinander, sondern Dienste den auferstandenen Christus gegenüber bezeichnen, also das, was man auch Ämter nennen kann.

Zu dem paulinischen Kapitel über die Liebe hat man als Parallelen Lobreden über Tugenden aus der griechischen und hellenistisch-jüdischen Literatur angeführt.[4] Meistens wird jedoch zu

---
[1] Conzelmann, S. 262.
[2] Moderne Versuche, Paulus auch an dieser Stelle jegliche Kenntnis der Evangelientradition (in einem ihrer vorsynoptischen Stadien) abzusprechen, sind unglaubhaft. Siehe dagegen zu unserer Stelle J. Weiss, *Der erste Korintherbrief* (Meyer⁹), Göttingen, 1910, S. 314.
[3] Conzelmann, S. 245.
[4] Siehe zuletzt und ausführlich Conzelmann, S. 257–60.

wenig beachtet, dass 1Kor 13 eben nicht eine in sich abgerundete Lobrede bildet, sondern dass Paulus seine Ausführungen argumentierend auf Anknüpfungen an das Vorhergehende baut. Hier zeigt sich ferner, dass er wohl nicht griechische literarische Vorlagen vor Augen gehabt hat, sondern dass seine gedanklichen Assoziationen auch in diesem an Griechen gerichteten Briefe von dem eigenen jüdischen Hintergrunde bestimmt sind. Dies schliesst natürlich nicht aus, dass er in seiner Schul- oder Studienzeit Literaturformen kennengelernt hatte, die hinfort einen Teil seines griechischen sprachlichen Bildungsgutes ausmachten.

Zu der paulinischen Aussage über die Spenden, die ohne Liebe wertlos sind, ist zu vergleichen die jüdische Diskussion über die Verpflichtung zur Wohltätigkeit. Um ein gegenseitiges Überbieten an Freigebigkeit zu verhindern — dies hätte ja sowohl Geber wie deren Umgebung in Schwierigkeiten bringen können — wurden feste Sätze für das Höchstmass der freiwilligen Liebesgaben aufgestellt.[1] Auf diesem Hintergrund wird es wahrscheinlich, dass Paulus, wenigstens hypothetisch, mit der Möglichkeit rechnet, dass jemand im Überschwang des fürsorgendes Eifers sich trotz geltender Regeln seiner gesamten Habe entäussert.

Noch ein zweites Beispiel gibt V. 3 für ein Handeln, dass ohne Liebe keinen Sinn hat. Ehe wir auf den Inhalt eingehen, ist eine textkritische Entscheidung notwendig, die unsererseits in der oben gebotenen Übersetzung bereits getroffen ist. Viel ist über diese Stelle geschrieben worden, und immer noch scheiden sich die Meinungen.[2] Welche Lesart ist die ursprüngliche: „Wenn ich meinen Leib hingebe, um verbrannt zu werden (ἵνα καυθήσομαι[3]/ καυθήσωμαι), aber keine Liebe habe, so nützt es mir nichts", oder: „Wenn ich meinen Leib hingebe, um mich zu rühmen (ἵνα καυχήσωμαι),[4] aber keine Liebe habe . . ."? Äussere Kritik (Handschriften und altkirchliche Übersetzungen) führt nicht zum Ziel. Man muss zur inneren Kritik (inhaltliche Bewertung der Varianten) greifen.

Für die erste Lesart spricht, dass der Finalsatz die Aussage „den Leib hingeben" sinnvoll ergänzt. Gegen sie ist anzuführen,

---

[1] Strack-Billerbeck, *Kommentar*, Band 4, 1, München, 1928, S. 547 (im Exkurs: Die altjüdische Privatwohltätigkeit).
[2] Siehe hierzu B. M. Metzger, *A Textual Commentary on the Greek New Testament*, London, 1971, S. 563 f.
[3] So Nestle-Aland[25] im Text.
[4] So Greek New Testament[3], 1975, im Text.

dass es jedoch schwierig ist anzugeben, woran Paulus bei einem freiwilligen Tod im Feuer eigentlich gedacht haben kann. Jüdische Erzählungen, Beispiele heroischen Verhaltens, die in der griechischen philosophischen Literatur angeführt werden, oder einen Fall christlichen Martyriums?[1] Polykarp ist indessen, soweit wir wissen, der erste christliche Märtyrer, der auf dem Scheiterhaufen den Tod gefunden hat, und zwar im Jahre 156 n. Chr. Es ist nicht wahrscheinlich, dass frühere, analoge Fälle von Hinrichtungen von Christen sonst unerwähnt geblieben sind.

Gegen die zweite Lesart ist zu sagen, dass der Finalsatz „um mich zu rühmen" eigentlich nicht über die Aussage „den Leib hingeben" hinausführt und dass vor allem nicht ersichtlich wird, was mit dem Hingeben des Leibes gemeint ist. Für die letztere Lesart spricht andererseits, dass im 1. Clemensbrief (im Jahre 96 n. Chr. geschrieben) auf sie sehr deutlich Bezug genommen wird: „Viele haben sich hingegeben in die Sklaverei, haben den Kaufpreis genommen und (damit) anderen Spenden gegeben" (55, 2).

Die textkritische Frage findet ihre wohl endgültige Entscheidung, sobald man sich dessen bewusst wird, dass die Worte „wenn ich meinen Leib hingebe, um verbrannt zu werden" ein teilweise wörtliches Zitat aus Daniel 3, 96 sind.[2] Die Ausdruckswiese ist derart, dass kaum eine zufällige Übereinstimmung vorliegen kann. Die beiden griechischen Übersetzungen lauten an der betreffenden Stelle im Buche Daniel: $\pi\alpha\rho\acute{\epsilon}\delta\omega\kappa\alpha\nu$ $\tau\grave{\alpha}$ $\sigma\acute{\omega}\mu\alpha\tau\alpha$ $\alpha\mathring{\upsilon}\tau\hat{\omega}\nu$ $\epsilon\mathring{\iota}\varsigma$ $\grave{\epsilon}\mu\pi\upsilon\rho\iota\sigma\mu\acute{o}\nu$ (LXX) und $\pi\alpha\rho\acute{\epsilon}\delta\omega\kappa\alpha\nu$ $\tau\grave{\alpha}$ $\sigma\acute{\omega}\mu\alpha\tau\alpha$ $\alpha\mathring{\upsilon}\tau\hat{\omega}\nu$ $\epsilon\mathring{\iota}\varsigma$ $\pi\hat{\upsilon}\rho$ (Theodotion). Der unumgängliche Schlusssatz ist, dass Paulus bei der Wahl des betreffenden Beispiels an die Erzählung von den drei Männern im brennenden Ofen (Dan 3) — und, soweit wir sehen können, nur an diese — gedacht hat. Es handelt sich also nicht um einen griechischen philosophischen Topos, auch nicht um einen Hinweis auf ein uns unbekanntes urchristliches Martyrium, sondern um eine bewusste Anspielung auf eine Legende, die in der jüdischen Tradition als Vorbild mutigen Verhaltens bekannt war.[3]

Wir können noch etwas weiter vordringen in unserer Analyse von 1Kor 13, 3. Aus dem Zusammenhang in Dan 3 sowie aus

[1] Conzelmann, S. 263.
[2] Auf Dan 3 im allgemeinen wird zwar in manchen Kommentaren verwiesen, die Stelle 3, 96 und ihren griechischen Wortlaut habe ich indessen nirgends in der Literatur zu 1Kor 13, 3 zitiert gesehen.
[3] Siehe z. B. 1Makk 2, 59; Siphra Lev 16, 8 und bPes. 53b.

der Deutung, die im Judentum der Standhaftigkeit der drei Männer im brennenden Ofen gegeben wurde, ergibt sich ein Schlüssel sowohl zu der Aufreihung der drei Beispiele in 1Kor 13, 2-3 als auch zu der Verklammerung von 13, 1-3 mit 12, 4-11. Es handelt sich um den Glauben, in 13, 2-3 durch Erweise ungewöhnlicher Glaubenskraft illustriert. Schon in 1Makk 2, 7 und ebenso in Hebr 11, 34 werden die drei Männer von Dan 3 als Glaubenshelden angeführt. Das ganze Kapitel 11 des Hebräerbriefes ist ein Katalog von Glaubenstaten, die als Vorbilder dienen sollen. Paulus geht einen bedeutsamen Schritt weiter in der theologischen Systematisierung: Glaube ohne Liebe nützt letzten Endes nichts. Das muss die Gemeinde in Korinth lernen.

Wichtig ist die Feststellung, dass Paulus bei seiner Auseinandersetzung mit den Problemen des Enthusiasmus in der korinthischen Gemeinde ein Beispiel aus der Evangelientradition und jedenfalls ein, vielleicht zwei Beispiele aus der jüdischen paränetischen Tradition anführt — und dann vor allem, seinem eigenen Anliegen gemäss, zuspitzt. Haben die Adressaten die Anspielung auf Dan 3 erkannt? Gab es jemanden, der ihnen dies erklären konnte? Jedenfalls zeigt sich die feste Verankerung des Apostels in den jüdischen Denkformen, aber gleichzeitig bricht auch das Problem der Begegnung jüdischer und griechischer Kultur in der urchristlichen Mission auf. Da ist zu beobachten, dass der Verfasser des 1. Clemensbriefes nicht mehr verstanden hat, dass Paulus sich in 1Kor 13, 3 auf Daniel und die Erzählung von den drei jüdischen Glaubenshelden bezieht. Und so fabuliert er wohl, wenn er schreibt, Christen hätten sich selbst als Sklaven verkauft, um den Kaufpreis als Almosen verteilen zu können.

Die obigen Zeilen seien einem Forscher und Freund gewidmet, der — aus Freiburg im Breisgau kommend und gegenwärtige Kulturbegegnungen über Erdteile hinaus bewältigend — unser Verständnis für die traditions- und kulturgeschichtlich bedingten Denk- und Ausdrucksformen des frühen Christentums in mannigfacher Weise vertieft und bereichert hat.

The Heavenly Jerusalem and Orthodox Judaism[1]

J. M. Ford

Faithless Judaism and the Adulteress

TRADITIONALLY the harlot or adulteress of Rev. 17 has been identified with the city of Rome but the perfect symmetry of our apocalypse, together with the prophetical tradition of the OT might urge us to inquire whether the true counterpart of the new Jerusalem (Rev. 21) is not rather the old, defiled, unorthodox city rather than a pagan one.

A study of the metaphorical use of 'harlot' in the OT shows a marked tendency to depict faithless Israel thus. There are five principal texts which refer to Jerusalem or Israel as a harlot and only two which refer to non-Israelite cities by the same image. Firstly, Hos. 2: 5; 3: 3; and 4: 15 speak of the harlotry of Israel and there is no suggestion that her Canaanite neighbours receive such a connotation. The whole book of Hosea seeks to bring the adulteress back to her true husband, Yahweh. Secondly, in Isa. 1 the prophet addresses Israel as 'a people laden with iniquity' (v. 4), upbraids her with the titles 'Sodom' and 'Gomorrah' (vv. 9, 10, cf. Rev. 16: 8) and then he exclaims: 'how the faithful city has become a harlot' (v. 21). In Jer. 2: 20 (cf. 3: 1, 6, 8–10) Israel is likened to a harlot and in v. 7 the city of Jerusalem is accused of harlotry and adultery. Mic. 1: 7 makes the same complaint against Samaria and Jerusalem and this theme is resumed in Ezek. 23 where Jerusalem is seen as the worse of the two whores. However, the chapter which influences the author of Rev. most is Ezek. 16 which is a prophetical attack upon Jerusalem. The prophet has no kind word for her. His description is as graphic as Rev. 17–18 for he describes how God had seen Israel in her poverty, had taken compassion upon her and caused her to live and to grow to full maidenhood. When she reached the age of love He spread His

[1] This essay is an expansion of some material which I have used in my commentary on Revelation in the Anchor Bible series (Doubleday, 1975).

skirt over her and plighted His troth to her and entered into a covenant with her.[1] She became His. He washed her, clothed her, decked her with ornaments (cf. Rev. 17:4), and placed a crown upon her head (cf. the reference to 'queen' in Rev. 18:7). She reached a regal estate and her renown went forth among the nations (cf. Rev. 17:18) because of her beauty. However, she trusted in this beauty and played the harlot with Egypt, Assyria, and Babylon. On account of her sins, Ezekiel states that God threatens to gather her lovers against her and uncover her nakedness to them (cf. Rev. 17:16). He will judge her as an adulteress or a murderer would be judged. He protests that she is more sinful than Sodom and Samaria. Yet Ezek. 16 ends with a promise of forgiveness and establishment of an everlasting covenant.

The two texts which apply the epithet 'harlot' to non-Israelite cities are Isa. 23:15 and Nah. 3:4. In Isa. 23:15 Tyre is described as playing the 'harlot with all the kingdoms of the world upon the face of the earth...' (cf. Rev. 17:2, etc.). However, Tyre's relationship may be different from other pagan cities because, although she was a non-Israelite city, she had contracted a covenant with Israel and was closely associated with the building of the first temple. A covenant would establish a different relationship. The second non-Israelite harlot is Nineveh (Nah. 3:4). However, 4Qp Nah has accommodated the whole text to Jerusalem so that the prophetical attack on Nineveh has become one upon the Holy City. It is Jerusalem who has become a den of lions, the lions being the wicked of the nations (Nah. 2:12a). In this commentary Demetrius, the king of Greece, who sought to enter Jerusalem, is called also 'the lion' and the priests in Jerusalem who will be slain are called young lions: as in Revelation animal-symbolism is used of political leaders. Further, Ephraim (4QpNah II) is graphically described as a harlot:

> The multitude of the whoredoms of the well-favoured harlot, the mistress of witchcrafts, that selleth nations through her whoredom and families through her witchcraft [interpretation] those who lead Ephraim astray by false teaching, lying tongue and lip of deceit (cf. Rev. 16:13)—they say 'behold, I am against thee, says Yahweh of hosts, and thou shalt lift up [thy] skirts over thy face and show nations thy nakedness and kingdoms thy shame'.

[1] Professor Daube comments on Ezek. 16 in his article 'Ruth and Boaz', in *The New Testament and Rabbinic Judaism* (London, 1956), pp. 27–51.

The Heavenly Jerusalem and Orthodox Judaism 217

4QpNah would suggest that, if Ephraim was seen in such a light and such metaphors were used of her at the time when the Qumran commentaries were written, the same accommodation might well have been made later with reference to Jerusalem under the Romans.

Similar evidence is given in the lamentation over Jerusalem (4Q179). This speaks of her breaking her covenant and of her desolation (cf. Rev. 17: 16) and compares her to a hated wife. It refers to the children who were brought up in purple and pure gold (cf. Rev. 17: 4), and the end of the fragment describes Jerusalem, who was a princess of all nations (cf. Rev. 18: 7), as a lonely city. Her children weep and mourn (cf. Rev. 18: 7, 10). Further, from Cave 5 we have a substantial portion of a text on the harlot who utters vanities (5Q184). The harlot is given no name but she is portrayed as a woman who has no inheritance among those who gird themselves with light; her garments are shades of twilight. One may contrast the description of the women in Rev. 12 and 21 in which dazzling light plays an important part.

These texts from Qumran would suggest, therefore, that there is a line of continuity with the classical prophets in the portrayal of faithless Jerusalem as a harlot and the prediction that she will be attacked by her enemies as a consequence of her sin. However, perhaps the most important text for interpreting Revelation is 1QpHab. This is more specific and attacks the priests; e.g., IX. 2-6 reads:

> And as for that which he said, *because thou hast plundered many nations all the remnant of the peoples will plunder you*, the explanation of this concerns the last priests of Jerusalem who heap up riches and gain by plundering the peoples. But at the end of days, their riches, together with the fruit of their plundering, will de delivered into the hands of the army of the Kittim; for it is they (the Kittim) who are *the remnant the peoples*.

One may also compare XII. 5-9 concerning the wicked priest:

> For God will condemn him to destruction even as he himself planned to destroy the poor. And as for that which he said, *because of the murders committed in the city and the violence done to the land,* the explanation of this is [that] *the city* is Jerusalem, where the wicked priest committed abominable deeds and defiled the sanctuary of God; *and the*

violence done to the land, these are the towns of Judah where he stole the goods of the poor.

These texts together with the Old Testament ones might well suggest, therefore, that our harlot is Jerusalem, not Rome, and that the culprits for her whoredom are the priests. Indeed, if it is the covenant relationship with Yahweh which makes Israel his special people, his bride, how could a non-Israelite nation without this covenant be called 'harlot' except in a much less precise sense? It is the covenant which makes the bride, the breaking of it makes the adulteress.[1]

Yet God is always faithful to his covenant and the prophets' denunciation of the people's sin is nearly always balanced by a vision of the restored community, the renewal of the nuptial bond. We may illustrate this by the following table:[2]

Harlot text	*'Bride' or renewal of Jerusalem text*
Isa. 1: 4–21	Isa. 4: 2–6 (cf. also Isa. 54 and 60)
Jer. 2–5	Jer. 23: 1–8; 30: 18–22 and 31
Mic. 1: 7	Mic. 4–5
Ezek. 16	Ezek. 40–8

The eschatology of Qumran also provides for a hopeful future for Judaism, e.g. 1QH III. 19–36 if this does describe God's final intervention and the last battle through which evil will be obliterated (cf. also 1QH VI. 29–35; XIII. 11 f. and 1QM XII. 10–14). Some fragments from Caves 1, 4, and 5 appear to describe a new Jerusalem and most importantly the Temple Scroll will provide us with a detailed picture of the future Temple. The pseudepigraphal literature also anticipates a new Jerusalem, although not necessarily a new temple, (cf. 4 Ezra 9: 38–10: 24; Tobit 13 and 1 Bar. 5).

In the light of this it is not surprising to find the same hope expressed in Revelation, the hope of a restored orthodox community and a new city with or without a temple. Nothing in our text clearly identifies this new Jerusalem with the Christian community.

---

[1] In my commentary on Revelation I also discuss the possibility of the harlot as a parody of the unorthodox high priesthood in Jerusalem (cf. e.g. Josephus, *B.J.* iv. 155–7).   [2] This is not an exhaustive table.

Orthodox Judaism and the Heavenly Jerusalem

1. The Suffering Community

In contrast to the gruesome portrayal of the harlot (ch. 17) our apocalypse presents the reader with three pictures of the ideal Jewish community, i.e. orthodox Judaism (12; 21: 9–22: 2; 21: 1–4).

Firstly, we see the woman clothed with the sun in Rev. 12. She is the faithful but suffering community who escapes to the desert, like the community at Qumran (cf. 1QS VIII. 12–16). The new vision is not introduced by the usual formula ('after this I saw'), but it is called σημεῖον μέγα. In the LXX σημεῖον usually translates אוֹת and it is used of celestial phenomena (e.g. Gen. 1: 14; 9: 12 ff.) or of the tokens of God's presence or purpose, e.g. in the miracles in Egypt (Exod. 7: 3, etc.), but more importantly of the sign of the young woman who will bear a son in Isa. 7: 14: the son's name will be 'God with us' (cf. Rev. 21: 3). The woman in Rev. 12 is wearing the sun as her garment. Perhaps the nearest OT text is Song 6: 10 ('bright as the sun'). Previously (v. 4), the beloved has been described as 'comely as Jerusalem, terrible as an army with banners'. The Targum accommodates the whole chapter to those who came from the Babylonian captivity with Ezra, Nehemiah, etc., and built the house of the sanctuary establishing the priests and the Levites. It also refers to the house of the Hasmoneans and Alexander's attempt against Jerusalem and to the assembly of Israel who is as a perfect dove (6: 8). It mentions the victory of Mattathias and the Hasmoneans and declares that their youths are beautiful as the moon, their good deeds as the sun and how terror fell upon the inhabitants of the earth when they walked with their banners through the desert. Although this Targum must be later than the NT, it may give us an idea of the kind of symbolism that could arise from the Song of Solomon and explain Rev. 12. The covenanters of Qumran implicitly compare themselves to the faithful remnant during the time of the Babylonian suppression (CD I. 4–12) and named themselves sons of light. The woman in Rev. 12, surrounded by light-giving bodies, seems to epitomize the community of sons of light. Moreover, her association with the heavenly bodies may also suggest her complete harmony with the laws of the universe, and the position of the sun and moon might even symbolize the priority of the solar calendar, used at Qumran, over the lunar one prevailing in

Jerusalem. Qumran arranged their times of prayer and religious festivals according to the courses of the heavenly bodies (cf. 1QS I. 13–15 and IQH I. 8–15).[1] The present writer would concur with those who see an affinity between the pregnant woman in Rev. 12 and the woman who symbolizes the Qumran community in 1QH III. 7–12[2] but would also compare 'She who is big with the asp' (1QH III. 12–18) with the harlot in Rev. 17–18.

However, the biblical text which stands in sharp antithesis to the pregnant woman clothed with the sun is Jer. 15: 5–9, which is an oracle against Jerusalem and describes the mourning of widows and bereaved mothers. The sun or light of Jerusalem is the Lord (cf. Isa. 60: 1). The sun of the woman in our text does not decline, and the woman herself will not languish but flourish under the protection of God. The twelve stars may indicate her progeny. The text is probably influenced by Gen. 37: 9 where the stars symbolize the sons of Jacob (although there are only eleven stars here). In Rev. 12 the stars may well symbolize the twelve tribes of the restored Israel. Yet, they may also be explained by Dan. 12: 3 where it is said that those who turn people to righteousness will be 'like the stars forever and ever'. At Qumran the seeker of the Law is called a 'star', the text of Num. 24: 17–19 being accommodated to him (1QM XI. 5, CD VII. 18–19).

However, taken together the three cosmic symbols, the sun, the moon and the stars, all light-giving bodies (cf. Rev. 21: 11) persuade one to see the woman as Jerusalem portrayed in a similar manner to that in which Isaiah depicts her (Isa. 60).[3] Isaiah portrays Jerusalem as a woman, surrounded by the glory of Yahweh, the mother of the people of God, whose 'sun shall no more go down' (v. 20). This vision of the suffering, faithful Jerusalem is a prelude to the finale of the two descriptions of the New Jerusalem at the end of Revelation, namely, 21: 9–22: 2 and 21: 1–4.

---

[1] Cf. A. R. C. Leaney, *The Rule of Qumran and its Meaning*, London, 1966, pp. 7–30, 75–90.

[2] Cf. A. Feuillet, *Johannine Studies* (E.T., New York, 1964), pp. 257–92; J. V. Chamberlain, 'Another Qumran Thanksgiving Psalm', *JNES* 14 (1955), 32–41 and 'Further Elucidations of a Messianic Thanksgiving Psalm from Qumran', ibid. 181–2 and also J. Baumgarten and M. Mansoor, 'Studies in the New Hodayot', *JBL* 74 (1955), 188–95; O. Betz, 'Die Geburt der Gemeinde durch den Lehrer', *NTS* 3 (1956–7), 314–26.

[3] See M.-E. Boismard, *RB* 62 (1955) Bulletin, pp. 293–6.

2. The Millennial Jerusalem (21: 9–22: 2)

The old Jerusalem (the harlot) is destroyed only so that another may take her place. As R. J. McKelvey[1] asserts, Israel was able to survive the crisis of faith suffered at the destruction of the temple of Jerusalem and the dispersion of the nation because the prophets had prepared the people in advance. The chief tenets of the prophetic message were: a remnant would be preserved and the nation would grow from this (Isa. 6: 2–4; Jer. 23: 5 f.); the outcasts of Israel would return home (Isa. 11: 11 ff.; 27: 13; Jer. 31: 6 ff.; Ezek. 20: 4 ff.; 34: 11 ff.) and the city or temple would be restored and become not only the centre for Israel but for the nations (Isa. 2: 2–4; Mic. 4: 1–3; Jer. 3: 17 f.). The glory of Yahweh would dwell once again in the city and community (Ezek. 43: 1 ff.). This is also the message of the author of Revelation.

It is, therefore, significant that it should be one of the angels associated with the seven last plagues, which preceded the fall of the harlot city, who has the responsibility of revealing the bride, the new city, to the seer. The lament over the destruction is followed by the kindling of new hope. Our author makes this clear by using an almost identical introduction (cf. Rev. 17: 1 with 21: 9). Here Jerusalem is not only a woman but also a bride (v. 9). She comes down from heaven, and is endowed with the glory of God (v. 11, of Ezek. 43: 4). This glory (v. 11) is described as 'radiance' ($\phi\omega\sigma\tau\acute{\eta}\rho$, which denotes a light-giving body). It recalls Gen. 1: 14, 16; Wisd. 13: 2 and Sir. 43: 7 but also the light-giving bodies with which the woman in Rev. 12 was surrounded. The light is compared to jasper and sardius (v. 11), which recalls the throne of the deity in Rev. 4.

The city has a high wall, which may be for protective purposes, but may also have a symbolic meaning. In a figurative sense חוֹמָה is used of David's men protecting Nabal's shepherds (1 Sam. 25: 16); of the prophet Jeremiah (Jer. 1: 18); of a strong and virtuous woman (Song 8: 9–10), but at Qumran also the elect community describes itself as a 'tried wall' (1QS VIII. 7; cf. 1QH VII. 9). However, perhaps more importantly, the figurative sense is employed (a) of salvation (Isa. 26: 1), and (b) even more pertinently of Yahweh himself (Zech. 2: 5b). In order, therefore, for the wall of the city to be consonant with the city as a bride, it

---

[1] R. J. McKelvey, *The New Temple* (Oxford, 1969), p. 9.

would seem best to use figurative sense, namely, the bride is either surrounded by God (cf. Zech. 2: 5b with Rev. 12: 1, the sun symbolizing God and περιβάλλω in the sense of 'throwing up a rampart'), or by salvation (Isa. 26: 1), or by strong and virtuous men and women.

Moreover, if the wall is symbolic of people perhaps our author may expect his reader to interpret 'gates' figuratively, too. 'Those entering the gate' were those who had citizens' rights, there being a space within the gate where elders, judges, and king held official court (Deut. 21: 19; 22: 15; Amos 5: 12, 15, etc.). Thus 'gate' could be used to mean a body of rightful citizens as in Ruth 3: 11 (cf. the book of life which may be a register of citizens: Rev. 3: 5; 13: 8; 20: 15 and 22: 19). In our text it is noticeable that the 'gates' are twelve: the number of the tribes will be complete, the ten lost ones being restored (cf. Rev. 7: 4–8). The angels beside each gate are similar in their role to the angels at Qumran as helpers of the sons of light (cf. 1QM IX. 15 where the names of Michael, Gabriel, Sariel, Raphael are written on the shields of the towers; cf. also 1QM XVII. 6–7) and as servants in the presence of God (1QSb IV. 25 and 1QH VI. 13).

The city is four-square, the symbol of perfection (cf. 1QS VIII. 9). Its foundations are different from the gates and are composed of jewels. They are probably more important than the gates and represent the leaders of the community. We have a similar concept from Qumran in the Midrash on Isa. 54: 11–12 where important personages, especially leaders, are represented as precious stones: '. . .] all Israel sought thee according to thy word. "And I shall lay your foundations in lapis [lazuli." ... *its interpretation* is th]at they have founded the Council of the community, [the] priests and the peo[ple . . .] a congregation of his elect, like a stone of lapis lazuli among the stones' (*DJD*, v. 28). Moreover, a common term is כון ('to found' or 'establish') which is employed in some important texts which describe the founding of the community (1QS VIII 5, 10; 1QH VII. 18).[1] Thus, although our author states that the names of the tribes are on the gates (v. 12), this does not preclude the rest of the building representing other members of the community.

The street or open place (πλατεῖα, 'plaza') is of pure gold and

---

[1] B. Gärtner, *The Temple and the Community in Qumran and the New Testament* (Cambridge, 1965).

clear or transparent (διαυγής) as glass (Rev. 21: 21). Διαυγής and its cognates are found in Job 25: 5 (Aq.) referring to the moon and stars; in Prov. 16: 2 (Aq.) referring to the ways of man; and finally διαύγασμα (Aq.) in Hab. 3: 4 describing the brightness of the glory of God. If the wall, the gates, and the foundations symbolize important people within the community, the πλατεῖα could represent the common people. For our writer even these are perfectly pure, for nothing common or defiled enters the city (cf. Rev. 21: 27). The Qumran text which casts the most light upon this last verse (v. 27) is 4QFlor. I. 16 f.: '*And no son of perversion [shall oppress it agai]n as formerly* . . . This is the House which [will be built at the e]nd of days . . . into which will enter . . . neither the Ammonite, nor the Moabite, nor the half-breed, nor the stranger, nor the sojourner, ever, but they that are called saints.'

To this description of the people who compose the millennial Jerusalem our author adds paradisal motifs, the water of life or living water and the tree of life (22: 1–2). The water of life may refer to the Torah just as the 'well of living waters' does in CD XIX. 34 (cf. CD III. 16–17; VI. 4 and 1QH IV. 10–12). The water and the tree are associated in 1QH VIII where the Teacher of Righteousness is the source of living waters and the gardener of the everlasting planting. The 'trees of life' (VIII. 5–6) seem to represent the saints and the everlasting fountain is for the glorious Eden (line 20).

Thus, the whole portrayal of the millennial Jerusalem may not be as materialistic as some commentators assume. It is an allegory of the ideal community which is described more succinctly in 1QS VIII. 4–10. But it uses similar metaphors: the everlasting planting (line 5); the wall (7); precious stone (7); foundations (8); and house of perfection (9, cf. Rev. 21: 16).

3. *The Eternal Jerusalem (21: 1–4 and 22: 3–5)*

The chief portion of the last part of Revelation presents some of the most exquisite and hopeful eschatology in the NT. Four themes are interwoven: the new creation (21: 1, 4d); the new Exodus or Sinai theophany (21: 2, 3); the new city (21: 2–3); and the state of absolute bliss (21: 4abc; 22: 3). First of all, one notices the stress on καινός. The seer witnesses not only a new heaven and a new earth, but also a new Jerusalem (21: 2), and the novelty reaches its climax in the words in v. 5a 'Behold, I make all things new'. This idea of newness is not found in the description of the millennial Jerusalem in 21: 9–22: 2: that Jerusalem, which comes down from heaven (21: 10), is merely described as the 'beloved city'. The idea of newness is not a picturesque detail; anything which was new and undefiled was of higher religious value (cf. the new dishes and throwing away of the old leaven at Passover). Lindblom[1] cites the example of the new bowl in 2 Kgs. 2: 19 ff.; the new cart for the ark (2 Sam. 6: 3), etc. One may compare, too, the new tomb for Jesus (John 19: 41). The concept of a new heaven and a new earth is a biblical one associated with the Exodus and creation motifs (e.g. Isa. 65: 17). Further, Wisd. 19: 6, which appears to be a midrash on the Exodus, sees the miracles which occurred at the time of the Exodus as an almost new creation. The idea of the renewal of creation is also elaborated in the pseudepigraphal literature, e.g., in Jub. 1: 29 where, importantly for our text, it is associated with the idea of the sanctuary of the Lord in Jerusalem on Mount Zion (cf. 1 En. 72: 1 and 2 Bar. 32: 6; 57: 2). In 1 En. 45: 4–5 the transformation of heaven and earth and their becoming a blessing (contrast the cursing of the earth at the time of Adam's transgression) follows the judgement by the Elect One. 2 Bar. 51–2 is more graphic and refers to the transformation of human bodies into the splendour of angels.

2 Bar. 4: 2–7 speaks specifically of the new city. The author emphasizes that it is not built with human hands (10: 54; cf. 9: 24). Later, we are told that, although the city is invisible at the present time, it will be revealed to men (13: 36; cf. 7: 26). S. and B. give a number of late midrashim which speak of the heavenly Jerusalem, e.g. 'Let Jerusalem come down from heaven and never destroy it. Gather there the dispersed of Israel that they may live there in safety' (*Bet Ha-midrash* i, 55, 23, quoted from McKelvey, op. cit., p. 35; cf. also B.B. 75b).

In our text the new Jerusalem comes down from heaven from God arrayed like a bride for her husband. Verse 2 resumes the thought of 19: 7 which refers to the marriage of the Lamb. However, it is important to note that the scene in 19: 1–10 takes place wholly in heaven. It is the prelude to what occurs in our present text. There are two points here. Firstly, the city comes down from heaven and this carries with it the notion of the fusion of the celestial and

[1] J. Lindblom, *Prophecy in Ancient Israel* (Philadelphia, 1962), p. 52 n. 8.

terrestial: the new Jerusalem is probably to be the centre of the new creation. Secondly, and more importantly, the city, unlike the millennial city, is personified as a bride. This brings a personal and active aspect to the picture. The concept is a biblical one, an elaboration of the theme, Israel as bride. It is found in Isa. 61: 10, and (even more pertinently) in Isa. 62: 4–5: 'But you shall be called My delight is in her, and your land Married; for the Lord delights in you, and your land shall be married. For as a young man marries a virgin, so shall your sons marry you, and as a bridegroom rejoices over the bride, so shall your God rejoice over you' (cf. Hos. 2: 14–23). This symbol is also dramatically portrayed in 4 Ezra 10: 25–8 in his vision of the woman who becomes a city: when she is transformed she becomes the heavenly Jerusalem (the son, who dies, is the earthly counterpart). The bride appears to be the corporate personality, the true theocratic community. The voice from heaven (Rev. 21: 3) says 'Behold the dwelling ($\sigma\kappa\eta\nu\acute{\eta}$) of God with mankind' and it seems to be identifying this 'tabernacle' with the bride. The terminology used is that of the covenant. What we appear to have, therefore, is the Exodus concept of Israel married to God on the occasion of the giving of the law on Mount Sinai, and the descent of the cloud on the tabernacle. This is now repeated in a superior way. God dwells not in a tent but among His people: His real presence is there. In later texts this presence is called the *Shekinah*, who was called the bride (cf. Rev. 22: 17). The concept is in advance of the millennial Jerusalem and the Qumran idea discussed above which saw the covenanters' community as the new temple, using such expressions as 'a foundation of truth', 'a sanctuary in Aaron', and 'a house of truth'. As Gärtner asserts,[1] the 'community occupied the same position in the eyes of its members as did Jerusalem and the temple in the eyes of Judaism as a whole'. They expected the re-erection of the hut or tent (סוכה) of David (CD VII. 15–16, cf. 4QF 1 or I. 12) which probably symbolizes the House of the Law; but in our text something greater appears, not only the glory of God but God Himself personally dwelling with His people. Moreover, in 21: 4 our author speaks in terms similar to those of Isa. 25: 8; God will swallow up death, wipe away tears and take away mourning. When one reflects on the wars, persecutions, deaths, and calamities which raged in first-century A.D. Palestine,

[1] Op. cit., p. 23.

very often against such communities as Qumran, the importance of the promise made here cannot be exaggerated. This is the exact opposite to the experience of the harlot, Babylon.

Having described the felicity of the new era our author tells us that there will be no 'curse' (κατάθεμα) any more (22: 3). Our verse is influenced by Zech. 14: 11 which speaks of Jerusalem being inhabited, dwelling in security: the prophet mentions that there will be no more curse and there will be continuous day (v. 7, cf. Rev. 22: 5). However, the reader of our apocalypse may have been more interested in the statement if he did consider that the curses or punishments predicted in Deut. 28 and the Holiness Code had been fulfilled according to our text in the seals, trumpets, vials, and the destruction of the city. It has been argued in my commentary that the three sevenfold catastrophes are based on Lev. 26: 18, 21, 24, and the destruction of the harlot on Lev. 26: 28. If this is correct then 22: 3 would confirm immunity from the sevenfold plagues. The immunity would be assured by the presence of the throne of God in the city (cf. 1 Kgs. 8, the prayer of Solomon). Thus, one moves towards the climax of the theocracy which has been in the process of establishment throughout our apocalypse. Revelation is a struggle between the theocracy and the ruling of the satanic powers; 22: 3–5 now shows us the victory of God. His kingship is established, his throne, not that of an alien, is in the city. Not only is the kingship of God established for ever but the beatific vision will be granted to his servants (22: 4). To see the face (or enter the presence) of an earthly monarch was a great honour but to see God was unprecedented save in such modalities as Ezek. 1 describes. The vision of God was even withheld from Moses (Ex. 33: 11–23) for the Jews did not believe that it was possible to look upon the face of God and live. However, this privilege appears to have been promised to the faithful in messianic times, as appears from Test. Zeb. 9. 8 and 4 Ezra 7: 97–99. Associated with worshipping God and seeing his face is the notion that God's name will be on the foreheads of the redeemed (cf. 7: 3; 9: 4; 14: 7). But in our context it may be possible that our writer has in mind the name of God on the forehead of the high priest (Ex. 28: 36). Now, all the righteous are priests (cf. 20: 6); they bear the name of Yahweh and stand in His presence, a privilege denied to all save the high priest on the Day of Atonement.

The 'Two Witnesses' of Rev. 11:3 f. in Jewish and Christian Apocalyptic Tradition

M. BLACK

THERE seems little doubt that the author of the Book of Revelation intended his Christian readers to identify the two witnesses at chapter 11: 3 f. with Moses and Elijah.[1] As Wilhelm Bousset, however, pointed out in a famous monograph, a strikingly unanimous patristic tradition, with roots presumably reaching back into pre-Christian Jewish sources, consistently identifies the two witnesses with Enoch and Elijah.[2] In fact, the account of the martyrdom of the 'two witnesses' at Rev. 11: 3 f., in their confrontation with the Beast from the Abyss, together with their subsequent resurrection and ascension, is almost certainly a Christianized version of a still older Jewish Antichrist myth.

The difficulty is to disentangle the pre-Christian Jewish strands in this tradition from the Christian elements, especially in connection with the origin of the idea of the 'two witnesses'. Bousset stated the problem as follows: '... one point remains unexplained —the origin of the idea of the two witnesses. There can scarcely be a doubt that it cannot have emanated from a Jewish source. Here the return of Elias is expected, while the expectation of the two witnesses would seem to have never been more generally diffused, as is shown by the later Jewish tradition.'[3]

R. H. Charles suggested a connection with 1 En. 90: 31, where 'if the text is correct, it is said that Enoch and Elijah would return before the judgment.'[4] These verses read (in Charles's translation of the Ethiopic text[5]):

---

[1] Cf. R. H. Charles, *The Revelation of St. John* (ICC; Edinburgh, 1920), i. 281; Josef Ernst, *Die eschatologischen Gegenspieler in den Schriften des Neuen Testaments* (Biblische Untersuchungen, 3; Regensburg, 1967), p. 129.

[2] *Der Antichrist in der Überlieferung des Judenthums des neuen Testaments und der alten Kirche* (Göttingen, 1895); E.T., *The Antichrist Legend: a Chapter in Christian and Jewish Folklore* (London, 1896).

[3] Ibid., p. 210.   [4] Bousset, loc. cit.

[5] *The Book of Enoch* (Oxford, 1912), pp. 214 f. Part of these 'zoomorphic'

v. 30 'And I saw all the sheep which had been left, and all the beasts on the earth, ... doing homage to these sheep ...
31 And thereafter those three who were clothed in white and had seized me by my hand [who had taken me up before], and the hand of that ram also seizing hold of me, they took me up and set me down in the midst of those sheep before the judgment took place.'

'The sheep which had been left' are the remanent Israel, the 'Remnant', after or at the Judgement of the Fallen Angels and the Seventy Shepherds. The 'three clothed in white' are the three angelic companions of Enoch—the *angeli interpretes* but in this context, as elsewhere, Enoch's celestial guides—who, just as they had had the office of first transporting Enoch to Paradise, so now at the End-time conduct Enoch, along with Elijah, also acting as Enoch's guide, back to earth to the scene of the Last Judgement. 'That ram', as Charles pointed out, can only refer to Elijah[1] whose miraculous transportation to heaven was like that of Enoch and is described at 89: 52: 'And one of them was saved and not slain, and it sped away and cried aloud over the sheep; and they sought to slay it, but the Lord of the sheep saved it from the sheep, and brought it up to me, and caused it to dwell there.'

An important piece of evidence to which neither Charles nor Martin refers (although it cannot have been unknown to them) is the testimony of the Coptic Apocalypse of Elijah,[2] in a passage

---

visions is preserved in Greek (89: 42–9). Fragments of the original Aramaic text of these visions have also survived in the 4Q material. See *The Books of Enoch: Aramaic Fragments of Qumrân Cave 4*, edited by J. T. Milik, with the collaboration of Matthew Black (Oxford, 1976), pp. 41 f.

[1] Martin comments on 90: 31: 'Ce bélier pourrait être Élie (cf. lxxxix. 52); mais, dans le passage en question, Élie est désigné comme étant une brebis et non un bélier' (*Le Livre de Hénoch*, p. 233). 'That ram' could hardly refer to the 'ram' at 91: 18 (according to Charles the 'ram' here is Judas Maccabaeus), the only other possibility in this context, since 'that ram' was never with Enoch in Paradise. Cf., however, J. T. Milik, 'Problèmes de la littérature hénochique à la lumière des fragments araméens', in *HTR* 64 (1971), p. 359.

[2] The latest edition is that of Jean-Marc Rosenstiehl, *L'Apocalypse d'Élie, textes et études pour servir à l'histoire du judaïsme intertestamentaire*, i, Paris, 1972. See also G. Steindorff in TU, 17, 3 (Leipzig, 1899). The two Coptic recensions go back, presumably based on a Greek version, to an originally Hebrew apocalypse, which could conceivably be pre-Christian. Cf. J. Ernst, op. cit., p. 43 (*Entstehungszeit*: 100 v. Chr.–100 n. Chr.?). Rosenstiehl dates the Coptic recensions to the third century A.D., but argues for a pre-Christian Essene source (pp. 75 ff.).

which has also survived in a fragmentary Greek version.[1] The relevant verses are translated from the Akhmimic Coptic version:

'He [God] will judge the Shepherds of the people; he will inquire from them of the flock, and they will be given over to him, without there being any guile in them. Thereafter Elijah and Enoch descend and lay aside the flesh of the world and take their spiritual flesh and pursue the Son of Iniquity and slay him . . .'

The scene in the Elijah Apocalypse (3: 90–9, Rosenstiehl, pp. 114 ff. = 1 En. 90: 20–7) is that of the Judgement of the Angels and the Shepherds. As Rosenstiehl notes,[2] the judgement of the 'shepherds' refers to 1 En. 90: 25; a few verses later (1 En. 90: 31) Enoch narrates the story of the descent of Enoch and Elijah; and this forms the basis of the story in the Elijah Apocalypse of the role of Enoch and Elijah.

One can only conjecture the reasons for the introduction of this particular motif in 1 Enoch, the descent of Enoch and Elijah, into the Judgement scene of the Angels and the Seventy Shepherds. The words 'before the judgment took place', as Charles comments, are 'most confusing. If they are genuine it is hard to restore them to their place satisfactorily.'[3] In fact, they seem more like a later addition, designed to ensure the presence on earth of Enoch and Elijah throughout the Judgement scene. It is possible that the presence of the two Israelite immortals was to be that of *witnesses* to see that justice was done, on the principle that a valid testimony requires two witnesses (Num. 25: 30; Deut. 17: 6; Heb. 10: 28). Verse 32 could be held to support this: 'And these sheep were all white, and their wool was abundant and clean.' The two celestial Israelites bear witness to the sinless purity of the Remnant. An alternative explanation is also arguable: v. 38 reads 'and I saw till all their generations were transformed'. The nature of the transformation is not explained; Charles's conjecture is that the symbolism means that 'mankind is restored to the primitive righteousness of Eden' (op. cit., p. 216). The transformation, however, could be similar to that of Enoch and Elijah, who then are united,

---

[1] See Albert-Marie Denis, *Introduction aux pseudépigraphes grecs de l'Ancien Testament* (Leiden, 1970), p. 168. The Greek fragment was published by E. Pistelli in vol. 1 of *Papiri Greci e Latini* (Florence, 1912), p. 16 (No. 7). Cf. also C. Wesseley, 'Les plus anciens monuments du Christianisme', PO 18 (Paris, 1924), p. 487.
[2] Cf. op. cit., p. 55 n. 50.
[3] *The Book of Enoch*, p. 215.

after the destruction of the Gentile nations, with the Remnant of immortalized Israelites.

The role of Enoch and Elijah at the Last Judgement in the *Apocalypse of Elijah* is quite explicit: they are themselves to be transformed (it is assumed that they are immortal but still possessed of their human bodies), and after receiving spiritual forms, they confront the Antichrist and so destroy him.[1]

The *Apocalypse of Elijah*, in its final Coptic recensions, is a Christian document, and it is not always possible to distinguish the Christian from the Jewish elements in the interwoven traditions. However, in this particular instance, the dependence of the Apocalypse on 1 Enoch does strengthen Bousset's theory of a pre-Christian Jewish Antichrist myth, where the two Hebrew immortals, Enoch and Elijah, are the leading dramatis personae.[2]

Have Jewish sources any further light to shed on the problem?

2 Esd. 8: 18 ff. refers to the role of ascended Israelites at the *eschata*, but not necessarily any longer confined to Enoch and Elijah:[3] v. 18, 'The time draws near when I shall come to judge those who live on the earth ... [and] they shall see the deliverance that I bring and the end of this world of mine. They shall all see the men who were taken up into heaven without ever knowing death. Then shall men on earth feel a change of heart and come to a better mind. Wickedness shall be blotted out and deceit destroyed, but fidelity shall flourish, corruption be overcome, and truth, so long unfruitful, be brought to light.'

Presumably, it is the returning immortals who are to effect the change of heart, and all this is to precede the Judgement.

The same role is attributed to Elijah by Ben Sira: Elijah is to

---

[1] The Sahidic version Sa. 8: 8–10 (ed. Steindorff, p. 129; Rosenstiehl, p. 33) reads simply: 'We shall lay aside the flesh of the body; we shall kill you ...'

[2] The belief in the return of Enoch and Elijah at the End-time reappears in a number of other late Christian sources. Irenaeus, *Adv. Haer.* 5.5 states, on the authority of presbyters, disciples of the Apostles, that Enoch and Elijah were translated to Paradise, from which Adam was rejected, and 'there they remained, until the Consummation'. Cf. also P. J. Alexander, *The Oracle of Baalbek* (Washington, 1967); E. Sackur, *Sibyllinische Texte und Forschungen* (Halle, 1898); J. Schleifer, *Die Erzählung der Sibylle: Denkschriften der Kais. Akad. der Wissenschaften* (Vienna, 1910), pp. 1–80; see also Rosenstiehl, p. 40 n. 52. See also Bousset, op. cit., and J. C. Thilo, *Codex Apocryphus Novi Testamenti*, i (Leipzig, 1832), pp. 755–68.

[3] Cf. S–B iv (2). 781.

return and to be the 'restorer' of all things before the Messiah comes:[1] 'It is written that you are to come at the appointed time with warnings, to allay the divine wrath before its final fury, to reconcile father and son and to restore the tribes of Jacob' (Sir. 48: 10, NEB). A new aspect of Elijah's End-mission here is his 'coming . . . to allay the divine wrath before its final fury'.[2]

What looks like a late Jewish echo of the *Enoch et Elijah redituri et morituri* tradition is to be found in the *Biblical Antiquities* of the Pseudo-Philo, a curious apocalyptic writing still of uncertain provenance and date. Expert opinion is now placing the composition of this work, written originally in Hebrew, before the beginning of the second Christian century;[3] the Latin version, which alone has survived, goes back to a Greek translation of the Hebrew original; and this Greek prototype was 'a product of the same school as the Fourth Book of Esdras. . .'.[4] There would be nothing unusual, therefore, in the survival of pre-Christian traditions in this apocalypse. Besides, there is no evidence in the work itself of Christian influences. Moreover, the book does draw on the Enoch tradition elsewhere,[5] so that any development of the Enoch–Elijah saga would again be no surprise.

The relevant passage occurs at 48: 1: 'At that time also Phinees laid himself down to die, and the Lord said unto him: Behold thou hast overpassed the 120 years that were ordained unto all men. And now arise and go hence and dwell in the mount Danaban and

---

[1] See S–B, ibid.

[2] The Greek text has: κοπάσαι ὀργὴν πρὸ θυμοῦ: Hebrew reads להשבית אף [לפני הרון], where the original has been conjectured לפני יום יהוה: i.e. to cause Wrath to cease before the Day of Yahweh. The conjecture is supported by the Syriac version which reads v. 10 as 'And he is about to come before the Day of the Lord comes . . .'. Cf. H. L. Strack, *Die Sprüche Jesus, des Sohnes Sirachs* (Leipzig, 1903).

[3] See D. J. Harrington, 'The Biblical Text of Pseudo-Philo's *Liber Antiquitatum Biblicarum*', *CBQ* 33 (1971), 16. ('The presence of a Palestinian Biblical text in LAB allows us to establish A.D. 100 as the date *before which* LAB must have been composed' (italics mine). See also, by the same author, 'The Original Language of Pseudo-Philo's *Liber Antiquitatum Biblicarum*', *HTR* 63 (1970), 503–14. A full historical bibliography is to be found in Kisch, pp. 98 ff. (See next note.)

[4] Cf. M. R. James, *Biblical Antiquities of Philo* (London, 1917), pp. 7, 29 ff. The work was introduced to modern scholars by Leopold Cohn, 'An Apocryphal Work Ascribed to Philo of Alexandria', *JQR* (Old Ser.) 10 (1898), 277–332. The most recent edition is Guido Kisch, *Pseudo-Philo's 'Liber Antiquitatum Biblicarum'* (Paris, 1949).

[5] See James, op. cit., pp. 43 ff., 77, 181 n.

abide there many years, and I will command mine eagle and he shall feed thee there, and thou shalt not come down any more unto men until the time come and thou be proved in the time. And then shalt thou shut the heaven, and at thy word it shall be opened. And after that thou shalt be lifted up into the place whither they that were before thee were lifted up, and shalt be there until I remember the world. And then will I bring you and ye shall taste what is death' (*gustabitis quod est mortis*).

Phinees is, of course, Elijah, as is clear from the statement, 'And then thou shalt shut the heaven', etc. (cf. Rev. 13: 6); the use of a pseudonym which hardly concealed the real identity of the person concerned to those who were familiar with his deeds is a well-known feature of apocalyptic writing. The tradition which saw in Phinehas the type of Elijah (or simply identified Elijah with Phinehas, for whatever reason) can be traced in Origen[1] and in other specifically Jewish sources.[2] Nor is it difficult to detect a reference to Enoch where Phinehas-Elijah is instructed by Yahweh to join those 'that were lifted up before thee'; the plural (*gustabitis*) may have been intended to include Moses as well as Enoch, though the tradition of the ascension or assumption of Moses, unlike that of Elijah, is not Biblical. That Enoch is in the author's mind seems obvious: but if confirmation is needed, it will be found in the place of the ascension of Phinehas-Elijah and company, viz., *Danaban* which is, I suggest, a corruption of *Dandain* (דנדין, דנבין), the name of the 'wilderness on the east of the garden where the elect and righteous dwell', *where Enoch was* '*taken up*' (1 En. 60: 8).

The significant words are 'And then will I bring you and you shall taste what is death' (*et gustabitis quod est mortis*); Enoch and Elijah who passed from mortal life to immortality without tasting death are 'to taste death' when God remembers the world, clearly at some divine visitation of mankind, conceivably, in this apocalyptic writing, the Last Judgement. Nothing is said as to why these immortalized heroes of Israel's past are to suffer this supreme indignity of death. If there ever was any Antichrist myth in this book, all other traces of it have disappeared.

The later Coptic Elijah Apocalypse attaches a special signifi-

---

[1] *The Commentary of Origen on S. John's Gospel*, ed. A. E. Brooke (Cambridge, 1896), tom. VI. 14, i. 128.
[2] Pirḳe R. Eliezer 29.

cance to the sufferings and deaths of the 'saints', including the deaths of the two 'immortals'. Not only do they intercede for sinners (3: 68), curtail the period of affliction (3: 73–4), assuage the divine wrath (3: 69); they also fulfil an expiatory function (3: 25–39); according to the Tibur Sibyl the blood of Enoch and Elijah is shed on the Altar in the Temple.[1] Though no Jewish source ever connects the death of Elijah with his role as 'allaying' the wrath of God, this late Elijah tradition may be an echo of just such an expiatory mission. It is certainly the expression 'to allay the wrath' of God, used by Ben Sira of Elijah, which is also used in connection with the atoning deaths of the Maccabaean martyrs:[2] the idea of the salvation of the people through the atoning sufferings and deaths of the martyrs is practically a common-place in 2 Maccabees.[3]

A possible allusion to the death of Enoch in a similar eschatological context occurs at Wisd. 4: 10 ff. (RSV):

10 There was one who pleased God and was loved by him,
and while living among sinners he was taken up ...
13 Being perfected in a short time, he fulfilled long years;
14 for his soul was pleasing to the Lord,
therefore he took him quickly from the midst of wickedness ...
16 The righteous man who has died
will condemn the ungodly who are living, ...
17 For they will see the end of the wise man,
and will not understand what the Lord purposed for him,
and for what he kept him safe.
18 They will see, and will have contempt for him,
but the Lord will laugh them to scorn.

Wisd. 5: 1–5:

1 Then the righteous man will stand with great confidence
in the presence of those who have afflicted him,
and those who make light of his labours.
2 When they see him, they will be shaken with dreadful fear,
and they will be amazed at his unexpected salvation.
3 They will speak to one another in repentance,
and in anguish of spirit they will groan, and say

[1] Cf. Rosenstiehl, op. cit., pp. 58 ff.
[2] e.g. 2 Macc. 7: 38 ff.
[3] See E. Lohse, *Märtyrer und Gottesknecht* (Göttingen, 1955), pp. 70 ff. and J. Roloff, 'Anfänge der soteriologischen Deutung des Todes Jesu (Mk x. 45 und Lk xxii. 27)', in *NTS* 19 (1972–3), pp. 38–64, esp. 47 ff.

4 'This is the man whom we once held in derision
and made a byword of reproach—we fools!
We thought that his life was madness
and that his end was without honour.
5 Why has he been numbered among the sons of God?
And why is his lot among the saints?'

The 'righteous man' of v. 16 and 'the wise man' of v. 17, I would suggest, refer to the celestial Enoch, and not to the righteous or wise man in general. The context of both verses requires us to understand the words in this sense: at 4: 6 the condemnation of the ungodly *who are still alive* by a ṣaddiḳ (= δίκαιος) who is dead (καμών) makes little sense if we interpret the words to mean that any righteous individual who has died will therefore be in a position to condemn the ungodly who still live. (NEB overcomes the difficulty by rendering κατακρινεῖ (in 4: 16) by 'will shame', a free and wrong translation.) The allusion in the verse seems to me to be to the Enoch legend: the immortalized patriarch whom God had 'watched over' (v. 4: 15), after suffering death at the hands of the ungodly, will 'stand up', 'arise', and confront his oppressors, the wicked, with judgement (5: 1–5). 4: 17 speaks of the purpose for which God had 'kept him safe', viz., his death or 'end': but he will 'stand' (στήσεται) before his oppressors as their Righteous Judge (5: 1). Enoch is clearly here, of course, as also in 1 Enoch, the *type* of the righteous Israel. This whole section, 4: 17–20, is parallel to 2: 1–3, 11: the theme in both sections is the mystery (cf. v. 22) of the sufferings and death of the righteous. In 2: 1–3, 11 he who named himself 'Servant of the Lord' (2: 13, παῖς θεοῦ) and boasted that God was his Father (2: 16), whom God would assist if he were truly his son (2: 18), had perished: nevertheless, God has given him an immortal life and destiny. In 4: 7–20 the 'righteous man' typified by Enoch, the immortal patriarch, will perish, but the unrighteous will not understand the counsel of the Almighty and why Enoch has been preserved (v. 17). It is in order that Enoch will rise up at the End to condemn the wicked.[1]

It makes coherent sense so to interpret these chapters. There is no reference, it is true, to Elijah. Enoch alone appears to be

---

[1] There may have been some displacement of verses in these chapters: 3: 9 cf. 4: 15. It is possible that 4: 19–20 originally referred to the dishonoured corpses of the righteous (cf. 5: 4).

selected as the immortal ṣaddiḳ cast in this role: the situation is similar to that in ch. 71 of 1 Enoch, where Enoch is the Righteous One or Son of Man.[1] Enoch, however, while clearly recognizable, is not named; for it is not just the individual Enoch who is selected for this role, but the true ṣaddiḳ, the type of Israel.

The Antichrist passages in the New Testament are 2 Thess. 2: 1–12 and Rev. 11: 1–12. The former is closely linked, both conceptually and linguistically, with the 'little Apocalypse' of Mark 13, and the corresponding verses in Matt. and Luke, supplementing Mark from the 'double tradition'.[2] Bousset's hypothesis that an Antichrist apocalypse lies behind Mark 13: 14 depends on the view taken of the character, personal or impersonal, of the 'abomination of desolation'. Lohmeyer[3] interpreted it of the *person* of the Antichrist, arguing from the masculine participle ἑστηκότα; and this exegesis is supported if we take the following words 'let the *reader* take note' as drawing attention to this unusual gender, disagreeing with βδέλυγμα. If we assume a reference to the person of the Antichrist in these apocalyptic verses in the Synoptic Gospels, then, clearly, his opponent is the Son of Man. In the Thessalonian version of the legend, it is the κύριος ['Ιησοῦς] who will destroy the 'son of perdition'. In this respect this common tradition behind the Gospel passages and 2 Thess. stands in striking contrast to the form of the legend in Revelation where the opponents of the Antichrist are the returning Moses and Elijah. Significantly enough, however, the opponents of the Antichrist, in the version of the legend in Revelation, do not slay their enemy, probably because the Christian tradition was already established that Antichrist would be destroyed by Christ at his second Advent.

Comparison of the two versions of the legend, in the light of their Jewish background, suggests that it is the version in Revelation which preserves the oldest form of the tradition with the 'two witnesses' opposing the Antichrist. Older, however, than either Christian version is the Jewish tradition identifying the two witnesses with Enoch and Elijah and making them the instruments of the destruction of their Adversary. There may be other older elements in the Revelation account. The manner of the deaths of the two witnesses is not described, but the parallel with the resurrection and ascension of Christ has suggested that the

---

[1] See further below, p. 237. [2] Cf. Ernst, op. cit., p. 22.
[3] *Das Evangelium des Markus* (Göttingen, 1957), p. 276.

latter provided the model for the death, resurrection, and ascension of the witnesses.[1] There are, however, equally striking differences: Charles, for instance, notes that the 'three and a half days' corresponds to the three and a half years of the prophetical activity of the witnesses in their life-time.[2] The language and imagery of v. 11, moreover, are borrowed from Ezek. 37: 5, 10, the vision of the Dry Bones or Resurrected Israel: 'I will breathe into you and you shall live . . . they came to life and rose to their feet.' The application of the imagery to Moses and Elijah suggests that in the author's mind the two witnesses represent Israel or the Israel of God. Verse 12 repeats the miracle of the ascension of the witnesses, which they had experienced in their first lifetime. Such features suggest an independent source for the legend of the death, resurrection, and ascension of the witnesses, possibly a pre-Christian one. The story, as told in Revelation, need not be modelled on the story of Christ's death, resurrection, and ascension.

The proverb-like saying at Matt. 24: 18 = Luke 17: 37 in the Q apocalypse has recently been explained with reference to the Antichrist legend:[3] 'The metaphorical saying Mt. 24. 28 points to this, that the Parousia must take place there, where something is present, ripe for destruction, namely, the Adversary who is alluded to at Mt. 24. 15.'[4] The 'corpse' ($\pi\tau\hat{\omega}\mu\alpha$) is, on this theory, the Antichrist, presumably slain by the Son of Man; and this is to be the 'sign' of the Parousia of the Son of Man. An alternative explanation would be to see in the 'corpse' the slain bodies of the two witnesses, as the sign of the coming of the Son of Man.[5]

Are there any traces of the Elijah–Enoch 'martyrdom' theme elsewhere in the New Testament?

A passage of special interest is Mark 9: 9–13:

[1] Cf., e.g., E.-B. Allo, *St. Jean, l'Apocalypse* (Paris, 1933), p. 155.
[2] *Revelation*, i. 289.
[3] E. Grässer, *Das Problem der Parusieverzögerung in den synoptischen Evangelien und in der Apostelgeschichte*, 2nd edn. (Berlin, 1960), p. 163; G. Harder, 'Das eschatologische Geschichtsbild der sog. kleinen Apokalypse Markus 13', *ThViat* 4 (1952–3), p. 86. Cf., however, R. Bultmann, *The History of the Synoptic Tradition* (Oxford, 1963), pp. 73, 81, etc.: in spite of its eschatological context and its type (a 'single-strand Hebrew *mashal*') Bultmann explains the logion as a secular proverb turned into a dominical saying; we can no longer determine its original meaning (p. 99). Its proverbial form is unmistakable (cf. Job 39: 30) and there are Hellenistic parallels (Cornutus, *Theologiae Graec. comp.*, ed. C. Lang, 1881, Corn. 21, pp. 15 f., 41) but this does not mean that it cannot then be an authentic logion. [4] J. Ernst, op. cit., p. 10.
[5] The noun $\pi\tau\hat{\omega}\mu\alpha$ can be used collectively. Cf. Rev. 11: 9, Wisd. 4: 19.

On their way down the mountain, he enjoined them not to tell anyone what they had seen until the Son of Man had risen from the dead. They seized upon those words, and discussed among themselves what this 'rising from the dead' could mean. And they put a question to him: 'Why do our teachers say that Elijah must be the first to come?' He replied, 'Yes, Elijah does come first to set everything right. Yet how is it that the scriptures say of the Son of Man that he is to endure great sufferings and to be treated with contempt? However, I tell you, Elijah has already come and they have worked their will upon him, as the scriptures say of him.' (NEB)

The Matthaean parallel (Matt. 17: 13) explains the reference at Mark 9: 13 to be to John the Baptist, as fulfilling the role of Elijah *redivivus* (an identification made again at Matt. 11: 14 and possibly dominical in origin). Mark 9: 13 implies that some scripture had predicted the martyrdom of Elijah *redivivus*, unless we take the reference to be to 1 Kgs. 19: 2, 10.[1] But the allusion is, more probably, to some apocalyptic scripture, late echoes of which have reached us in the Pseudo-Philo and the Coptic Elijah apocalypse. Vincent Taylor goes further than Swete in suggesting that 'I Kgs. 19: 2, 10 and traditions lying behind Apoc. 11: 3–13 may be in mind'.[2]

The Jewish tradition which interprets the Danielic 'Son of Man' not messianically, but, nevertheless, individually, by identifying him with the immortalized Enoch has been exhaustively discussed.[3] The problem of date is crucial: for if this form of interpretation of Dan. 7: 13 did circulate in certain circles in the New Testament period—and the Gospels themselves bear witness to a lively expectation of 'returning ones', Moses, Elijah, one of the 'ancient Prophets'—then we cannot rule out the possibility that the original Jewish-Christian tradition—basically the 'Son of Man' tradition behind Mark—cast Jesus in the role, not of *the* Messiah, but of the Son of Man-Enoch, who, with Elijah, was to appear at the End-time, as prophets of repentance before the 'great and terrible Day of the Lord'. The predictions of the death, resurrection and ascension of the Son of Man would then be modelled on the Enoch-son of man apocalyptic prophecies, based on Ezekiel, and embedded in the Christian Apocalypse 11: 3 f.

5 January 1973

[1] See Swete, *The Gospel according to St. Mark* (London, 1902), ad loc.
[2] *The Gospel according to St. Mark* (2nd edn., London, 1966), p. 395.
[3] See, e.g., *ThW* viii. 428 f., esp. 429, 12–14.

Romanas caerimonias recognoscere

R. Freudenberger

EINE Stelle in den Acta Cypriani erweist sich bei näherem Hinsehen als 'crux interpretum' für alle Darstellungen der valerianischen Christenverfolgung. Am 30. August 257 eröffnet der afrikanische Prokonsul Aspasius Paternus[1] das Verhör des karthagischen Bischofs Cyprian mit der Wiedergabe eines kaiserlichen Ediktes,[2] das gebot: 'eos qui Romanam religionem non colunt, debere Romanas caerimonias recognoscere!' Diesen Text bietet jedenfalls die Cyprianedition W. Hartels[3] und alle von ihr abhängigen Nachdrucke.[4] Auch R. Reitzenstein[5] kennt nur Varianten, die sich aus der Hartel'schen Lesart unschwer erklären lassen, so dass Reitzensteins eigener Emendationsversuch 'debere eos qui Romana lege vivunt (vitam colunt), Romanas caerimonias agnoscere',[6] nur als ein Notbehelf angesehen werden muss, mit dem der gelehrte Philologe die inhaltliche Schwierigkeit der

---

[1] Dieser afrikanische Prokonsul ist nur durch die Acta Cypriani und den von ihnen abhängigen sermo 309, 2 Augustins bekannt. Sein Prokonsulat gilt aber dadurch für das Jahr 257/8 als gesichert. Vgl. B. Thomasson, *Die Statthalter der römischen Provinzen Nordafrikas von Augustus bis Diocletianus*, ii (Skr. utg. av Svenska Inst. i Rom, Ser. in 8°, 9; Lund, 1960), S. 123 f.

[2] Da sich offensichtlich zur gleichen Zeit auch der ägyptische Vizepräfekt Aemilianus bei seinem Verhör des alexandrinischen Bischofs Dionysius auf dieselbe Kaiserkonstitution berief, Eusebius, *H.E.* 7, 11, 6, dürfte es sich bei diesen 'literae, quas sacratissimi imperatores Valerianus et Gallienus ad me dare dignati sunt quibus praeceperunt...' um einen kaiserlichen Brief an den Statthalter handeln, der das für alle Provinzen erlassene Edikt begleitete, vgl. dazu L. Wenger, *Die Quellen römischen Rechts* (Wien, 1953), S. 425, Anm. 6.

[3] W. Hartel, *S. Thasci Caecili Cypriani opera omnia* (*CSEL* III, 3; Wien, 1871), S. CX. 10–13.

[4] Z. B. die geläufigste moderne Sammlung altkirchlicher Martyrien: Knopf-Krüger-Ruhbach, *Ausgewählte Märtyrerakten*, (4. Aufl., Tübingen, 1965), S. 62.5 f.

[5] R. Reitzenstein, „Bemerkungen zur Märtyrerliteratur II", *NGG* 1919, Phil.-hist. Kl., S. 177–219, hier S. 205 f.

[6] Diese Rekonstruktion hat zum Vorbild eine entsprechende Wendung der Acta disputationis Acacii nach J. Weber, *De actis s. Acacii* (Diss., Strassburg, 1913), S. 46. Zur Rekonstruktion vgl. R. Reitzenstein, „Die Nachrichten über den Tod Cyprians", SAH, Phil.-hist. Kl. 1913, Abh. 14, S. 26, sowie art cit., *NGG* 1919, S. 206, Anm. 2.

Originallesart auflösen möchte. Deshalb halten sich auch die meisten modernen Historiker an den tradierten Text.[1] Auch die beiden einzigen modernen Autoren, die Reitzensteins Bedenken gegen den überlieferten Text der Wiedergabe des kaiserlichen Reskripts durch den Prokonsul im ersten Abschnitt der Acta Cypriani teilen, müssen zwar die „in den Handschriften eindeutig bezeugte Fassung des Textes" anerkennen,[2] versuchen sie aber entweder dem „Protokollanten" oder einem „Abschreiber" anzulasten[3] oder als „aus kirchlicher Sicht formuliert" darzustellen.[4]

So einfach hatte sich Reitzenstein die Sache allerdings deshalb nicht gemacht, weil ihn die Erforschung der recht komplizierten Überlieferungsgeschichte der Acta Cypriani überzeugt hatte, dass der erste Teil dieses Dokuments, eben das Verhör des karthagischen Bischofs durch den Prokonsul Aspasius Paternus, zunächst als selbständige Abschrift des amtlichen Protokolls in Umlauf war und erst später der Zusammenstellung der Berichte über die Verurteilung Cyprians durch den Prokonsul Galerius Maximus sowie die Hinrichtung und das Begräbnis des Märtyrerbischofs vorangestellt wurde.[5] Dieses Ergebnis wird durch einen Brief der numidischen Confessoren Nemesianus, Dativus, Felix und Viktor an Cyprian[6] und durch eine Notiz der Vita Cypriani des Pontius[7] bestätigt. Auch Cyprians zeitgenössischer alexandrinischer Kollege Dionysius überliefert uns in seinem Brief gegen Germanus, in dem er sein Verhalten während der valerianischen

[1] Vgl. vor allem A. Alföldi, „Zu den Christenverfolgungen in der Mitte des 3. Jahrhunderts", bequem zugänglich in dem Sammelband: Studien zur Geschichte der Weltkrise des 3. Jahrhunderts nach Christus (Darmstadt, 1967), S. 285–311, hier S. 303; G. E. M. de Ste. Croix, „Why were the early Christians persecuted?", Past and Present, 26 (1963), S. 6–28, hier S. 13; W. H. C. Frend, Martyrdom and Persecution in the Early Church (Oxford, 1965), S. 423.

[2] L. Koep, ,, ‚Religio' und ‚ritus' als Problem des frühen Christentums", Jahrbuch f. Antike und Christentum, 5 (1962), 43–59, hier S. 52; ihm folgt J. Molthagen, Der römische Staat und die Christen im zweiten und dritten Jahrhundert (Hypomnemnata, 28; Göttingen, 1970), S. 90.

[3] Koep, aaO.   [4] Molthagen, aaO.

[5] Reitzenstein, SAH 1913, S. 7 ff.; NGG 1919, S. 204 ff; vgl. P. Corssen, „Das Martyrium des Bischofs Cyprian I", ZNW 15 (1914), 221–33; hier S. 222 f.: „Es scheinen mir auch, soweit der Wortlaut in der Überlieferung feststeht, keinerlei innere Anzeichen einer Überarbeitung des Protokolls vorzuliegen."

[6] Cyprian, Ep. 77, 2, 1: „nam quasi bonus et verus doctor quid nos discipuli secuti apud praesidem dicere deberemus prior apud Acta proconsulis pronuntiasti . . ."

[7] Vita Cypriani, 11: „et quid sacerdos Dei proconsule interrogante responderit, sunt acta quae referant" (ed. Hartel; CSEL III, 3, S. CI. 6 f.).

Verfolgung rechtfertigt, das amtliche Protokoll seines Verhörs vor dem stellvertretenden ägyptischen Präfekten Aemilianus[1] in der Folge des ersten valerianischen Christenerlasses.[2] Es dürfte deshalb unzulässig sein, die Schwierigkeit, sich den überlieferten Wortlaut im Munde eines römischen Statthalters vorzustellen, dadurch zu mildern, dass man sie einem Protokollanten oder Abschreiber oder gar einem kirchlichen Redaktor zuschiebt! Es bleibt daher der Anstoss, der Reitzenstein zu seinem Emendationsversuch getrieben hat: „Tatsächlich ist sie [sc. die überlieferte Formulierung] unmöglich . . ., weil sie einen Unterschied zwischen Religion und Kult gemacht hätte, der zweckwidrig und für diese Zeit unmöglich war".[3] Gerade dieser berechtigte Anstoss wird allerdings von den meisten Historikern, die sich für die Behandlung der valerianischen Verfolgung auf unsere Stelle stützen, nicht wahrgenommen. Stellvertretend für viele andere seien nur die Interpretationen von drei bedeutenden Gelehrten zitiert. Bei H. Lietzmann heisst es: (Valerian) „erliess im Sommer 257 ein Edikt, welches den Christen befahl, wenn sie schon die Staatsreligion nicht annehmen wollten, wenigstens die römischen Zeremonien mitzumachen — die Formulierung sollte wohl ein Entgegenkommen bedeuten".[4] Die massgebende historische Interpretation dieses Satzes stammt von A. Alföldi: „Die alte Religion selbst geht uns nichts an; aber die rituellen Formalitäten, durch welche die Loyalität gegen die Herrscher bezeugt wird, müssen unbedingt eingehalten werden".[5] Die mildeste Inter-

[1] Zu L. Mussius Aemilianus vgl. H. G. Pflaum, *Les Carrières procuratoriennes équestres sous le Haut-Empire romain*, ii (Paris, 1960), S. 925–27; leider geht Pflaum nicht darauf ein, dass Aemilianus nach Eusebius, *H.E.* 7, 11, 6 im Jahr 257 noch stellvertretender Präfekt Ägypten war, wie die Wendung διέπων τὴν ἡγεμονίαν aufzeigt. Am 24. September 258 war er aber bereits praefectus Aegypti, wie Pap. Oxy. IX, 1201. 1–4 beweist.
[2] Eusebius, *H.E.* 7, 11, 6–11, vgl. Reitzenstein, *SAH* 1913, S. 7 ff.; Alföldi, aaO, S. 303; Molthagen, aaO, S. 87 ff.
[3] Reitzenstein, *SAH* 1913, S. 26, Anm. 2; vgl. *NGG* 1919, S. 206, Anm. 1: „Dabei wurde den staatlichen Rechten die kultische Pflicht gegenübergestellt; ein Gegensatz zwischen religio und caerimoniae ist für antike Empfindung unmöglich"; ähnlich Koep aO und Molthagen aaO.
[4] H. Lietzmann, *Geschichte der alten Kirche*, ii (3. Aufl., Berlin, 1961), S. 169; weniger differenziert bei A. Ehrhard, *Urkirche und Frühkatholizismus* (Bonn, 1951), S. 149 und K. Baus, *Von der Urgemeinde zur frühkatholischen Grosskirche* (HKG 1; 3. Aufl., Freiburg-Basel-Wien, 1965), S. 259.
[5] Alföldi, aaO, S. 303, vereinfacht bei J. Moreau, *Die Christenverfolgung im römischen Reich* (dt. Übers. Berlin, 1961), S. 90, und C. Andresen, *Die Kirchen der alten Christenheit* (Stuttgart, 1971), S. 288.

pretation dieses Ediktes gibt schliesslich W. H. C. Frend: ...
„those who did not observe the Roman religion should none the
less give some token of recognition or veneration to Roman cere-
monies."[1] Abwegig ist die Interpretation von G. Krüger, die
durch dieses Edikt „die gesetzliche Zulässigkeit der christlichen
Religion amtlich festgestellt" sein lässt.[2] Es ist daher ratsam,
diesen Grundsatz im Munde des karthagischen Prokonsuls
Aspasius Paternus einer genaueren sprachlichen und historischen
Untersuchung zu unterwerfen:

Nun wird der Inhalt der Wendung „Romanas caerimonias
recognoscere" im zweiten Teil des textus receptus der Acta Cypriani, dem Verhör des Bischofs durch den Prokonsul des Jahres 258,
Galerius Maximus,[3] offensichtlich zweimal, jeweils etwas verändert, wieder aufgegriffen: Act. Cypr. 3, 5 bezieht sich der
Prokonsul auf die Bestimmung des Ediktes von 257, wenn er
Cyprian darauf hinweist: „iusserunt te sacratissimi imperatores
caeremoniari". Dieses von „caerimonia" abgeleitete Deponens
kommt nach dem Befund des *Thesaurus Linguae Latinae*[4] nur
an dieser Stelle und davon abhängig, bei Augustin, *sermo* 309, 5,[5]
einer Predigt zu Ehren des Märtyrerbischofs, Cyprian, vor. Schon
dieser Tatbestand lässt daran zweifeln, dass wir es an dieser
Stelle mit der authentischen Wiedergabe eines Hinweises des
afrikanischen Prokonsuls zu tun haben. Reitzenstein hat nun
nachgewiesen, dass dieser ganze Passus, beginnend mit „iusserunt"
bis „consultatio" nur in der jüngeren Fassung des zweiten
Teils der Cypriansakten zu finden ist und eine ausschmückende
Zutat darstellt, die sich zum Teil eng an die Acta Scilitana
anlehnt.[6]

In der Begründung der *sententia* für den karthagischen Bischof

---

[1] Frend, aaO, S. 423; vgl. ders., *The Early Church* (Philadelphia-New York, 1966), S. 116, sowie de Ste. Croix, aaO, S. 31.

[2] G. Krüger, *Die Rechtsstellung der vorkonstantinischen Kirchen* (Stuttgart, 1935), S. 112 f.

[3] Er war der Nachfolger des Aspasius Paternus; vgl. Thomasson, aaO, S. 124 f.

[4] *Thes. Ling. Lat.* iii (München, 1906–12), s.v. caerimonior, Sp. 103.

[5] Abgedruckt bei *MPL* 38, 1531.

[6] Reitzenstein, *SAH* 1913, S. 23 ff.; *NGG* 1919, S. 185 ff., vgl. S. 188: „Alle nur in Fassung I [sc. der jüngeren Fassung] überlieferten Sätze dienen also dazu, den Bekennermut des Bischofs zu verherrlichen", vgl. Acta Scilitana, 11 (ed. Knopf-Krüger-Ruhbach, S. 29. 16 ff.) und dazu „Die Akten der scilitanischen Märtyrer als historisches Dokument", *Wiener Studien*, N.F. 7 (1973), 196–215.

durch den Prokonsul Galerius Maximus heisst es dann im *textus receptus*: „diu sacrilega mente vixisti et plurimos nefariae tibi conspirationis homines adgregasti et inimicum te deis Romanis et religionibus constituisti, nec te pii et sacratissimi principes Valerianus et Gallienus Augusti et Valerianus nobilissimus Caesar ad sectam caerimoniarum suarum revocare potuerunt." Da aber auch die Überlieferung dieses Textes verwirrt ist und der *textus receptus* nach der Hartel'schen Ausgabe[1] sicherlich die jüngere Fassung I wiedergibt,[2] ist sicherlich von der Fassung II auszugehen: nec te pii et sacratissimi principes nostri, Valerianus et Gallienus Augusti et Valerianus nobilissimus Caesar, secta [oder sectam] felicissimorum temporum suorum obdurati furoris ad cerimonias populi Romanas percolendas bonamque mentem habendam tanto tempore potuerant revocare."[3] Es dürfte nach Reitzenstein und Corssen jedenfalls feststehen, dass bereits der Redaktor der jüngeren, vollständigen Fassung der Acta Cypriani (Reitzensteins Fassung I) diesen Passus verderbt und sinnentstellt vorfand und ihn zu der Fassung verbesserte, die heute der Hartel'sche *textus receptus* wiedergibt.[4] Aus zwei Würzburger Codices gewann nun Reitzenstein eine weitere, streng protokollarisch gehaltene, wenn auch nicht amtliche Fassung des Verhörs und des Urteils gegen Cyprian durch den Prokonsul Galerius Maximus[5] und diese ursprüngliche Fassung kennt unseren Passus noch nicht, deshalb ist anzunehmen, dass die an hagiographischer Ausmalung interessierten Redaktoren der Acta Cypriani schon sehr früh auf die überlieferte religionsrechtliche Bestimmung des ersten Edikts im Verhör Cyprians vor Aspasius Paternus zurückgriffen, um das Urteil gegen Cyprian zu begründen. Deshalb ist es nicht ratsam, diese frühen christlichen Interpretationen aus Teil II der Cypriansakten zum Verständnis der Bedeutung unserer Bestimmung aus Teil I der Akten, der ja anfänglich eine

[1] CSEL III, 3, S. CXIII.4 ff.
[2] Vgl. Reitzenstein, *SAH* 1913, S. 16.8 ff.
[3] Zitiert nach Corssen, aaO, S. 230; vgl. die Emendationen bei Corssen, aaO, S. 231 und bei Reitzenstein, *SAH* 1913, S. 21.15 ff. und S. 36.18 ff. sowie die resignierende Anregung, *NGG* 1919, S. 194.
[4] Reitzenstein, *NGG* 1919, S. 194, 202.
[5] Codices Wirceburgenes theol. 145 und theol. 56; vgl. Reitzenstein, *SAH* 1913, S. 32 ff. und *NGG* 1919, S. 195 ff. Die Kritik von P. Corssen, „Das Martyrium des Bischofs Cyprian", *ZNW* 17 (1916), 189–206, hier S. 194 f., leuchtet mir nicht ein.

eigene Überlieferungsgeschichte besass (s. o.), zu benützen, wie das heute noch gerne geschieht.[1]

Die Bestimmung des ersten valerianischen Edikts findet sich nach der Bezugnahme durch den afrikanischen Prokonsul Aspasius Paternus damit ab, dass es Untertanen gibt „qui Romanam religionem non colunt". In seiner Übersetzung des Exoduskommentars des Origenes gibt Rufin das griechische προσκυνεῖν mit „adorare", λατρεύειν aber mit 'colere' wieder und überträgt damit eine Definition des Origenes auf folgende Weise ins Lateinische: „aliud est colere, aliud adorare. potest quis interdum et invitus adorare, sicut nonnulli... adorare se simulant idola, cum in corde ipsorum certum sit, quia nihil est idolum. colere vero ex toto his affectu et studio mancipare", etwas weiter wendet er diese Definition schon praktisch an, wenn er übersetzt: „idola neque affectu colas, neque specie adores."[2] Zu diesem mehr äusserlichen λατρεύειν = „adorare" der römischen Staatsgötter forderte übrigens der ägyptische Vizepräsident Aemilianus auf Grund des ersten valerianischen Edikts, das er als eine besondere kaiserliche Vergünstigung ansieht, den alexandrinischen Bischof Dionysius auf.[3] Trotzdem kann die verinnerlichte Verehrung der Götter für den antiken Menschen nie losgelöst vom Vollzug der äusseren Kultakte gedacht werden, „religionem" bzw. „religiones colere" bezieht sich daher stets auf die kultische Verehrung der Götter, wie etwa Cicero, *de legibus*, 2, 15: „sit... persuasum civibus dominos esse omnium rerum ac moderatores deos... eosdemque qua mente, qua pietate colat religiones intueri" und der Heide Caecilius bei Minucius Felix, *Octavius*, 6, 1: „quanto venerabilius ac melius antistites veritatis maiorum excipere disciplinam,[4] religiones traditas colere, deos, quos a parentibus ante inbutus es timere quam nosse familiarius, adorare"[5] aufzeigen.

[1] So etwa Koep, aaO, S. 52; vgl. auch die unkritische Aneinanderreihung der drei angesprochenen Stellen aus den Cypriansakten bei H. Wagenvoort, s. v. Caerimonia, *RAC* ii, Sp. 820-22, hier Sp. 822.

[2] Rufin, *Orig. in exod.* 8, 4; vgl. Augustin, *Civitate Dei*, 6 praef.: „multos deos et falsos... eo ritu ac servitute, quae graece λατρεία dicitur et uni vero deo debetur, venerandos et colendos putant."

[3] Eusebius, *H.E.* 7, 11, 7; für die Interpretation dieser Stelle schliesse ich mich sonst Molthagen, aaO, S. 87 ff., an.

[4] Dieses Schlüsselwort taucht auch am Ende der Urteilsbegründung des Galerius Maximus auf: Acta Cypr. 4, 2: „sanguine tuo sancietur disciplina", vgl. dazu Verf., *Das Verhalten der römischen Behörden gegen die Christen im 2. Jahrhundert* (2. Aufl., München, 1969), S. 130 ff.

[5] Weitere Belege *Thes. Ling. Lat.* iii, s. v. colere V, 4, Sp. 1688.

Wie eng für den Römer „religio" und „caerimonia" zusammengehören, zeigt eine Definition Ciceros: „religio est, quae superioris cuiusdam naturae quam divinam vocant curam caerimoniamque affert."¹ Daher ist religio nach K. Latte „stets mit einer Reaktion, einer Handlung, wenigstens mit einer Geste verbunden".² Aber auch im Wort „caerimonia" stehen der Begriff der ehrfurchtsgebietenden Heiligkeit und die dadurch ausgelöste Handlung ungeschieden nebeneinander.³ „Romanam religionem colere" bedeutet damit *eo ipso* die vorgeschriebenen „caerimoniae" ausführen. Insoweit sind die Zweifel in der Nachfolge Reitzensteins am Wortlaut der Alternative im Munde des Prokonsuls nach dem *textus receptus* der Acta Cypriani in der Tat berechtigt.

Aber muss „caerimonias recognoscere" wirklich nur als „kultische Handlungen ausführen" übersetzt werden? An diesem Punkt unserer Untersuchung hilft nur eine nähere Analyse des Gebrauchs des Verbums „recognoscere" weiter. Seiner sprachlichen Herleitung entsprechend, ist dieses Kompositum durchwegs entweder (1) als „wiedererkennen, anerkennen" oder (2) als „nachprüfen" zu übersetzen.⁴ Die zweite Bedeutung scheint in der Kaiserzeit vorzuherrschen.⁵ Auch in den Quellen des klassischen römischen Rechts kommt das Verbum nur in diesen beiden Bedeutungen vor, die jedoch bei der Interpretation unserer Stelle aus den Acta Cypriani kaum weiterhelfen.⁶ Aus der erste Bedeutung scheint sich allerdings in einigen nachklassischen Kaiserkonstitutionen ein Begriff für die Anerkennung und allmählich auch für die Übernahme und Ableistung von Verpflichtungen gegenüber dem Staat durch Reichsangehörige entwickelt zu haben.⁷ Noch

¹ Cicero, *Inv.* 2, 161, vgl. dazu G. Wissowa, *Religion und Kultus der Römer* (2. Aufl., München, 1912), S. 38 ff.
² K. Latte, *Römische Religionsgeschichte* (München, 1960), S. 39; vgl. Kobbert, s. v. Religio, *PW* I A, Sp. 565–75.
³ Latte, aaO; vgl. Wagenvoort, aaO, Sp. 820 f.; ferner, *Thes. Ling. Lat.* iii, s. v. caerimonia, Sp. 100–3; sowie *Oxford Latin Dictionary*, fasc. i (Oxford, 1968), S. 253, s. v.
⁴ Vgl. H. Georges, *Ausführliches lateinisch-deutsches Handwörterbuch*, ii (8. Aufl., Hannover-Leipzig, 1912), s. v., Sp. 2229; A. Forcellini, *Lexicon totius Latinitatis*, iv (Padua, 1940), s. v., S. 29.
⁵ C. T. Lewis–C. Short, *A Latin Dictionary* (Oxford, 1879), s.v. II, S. 1534 f.
⁶ Vgl. die Belege im *Vocabularium Iurisprudentiae Romanae*, v (Berlin, 1939), s. v., S. 30.
⁷ Vgl. O. Gradenwitz, *Heidelberger Index zum Theodosianus* (Heidelberg, 1925), s. v. 214; R. Mayr, *Vocabularium Codicis Justiniani*, i (Prag, 1923), s. v., Sp. 2103.

Romanas caerimonias recognoscere

nicht eindeutig ist der Gebrauch von „recognoscere" in einer Anordnung Konstantins für Provinzialstatthalter hinsichtlich der Verteilung von „munera extraordinaria" auf die betroffene Bevölkerung, vom 9. Mai 328, *Cod. Theod.* 11, 16, 4: Diese Verteilung soll sehr sorgfältig und unter Abwägung aller Umstände schriftlich vorgenommen werden und vom Statthalter eigenhändig bestätigt werden, „ut recognovisse se scribant, exactionis praedicto ordine inter ditiores mediocres atque infimos observando". C. Pharr[1] gibt diese Stelle so wieder: „Thus they shall write that they have confirmed the necessary measures, and the aforesaid order of collection among the richer, the middle class, and the lowest classes shall be observed." Aber wahrscheinlich handelt es sich hier doch um die Anweisung an die „rectores", sie sollten diese „distributio extraordinariorum munerum" mit einem eigenhändigen Vermerk bestätigen, etwa derart, wie er bei Testamenten bzw. Fideikommissen üblich war: „dictavi et recognovi".[2] Dagegen verwendet Konstantius II in einer Verfügung über die steuerliche Einordnung des Klerus vom 30. Juni 360 „recognoscere" schon spezifischer, *Cod. Theod.* 16, 2, 15, 2 = *Cod. Just.* 1, 3, 3: „universos namque clericos possessores dumtaxat provinciales pensitationes fiscalium translationesque faciendos recognoscere iubemus". Pharr, S. 443, übersetzt hier: „We command all clerics, in so far as they are landholders, to assume the provincial payments of fiscal dues." Kleriker wurden also nicht davon befreit, Provinzialsteuern und öffentliche Zwangsarbeiten wie Transportleistungen zu übernehmen.[3] „recognoscere" + Gerundiv von „facere" heisst hier also soviel wie „leisten," „to assume", wie Pharr übersetzt. Dieses Gerundiv konnte in einer prägnanteren Ausdrucksweise auch wegfallen. So hatten Konstantius II und Konstans bereits am 7. Mai 346 bestimmt: *Cod. Theod.* 11, 16, 6 = *Cod. Just.* 12, 23, 1: „Palatini et [Constantinopolitani cives, om. *Cod. Just.*] pro capitibus seu iugis suis tantum pensitationem atque obsequia recognoscant, extraordinariis et sordidis muneribus et susceptionibus et temonariis oneribus liberati."[4] Hier wird „recognoscere" allein schon als eine Art t. t. für das Ableisten

---

[1] C. Pharr, *The Theodosian Code* (Princeton, 1952), S. 306.
[2] Marcian, *Dig.* 48, 10, 1, 8 bzw. Callistratus, *Dig.* 48, 10, 15, 3; vgl. Ulpian, *Dig.* 50, 16, 56 pr: „cognoscere instrumenta est religere et recognoscere."
[3] Zum Inhalt dieser Verfügung vgl. A. H. M. Jones, *The Later Roman Empire*, ii (Oxford, 1964), S. 912.
[4] Vgl. dazu Jones, aaO, li. 572 ff., bes. S. 586.

öffentlicher Verpflichtungen gebraucht. Auch eine Anordnung der Kaiser Valentinian und Valens vom 28. August 368 kennt diesen Gebrauch unseres Verbums, *Cod. Theod.* 12, 13, 2 :[1] „Universi, quos senatorii nominis dignitas non tuetur, ad auri coronarii praestationem vocentur exceptis his, quos lex praeterita hac conlatione absolvit. Omnes igitur possessores aut inter decuriones coronarium aurum aut inter senatores glebalem praestationem deinceps recognoscant!"[2] Noch zwei weitere spätere Gesetze verwenden „recognoscere" in dieser spezialisierten Bedeutung, ein Gesetz der Theodosiussöhne Honorius und Arcadius vom 27. Juli 398 über die aus Steuergründen gewünschte Ordination ortsansässiger Kleriker, *Cod. Theod.* 16, 2, 33 = *Cod. Just.* 1, 3, 11 und ein Gesetz über „agri deserti" der Kaiser Honorius und Theodosius II vom 3. Dezember 415, *Cod. Theod.* 11, 24, 6, 5 = *Cod. Just.* 11, 59, 14. Nach diesen Belegen, die eigenartigerweise im frühen fünften Jh. enden, ist nicht abzustreiten, dass „recognoscere" von der Mitte des vierten Jhs. n. Chr. an einige Jahrzente lang praktisch als terminus technicus für die Übernahme öffentlicher Verpflichtungen steuerrechtlicher Art verwendet wurde. Allerdings ist diese spezielle Bedeutung „eine bestimmte Verpflichtung anerkennen, übernehmen und auch leisten" für das verwandte Kompositum „agnoscere" schon für eine wesentlich frühere Zeit gesichert, so gibt etwa Papirius Justus, *Dig.* 50, 1, 38, 6 ein Reskript der „divi fratres" wieder : „non minus eos, qui compulsi magistratu funguntur, cavere debere, quam qui sponte officium adgnoverunt." Ulpian, *Dig.* 50, 4, 3, 6 bestimmt: „quamvis maior annis septuaginta et quinque liberorum incolumium pater sit ideoque a muneribus civilibus excusetur, filii tamen eius suo nomine competentia munera adgnoscere debere", sowie *Dig.* 50, 4, 9 : „si quis magistratus in municipio creatus munere iniuncto fungi detrectet, per praesides munus adgnoscere cogendus est remediis, quibus tutores quoque cogi ad munus quod iniunctum est adgnoscendum."[3] „agnoscere" wird dabei auch sonst oft ohne ersichtlichen Unterschied in der gleichen Bedeutung wie „recognoscere" verwendet, besonders deutlich zeigen das Wendungen wie „instrumenta adgnoscere" bei Modestinus, *Dig.* 44, 1, 11 oder „sigillum adgnoscere" bzw. „testamentum adgnoscere" bei Gaius, *Dig.* 29, 3, 1, 2

---

[1] Fehlt im Codex Justinianus.
[2] Vgl. hierzu Jones, aaO, i. 430 f.
[3] Vgl. dazu Heumann-Seckel, Handwörterbuch, s. v. agnoscere 4, S. 26.

bzw. 29, 3, 7 für einen rechtserheblichen Vorgang, für den ja sonst eher „recognoscere" als terminus technicus gebraucht wird.[1] Im Hinblick auf diese offensichtliche Austauschmöglichkeit der beiden verwandten und weitgehend synonymen Verben dürfte auch für das dritte Jh. n. Chr. die für das vierte Jh. ja nachgewiesene technische Verwendung von „recognoscere" als „öffentliche Verpflichtung übernehmen" anzunehmen sein.

Bei den angesprochenen „munera", deren Übernahme gesetzlich verpflichtend ist, handelt es sich um öffentliche Lasten, meistens Ämter, die für den Verpflichteten nur Lasten, kaum Prestige brachten.[2] Für die zweite Hälfte des zweiten Jahrhunderts n. Chr. ist die Wiederbelebung der altrömischen „munera" nach dem Vorbild der ägyptischen Leiturgien charakteristisch.[3] Im dritten Jh. n. Chr. wurde für diese „munera" eine reiche Gesetzgebung ausgebaut, wie etwa die Bemerkungen bei Modestin, *Dig.* 50, 4, 11, 1 und Hermogenian, *Dig.* 50, 4, 1 zeigen.[4] Hermogenian, *Dig.* 50, 4, 1 pr unterscheidet: „munerum civilium quaedam sunt patrimonii, alia personarum", er definiert dann in § 3 diese Unterscheidung: „illud tenendum est generaliter personale quidem munus esse, quod corporibus labore cum sollicitudine animi ac vigilantia sollemniter extitit, patrimonii vero, in quo sumptus maxime postulatur." Diese *munera* wurden unter die Führungsschicht der Städte nach Herkunft, Vermögen und den jeweiligen gesetzlichen Bestimmungen verteilt, wie z. B. Callistratus, *Dig.* 50, 4, 14, 4 zeigt.[5] In den erst unter Justinian, d. h. in christlicher Zeit, zusammengestellten Digesten wird m. W. allerdings nirgends die Übernahme religiöser Verpflichtungen als „munus" bezeichnet, eine Notiz aus den Epitomae iuris Hermogenians, *Dig.* 50, 4, 17 pr: „sponte provinciae sacerdotium iterare nemo prohibetur" vielleicht ausgenommen. Da dieses

[1] Vgl. Heumann-Seckel, aaO, s. v. 2, zur Sache vgl. M. Kaser, *Das römische Privatrecht*, i (HAW, 10, III, iii 7; München, 1955), S. 568 ff.

[2] Heumann-Seckel, aaO, s. v. munus 16, S. 356 mit vielen Belegen aus den römischen Rechtsquellen; vgl. Callistratus, *Dig.* 50, 4, 14, 1: „munus aut publicum aut privatum est. publicum munus dicitur, quod in administranda republica cum sumptu sine titulo dignitatis subimus."

[3] Zitat nach H. Bengtson, *Grundriss der römischen Geschichte* (HAW, III 5, 1; München, 1967), S. 361; vgl. M. Rostovtzeff, *The Social and Economic History of the Roman Empire* (2 Aufl., Oxford, 1957), S. 387 ff.

[4] Vgl. D. Nörr, *Imperium und Polis in der hohen Prinzipatszeit* (München, 1966), S. 23, vgl. Rostovtzeff o. c. I S. 407 ff.

[5] Vgl. auch P. Garnsey, *Social Status and Legal Privilege in the Roman Empire* (Oxford, 1970), bes. S. 221 ff.

Bruchstück auch von den Kompilatoren der *Digesten* in B. 50, c. 4 aufgenommen wurde, ist sicher, dass für Hermogenian[1] jedenfalls das „sacerdotium provinciae" unter die munera für angesehene und wohlhabende Provinziale fiel.[2] Die Inhaber dieses Amtes hiessen in den drei gallischen Provinzen, in Britannien und den lateinischen Donauprovinzen sacerdotes, in den drei spanischen Provinzen, in der Gallia Narbonensis und den Alpenprovinzen und den beiden Mauretanien flamines, in Sardinien und der Provinz Africa sind beide Bezeichnungen bezeugt.[3]

Aufgabe dieser Provinzialpriester, die mindestens in der hochklassischen Zeit noch von den Provinziallandtagen gewählt wurden,[4] war die Durchführung des provinzialen Kaiserkults bei der jährlichen Tagung des Landtages, wobei der äusserliche Höhepunkt die mit dem Kult verbundenen Spiele waren. Dazu mussten natürlich bedeutende Geldsummen vom Provinzialpriester aufgebracht werden, deshalb wurde dieses Amt immer mehr als grosse Last empfunden.[5] Insofern kann in der zweiten Hälfte des dritten Jahrhunderts, der Zeit der offensichtlichen Krise der Institution der Provinziallandtage, deren Höhepunkt Deininger gerade in die Regierungszeit Valerians und Galliens auf Grund des Versiegens des inschriftlichen Materials setzt,[6] mindestens die Übernahme der mit diesem Amt verbundenen hohen Ausgaben als „munus", d. h. als Zwangsleistung, angesehen worden sein. Auf diese Möglichkeit weist auch eine merkwürdige Bestimmung in den Canones des Konzils von Elvira hin, das ich mit J. Gaudemet[7] am liebsten in die Jahre um 300 ansetzen möchte: Nachdem Kanon II die endgültige und unwiderrufliche

---

[1] Zu Hermogenian vgl. W. Kunkel, *Herkunft und soziale Stellung der römischen Juristen* (Weimar, 1952), S. 263. Er ist auf jeden Fall ein nachklassischer Jurist, wahrscheinlich an der Wende vom dritten zum vierten Jh. lebend.

[2] Zu den Provinzialpriestern, die zugleich auch Vorsitzende des jeweiligen Provinziallandtages waren, vgl. zusammenfassend J. Deininger, *Die Provinziallandtage der römischen Kaiserzeit* (Vestigia, 6; München, 1965), S. 148 ff.; zur Iteration vgl. bes. S. 153 f., die Hermogenianstelle ist dabei leider übersehen worden.

[3] Deininger, aaO, S. 148; vgl. dazu R. P. Duncan-Jones, *The Chronology of the Priesthood of Africa Proconsularis under the Principate* (Epigraphische Studien, 5; Düsseldorf, 1968), S. 151–8.

[4] Deininger, aaO, S. 150 f.

[5] Ibid., S. 158–61; vgl. S. 176 f.

[6] Ibid., S. 182 f.

[7] J. Gaudemet, Art. Elvire II, „le concile d'Elvire", *Dictionnaire d'histoire et de géographie ecclésiastiques*, xv (Paris, 1963), Sp. 317–48, hier Sp. 318 ff.

Exkommunikation aller Flamines (Spanien!), die nach der Taufe wieder selbst geopfert hatten, anordnet, geht es im folgenden Kanon III um „flamines qui non immolaverint, sed munus tantum dederint, eo quod se a funestis abstinuerint sacrificiis".[1] Gegen Frend[2] handelt es sich hier doch wohl nicht um Christen, die das Amt von Priestern innehatten „which formed part of the recognized hierarchy of municipal government", da „flamines" in den spanischen Provinzen eher die Provinzialpriester bezeichnete (s. o.). Aber auch die Wendung „sed munus tantum dederint" (Kanon III) kann wohl kaum mit Frend dahingehend aufgefasst werden, dass diese Leute „more or less compelled to attend spectacles or sacrifices" waren,[3] sondern „munus dare" heisst in diesem Zusammenhang zunächst einmal eindeutig „ein öffentliches Spiel geben" und das bedeutete vor allem, diese Spiele finanzieren, so dass etwa Hermogenian bei seiner Aufzählung, welche „munera" im Sinne von öffentlichen Zwangsleistungen als „munera personalia" aufzufassen sind, in *Dig.* 50, 4, 1, 2 auch die „equorum circensium spectacula" aufführen kann. Insofern dürfte das „munus" im Sinne des öffentlichen Spiels mindestens im dritten Jh. n. Chr. auch „munus" im Sinne von öffentlicher Zwangsleistung gewesen sein.[4] Bei den Flamines des Kanons III von Elvira handelte es sich daher wohl um wohlhabende und angesehene Bürger der drei spanischen Provinzen, denen auf Grund ihrer Herkunft und ihres Vermögens das Amt des Provinzialpriesters zukam, die aber als Christen dem Vollzug der eigentlichen Kulthandlungen dadurch entgingen, dass sie sich bereit erklärten, die mit diesem Amt verbundenen Kosten, die eben vor allem bei der Veranstaltung der Spiele anlässlich des Provinziallandtages entstanden, zu tragen.[5] Dass es gegen Ende des dritten und Anfang des vierten Jahrhunderts gang und gebe war, christliche Honora-

[1] Text nach F. Lauchert, *Die Kanones der wichtigsten altkirchlichen Concilien* (Freiburg i. B.–Leipzig, 1896), S. 13 f.
[2] Frend, aaO (s. o. Anm. 7), S. 447 f.
[3] Ibid., S. 538. Frend möchte das Konzil von Elvira allerdings nach H. Grégoire („Les persécutions dans l'empire romain", *Mémoires de l'Académie royale de Belgique*, 46 [1951], 128 ff.) ins Jahr 309 legen, so dass dieses Provinzial Konzil die Folgen der grossen diokletianischen Verfolgung aufzuarbeiten hatte; diese Datierung ist möglich, aber nach Gaudemet aaO weniger wahrscheinlich.
[4] „munus" nach Heumann-Seckel s. v. 3 und s. v. 16 (S. 356 f.) waren wohl nie so sauber voneinander zu scheiden, wie sich das heute im Lexikon darstellt.
[5] In dieser Richtung geht auch die Interpretation Gaudemets, aaO, Sp. 335 f.; sie spricht eher für ein Datum vor 302 als für das Ende einer schweren Verfolgungszeit.

tioren mindestens dazu zu drängen, die Kosten für offizielle Staatsakte und damit verbundene Opferfeiern zu übernehmen, zeigt ein strenges Verbot dieser Praktiken durch Konstantin vom 25. Mai 323, *Cod. Theod.* 16, 2, 5: „quoniam comperimus quosdam ecclesiasticos et ceteros catholicae sectae servientes a diversarum religionum hominibus ad lustrorum sacrificia celebranda conpelli, hac sanctione sancimus", etc. Da es für das Jahr 323, zehn Jahre nach dem Toleranzedikt von Mailand, wenig wahrscheinlich ist, dass Christen zum Opfern gezwungen wurden, dürfte es sich bei den in diesem Erlass genannten Vorfällen darum gehandelt haben, dass Christen, die zu den Notabeln ihrer Städte bzw. Provinzen gehörten, zur Aufrechterhaltung der Lustralopfer angehalten wurden.[1] Bereits die Kompilatoren des Codex Theodosianus brachten diesen Erlass unter die Rubrik „de episcopis, ecclesiis et clericis" (*Cod. Theod.* 16, 2), in dem vor allem die völlige Befreiung der Kleriker „ab omnibus omnino muneribus" durch Konstantin, *Cod. Theod.* 16, 2, sowie spätere Erlasse, die sich mit den Konsequenzen dieser Privilegierung befassen, gesammelt sind.[2]

„Romanas caerimonias recognoscere" müsste daher auf diesem Hintergrund etwa sinngemäss als „die Kosten für die Durchführung der Romanae caerimoniae übernehmen" übersetzt werden. Die Verpflichtung, dafür zu sorgen, dass diese „Romanae caerimoniae" überhaupt stattfinden können, auch wenn man persönlich als Christ nicht bereit war, den Kult selbst auszuüben („Romanam religionem colere"), konnte mindestens im dritten Jh. n. Chr. als „munus" im Sinne einer öffentlichen Zwangsleistung gelten. Wie sehr übrigens in der Spätzeit des Reiches der Vollzug der „caerimoniae sollemnes" (= Romanae) als finanzielles Problem betrachtet wurde, zeigt der fingierte Brief Aurelians an den Senat in der Vita Aureliani (20, 6 ff.):

agite igitur et castimonia pontificum caerimoniisque sollemnibus

---

[1] „celebrare" kann in den späteren römischen Rechtsquellen auch diesen weiteren Sinn des Vornehmens und Vollziehens erhalten, Heumann-Seckel, s. v. 1, S. 63. Zur Interpretation dieses Erlasses vgl. H. von Schönebeck, *Beiträge zur Religionspolitik des Maxentius und Constantin* (*Klio*, Beiheft 43; Leipzig, 1939), S. 68 sowie H. Dörries, *Das Selbstzeugnis Kaiser Constantins* (AAG, Phil.-hist. Kl., 3. Folge; Göttingen, 1954), S. 338.

[2] Vgl. Jones, aaO, i. 89 ff.; nach Cod. Theod. 16, 8, 2 vom 29. Nov. 330 bestätigte Konstantin übrigens auch die Immunität der Patriarchen und Ältesten des Judentums „ab omnibus tam personalibus quam civilibus muneribus"; vgl. Jones, ib. ii. 946.

Romanas caerimonias recognoscere

iuvate principem necessitate publica laborantem inspiciantur libri; si quae facienda fuerint, celebrentur; quemlibet sumptum, cuiuslibet gentis captos, quaelibet animalia regia non abnuo, sed libens offero, neque enim indecorum dis iuvantibus vincere ... si quid est sumptuum, datis ad praefectum aerarii litteris decerni iussi. est praeterea vestrae auctoritatis arca publica, quam magis refertam reperio esse quam cupio.

Auch wenn dieser angebliche Aurelianbrief eine tendenziöse Falschung des Verfassers der Vita Aureliani darstellt, die wohl die Ereignisse des Jahres 405/6 voraussetzt,[1] ist in den Augen dieses Verfassers der enge Zusammenhang zwischen oberpriesterlicher Zucht, römischen Zeremonien und dazu nötigen hohen Ausgaben für das dritte Jh. n. Chr. kennzeichnend — diesen Zusammenhang gegen christliche Angriffe zu rechtfertigen, versucht eben diese Passage des fiktiven Briefes. Denselben engen Zusammenhang, der zwischen der Begehung religiöser Zeremonien und dem dafür zu leistenden Aufwand bereits im zweiten Jh. n. Chr. bestand und als ganz selbstverständlich angesehen wurde, zeigen einige Stellen aus den Werken des Apuleius von Madaura recht deutlich: *Met.* 11, 21: die Weihe des Lucius muss verschoben werden: „nam et diem, quo quisque possit initiari, deae [sc. Isidis] nutu demonstrari et sacerdotem, qui sacra debeat ministrare, eiusdem providentia deligi, sumptus etiam caerimoniis necessarios simili praecepto destinari" und in 11, 28 fühlt sich der neue Isisadept unwohl, weil er nicht sehr viel eigenes Vermögen für seine Weihe aufbringen kann: „sumptuum teneritate contra votum meum retardabar" — doch er wird ermahnt: „an tu ... si quum rem voluptati struendae moliris, laciniis tuis nequaquam parceres, nunc tantas caerimonias aditurus impaenitendae te pauperiei cunctaris committere?" Wie eng „caerimoniae" et „spectacula" zusammengehörten, zeigt *Met.* 11, 6: „inter hilares caerimonias et festiva spectacula". Apuleius macht übrigens auch deutlich, dass zwischen „religio" und „caerimoniae" nicht jener Unterschied bestanden hat, den viele Interpreten der Acta Cypriani als selbstverständlich unterstellen, wenn er in seiner *Apologie* 55, 9 behauptet: „at ego multiiuga sacra et plurimos ritus et varias cerimonias studio veri et officio ergo deos didici"[2] und bereits Sueton, *Aug.* 9, 3 gibt

---

[1] Vgl. G. Alföldy, „Barbareneinfälle und religiöse Krisen in Italien", *Bonner Historia-Augusta-Colloquium 1964/5* (Bonn, 1966), S. 1–19, bes. S. 9 ff.

[2] Bereits in *Apol.* 25, 9 fragte Apuleius rhetorisch: „quod tandem est crimen sacerdotem esse et rite nosse atque scire callere leges cerimoniarum, fas sacrorum, ius religionum?"

dem Verbum „colere", das in den Acta Cypriani mit dem Objekt „religionem" verbunden ist, den Plural von „caerimoniae" bedenkenlos zum Objekt: „peregrinarum caerimoniarum sicut veteres ac praeceptas reverentissime coluit" (sc. Augustus). Schliesslich scheint die Durchführung von „caerimoniae" in der Kaiserzeit auch bedenkenlos mit dem Verbum „praebere" verbunden worden zu sein, das sonst auch gerne für das Ableisten eines „munus" verwendet wird, vgl. etwa *CIL*, xi. 3933: „Flaviae Ammiae sacerdoti Cesaris ob honorem caerimoniorum [*sic!*] honestissime praebitorum decreto ordinis." Für das Verständnis des geschichtlichen Zusammenhangs, in den unsere Stelle einzuordnen ist, sind noch folgende Überlegungen von besonderer Bedeutung:

1. Die Regierungszeit Valerians und Galliens war der Höhepunkt der ökonomischen Krise des römischen Reiches im dritten Jh. n. Chr., allein die Geldentwertung erreichte in diesen Jahren ihren spektakulären Höhepunkt, eine Entwicklung, deren Ursachen hier nicht näher zu untersuchen sind,[1] sie betraf auch die römische Provinz Africa proconsularis.[2] Diese ökonomische Krise wirkte sich natürlich auch auf die Bereitschaft des städtischen Bürgertums aus, weiterhin im bisherigen Masse die finanziellen Lasten des antiken Kultwesens zu tragen, ein allgemeines Versiegen dieser Kulte ist deswegen schon von J. Geffcken für die zweite Hälfte des dritten Jahrhunderts n. Chr. im römischen Reich beobachtet worden,[3] neuere Forschungen konnten dieses Ergebnis nur bestätigen.[4] Auch das römische Afrika blieb von dieser Entwicklung nicht verschont, wie bereits W. H. C. Frend überzeugend gezeigt hat.[5] Deshalb ist es durchaus glaubwürdig, wenn

---

[1] Vgl. vor allem S. Bolin, *State and Currency in the Roman Empire to 300 A.D.* (Stockholm, 1958), S. 248 ff. und F. Heichelheim, „Zur Währungskrise des römischen Imperiums im 3. Jahrhundert nach Christus", *Klio*, 26 (1933), 96–113, sowie die Standarddarstellung bei Rostovtzeff, aaO, i. 433–501; eine Literaturübersicht zum Problem bis 1960 geben G. Walser — Th. Pekáry, *Die Krise des römischen Reiches* (Berlin, 1962), S. 81–93.

[2] Vgl. allgemein P. Romanelli, *Storia delle province romane dell'Africa* (Rom, 1959), S. 436 ff.

[3] J. Geffcken, *Der Ausgang des griechisch-römischen Heidentums* (Heidelberg, 1920), S. 20 ff.

[4] Vgl. M. P. Nilsson, *Geschichte der griechischen Religion*, ii (2. Aufl., München, 1961), S. 320 f.; für einen symptomatischen Einzelkult vgl. L. Vidmann, „Die Isis- und Sarapisverehrung im 3. Jahrhundert u. Z.", *Neue Beiträge zur Geschichte der alten Welt*, ii, ed. E. C. Welskopf (Berlin, 1965), S. 389–400; weitere Belege bei Frend, aaO, S. 440 ff.

[5] W. H. C. Frend, *The Donatist Church* (Oxford, 1952), S. 83 ff.

immer wieder behauptet wird, vor allem das erste valerianische Christenedikt habe finanzielle Ursachen gehabt.[1] Die von mir vorgeschlagene Interpretation der zentralen Begründung des ersten valerianischen Edikts in den Acta Cypriani lässt sich gut in diese religionspolitische Situation einordnen.

2. Es ist nicht sicher, dass das in den Acta Cypriani zitierte Edikt Valerians identisch ist mit der φιλανθρωπία τῶν κυρίων ἡμῶν ᾗ περὶ ἡμᾶς κέχρηνται, die im amtlichen Protokoll des Verhörs des alexandrinischen Bischofs Dionysius vom ägyptischen Vizepräfekten Aemilianus angeführt wird.[2] Denn danach wird den Angeklagten das Anrecht[3] auf ein ungefährdetes Leben[4] zugestanden, wenn sie sich den „natürlichen" Göttern — zweimal spricht Aemilianus von einem Verhalten (H.E. 7, 11, 7) bzw. von Göttern (H.E. 7, 11, 9) κατὰ φύσιν — zuwenden bzw. sie anbeten und das bedeutet dann, solche Götter zu verehren (σέβειν = colere!), die alle kennen (§ 9) bzw. die Götter anzubeten, die das imperium der beiden Augusti Valerian und Gallienus retten (προσκυνεῖν) — genau diese Anordnung (ἐκελεύσθητε § 9!) dürfte aber wohl eher durch die lateinische Wendung „Romanam religionem colere" abgedeckt sein, wozu Cyprian ja offensichtlich gerade nicht gezwungen werden sollte![5]

Allerdings ist diese Differenz sicherlich nicht so aufzulösen, dass man den Wortlaut des Ediktes nach den Acta Cypriani in seiner Authentizität anzweifelt und das Protokoll aus dem Dionysiusbrief von vornherein als einzig mögliche, für das ganze Reich allein gültige, Form dieses Ediktes voraussetzt.[6] Eine zufriedenstellende Erklärung für diese Differenz kann allerdings

[1] Vgl. etwa Alföldi, A. „Zu den Christenverfolgungen in der Mitte des 3. Jahrhunderts", Studien zur Geschichte der Weltkrise des 3. Jahrhunderts nach Christus (Darmstadt, 1967), S. 302 ff.; Frend, Martyrdom, S. 422 f.; anders Molthagen, aaO, S. 93 ff., der in Valerian nur den Fortsetzer der decischen Politik sieht. Extrem und unglaubwürdig in dieser Richtung Y. Baer, „Israel, the Christian Church and the Roman Empire", Scripta Hierosolymitana, 7 (1961), 79–149, hier S. 119, der das valerianische Edikt aus den Acta Cypriani als Neuauflage des decischen Opferedikts ansieht.
[2] Eusebius, H.E. 7, 11, 6 ff.
[3] Zu ἐξουσία in diesem Sinn vgl. die Belege F. Preisigke, Wörterbuch der griechischen Papyrusurkunden, i (Berlin, 1925), s.v. 4, Sp. 521.
[4] Zu dieser Bedeutung von σωτηρία vgl. die Belege bei Preisigke, aaO, ii (1927) s.v. 2, Sp. 570.
[5] Wenn Alföldi, aaO (s. o. Anm. 1), S. 303, von „den einander völlig entsprechenden Berichten der Acta Cypriani und Dionysius Alexandrinus" spricht, so entspricht dieses Urteil also kaum dem Wortlaut beider Berichte!
[6] So etwa Koep, aaO, S. 5 ff.; Molthagen, aaO, S. 88 ff.

nur durch die genauere Analyse des Dionysiusbriefes gewonnen werden sowie durch die Herausarbeitung der rechtlichen Stellung, die Cyprian als wahrscheinlichen Angehörigen der Honoratiorenklasse im Westen des Reiches von Dionysius, der wahrscheinlich zur Klasse der „humiliores" gehörte, unterschied. Wahrscheinlich muss auch berücksichtigt werden, dass im Jahre 257 Galienus für den Westen des Reiches zuständig war, während Valerian in diesen Jahren den römischen Abwehrkampf im Osten leitete.[1] Diese Untersuchungen würden jedoch den Rahmen dieses Aufsatzes sprengen.

3. Es bleibt leider unklar, ob auch die Juden, unter denen es ja auch wohlhabende und angesehene Männer gab, ebenfalls zu solchen religiösen „munera", etwa dem „Romanas caerimonias recognoscere" herangezogen wurden. Von den eigentlichen Verfolgungen scheinen sie ja nicht betroffen worden zu sein,[2] wahrscheinlich waren sie sogar vom allen Reichsbewohnern geltenden Opferedikt des Decius ausgenommen.[3] Es ist aber gut möglich, dass auch diese „munera" schon durch den „fiscus judaicus" abgedeckt galten, der ja den Juden als zusätzliche Steuer auferlegt war.[4] Insofern könnte das Edikt, dessen Wortlaut wir aus den Acta Cypriani erfahren, als eine gewisse späte Angleichung der Praxis des römischen Staates gegenüber den Christen an die bewährte Praxis gegenüber den Juden angesehen werden.

[1] Vgl. A. Alföldi, „Die Krise der römischen Welt 249-270 n. Chr.", in: *Studien*, 347 ff.
[2] Vgl. S. Liebermann, „Palestine in the third and fourth centuries", *JQR*, 36 (1945-6), 329-70; *JQR*, 37 (1946-7), 31-54; bes. *JQR*, 36, S. 342 ff. Anders Baer, aaO, S. 118 ff.
[3] Vgl. Molthagen, aaO, S. 80 Anm. 84.
[4] Vgl. J. Juster, *Les Juifs dans l'empire romain*, ii (Paris, 1914), S. 282 ff.

Anfänge des jüdisch-christlichen Problems. Ein programmatischer Entwurf

G. Lindeskog

Uriel Tal, Professor an der Universität von Tel Aviv, schreibt in einem Aufsatz über „Martin Buber und das jüdisch-christliche Gespräch" folgendes: „Sollte nun das Judentum ... im Christentum eingehen oder aufgehen ... so würde auch die Existenz des Christentums selbst, eben weil sie so wie die jüdische eine Existenz in der Begegnung, im Dialog, ist, gegenstandslos und anhaltslos, also ihrer selbst entfremdet werden."[1]

Die Stichhaltigkeit dieser Behauptung wird, was das Judentum betrifft, durch das Studium der modernen Selbstdarstellungen des Judentums bestätigt: sie sind antithetisch-dialektisch. Jeder fundamentale Glaubenssatz wird nicht selten in Gegenüberstellung mit der christlichen Dogmatik scharf umrissen. Hier findet eine fortdauernde Grenzscheidung statt.

Adolf von Harnacks berühmte Vorlesungen über „Das Wesen des Christentums" forderte den letzten grossen Liberalen des deutschen Judentums, Leo Baeck, zu einer entsprechenden Darstellung über das „Wesen des Judentums" heraus.[2] Der Begriff „Wesen" ist angefochten worden, aber ohne Zweifel hilft er uns ein Stückchen auf den Weg. Wir sprechen von dem „Wesensfremden" und meinen damit etwas, was einem Organismus oder einer Struktur nicht einverleibt werden kann ohne sie negativ zu beeinflussen. Die jüdischen Theologen reden von dem „Unjüdischen". Es kann gesagt werden, in der Verkündigung Jesu lassen sich unjüdische Züge beobachten. Damit wird nicht behauptet, dass das an der Verkündigung Jesu Unjüdische etwas von aussen her Kommendes sein sollte. Das Judesein Jesu wird

---

[1] *Freiburger Rundbrief*, 22 (1970), 5.
[2] *Das Wesen des Judentums* (Schriften hrsg. von d. Gesellschaft z. Förd. d. Wissensch. d. Judentums, 1. Aufl., Frankfurt a. M., 1905).

stark betont. Trotzdem soll er solches gesagt haben, was mit dem Wesen des Judentums nicht übereinstimmte. Eben betreffs Jesus kann also eingeräumt werden, dass Unjüdisches im Rahmen des Judentums entstehen kann. Dieses Problem soll uns hier nicht beschäftigen. Wenn wir hier mit jüdischen Theologen über das Unjüdische diskutieren, so geht es um das im Christentum, was gemäss der Überzeugung der jüdischen Autoren Fremdartiges, von aussen her Stammendes ist, mit dem die jüdische Grundsubstanz des Christentums vermengt wurde. „Unjüdisch" ist hier ein antithetischer Begriff, dem der Inhalt durch die jüdische Grenzscheidung zwischen Jüdischem und Christlichem gegeben wurde.

Hier soll von neuem der Versuch gewagt werden, die Frage nach dem Ursprung des jüdisch-christlichen Problems zu umreissen.[1] Es entsteht schon auf palästinischem Boden. Es handelt sich anfänglich um die Trennung des Judenchristentums von der Mutterreligion.[2] Nachdem das Judenchristentum durch die Ergebnisse um das Schicksalsjahr 70[3] und dann endgültig unter dem Kaiser Hadrian und vor allem nach der Niederwerfung des Bar-Kochba-Aufstandes seine Rolle im eigentlichen palästinischen Judentum ausgespielt hatte, sind die Synagoge und die Kirche, das rabbinische Judentum und das Heidenchristentum die beiden Gegenspieler.

In meinem Buch *Die Jesusfrage im neuzeitlichen Judentum* schrieb ich folgendes: „*Die jüdische Apologetik des ersten christlichen Jahrhunderts gegen Heidentum, Christentum und Gnostizismus schafft das reine Judentum.* Dieses wird sich jetzt mehr als je

---

[1] Die nur in den letzten Jahren erschienene Literatur, die in der einen oder anderen Weise das Thema betrifft, ist uferlos. In diesem notgedrungen kurzgefassten Entwurf konnten nur ganz wenige Hinweise gemacht werden. Die Daten des geschichtlichen Ablaufs wurden zugunsten der grundsätzlichen Überlegungen nur angedeutet.

[2] Diese Trennung war, wie wir im NT beobachten können, eine längere Zeit vorbereitet. P. Richardson, *Israel in the Apostolic Church* (Cambridge, 1969), S. 70 ff.

[3] Die Angabe Eusebs, *H.E.* 3, 5, 3, dass die Christen in Jerusalem „vor dem Krieg" nach Pella auswanderten, wird u. a. von S. G. F. Brandon, *The Fall of Jerusalem and the Christian Church*, 2. Aufl. (London, 1957), S. 169, bezweifelt; dagegen u. a. verteidigt von A. Ehrhardt, „The Birth of the Synagogue and R. Akiba", (*StTh*, 9 (1956), 94) und M. Simon, „La migration à Pella. Légende ou réalité?", *Judéo-Christianisme. Recherches historiques et théologiques offertes en hommage au cardinal Jean Daniélou* (*Rech SR*, 60 [1972], S. 37–54).

Anfänge des jüdisch-christlichen Problems

seiner Eigenart bewusst. Dies verdankt es wohl in erster Linie der Auseinandersetzung mit dem heranwachsenden Christentum. Das reine Judentum existierte mit anderen Worten nicht *vor* Christus, sondern entstand eben in Auseinandersetzung mit seiner Tochterreligion. In dem grossen Kampfe der verschiedenen religiösen Strömungen der ersten christlichen Jahrhunderte werden zwei religionsgeschichtliche Haupttypen ausgebildet: Judentum und Christentum."[1]

Ich möchte nun diese Behauptung als eine These aufstellen, um von neuem ihre Tragkraft zu prüfen. Zur Ergänzung sei auch die Gegenseitigkeit der jüdisch-christlichen Abgrenzung betont: die Präzisierung des Glaubensgutes des Christentums und des nachchristlichen Judentums verläuft beiderseits in einem Gegenspiel von These und Antithese. Es kommt auch vor, dass die Antithese ausfällt: schon in der These ist der Gegensatz mitgedacht.

Wie aus den ältesten paulinischen Briefen ersichtlich ist, entstand sehr früh eine fortgeschrittene Christologie, die nach den jüdischen Forschern aus dem Judentum nicht hergeleitet werden kann. Es ist aber auch offensichtlich, dass die Christologie eine Entwicklung durchgemacht hat.[2] Dass das hellenistische

---

[1] Uppsala 1938, S. 15. Vgl. J. Klausner, *Von Jesus zu Paulus* (Jerusalem, 1950), S. 548 Anm. 11: „*D. Neumark* (Geschichte der jüdischen Grundlehren, hebr., Odessa 1910, ii, 29–89) ist der Ansicht, dass die Grundlehren in der Mischna zum Zweck des Kampfes gegen die Grundlehren des Christentums festgelegt worden seien". Das „reine Judentum" ist selbstverständlich ein relativer Begriff. Auch das palästinische Judentum war früh vom Hellenismus beeinflusst. Siehe u. a. J. Bonsirven, *Le Judaïsme palestinien aux temps de Jésus-Christ* (Paris, 1934–5); R. Meyer, *Hellenistisches in der rabbinischen Anthropologie* (Stuttgart, 1937); S. Lieberman, *Hellenism in Jewish Palestine* (New York, 1950); W. D. Davies, *Paul and Rabbinic Judaism* (London, 1958), S. 5 ff.; S. Neill, *The Interpretation of the New Testament, 1861–1961* (London, 1964), S. 307; und vor allem M. Hengel, *Judentum und Hellenismus* (Tübingen, 1969). — Die religiöse Zerspaltung des vorchristlichen palästinischen Judentums ist eine seit der Antike anerkannte Tatsache, deren Charakter näher zu verstehen eine dringende Aufgabe ist. Die sich dabei meldende Problematik zeigt sich im tastenden Suchen nach angemessenen Benennungen. So spricht z. B. F. F. Bruce, „ ,To the Hebrews' or ,To the Essenes'?", *NTS* 9 (1962–3), 232 von „nonconformist Judaism" und „the main streams", und O. Cullmann, „L'opposition contre le Temple de Jérusalem, motif commun de la théologie johannique et du monde ambiant", *NTS* 5 (1958–9), 157–73, von „le judaïsme ésotérique" und „le judaïsme officiel".

[2] Siehe F. Hahn, *Christologische Hoheitstitel* (Göttingen, 1963). Dazu u.a. auch L. W. Barnard, „St. Stephen and Early Alexandrian Christianity", *NTS* 7 (1960–1); 31–45, G. M. Styler, „Stages in Christology in the Synoptic Gospels",

Judentum dieser Entwicklung entgegenkam, ist ebenfalls leicht zu erkennen. Wir werden auf diese Frage zurückkommen. Zunächst meldet sich das Problem an, welche Voraussetzungen das palästinische Judentum darbot für die Entstehung der ersten Form von Christologie, die in der Urgemeinde hat existieren müssen, für das, was man „the most primitive Christology of all" genannt hat[1]. Spuren dieser ältesten Christologie sind noch im NT nachweisbar. Die Erforschung des vorchristlichen palästinischen Judentums kann uns auch bei der Antwort helfen, was diese älteste Christologie enthalten konnte und was nicht.[2] Unsere These von dem

NTS 10 (1963-4), 390-409; R. H. Fuller, *The Foundations of New Testament Christology* (London, 1965); W. O. Walker, Jr., „Christian Origins and Resurrection Faith", *JR* 52 (1972), 41-55. — Schematisch ausgedrückt hat die Christologie drei Stufen grundlegender Entwicklung durchgemacht: (1) die des orthodoxen (palästinischen) Judenchristentums, (2) die des hellenistischen Judenchristentums, (3) die des hellenistischen Heidenchristentums. Voraussetzung der Christologie ist die Messianologie. Jesu Leben war „unmessianisch" (Bultmann). Aber es kommt vor, dass „die Geschichte mächtiger ist als das Dogma" (Hahn, aaO, S. 157). Jesus wurde (fälschlich) als Messias gekreuzigt. Im Lichte des Auferstehungsglaubens kamen die Jünger zum Glauben an Jesus, den gekreuzigten Messias. Dadurch wurde die Messiasvorstellung völlig umgewandelt. Hier stehen wir vor der Origo des jüdisch-christlichen Problems. Die Frage, wie sich aus dieser „primitiven" Jesusmessianologie die Christologie der Kirche entfalten konnte, ist im Vergleich mit dieser Grunderkenntnis zweitrangig. (Siehe die scharfsinnige Untersuchung von N. A. Dahl, „Der gekreuzigte Messias", in H. Ristow-K. Matthiae (Hg.), *Der historische Jesus und der kerygmatische Christus*, Berlin, 1960, S. 149-69).

[1] John A. T. Robinson, *Twelve New Testament Studies* (SBT, 14; London, 1962), S. 139 ff.

[2] Das älteste Christentum war alles andre als homogen (vgl. H. Koester „ΓΝΩΜΑΙ ΔΙΑΦΟΡΟΙ: The Origin and Nature of Diversification in the History of Early Christianity", *HThR* 56 (1965), 279-318). Davon zeugt auch die Verwendung des Begriffs „Judenchristentum". Damit meint man (1) das orthodoxe palästinische Judenchristentum vor 70, (2) die nachapostolische, von den judenchristlichen Aposteln gegründete Kirche (so J. Daniélou, *Théologie du Judéo-Christianisme*, Tournai, 1958, und J. Munck, „Jewish Christianity in Post-Apostolic Times", *NTS* 6 (1959-60), 103-16) und (3) das häretische Judenchristentum. H.-J. Schoeps hat von neuem das Problem dieses häretischen, ebionitischen Judenchristentums in den Blickpunkt gestellt (Hauptarbeit: *Theologie und Geschichte des Judenchristentums*, Tübingen, 1949. Dazu noch: „Die ebionitische Wahrheit des Christentums", *StTh* 8 (1955), 43-50; *Aus frühchristlicher Zeit*, Tübingen, 1950; *Urgemeinde-Judentum-Gnosis*, Tübingen, 1956; *Untersuchungen über Parteirichtungen und Gruppenkämpfe in der alten Christenheit*, Bern/München, 1964). Seine These ist, dass dieses Judenchristentum eine dem Katholizismus vergleichbare Weiterbildung des Urchristentums ist. Die vielen Autoren, die sich eingehend mit Schoeps beschäftigt haben, haben unter Anerkennung, dass er uns viel für die Kenntnis des späteren Judenchristentums gelehrt hat, jedoch seine Hauptthese abgelehnt. Es wird indessen von einigen eingeräumt,

reinen Judentum setzt dabei voraus, dass dieses reine Judentum gewissermassen in vorchristlicher Zeit in Palästina vorhanden war und dass seine dogmatischen Grenzen auch für das, was die ersten Christen christologisch aussagen konnten, bestimmend waren.[1] Dieses reine Judentum hat sich aber allmählich durch den Rabbinismus weiter entwickelt und ist wesentlich als ein nachchristliches Phänomen zu betrachten. Eben in der Auseinandersetzung der Synagoge mit der Kirche wurden die Grenzen zwischen dem Jüdischen und dem Unjüdischen mit einer früher nicht aktuell gewordenen Selbstbesinnung auf die jüdische Eigenart festgelegt. Dass eben das Christentum vor allem diese Rolle für das Judentum spielen sollte, liegt in der eigenen Logik der Dinge.

dass gewisse Rückschlüsse von diesem späten Judenchristentum für das Verständnis des palästinischen Frühchristentums möglich sind. Siehe u. a. W. G. Kümmel, „Theologie und Geschichte des Judenchristentums", *StTh* 3 (1951), 188–94; L. Goppelt, *Christentum und Judentum im ersten und zweiten Jahrhundert* (Gütersloh, 1954), S. 176; E. Molland, „La circoncision, le baptême et l'autorité du décret apostolique (Actes XV, 28 sq.) dans les milieux judéo-chrétiens des Pseudo-Clémentines", *StTh* 9 (1955), 1–39; G. Strecker, *Das Judenchristentum in den Pseudoclementinen* (Berlin, 1958); J. Daniélou, aaO, S. 67; J. Munck, aaO, S. 114; F. Hahn, aaO, S. 398 f., G. Quispel, „ ‚The Gospel of Thomas' and ‚The Gospel of the Hebrews' ", *NTS* 12 (1965–6), 371. („Those who wrote such excessively sharp criticisms of Schoeps's works have reason to blush, because they blocked the progress of research; and those who pointed out that there has existed, besides ‚heretical Jewish Christianity', an ‚orthodox Jewish Christianity' may rejoice"); A. F. J. Klijn, „The Pseudoclementines and the Apostolic Decree", *NovTest* 10 (1968), 308–12. — Dieser Ebionitismus ist unter allen Umständen ein äusserst bemerkenswertes Phänomen. Er ist nicht nur durch eine radikal jüdische Christologie kennzeichnet (Jesus ist nur ein von Gott erwählter Mensch, ein Lehrer, der wahre Prophet, der das Judentum reformieren und ihm seine Reinheit zurückgeben wollte), sondern unternimmt sich auch, einen alttestamentlichen Text herzustellen, der von solchen Aussagen befreit ist, die in eine trinitarische Richtung gedeutet werden konnten. „Les Ébionites sont radicalement antitrinitaires", sagt Daniélou, aaO, S. 75. Man könnte auch sagen: „Ils sont radicalement monothéistes". Der Ebionitismus war ein frühzeitiger Versuch, das jüdisch-christliche Problem zu lösen.

[1] Dieses „reine" Judentum wurde als eine Reaktion gegen die Überfremdung des Judentums durch die Hellenisierungsstrebungen in vormakkabäischer Zeit entwickelt (vgl. das Kampfwort ἀμειξία, 2Makk 14, 38). Ein Merkmal dieses „reinen Judentums" ist seine „Toraontologie", Hengel, aaO, S. 568 u. a. In der Auseinandersetzung mit dem Hellenismus wurde die Tora mit ihrem ethischen Monotheismus zum Mittelpunkt des Judentums, Hengel, aaO, ib. Vgl. aber, was W. D. Davies, in einer Besprechung des berühmten Buches David Daubes *The New Testament and Rabbinic Judaism* sagt: „The conception of a ‚normative' Judaism, almost monolithic in its Pharisaic character, favoured by G. F. Moore in his classic work of Judaism, has been largely abandoned" (*NTS* 3 [1957], 354). Lässt Davies damit Moore Gerechtigkeit widerfahren?

Denn das Christentum war im Herzen des Judentums entstanden und beanspruchte früh, das Judentum als Gottesvolk zu ersetzen und der legitime Erbe Israels zu sein.[1]

In vorchristlicher Zeit waren die ideologischen Grenzen des Judentums fliessend. Davon zeugen u. a. gewisse Erscheinungen der Apokalyptik[2] und das hellenistische Judentum, vor allem wie dieser im Philonismus blühte. Im nachchristlichen Judentum wurden jene Gedankenformen, die sich für die Entwicklung der Christologie wichtig erwiesen, von der richtunggebenden Strömung abgestossen.[3]

---

[1] Es soll doch bemerkt werden, dass, von der radikalen Haltung des Stephanus und des Barnabasbriefes abgesehen, es im Urchristentum betont wurde, das Christentum sei eher die Vervollkommnung des Judentums als dessen Aufhebung. Vgl. L. W. Barnard, aaO, S. 43 f. Erst Justin (*Dial.*) nennt die Kirche „das wahre Israel". P. Richardson, aaO, S. 1 ff.

[2] Die Bedeutung des Hellenismus für die Apokalyptik wird von M. Hengel hervorgehoben, aaO, S. 453 ff.

[3] Wenn es pauschal von der Apokalyptik behauptet wird, dass sie wegen ihrer christlichen Inanspruchnahme von der Synagoge abgestossen wurde, so ist hier Vorsicht zu empfehlen. Es ist wahr, dass die grosse rabbinische Literatur der ersten 6 Jhn. kein Zitat aus den apokalyptischen Schriften enthält. M. Goldstein, *Jesus in the Jewish Tradition* (New York, 1950), S. 98, mit Hinweis auf L. Ginzberg, *JBL* 41 (1922), 121; S. Mowinckel, *Han som kommer*, Copenhagen, 1951 (engl. Übers. *He That Cometh*, Oxford, 1956), S. 225, 271 f. Es gab auch eine pharisäische Apokalyptik, und gerade zur Zeit der endgültigen Kanonabgrenzung „florierten die apokalyptischen Spekulationen unter den Rabbinen", A. Nissen, „Tora und Geschichte im Spätjudentum", *NovTest* 9 (1967), 246; vgl. W. G. Rollins, „The New Testament and Apocalyptic", *NTS* 17 (1971), 464. Siehe auch H. Odeberg, *3 Enoch or the Hebrew Book of Enoch* (Cambridge, 1928), S. 39, und den Art. 'Ενώχ *ThW*, ii. 555: „Durch die oben erwähnte Kanonbildung (sc. in Jamnia um 90 nChr.) wurden nicht nur alle schon bisher als heterodox empfundenen Henoch-Überlieferungen, sondern auch alle Bücher, die bis dahin als heilige Schriften gegolten hatten, die aber solche und andere verdächtige Traditionen enthielten, aus dem Bereich des rechtgläubigen Judentums ausgeschaltet. Diese Ausschaltung der Henoch-Spekulationen war aber dadurch nicht mit einem Male und vollständig vollzogen. Im zweiten Jh. nChr. haben sich offenbar einzelne, auch hervorragende Rabbinen mit solchen Spekulationen befasst, mit denen die Henoch-Traditionen zusammenhingen. Und im hebr. Henoch begegnen wir einem rabbinisch geschulten Kompilator, der versucht, sehr weitgehende Henoch-Spekulationen dem Rabbinismus anzupassen und ihnen Aufnahme zu sichern. — In dem von Goldstein (s. o.) angeführten Aufsatz von L. Ginzberg („Some Observations on the Attitude of the Synagogue towards the Apocalyptic-Eschatological Writings") bemerkt dieser, dass die Synagoge zur Zeit der Tannaim kein späteres Buch als Daniel benutzte (S. 132). Nach Klaus Koch, *Ratlos vor der Apokalyptik* (Gütersloh, 1970), S. 17, überwiegt als Grund für den Ausscheidungsprozess der apokalyptischen Literatur in dem durch die Rabbinen nach 70 organisierten Frühjudentum die Enttäuschung hochfliegender eschatologischer Hoffnung in den beiden Aufständen gegen Rom. Die Tatsache bleibt aber bestehen, dass während die

Das Christentum ist das grösste Beispiel einer Grenzüberschreitung im Judentum. Diese förderte, um es noch einmal mit anderen Worten zu unterstreichen, was wir auch den *jüdischen Normativismus* nennen können, einen Purismus, der dem massgebenden Judentum für alle Zukunft seine Prägung gab.

Im vorchristlichen Judentum gab es Voraussetzungen sowohl für den Purismus als auch für die entgegengesetzte Tendenz, die wir hier die *Grenzüberschreitung* nennen. Für das „normative" Judentum — um mit G. F. Moore zu sprechen[1] — is die These von der Unmittelbarkeit im Verhältnis zwischen Gott und Mensch grundlegend. Die christliche Vorstellung von *dem* Mittler ist dem normativen Judentum völlig fremd. Dies hat vor allem seinen Grund im jüdischen Monotheismus, den man u. a. mit der griechischen Formel ἡ μοναρχία τοῦ θεοῦ ausgedrückt hat. Dem entspricht die Anthropologie des Judentums. Sie ist der Gegensatz zur paulinischen und der aus jener entwickelten Vorstellung von der Erbsünde.

Wenn es sich um die Frage von Gott und Mensch im allgemeinen handelt, befinden wir uns auf dem Boden des jüdischen Universalismus. Aber das Judentum ist gleichzeitig eine ausgeprägte Nationalreligion. Das durch den Erwählungsglauben erfasste Volkstum gehört zu den ureigensten Gegebenheiten jüdischen Denkens und Fühlens.

Nun lässt sich aber beobachten, dass eben das jüdisch Urtypische eine eigentümliche Problematik schafft. Die monumentalen jüdischen Thesen schliessen in sich je ein antithetisches Moment. Diese Problematik macht sich unter Umständen geltend und gibt zu Entgrenzungen Veranlassung. Aber auch der Gegensatz, die Abgrenzung, kann vorkommen. Die Reformpropheten reagierten auf ein vulgäres Verständnis des Volksgedankens und schufen die Vorstellung von dem heiligen Rest. Die Qumraner setzten

---

gesamten Apokryphen und Pseudepigraphen ebenso wie die Literatur des hellenistischen Judentums von der Synagoge abgestossen wurden, eben „diese Literatur seit Beginn des 2. Jh. von der Kirche aufgesogen wurde", L. Goppelt, aaO, S. 157; so auch ähnlich G. Bornkamm, *Geschichte und Glaube*, ii (München, 1971), S. 90 f.

[1] *Judaism in the First Centuries of the Christian Era*, i (Cambridge, Mass., 1927), S. 3: „... a normative type of Judaism ... the unification of Judaism". Der Begriff ist von jüdischen Autoren aufgenommen worden, z. B. M. Goldstein, aaO, S. 139, S. Talmon, „Typen der Messiaserwartung um die Zeitwende", in *Probleme jüdischer Theologie. Festschrift G. v. Rad* (München, 1971), S. 583.

diese Vorstellung radikal in die Praxis um und sonderten sich von der natürlichen Volksgemeinschaft ab. Vom Gesichtspunkt der Ganzheit aus entstand dadurch nichts anderes als eine Sekte. Die Geschichte des Judentums kennt verschiedene derartige, dem Sinn des Volksgedankens widersprechende Absonderungen. Die grösste Sektenbildung des Judentums, das „Nazarenertum", einverleibte mit seiner Theologie den Volksgedanken, diesen urjüdischen Gedanken, und gab ihm damit einen ganz neuen Inhalt. Das durch zielbewusste Missionspropaganda geschaffene Proselytentum ist in diesem Zusammenhang ein besonders auffallendes Phänomen. Hier handelt es sich um eine „Grenzüberschreitung" ganz anderer Art mit dem Zweck, die Wahrheit der jüdischen Religion in die Völkerwelt zu verbreiten.

Wenn wir hier die Begriffe „Überschreitung" oder „Entgrenzung" bzw. „Abgrenzung" gewählt haben, gebrauchen wir sie von innerjüdischen Bewegungen, die zur Absonderung und Abstossung führen.

„Messias" ist eine zweite mit dem Volksgedanken verwandte urtypische Idee.[1] Damit schuf sich das Judentum noch ein Problem mit unerhörten Konsequenzen, wie uns vor allem das Urchristentum zeigt. Traditionell wird der Menschensohn der Apokalyptik zum messianischen Vorstellungskomplex gerechnet, aber diese Vorstellung führt uns weit vom normativen Judentum ab. Sie gehört zu dem grossen Zusammenhang der jüdischen anthropologischen Spekulationen, vor allem denjenigen, die an Gen 1, 27 (vgl. Ps 8) anknüpfen. Ohne Zweifel sind fremde Motive (die Vorstellungen vom „Urmenschen" und dem orientalisch-hellenistischen Gott Anthrōpos) hinzugekommen.[2] Zu fragen ist jedoch, ob nicht schon die allgemeine Vorstellung vom Menschen zu den

---

[1] Siehe u. a. J. Klausner, *The Messianic Idea in Israel* (New York, 1955); E. L. Ehrlich, „Gedanken zum jüdischen Hoffnungsdenken", *Freiburger Rundbrief* 22 (1970), 55–61 (mit ausführlichen Angaben jüdischer Darstellungen zur Messianologie), S. Talmon, aaO, S. 571–88. Von christlichen Autoren seien hier nur erwähnt S. Mowinckel, aaO; F. Hahn, aaO; E. Lohse, „Der König aus Davids Geschlecht. Bemerkungen zur messianischen Erwartung der Synagoge", *Abraham unser Vater. Festschrift O. Michel* (Leiden, 1963), S. 337–45. — In der Diskussion über die jüdischen Messiasvorstellungen sollte als Norm die königliche Messianologie (mit Ausgangspunkt in PsSal 17) bestimmend sein. Dieser Messias hat seinen festen Platz *in der Liturgie* (vor allem in der vierzehnten Benediktion des Achtzehngebetes). Nicht jeder „Gesalbte" (Anointed) ist *Messias* in diesem eigentlichen Verständnis. Vgl. A. J. B. Higgins, „The Priestly Messiah", *NTS* 13 (1966–7), 211–39.

[2] Mowinckel, aaO, 273 ff.

Anfänge des jüdisch-christlichen Problems 263

jüdischen Grundideen gehören, die eine Antithese zum Echtjüdischen einschliessen.

Der *Mittlergedanke* ist dem Judentum gewiss nicht fremd. Aber um eine rein jüdische Idee zu bleiben, darf er nichts, was die „Gottheit Gottes" beeinträchtigt, enthalten; er ist dem normativen Judentum nur im relativen Sinne erträglich. Ein jeder, der vor Gott als Fürsprecher hervortritt, ist Mittler. Das institutionale Priestertum übt das Mittlerwesen aus. Moses nimmt die erste Stelle der jüdischen Mittlergestalten ein.[1] Der Mittlergedanke spielt eine wichtige Rolle in der Königsideologie. Der jesajanische Gottesknecht, der stellvertretend leidet, hat den Mittlergedanken mit einem revolutionierend neuen Inhalt gefüllt.

Der Mittler wird als Bote Gottes vorgestellt, aber er kann auch im Auftrage Gottes *handeln*. Klaus Berger hat diese Erscheinung mit reichlichem Material beleuchtet. Er sagt u. a.: „Totenauferweckung ist eine Übertragung der Macht Gottes auf seinen Boten, damit durch diesen Gott erkannt werde."[2] Wenn erzählt wird, dass Elia und Elisa Totenauferweckungen ausführten, so ist diese Vorstellung noch gute altisraelitische Theologie. In dem unerhört elastischen vorchristlichen Judentum gibt es aber reichliche Belege dafür, dass die Idee der Delegierung radikal erweitert wird. Im äthHen lässt Gott den Menschensohn Platz auf einen dem göttlichen ähnlichen Thron oder sogar auf den Thron Gottes(?) einnehmen, um das eschatologische Gericht zu vollziehen.[3] Dieses ist doch eine eminent göttliche Funktion. Darum wird die Menschensohnsvorstellung von der offiziellen jüdischen Theologie abgelehnt, um dagegen eine wichtige Rolle in den Evangelien zu spielen.[4]

[1] Für Belegstellen siehe u. a. J. Bonsirven, *Palestinian Judaism in the Time of Jesus Christ* (New York, 1964), S. 82.
[2] „Zum traditionsgeschichtlichen Hintergrund christologischer Hoheitstitel", *NTS* 17 (1970–1), 398.
[3] Mowinckel, aaO, S. 226 ff.; vgl. E. Sjöberg, *Der Menschensohn im äthiopischen Henochbuch* (Lund, 1946). Vgl. Apk 3, 21 (der Menschensohn spricht: „Wer überwindet, dem will ich geben, mit mir auf meinem Stuhl zu sitzen, wie ich überwunden habe und mich gesetzt mit meinem Vater auf seinen Stuhl."
[4] Mowinckel, aaO, S. 272. Der Menschensohn ist ein himmlisches Wesen, aber er ist von Gott *geschaffen* und ihm untergeordnet. Offensichtlich haben die Vorstellungen des nationalen Messias und des Menschensohnes einander beeinflusst. Die Esra- und Baruch-Apokalypsen zeugen von einer Reaktion auf die häretischen Züge der henochitischen Menschensohnsvorstellung, die als ein Fremdkörper im Judentum zu betrachten ist. — Von jüngsten Beiträgen zur Menschensohnsfrage seien erwähnt: M. De Jonge and A. S. van der Woude,

Mit der Vorstellung vom Menschensohn als Weltrichter wäre vielleicht eine andere Idee zu vergleichen. Nach dem Testament Abrahams ist der die Welt richtende Menschensohn der biblische Abel (Ben Adam = der Sohn Adams): „denn Gott wollte es, dass jeder Mensch durch einen Menschen gerichtet wird."[1]

Noch weiter von dem traditionellen Judentum führen uns später die merkwürdigen Spekulationen über den *Metatron* (mit dem erhöhten Henoch identifiziert) im hebrHen. Metatron ist der Vertreter Gottes, von Gott bevollmächtigt. Er ist das höchste himmlische Wesen und Richter über die Bewohner des Himmels und der Erde. Er ist ein Bild von Gott selbst, er trägt den göttlichen Namen und wird sogar „der kleine Jahwe" genannt.[2]

Eine grosse Bedeutung für unsere Untersuchung ist dem *Hypostasierungsphänomen* beizumessen.[3] Die *Sophia* der Weisheitsliteratur vertritt den hypostasierten, in der Welt immanenten

„11Q Melchisedek and the New Testament", NTS 12 (1965-6), 301-26, R. Leivestad, „Der apokalyptische Menschensohn ein theologisches Phantom", *ASTI* 6 (1967-8), 49-105, J. C. Hindley, „Towards a Date for the Similitudes of Enoch", *NTS* 14 (1967-8), 551-65. A. J. B. Higgins, „Is the Son of Man Problem Insoluble?", *Neotestamentica et Semitica. Festschrift Matthew Black* (Edinburgh, 1969), S. 70-87, R. Leivestad, „Exit the Apocalyptic Son of Man", *NTS* 18 (1971-2), 243-67.

[1] D. Flusser, *Jesus in Selbstzeugnissen und Bilddokumenten* (Reinbek bei Hamburg, 1968), S. 97 f. Der griechische Text lautet: εἶπεν ὁ θεός· ἐγὼ οὐ κρίνω ὑμᾶς ἀλλὰ πᾶς ἄνθρωπος ἐξ ἀνθρώπου κριθήσεται (ed. M. R. James, Text and Studies, Cambridge University Series II: 2, 1892, 92). TestAbr ist eine jüdische Schrift und schliesst in sich „many doctrines belonging to early, even pre-Tannaitic, Judaism", N. Turner, „The Testament of Abraham: Problems in Biblical Greek", *NTS* 1 (1954-5), 219. Siehe auch C. W. Fishburne, „1 Cor. III, 10-15 and the Testament of Abraham", *NTS* 17 (1970-1), 111 f. Mit dem Text ist Joh 5, 22, 27 zu vergleichen: ὁ πατὴρ κρίνει οὐδένα, ἀλλὰ τὴν κρίσιν πᾶσαν δέδωκεν τῷ υἱῷ (v. 22); ἐξουσίαν ἔδωκεν αὐτῷ κρίσιν ποιεῖν, ὅτι υἱὸς ἀνθρώπου (ohne Artikel!) ἐστίν (v. 27). Vgl. R. Bultmann, *Das Evangelium des Johannes* (MeyerK; 11, Aufl., Göttingen, 1950), S. 196 Anm. 8: „Die merkwürdige Verwandtschaft dieser Stelle (sc. in TestAbr) mit Joh. 5, 22. 27 geht m. E. nicht darauf zurück, dass eine gemeinsame Quelle zugrunde liegt (so Schlier, Relg. Unters. 94, 4), sondern darauf, dass TestAbr. von Joh. 5 beeinflusst ist." (B. ist der Meinung, dass TestAbr ein spätes christliches Apokryphon ist).

[2] H. Odeberg, *3 Enoch*; ders., Art. ʽΕνώχ, *ThW*, ii. 553-7, E. Sjöberg, aaO, S. 172 ff., S. Mowinckel, aaO, S. 286. Nach Mowinckel, aaO, S. 286, wird Metatron durch die Identifizierung mit dem erhöhten Henoch im Interesse des Monotheismus gewissermassen degradiert. Die Datierung des hebrHen ist umstritten: Odeberg: zweite Hälfte des dritten Jh., G. Scholem, *Major Trends in Jewish Mysticism* (Jerusalem, 1955), S. 45: siebtes Jh.

[3] Siehe hierzu H. Ringgren, *Word and Wisdom* (Lund, 1947); C. H. Dodd, *The Interpretation of the Fourth Gospel* (Cambridge, 1953), S. 274 ff.; G. Pfeifer, *Ursprung und Wesen der Hypostasenvorstellungen im Judentum* (Stuttgart, 1967).

Anfänge des jüdisch-christlichen Problems

Gedanken Gottes. Sie tritt an Stelle des göttlichen Wortes als Medium für Schöpfung und Offenbarung.[1] Es wird aber nachdrücklich gesagt, dass sie eine *Schöpfung Gottes* ist (Spr 8, 22). Das Wort Gottes kann personifiziert werden (Weish 18, 15 f.), aber es wird nie ein persönlicher Agent. In derselben Weise verhält es sich mit der Weisheit (Spr 8 u. a.).[2] Im Laufe der Entwicklung wird die *Tora* mit der Weisheit identifiziert (Sir 24, 23 ff.).[3] Was von der Weisheit gesagt wird, kann auch von der Tora behauptet werden: wie die Weisheit ist die Tora präexistent; sie ist das Schöpfungsmittel und der Mittler zwischen Gott und Welt (Sir 24). Dies ist auch eine oft wiederholte rabbinische Lehre (z. B. Aboth 3, 14; b. Pes. 54a; Tanḥ, Bereschith § I, f. 6b; GenR 1, 4).[4]

Die Theologie Philos bedeutet eine weitgehende Hellenisierung des Judentums. Gott ist das reine Sein, eine abstrakte, statische Einheit, der reine immaterielle Intellekt.[5] Die Betonung der Transzendenz Gottes, die im Frühjudentum immer stärker wird, rief ein neues Denken über das Mittlertum hervor.[6] Im Philonismus dient der Logos u. a. als ein Mittler und wird sogar zu einer Art „zweiter Gottheit" (*Leg. Alleg.* 2, 86; *Somn.* 1, 229 f.).[7]

---

[1] H. Ringgren, aaO, S. 102 ff., C. H. Dodd, aaO, S. 274.

[2] G. F. Moore, aaO, i. 415 f.

[3] Vgl. G. Bornkamm, *Glaube und Geschichte*, ii. 84 ff.

[4] H.-J. Schoeps, *Paulus. Die Theologie des Apostels im Lichte der jüdischen Religionsgeschichte* (Tübingen, 1959), S. 157, C. G. Montefiore–H. Loewe, *A Rabbinic Anthology* (London, 1938), s. v. — Man darf die kühne Bilderrede der Rabbinen nicht missverstehen: „Vor allem in Gleichnissen konnte die Tora direkt ‚Tochter Gottes' genannt werden, und man wird darin eine Parallele zur Bezeichnung der Weisheit als ‚Tochter Gottes' und des Logos als ‚Sohn Gottes' bei Philo sehen dürfen", M. Hengel, aaO, S. 309 f. Mit solchen Aussagen wollten selbstverständlich die Rabbinen in keiner Weise den reinen Monotheismus verdunkeln.

[5] Siehe u. a. G. F. Moore, aaO, S. 416, H. A. Wolfson, *Philo: Foundations of Religious Philosophy in Judaism, Christianity, and Islam* (Cambridge, Mass., 1948); C. Colpe, Art.Philo, *RGG*³. iii; Ursula Früchtel, *Die kosmologischen Vorstellungen bei Philon von Alexandrien. Ein Beitrag zur Geschichte der Genesisexegese* (Arb. z. Lit. u. Gesch. des hellenistischen Judentums, 2; Leiden, 1968); E. R. Goodenough, *By Light Light: The Mystic Gospel of Hellenistic Judaism* (Amsterdam, 1935), S. 11 ff.

[6] H. Ringgren, aaO, S. 171; H. A. Wolfson, aaO. i. 289 (kritisch gegen die Annahme eines Mittlerbegriffes bei Philo); H. Hegermann, *Die Vorstellung vom Schöpfungsmittler im hellenistischen Judentum und Urchristentum* (Berlin, 1961), S. 67 ff.

[7] Die inhaltsschwere Logosvorstellung Philos ist religionsgeschichtlich vom höchsten Interesse. In dieser Vorstellung kommt die Eigenart des philonischen Judentums am klarsten zum Ausdruck. Dieser Logosbegriff bestimmt im

Klaus Berger hat wichtiges Material zu unserm Thema zusammengestellt. Er schreibt u. a.: „Bereits im Judentum werden prophetische Gestalten mit Weisheit, Logos, Erzengel und Schöpfungsmittler gleichgesetzt, und zwar Moses und Jakob. Auch Henoch und der Menschensohn werden mit der Weisheit identifiziert."[1] Das Aufsehenerregende ist also, dass auch Menschen aus Fleisch und Blut mit diesen hohen Hypostasen gleichgestellt werden. Berger führt als Belegstelle u. a. ein Zitat von Origenes aus der angeblich jüdischen Schrift Oratio Joseph an, nach dem Abraham, Isaak und Jakob präexistent sind, vor allen Dingen geschaffen. Jakob hat Gott geschaut, denn er ist erstgeboren von all dem, das Gott geschaffen hat. Er ist auf die Erde niedergestiegen und hat seinen Wohnsitz unter den Menschen genommen.[2]

Es kann also, wie es scheint, festgestellt werden, dass im antiken Judentum vor, aber auch nach dem Anfang unserer Zeitrechnung die Patriarchen als Inkarnierungen göttlicher Hypostasen vorgestellt werden konnten.[3] Selbstverständlich wird Moses eine ausserordentlich hohe Stellung zugeteilt.[4] Das ist bemerkenswert aber nicht zu hoch anzuschlagen. Denn es geht hier um eine aretalogische Glorifizierung der Urahnen und Erzväter, der nicht der Wert dogmatischer Feststellungen beigelegt werden darf. Offensichtlich ist auch, dass diese und verwandte Vorstellungen nie als

Grunde die Gottesvorstellung. Sehr erwägenswert ist die Tatsache, dass Philo „zu einem Wegbereiter christlicher Theologie wurde" (E. Lohse, *Umwelt des Neuen Testaments*, Grundrisse zum Neuen Testament, 1; Göttingen, 1971, S. 101). Eine ausgezeichnete Zusammenfassung der verschiedenen Bedeutungen dieses zentralen, aber schwer zugänglichen Begriffes der philonischen Gedankenwelt leistet A. von Harnack in seiner *Dogmengeschichte* (i, Tübingen, 1926, S. 121 ff.).

[1] aaO, S. 411.
[2] aaO, S. 411 Anm. 6, J. Daniélou, aaO, S. 28, betrachtet diese Schrift als judenchristlich.
[3] Nicht alle von Berger angeführten Belegstellen haben mich überzeugen können. Die benutzten Texte sind nicht immer durchsichtig und einwandfrei.
[4] In hebrHen erhält Henoch den göttlichen Namen, und in Memar Marqah Moses, Berger, aaO, S. 414 f. (Memar Marqah ist die wichtigste samaritanische Schrift nach dem samaritanischen Pentateuch und Targum, zweites-viertes Jh. nChr. Text und Übersetzung von J. Macdonald, *Memar Marqah: the Teaching of Marqah*, 2 vols., *ZNW* Bh. 84; Giessen, 1963). In Sifre Num 12, 7, ist Moses als ein übernatürliches Wesen, höher als die Engel, vorgestellt, J. Bonsirven, aaO, S. 82. Vgl. S. Johnson, *The Theology of the Gospels* (London, 1966), S. 152: „A sign of this [sc. the highest honour, except for messiahship, that Jews could ascribe to any human being was that of being a true prophet] is that Philo ... came so close to identifying Moses with the Logos and gave him so many traits of divinity."

eine Beeinträchtigung der „Gottheit Gottes" empfunden wurden. Wichtig ist auch zu beobachten, dass hier behandelte Vorstellungen von Hypostasen und ihren Funktionen nicht für das traditionelle Messiasbild benutzt werden.[1] Der Messias ist nicht präexistent (nur sein Name, b. Pes. 54a).[2] Der Begriff „Sohn Gottes" ist im Judentum nicht so ungewöhnlich, aber er wird immer metaphorisch gebraucht und war kaum ein jedenfalls geläufiger messianischer Titel.[3]

Klaus Berger hat in seiner hier mehrmals angeführten Untersuchung behauptet, dass „die christologischen Hoheitstitel" ohne Ausnahme ihren Hintergrund im jüdischen Raum haben. Er fasst sein Resultat folgendermassen zusammen: „Es konnte wahrscheinlich gemacht werden, dass der Ursprung der behandelten christologischen Titel eine Erfassung des Gesandtseins Jesu durch jüdische Kategorien ist".[4] Recht verstanden und unter Vorbehalt gewisser Belegstellen ist diese Behauptung im grossen und ganzen einwandfrei. Mit dem nachchristlichen Judentum verglichen war, wie schon gesagt wurde, das vorchristliche

---

[1] Vgl. C. H. Dodd, aaO, S. 93: „There is no suggestion in our Jewish sources that the Messiah is divine, though he is associated with Jacob, Moses and others, as one of those to whom God, according to rabbinic exegesis of certain scriptural passages, gave His own name of אל, as a king might confer his own title, ad hoc, upon his representative."

[2] Für nähere Erörterung dieser Frage siehe S. Mowinckel, aaO, S. 219 f.

[3] S. Mowinckel, aaO, S. 194; C. H. Dodd, aaO, S. 92; F. C. Grant, *The Gospels: Their Origin and their Growth* (London, 1957), S. 177, J. Howton, „ ‚Son of God' in the Fourth Gospel", NTS 10 (1963–4), 234, K. Berger, aaO, S. 494 Anm. 2. — R. H. Fuller bemerkt: „The Dead Sea Scrolls have provided evidence that ‚Son of God' was indeed used as a Messianic title in pre-Christian Judaism. In 4QFlor. 10–14 we read: ‚[And] the Lord tell[s] you that he will build a house for you and I will set up your seed after you, and I will establish his royal throne [for eve]r. I will be his Father, and he shall be my son. This is the sprout of David . . .' It meant not a metaphysical relationship, but adoption as God's vice-gerent in his kingdom."

[4] Nicht zum mindesten haben die Sophiaspekulationen eine grosse Rolle im urchristlichen Denken gespielt. Siehe u. a. C. Romaniuk, „Le Livre de la Sagesse dans le Nouveau Testament", NTS 14 (1967–8); F. Christ, *Die Sophiachristologie bei den Synoptikern* (AThANT, 57, Zürich, 1970). Auch vieles von dem, was die Rabbinen von der Tora sagen, ist mit dem parallel, was von dem johanneischen Logos ausgesagt wird. Siehe C. H. Dodd, aaO, S. 85. Vgl. auch R. N. Longenecker, „Some Distinctive Early Christological Motifs", NTS 14 (1967–8), 526–45. Diese Untersuchung enthält sehr wichtige Beobachtungen. Siehe vor allem die Abschnitte „Angelomorphic Christology", 528 ff., und „The Name", 533 ff. Diese Untersuchung ist ein beachtenswerter Beitrag zur Frage nach der judenchristlichen Christologie und ihren Voraussetzungen im Judentum.

Judentum erstaunlich elastisch.[1] Die Grenzen werden in einer verwirrenden Weise ausgedehnt, was im Verhältnis zum Normativismus als definitive Grenzüberschreitung betrachtet werden muss. Die schon im NT hochentwickelte Christologie ist eine komplexe Grösse mit vielen Komponenten, die jedoch sämtlich ihre Vorgeschichte im Judentum haben.[2] Trotzdem ist die Christologie als Gesamtkonzeption definitiv unjüdisch. Einmal ist sie architektonisch und strukturell völlig anders als je einer der aus verschiedenen Zusammenhängen losgebrochenen Bausteine. Zum andern: die aretalogisch-haggadischen Aussagen zur Glorifizierung der grossen Ahnen und Heroen aus der jüdischen Urzeit sind keineswegs mit den christologischen Bekenntnisformeln vergleichbar.

Mit der Gründung des Synedriums in Jamnia nach der Katastrophe im Jahre 70 nChr. beginnt eine neue Epoche in der jüdischen Geschichte.[3] Das orthodox-pharisäische Rabbinat errang den Sieg. Unter dem ersten Patriarchen, Gamaliel II. (90–110), wurde die sog. *Birkath ha-Minim* als das zwölfte Gebet in das Schemone Esre eingefügt.[4] In diesem Gebet werden die „Nazarener" und die Häretiker (*ha-minim*)[5] verwünscht. Diese Massnahme machte es allmählich unmöglich für die Judenchristen die Synagogen zu besuchen.[6] Während des Bar-Kochba-Krieges wurde die

[1] G. Hoennicke, *Das Judenchristentum im ersten und zweiten Jahrhundert* (Berlin, 1908), S. 33 ff.; L. Goppelt, aaO, S. 29.

[2] Sogar zur Vorstellung der Jungfrauengeburt hat man versucht, jüdische Analogien zu entdecken. D. Daube, *The New Testament and Rabbinic Judaism* (London, 1956), S. 8: „The notion of a supernatural or virgin birth was not absolutely alien to the Jewish mind." Vgl. C. K. Barrett, *The Holy Spirit and the Gospel Tradition* (London, 1954), S. 9 ff. In ihrem christologischen Kontext war sie jedoch den Juden ein Ärgernis. Vgl. Justin, *Dial.* 67, 2 (Trypho:) „Ihr sollte euch schämen, mit den griechischen Mythen die Jungfrauengeburt eines Gottessohnes zu erzählen." Vgl. im allgemeinen zu dieser Frage M. Black, „The Christological Use of the Old Testament in the New Testament", *NTS* 18 (1971–2), 1–14.

[3] P. Richardson, aaO, S. 184, charakterisiert zutreffend die jüdische Restauration in Jamnia mit dem Ausdruck „Jamnian Judaism's exclusiveness".

[4] Zu den Textformen siehe u. a. Bill. iv. 212 f., P. Riessler, *Altjüdisches Schrifttum ausserhalb der Bibel* (Heidelberg, 1966), S. 9; H.-J. Schoeps, *Theologie und Geschichte des Judenchristentums*, S. 285; M. Avi Yonah, *Geschichte der Juden im Zeitalter des Talmud* (Berlin, 1962), S. 141.

[5] Zur Bedeutung des Wortes *minim* siehe L. Goppelt, aaO, S. 154 f.

[6] Siehe Mt 10, 17; 23, 34; Joh 9, 22; 12, 42; 16, 2. Vgl. L. W. Barnard, aaO (s. Anm. 7), S. 35; E. Grässer, „Die antijüdische Polemik im Johannesevangelium", *NTS* (1964–5), 86. Näheres über den Ablauf dieser Geschichte siehe P. Richardson, aaO, S. 43 ff. und dort angeführte Literatur.

Anfänge des jüdisch-christlichen Problems

Stellung der Judenchristen immer schlechter.[1] Weitere Bestimmungen machten es sogar unmöglich, dass Juden und Judenchristen zusammentrafen.[2] Wir können also feststellen, dass die Beziehungen der Synagoge zum Judenchristentum in der Mitte des zweiten Jahrhunderts abgebrochen wurden. Nach dieser Zeit ist Gegner der Synagoge die heidenchristliche Kirche, und sie vertritt in der Sicht des normativen Judentums eine ganz fremde, neue Religion.[3]

Wie wir im NT überzeugend beobachten können, entstand das Christentum in polemisch-apologetischer Auseinandersetzung mit der Mutterreligion. Wir könnten von einem Kontrastierungsphänomen sprechen. Als Beispiel sei die Gegenstellung Neuer Bund-Alter Bund in 2Kor 3 erwähnt.[4] C. H. Dodd hat diesen Kontrast in Joh unterstrichen.[5] Es handelt sich vor allem um den Gegensatz inkarnierter Logos contra Tora. Der Kontrast wird durch das Wort ἀληθινός hervorgehoben. Was jüdischerseits von der Tora gesagt wird, wird auf den Logos-Christos übertragen, z. B. die Präexistenz. Schon bei Paulus, dann in Joh und in Hebr (z. B. 8, 13) stossen wir auf die Idee, dass das Evangelium höher als die Tora sei. Das war eine harte Herausforderung.

Der antithetische Charakter der neutestamentlichen Tradition kann an vielen Einzelheiten beobachtet werden. Z. B. bemerkt G. Bornkamm, dass das Logion von der Gebetserhörung Mt 18, 19 f. in Anlehnung an die jüdische *Schechina*-Vorstellung (Aboth 3, 2) formuliert ist.[6] Ein anderes Beispiel können wir aus einer Untersuchung von E. Earle Ellis holen. Er macht wahrscheinlich, dass das paulinische λέγει κύριος einen antijüdischen Unterton hat.[7] Das NT trägt zu grossen Teilen — direkt und oft indirekt —

---

[1] N. Avi Yonah, aaO, S. 143: „R. Akiba bestimmte, anscheinend noch während des Bar-Kochba-Krieges, dass ‚jeder der in den «äusseren» Büchern lese (und im babylonischen Talmud wird ausgeführt, b. Sanh. 100b: ‚das heisst, in den Büchern der Minim') und der einen Kranken mit Beschwörungen zu heilen sucht (wie bereits erwähnt, war das ein besonderes Merkmal der Judenchristen), habe keinen Anteil an der zukünftigen Welt", M Sanh. X, 1. Damit wurden die Judenchristen aus der Gemeinschaft Israels entfernt."
[2] M. Avi Yonah, aaO, S. 143 f.
[3] Diese Stellung war seit langem vorbereitet. Siehe E. Grässer, aaO, S. 82.
[4] Zu bemerken ist überhaupt die Verwendung der Vokabeln καινός und νέος in der frühchristlichen Literatur. Vgl. P. Richardson, aaO, S. 26 ff.
[5] aaO, S. 83 ff.
[6] aaO, S. 40, 44.
[7] *Paul's Use of the Old Testament* (Edinburgh, 1957), S. 107–13; gemäss Angabe von J. P. M. Sweet, „A Sign for Unbelievers: Paul's Attitude to Glossolalia", NTS 13 (1966–7), 243.

den Stempel der Auseinandersetzung mit dem Judentum.[1] Eine ausführliche Behandlung unseres Themas sollte eine Überprüfung des ganzen neutestamentlichen Materials von diesem Gesichtspunkt aus erfordern.

Derselbe antithetische Charakter kennzeichnet die literarischen Denkmäler der jüdischen Renaissance nach 70. Dies lässt sich schon *auf liturgischem Gebiet* beobachten. Wir haben an die *Birkath ha-Minim* erinnert. Andere Beispiele lassen sich unschwer finden.[2] Die direkten Aussagen über Jesus bzw. Anspielungen auf ihn in der rabbinischen Literatur sind wenig, obwohl die Stellen, welche mit Sicherheit auf ihn zielen, keineswegs bedeutungslos sind. Diese sollen hier nicht behandelt werden.[3] Hier geht es um die Reaktion der Tannaiten und der Amoräer auf das Christentum und seine Dogmen. Auch hier sind die direkte Aussagen verhältnismässig wenig; sie sind auch nicht die wichtigsten. Die rabbinische Polemik gegen das Christentum ist überwiegend indirekter Art.[4] Es gibt Äusserungen, die ohne Zweifel eine Abgrenzung gegenüber der Christologie bedeuten. Aber noch wichtiger ist, eine Vorstellung davon zu bekommen, wie sich das normative Judentum selbst auffasst. Wegen Raum-

[1] Nicht zum mindesten Joh ist eine wichtige Quelle bezüglich der Auseinandersetzung der Christen mit den Juden gegen Ende des ersten Jh. Vgl. u. a. J. A. T. Robinson, „The Destination and Purpose of St. John's Gospel", *NTS* 6 (1959–60), 117–31; J. W. Bowker, „The Origin and Purpose of St John's Gospel", *NTS* 11 (1964–5), 398–408; R. Schnackenburg, „Der Menschensohn im Johannesevangelium", *NTS* 11 (1964–5), 123–37.

[2] Siehe z. B. D. Daube, aaO, S. 326 f.; E. Lerle, „Liturgische Reformen des Synagogengottesdienstes als Antwort auf die judenchristliche Mission des ersten Jahrhunderts", *NovTest* 10 (1968), 31–42 (mit Hinweis u. a. auf A. Marmorstein, „Judaism and Christianity in the Middle of the Third Century", *HUCA* 10 (1935), 223–63; und E. Lerle, *Proselytenwerbung und Urchristentum*, Berlin, 1960).

[3] Siehe u. a. J. Bergmann, *Jüdische Apologetik im neutestamentlichen Zeitalter* (Berlin, 1908); H. L. Strack, *Jesus, die Häretiker und die Christen nach den ältesten jüdischen Angaben* (Leipzig, 1910); Bill. iii. 20 ff.; M. Goldstein, aaO; R. Travers Herford, *Christianity in Talmud and Midrash* (London, 1903), New York, 1966. Eine scharfsinnige und interessante Neuinterpretation der jüdischen Jesustradition leistet E. Bammel in seiner Untersuchung „Christian Origins in Jewish Tradition", *NTS* 13 (1967), 317–35. Bemerke folgende Feststellung: „The texts still show that there existed a branch in Judaism which had something more to say of Jesus than the filthy stories enjoyed by some of them. The attitude of the author of Sanh. 107b at least seems to have been more sympathetic even than that of the Church towards the Synagogue as depicted by the statue in the cathedral of Strassburg" (S. 324).

[4] Zur Frage der „indirekten Rede" der jüdisch-christlichen Polemik vgl. M. Hengel, *Die Zeloten* (Köln, 1961), S. 345 f.

Anfänge des jüdisch-christlichen Problems   271

sparnisses sind wir hier genötigt, ohne Belegstellen die Ergebnisse früherer Untersuchungen zusammenzufassen.¹ Folgende Themen kommen u. a. in Betracht: (1) Die Einzigkeit und Einheit Gottes;² (2) Das Problem der Inkarnation; (3) Die messianische Frage; (4) Moses, die Wunder.

(1) Gegenüber dem christlichen Trinitätsdogma wurde es notwendig, den unumschränkten Monotheismus festzusetzen.³

(2) Gegen die christliche Inkarnationslehre wird mit wuchtigen Worten behauptet, Gott könne nicht in einen „Sohn" verkörpert werden.⁴

(3) Es gibt in der rabbinischen Literatur Hunderte von Stellen über „Messias": sämtliche implizieren, dass der Messias der noch zu Erwartende ist.⁵

(4) Je mehr das Christentum die wunderbare Geburt Jesu, seine Wundertaten und seine Auferstehung betonten, desto bestimmter verkleinerten die Rabbinen die Bedeutung der Wunder.⁶ Die alttestamentlichen Wunder nahmen aber eine Sonderstellung ein, vor allem die Wunder Moses.⁷

Die Amoräer behandeln diese Fragen in ähnlicher Weise, aber ihre Reaktionen auf die christlichen Dogmen sind noch stärker. Wir können beobachten, dass die Rabbinen während dieser Periode mehr denn je zuvor die Eigenart des Judentums gegenüber dem Christentum behaupten. Es betrifft die Reinheit des Monotheismus, die Gültigkeit des Gesetzes und die messianische Hoffnung: in der messianischen Zeit wird Gott seine Verheissungen gegenüber seinem Volk erfüllen.⁸

¹ Ich verweise hier besonders auf die schon verzeichnete Arbeit von Morris Goldstein.
² Vgl. Joh 10, 33: „Um eines schönen Werkes willen wollen wir dich nicht steinigen, sondern wegen Lästerung, nämlich weil du, der du ein Mensch bist, dich zum Gott machst." Diese Stelle widerspiegelt die jüdische Polemik gegen die Christologie zur Abfassungszeit des Joh.
³ Siehe M. Goldstein, aaO, S. 84 ff. mit Belegstellen.
⁴ Siehe M. Goldstein, aaO, S. 87.
⁵ Siehe M. Goldstein, aaO, S. 88.
⁶ Vgl. J. Bonsirven, aaO, S. 15 f.
⁷ M. Goldstein, aaO, S. 92 f.
⁸ M. Goldstein, aaO, S. 126 ff. Hinsichtlich der Auffassung von der Person des Messias sagt J. Klausner, aaO, S. 465: „In no trustworthy, authentic source of the Tannaitic period is to be found any description of the person and characteristics of the Messiah that goes beyond the bounds of human nature." Vgl. was Trypho sagt, Justin, *Dial.* 49, 1: „Wir alle erwarten, dass der Messias als Mensch von Menschen geboren und nach seiner Ankunft von Elia gesalbt wird." — Manches in der rabbinischen Literatur, das zu unserem Thema

Auf keinem Gebiet können wir die grundlegende Abgrenzung des Judentums von dem Christentum wie auf dem der *Bibelexegese* studieren.[1] Die Interpretatio Christiana der heiligen Schriften und die dabei vorgenommenen mutwilligen Änderungen der Texte[2] nötigten die jüdischen Theologen zur Verteidigung und Abwehr. Es ist bemerkenswert, um nur ein Beispiel zu geben, dass Rabbi Akiba die Septuaginta durch Aquilas Übersetzung ersetzen liess.[3] Aquila versuchte die Eigentümlichkeiten der Grundsprache wiederzugeben, so dass auf diese Übersetzung die hermeneutischen Regeln Akibas verwendet werden könnten. Aber es bestand noch ein Grund für diese Übersetzung, nämlich der Gebrauch der LXX durch die heidenchristliche Kirche, auch in Auseinandersetzung mit der Synagoge.[4] Eine Schriftstelle, die dabei u. a. eine wichtige Rolle spielte, war Jes 7, 14, wo LXX das hebräische העלמה mit dem doppeldeutigen aber vom christlichen Gesichtspunkt aus willkommenen ἡ παρθένος wiedergab. Aquila korrigierte dieses zu ἡ νεᾶνις.[5]

Auch die endgültige Feststellung des hebräischen Kanons ist ein wichtiges Zeugnis der Selbstabschliessung der Synagoge und der damit zusammenhängenden Abgrenzung gegen die Kirche.[6]

gehört, wird immerfort entdeckt. Siehe C. G. Montefiore–H. Loewe, aaO, S. 157 ff. und L. W. Barnard, aaO, S. 35 Anm. 6.

[1] Siehe z. B. J. Daniélou, aaO, das Kapitel „L'exégèse Judéo-Chrétienne".
[2] Siehe u. a. A. von Harnack, aaO, S. 130 f.
[3] A. Ehrhardt, aaO, S. 102.   [4] Vgl. R. Meyer, aaO, S. 142.
[5] Theodotion und Symmachus folgen hier Aquila. Nach dem einstimmigen Zeugnis der Kirchenväter war Symmachus Ebionit. Als solcher verwarf er die Lehre von der Jungfräulichkeit Marias. (Dom Gregory Dix, *Jew and Greek: a Study in the Primitive Church*, Glasgow, 1955, S. 66, behauptet, er sei ein „Nazoräer" gewesen). Siehe näher H.-J. Schoeps, *Theologie und Geschichte des Judenchristentums*, S. 73, „Symmachusstudien", *Aus frühchristlicher Zeit*, Tübingen, 1950, S. 82 ff. — Die rabbinische Reaktion auf die Interpretatio Christiana Veteris Testamenti verdient in diesem Zusammenhang näher untersucht zu werden. Siehe S. Mowinckel, aaO, S. 221 ff., S. L. Edgar, „New Testament and Rabbinic Messianic Interpretation", *NTS* 5 (1958–9), 47–54. Betreffs der christlichen messianischen Deutung des AT siehe auch H.-J. Schoeps, *Theologie und Geschichte*, S. 90. Es kommt aber auch, umgekehrt, vor, dass alttestamentlichen Stellen, die ursprünglich nicht messianisch verstanden wurden, später eine messianische Deutung gegeben wurde. Schoeps, ib. Anm. 4; A. J. B. Higgins, „The Priestly Messiah", S. 236 Anm. 1. L. Goppelt, aaO, S. 157, zählt eine in die Tiefe gehende Umänderung des Schriftverständnisses gegenüber dem der vorchristlichen Zeit zu den Merkmalen der vor allem gegen das Christentum gerichteten Selbstabschliessung des rabbinischen Judentums.
[6] G. F. Moore, aaO, i. 86 f.: „The Book of Ben Sira (Ecclesiasticus) was not sacred scripture, nor any other books written from this time on. The passages

Anfänge des jüdisch-christlichen Problems

Das normative Judentum hat seine definitive Form in der Zeit zwischen etwa 150 und dem Anfang des dritten Jhs. gefunden.[1] Der Pharisäismus siegte vollständig. Die häretischen Sadduzäer kamen bei der Zerstörung Jerusalems um.[2] Die Apokalypsen wurden in der tannaitischen Literatur ignoriert wie auch viel von ihrem Inhalt.[3] Das hellenistische Judentum schwindet im zweiten Jh. Philo geriet in totale Vergessenheit in der rabbinischen Literatur.[4] Martin Hengel schreibt: „Es ist immerhin bezeichnend, dass wir kein jüdisch-griechisches Schrifttum besitzen, das nicht durch die Übernahme von seiten der Kirche gerettet wurde. Die griechisch-jüdische Tradition wurde innerhalb des Judentums radikal ausgeschieden."[5]

Der Ursprung des Christentums war eine messianische Bewegung, die keine Absonderung von der natürlichen Volksgemeinschaft wollte. Ob Jesus selbst Anspruch auf „Messianität" erhob, ist eine umstrittene Frage.[6] Wenn er von dem „Menschensohn" als von sich selbst sprach, so hat er offenbar diese Vorstellung radikal umgedeutet.[7] Tatsache ist jedenfalls, dass palästinische Juden an ihn als Messias glaubten. Diese ersten Jesusgläubigen Juden blieben innerhalb der grossen jüdischen Religionsgemeinschaft. Schon früh schlossen sich hellenistische Juden innerhalb und ausserhalb Palästinas der neuen Bewegung an. Vor allem durch die paulinische Mission entstand das Heidenchristentum. Die Trennung zwischen der judenchristlichen Kirche und der Synagoge war schon Ende des ersten Jhs. eine Tatsache. Das

in the Tosefta which report this decision name specifically ‚the gospel' (euangelion) and the books of the sectarians (or heretics), among which, in the context, it is fair to presume that Christian writings are at least included (Tos Yadaim 2, 13; cf. Tos Shabbat 13, 5)." Vgl. L. Goppelt, aaO, S. 157.

[1] G. F. Moore, aaO, S. 3 f.
[2] E. Lohse, aaO, S. 34.
[3] G. F. Moore, aaO, S. 127.
[4] M. Simon, *Les Sectes juives au temps de Jésus* (Paris, 1960).
[5] *Judentum und Hellenismus*, S. 314 Anm. 425. Vgl. G. Bornkamm, „Wandlungen im alt- und neutestamentlichen Gesetzesverständnis", *Geschichte und Glaube*, ii. 90 f.
[6] Es sei noch einmal betont, dass der Begriff „Messias" mit Vorsicht gebraucht werden muss. Der jüdische Messianismus im eigentlichen Sinn ist der königliche Davidismus. Dieser ist ein Fremdkörper im Frühchristentum. Das Einzige was wir mit Sicherheit wissen, ist, dass Jesus als „der König der Juden" gekreuzigt wurde, was er nicht war.
[7] Siehe jüngst P. Hoffmann, „Die Offenbarung des Sohnes", *Kairos* (NF) 12 (1970), 270-88.

Judenchristentum verschwindet mehr oder weniger total aus der Geschichte. Das Heidenchristentum übernimmt die Leitung der Kirche und beansprucht, das neue Gottesvolk zu sein. Aber die Kirche bewahrte treu die Jesustradition im Rahmen des hellenistischen Dogmas. Sie betrachtete die jüdische Bibel als ihr rechtmässiges Eigentum, und diese wurde nur allmählich durch die Schriften des NT ergänzt. Aber nicht nur dies: die jüdische Erbe umfasste auch die jüdischen Apokryphen und Pseudepigraphen. Zunehmend machen sich jüdische Gedanken im frühchristlichen Schrifttum geltend. Wir können sogar von einer „Rejudaisierung" des Frühchristentums sprechen.[1]

Jüdischerseits wurde auf Konsolidierung und Abgrenzung gegenüber dem Christentum hin gearbeitet. Die Lehren des Judentums wurden bewusst antithetisch gegen das Christentum dargestellt. Die christliche Interpretation des AT wurde heftig bekämpft. Die für das Christentum so wichtige intertestamentale Literatur hatte für das Judentum keinen Wert mehr.

Die Überschreitungen im vorchristlichen Judentum bereiteten die Arbeit am christlichen Gedankengebäude vor. Zwei der urtypischen jüdischen Ideen, die des Gottesvolkes und die des Messias wurden von der Kirche christianisiert. Die Aufgabe der Synagoge war nun, diese Ideen auf ihre Urformen zurückzuführen und zu beweisen, dass sie als solche nicht übertragbar waren. Die Juden, alle Juden, sie und keine anderen sind das Volk Gottes. Messias ist der noch zu Erwartende, der von Gott erwählte Mensch für eine Zeit, wo Gott sein Volk ins heilige Land der Väter zurückführen wird.

Das hier kurz umrissene Arbeitsprogramm hat uns u. a. vor folgende Fragen gestellt: Wie ist das „reine" Judentum zustande gekommen? Was wurde als häretisch abgestossen? In wie weit wurde dieses aus jüdischer Sicht als häretisch Empfundene vom Christentum gutgeheissen? Verhielt es sich so, dass gewisse Bestandteile des jüdischen Erbes eben, weil das Christentum sie übernahm, von der jüdischen Orthodoxie als häretisch erklärt wurden? Eine vorläufige Antwort ist in dieser Untersuchung gegeben in der Hoffnung, dadurch die Diskussion zu fördern.

Selbstverständlich ist dabei, dass das rabbinische Judentum als Träger des reinen Judentums keineswegs alleinherrschend wurde, wie uns z. B. ein Schriftstück wie hebrHen belehrt.

---
[1] Vgl. G. Bornkamm, aaO, S. 117.

Randerscheinungen gibt es immer! Aber ein Massstab des echtjüdischen Glaubens war für die Zukunft gefunden.

Auch beim Werden des Christentums ist ein Abstossungsprozess spürbar. Das „reine" Christentum entsteht im Kampf gegen Häresien, von denen einige jüdischer Herkunft sind.

In der Absonderung des Christentums vom Judentum sind die beiden ihrer Eigenart bewusst geworden: ein jüdisches Selbstverständnis hat sich entwickelt und entsprechend ein christliches, und zwar in der Begegnung, im Dialog miteinander.

Charakteristisch für das jüdische Selbstverständnis ist vor allem das Bewusstsein, dass das Judentum Pfleger und Hüter des reinen Monotheismus ist — wobei es auch seinen Gegensatz gegen das Christentum betont, gegen die Tochterreligion mit ihrer Vergottung eines jüdischen Mannes, dessen irdische Mutter als „Gottesgebärerin" (Theotokos) verherrlicht wurde.

Das Nebeneinander der beiden Religionen begann.

Abgeschlossen im Juli 1972

Die Sefirot und Abbiaʿ in ihrem theoretischen Zusammenhang

H. ODEBERG

TROTZ der scheinbar verworrenen Darstellung im Zohar sieht man bei näherem Studium, dass doch bestimmte Grundgedanken und ein gewisses System recht umfassenden Charakters darin zu finden sind: Betrachtungen über Gottes Wesen, vor allem wie dieses sich im Gottesnamen offenbart, über die Entstehung und Gestaltung des Weltalls, die Verhältnisse des Menschen, besonders die Seele, Betrachtungen über die richtige Lebensführung, also Theologie, Kosmologie, Anthropologie, und Ethik in einem.

Der Zohar geht vom Begriff der Gottheit aus als dem an und für sich bestehenden, ewigen allumfassenden, alleinigen Urwesen, der immanenten Ursache, dem aktiven und passiven Prinzip für alles Sein, für das jedoch der Gedanke kein Mass und die Sprache kein Wort hat, da man der Gottheit in diesem Stand kein Attribut beifügen kann, denn ein jegliches würde ja eine Einschränkung bedeuten, und Gott ist doch der Absolute, der Uneingeschränkte. Der Zohar nennt ihn deshalb den „Unbegrenzten", den „Unendlichen" (אֵין סוֹף, *En Sof*).

1. *Im Zohar fusst das System auf der Lehre von den vier „Welten" Abbiaʿ und den zehn „Sefirot".*

   a. *Die vier „Welten" sind:*

   (1) ʿ*Olam ha-Aṣilut* oder *die Welt der Erztypen*. Diese hat ihren Namen nach dem Verb „*aṣal*" in Num 11, 17 („Und *ich will nehmen* von deinem Geist, der auf dir ist, und auf sie legen").

   (2) ʿ*Olam ha-Beriʾa* oder *die Welt der Schöpfung*, die den göttlichen Thron enthält, der aus dem Licht von den Sefirot emaniert, und dazu die Seelen der Gerechten.

   (3) ʿ*Olam ha-Jeṣira* oder *die Welt der Formationen*. Hier ist der Platz der göttlichen Paläste (*hekalot*), und hierhin suchen die kabbalistischen Ekstatiker sich durch ihre Übungen zu versetzen. Hier haben die Engel mit ihrem Fürsten Metatron ihre Wohnung, wie auch die Seelen der gewöhnlichen Menschen.

Die Sefirot und Abbia'

(4) *'Olam ha-'Asijja* oder *die Welt des Tuns*, der Aufenthaltsort der niederen Engel oder der sogen. Ophannim, deren Aufgabe es ist, das Böse zu bekämpfen und die Gebete der Menschen anzunehmen.

Die drei letzteren haben ihre Namen nach den Hebräischen Verben in Jes 43, 7 („*Ich habe erschaffen*", „*Ich habe geformt*" und „*Ich habe getan*").

Wir ersehen daraus, dass die Engelhierarchie erst in der dritten Welt beginnt, während die Seelen der Gerechten zur zweiten gehören, woraus folgt, dass in der göttlichen Rangordnung nach der Lehre des Zohar der Mensch höher steht als die Engel.[1]

b. *Die zehn Sefirot*

Der Name „Sefira" kann möglicherweise mit dem griechischen σφαῖρα in etymologischen Zusammenhang stehen. Die verschiedenen Sefirot sind jedoch eigentlich Ausdrücke oder Begriffskategorien, die dazu benutzt werden, die Existenz und Wirksamkeit der Gottheit in allen kosmischen Phänomenen und im geistigen und moralischen Fortschritt des Menschen anschaulich zu machen. Hier haben wir es also eher mit einer abstrakt-metaphysischen als einer konkreten und direkt bestimmbaren Existenz zu tun. In ihnen tritt jedoch die Gottheit aus ihrer isolierten Absolutheit hervor und offenbart sich, d. h. wird zugleich wirksam und begreiflich.

Die zehn Sefirot werden so „Gefässe" für das Unendliche, das ihr Inhalt ist, und das durch sie seine Erscheinungsformen erhält. (Sie können also als die *Urquellen* des Seins gekennzeichnet werden.)

Es gibt also in jeder Sefira ein unveränderliches und ein veränderliches Element. Denn immer ist darin enthalten *En-Sof*, der Unbegrenzte und Unveränderliche, die unveränderliche und unvergängliche Qualität, die eingebettet ist in den Menschen und das Weltall. Das veränderliche Element dagegen ist die materielle, äussere und vergängliche Seite des Menschen und des Weltalls.

Diese Tatsache mag durch den „klassischen" Zohar-Abschnitt über die zehn Sefirot erhellt werden (gekürzt):

Wehe dem, der Ihn (*En-Sof*) mit irgendeinem von seinen eigenen Attributen gleichsetzt und schlimmer noch, mit einem, das

---

[1] Die vier Welten werden zusammengefasst unter der Bezeichnung *abbia'*, אביע, die aus den Anfangsbuchstaben der vier Wörter אצילות, בריאה, יצירה, עשיה (*aṣilut, beri'a, jeṣira, 'asijja*) gebildet ist.

den Menschen gilt, „die aus Staub gemacht sind", als vergängliche Gefässe. Die Vorstellung von ihm entspricht nur seiner Herrschaft über jegliches Attribut oder auch über alles Erschaffene. Aber wenn man sich nicht mehr diese Vorstellung von ihm macht, dann gilt für ihn *kein* Attribut, *keine* Vorstellung, *keine* Form. Dem Meere gleich, dessen Wasser, wenn es sich daraus entfernt, keinen Zusammenhalt und keine Form hat, bevor es sich ausbreitet und aufgenommen wird in ein Gefäss, welches ist die Erde, entsteht die Vorstellung und können wir bestimmte Gedanken und Begriffe bilden . . .

So ist also der allererste Ursprung aus dem Meer, das in seiner Ausbreitung aufgenommen wird in ein Gefäss, das die Gestalt des Buchstaben *jod* hat — dieser Ursprung ist *eins*. Und die Quelle, die daraus entspringt, ist *zwei*. Erst danach wird ein grosses Gefäss erschaffen, geradeso wie wenn einer eine grosse Grube gräbt, die vom Wasser der Quelle gefüllt wird. Dieses Gefäss wird „Meer" genannt; das ist das *dritte*. Dieses Gefäss teilt sich in *sieben*, die ausgedehnten Gefässen vergleichbar sind. Und das Wasser des Meeres breitet sich aus in sieben Bächen; das sind *zehn*. Aber wenn der Meister diese Gefässe zerbräche, die er geschaffen hat, würde das Wasser zum Ursprung zurückkehren, und zurück blieben zerbrochene Gefässe, trocken und ohne Wasser.

„Die Ursache aller Ursachen" (ʿ*ilat ha-ʿilot*) brachte die zehn Sefirot hervor und nannte „die Krone" Ursprung (Quelle); das aus ihm strömende Licht ist ohne Ende,[1] und deshalb nannte er sich selbst „*En-Sof*". Er hat also kein Bild noch Form, und kein Gefäss (*mana*) kann ihn fassen und niemand kann irgendetwas über ihn wissen. Deshalb sagte man: „Erforsche nicht, was dir zu wunderbar ist, und suche nicht nach dem, was dir verborgen ist."[2]

Danach schuf er ein kleines Gefäss, *jod*, das voll von Wasser wird, und nannte es sprudelnde Quelle und „Weisheit" (*Ḥokma*) und sich selbst darinnen enthalten als der „Weise". Darauf schuf er ein grosses Gefäss und nannte es „Erkenntnis" (*Bina*) und sich selbst darinnen enthalten als der „Erkennende". „Der Weise" durch sein Wesen und der „Erkennende" durch sein Wesen, denn die „Weisheit" wird nicht um ihrer selbst willen so gennant sondern durch den Weisen, der sie erfüllt, und die „Erkenntnis"

---

[1] Anspielung auf Ps 36, 10.
[2] Zitat aus Sir 3, 21 (bei Luthers Übers. 3, 22).

Die Sefirot und Abbia' 279

wird nicht um ihrer selbst willen so genannt sondern durch den Erkennenden, der sie erfüllt. Denn würde er sich entfernen, träte „Trockenheit" ein, wie es heisst: „Wie ein Wasser ausläuft aus der See, und wie ein Strom versiegt und vertrocknet" (Hi 14, 11). Aber weiter steht auch geschrieben: „Und er wird ihn in sieben Bäche aufspalten" (Jes 11, 15) — d. h. in sieben kostbare Gefässe. Und er gab ihnen die Namen Majestät, Macht, Herrlichkeit, Siegerkraft, Schönheit, Grundfeste, Reich.[1] Und er nannte sich selbst „gross" in der Grösse, „stark" in der Stärke, „herrlich" in der Herrlichkeit, „siegreich" in der Siegerkraft. In der Schönheit gab er sich den Namen „die Schönheit unseres Schöpfers", aber in der Grundfeste Ṣaddiḳ (mit Anspielung auf Spr 10, 25). Und in der Grundfeste findet alles seinen Halt: alle Gefässe und alle Welten. Im Reich schliesslich gab er sich den Namen „König" (auf Grund der Zusammengehörigkeit von מלכא und מלכותא), dem „die Majestät und Macht, Herrlichkeit, Sieg und Hoheit gehört, denn alles ist im Himmel" (1Chron 29, 11) — damit ist Ṣaddiḳ gemeint. „Und sein ist die Herrschaft" — das ist das Reich, und über alles hat er Gewalt, nach seinem Willen die Gefässe zu mindern und die Quellen darin anzureichen. Denn es ist ja kein Gott über ihm, der mindern oder mehren könnte (Zohar Ra'aja mehemna, ii, 42b-43a).

Diese zehn Sefirot sind in einem bestimmten Schema angeordnet:

	1. Keter	
3. Bina		2. Ḥokma
5. Gebura		4. Gedulla
	6. Tif'éret	
8. Hod		7. Neṣaḥ
	9. Jesod	
	10. Malkut	

Was die Nummerfolge betrifft, wird darauf hingewiesen, dass Tif'éret die Nummer 6 nur trägt bei Betrachtung der Entwicklung von oben, also „absteigend"; es steht dagegen oberhalb von Gedulla und Gebura, wenn man die zehn Sefirot aus dem Gesichtspunkt des „Aufsteigens" betrachtet. Tif'éret ist der Mittelpunkt und das Haupt der „sechs", d. h. Gedulla, Gebura, Neṣaḥ, Hod, Jesod samt Tif'éret.

[1] Gedulla, Gebura, Tif'éret, Neṣaḥ, Hod, Jesod, Malkut.

Die in dieser Zoharstelle vorkommenden Namen für die zehn Sefirot sind die gewöhnlichsten. Besonders für die mittleren gibt es viele andere Namen.

So heisst die erste Sefira die „Krone" (*keter*) und stellt das Unendliche als Inbegriff alles Folgenden dar, aber ohne irgendein Attribut, aller Analyse und Beschreibung unzugänglich. Die Krone ist, um Zohar zu zitieren, ein *nekudda peschuṭa*, ein einteiliger Punkt. Diesem Urpunkt entspricht der Gottesname *Ehje*, „Ich bin" ohne weitere Begriffsbestimmung. Die „Krone" wird in der Bildsprache der Kabbala auch *Rescha ḥiwwara* (das weisse Haupt) genannt mit Anspielung auf Dan 7, 9 (vgl. äth Hen 14, 18–22 und Apk 1, 4) oder „Makroprosopos" (אֲרָךְ אַנְפִּין), eine Bezeichnung, die wahrscheinlich den Begriff der Persönlichkeit mit dem Gedanken der Unendlichkeit verbinden will.

Aus dieser ersten Sefira entwickeln sich parallel (2) die *Weisheit* (*Ḥokma*) mit dem Gottesnamen *Jah* und (3) die *Erkenntnis* im Sinne des Urteilsvermögens (*Bina*) mit dem Gottesnamen *Jaho*, die man als die aktive und die passive Seite des Seins ansehen kann. Die Weisheit als Vater und der Verstand als Mutter zeugen einen Sohn, der die Charakteristika beider Eltern erhält, ohne eine selbständige Sefira zu sein. Dieser Sohn ist die „Vernunft" (*Daʿat*).

Hierauf folgen zwei weitere Triaden von Sefirot, die die Gottheit in den Sphären oder Stadien des „Gebäudes"[1] offenbaren. Sie sind (4) die *Barmherzigkeit* (*Ḥesed*) = *Gedulla* und (5) die *Gerechtigkeit* (*Din*) = *Gebura*, aus deren Vereinigung (6) die *Schönheit* (*Tifʾéret*) hervorgeht, die das eigentliche Herz des Sefirot-Baumes darstellt und deshalb auch das „Herz des Himmels" genannt wird. Die entsprechenden Gottesnamen sind: El, Elohim und Šaddai (der Allhinreichende). Weiter: (7) die *Siegerkraft* (*Neṣaḥ*), auch der *Glanz* (*Zohar*) genannt, (8) die *Herrlichkeit* (*Hod*) und (9) die *Grundfeste* (*Jesod*). Diesen wiederum entsprechen die Gottesnamen Jaho Sebaot, Elohe Sebaot und El Ḥaj. Die zehnte und letzte Sefira heisst das *Reich* (*Malkut*) und ist die Geistesregion, die den Menschen unmittelbar umgibt und berührt. Ihr Gottesname ist *Adonaj*.

Die „Schönheit" oder die sechste Sefira wird auch der *König* (Messias) und die zehnte („das Reich") die *Königin*, *Matronita* oder vielleicht noch öfter *Schekinah* genannt.

---

[1] Das „Gebäude" (*binjan*) = das Sein oder das Leben.

Die Sefirot und Abbia'

Die verschiedenen Sefirot werden miteinander in einer Weise kombiniert, die auch durch das Bild eines *Baumes*, des Lebensbaumes (*'eṣ ḥajjim*), veranschaulicht wird.

Die Darstellung des Sefirot-Baumes unterscheidet sich von der Emanationslehre des Neuplatonismus u. a. durch die Tatsache, dass es sich bei den verschiedenen Sefirot des ersteren, von der „Krone" an bis herab zum „Reich", eigentlich nicht um Bereiche fortschreitend sinkenden Wertes handelt. Denn so wie die „Krone" den *ganzen* Baum gleichsam im Kern in sich trägt, so tritt andererseits der ganze Baum konzentriert im „Reich" in Erscheinung. So verbindet man auch gern die erste und zehnte Sefira direkt miteinander unter der Bezeichnung „*Keter-Malkut*".

Noch hervorstechender und wichtiger ist jedoch das Verhältnis zwischen den verschiedenen Sefirot und dem *Urmenschen* oder Mikrokosmos.

Die verschiedenen Sefirot sind so aufgestellt, dass sie jede für sich wichtigen Teilen des menschlichen Körpers entsprechen, z. B. stellt *Keter* den *Kopf*, *Ḥokma* und *Bina* die beiden *Schultern*, *Ḥesed* und *Din* die beiden *Arme*, *Tif'éret* das *Herz*, *Néṣaḥ* und *Hod* die *Hüften* und *Malkut* die *Beine* und *Füsse* dar (vergl. Joh 13, 10).

Im Anschluss an ihre Aufstellung im Makrokosmos („Lebensbaum") und Mikrokosmos („Urmensch") gruppiert man die verschiedenen Sefirot auch unter folgenden Bezeichnungen:

Keter: Osten, *Ḥokma*, *Gedulla* und *Néṣaḥ*: Süden, *Bina*, *Gebura* und *Hod*: Norden samt *Malkut*: Westen.

Keter, *Tif'éret*, *Jesod* und *Malkut* bilden zusammen den „mittleren Pfeiler" (aram.: *'ammuda de-emṣa'ita*).

Der Osten wird auch der „Kopf", der Norden die „linke Seite", der Süden die „rechte Seite" und der Westen die „Füsse" genannt.

Bei einer Kombinierung der vier Welten mit den zehn Sefirot finden wir gewöhnlich folgende Entsprechungen:

1. *Aṣilut*: *Keter*
2. *Beri'a*: *Ḥokma* und *Bina*
3. *Jeṣira*: „die sechs" (*Gedulla* bis *Jesod*)
4. *'Asijja*: *Malkut*

Die Ethik des Systems beruht auf der Auffassung des Menschen als einer *Doppelnatur*: einerseits *Erdenwesen* und andererseits dessen erhabenes göttliches *Urbild*: *Adam Qadmon* (der Urmensch-Messias). Dieser ging aus von *En-Sof* und schuf den

Erdenmenschen, nachdem er sich selbst offenbart hatte mitten aus dem ursprünglichen Dunkel der oberen Welt.

Hier findet man also eine auffallende Parallele zur christlichen Lehre von dem in einem unzugänglichen Licht wohnenden Gott, zu dem niemand kommen und den niemand begreifen kann, der sich aber offenbart hat im und durch den Sohn oder Christus (Messias), durch welchen alles geschaffen ist im Himmel, auf Erden und unter der Erde (1Tim 6, 16; 1Joh 4, 12 und Joh 1, 3) und welcher selbst „das Ebenbild des unsichtbaren Gottes, der Erstgeborene vor allen Kreaturen" ist (Kol 1, 15). Auch an Pauli Worte von dem „ersten Menschen, [der] von der Erde und irdisch" und dem anderen Menschen, der der „Herr vom Himmel" ist (1Kor 15, 47), fühlt man sich erinnert.

In der „oberen Welt" (ein im Zohar häufig vorkommender und grundlegender Begriff) weilte also Adam Qadmon, bevor er auf unsere Erde herabstieg.

Der Ausgang aus der oberen Welt erfolgte durch die Krone, Gottes erste Emanation. Daher ist auch der Mensch eng verbunden mit dem Sefirot-Baum, und dieser selbst mit seinem Weltorganismus bildet die geistige Urgestalt des Menschen.

„Die Gestalt des Menschen", sagt der Zohar, „beschliesst in sich alles im Himmel und auf Erden, die oberen und die unteren Wesenheiten." So wie jeder Mensch im Augenblick der Zeugung im Mutterleib geformt wird nach dem Bild, das sich eben dann unsichtbar niedersenkt über Mann und Frau, so bestand auch von Anfang an sozusagen ein Musterbild für das ganze Geschlecht, der „Gegenmensch", wie er vor dem Sündenfall war.

Der Sündenfall geschah im präexistenten Dasein der Menschlichkeit und bei Adam Qadmon, aber sie wird auch in der Zeit des Zusammenfassens zurückgebracht werden durch dieselbe Gestalt, die auch Messias genannt wird.

In seinem ursprünglichen Zustand war der Mensch „einfältig" im Hinblick auf sein Willensleben und seine Triebe. Aber durch den Fall entstand eine „Polarität" zwischen „rechts" und „links", zwischen dem „Trieb zum Guten" und dem „Trieb zum Bösen".

Über Adams Fall lesen wir im Zohar (i, 221 a–b):

Und das Weib sah, dass von dem Baum gut zu essen und dass er eine Augenweide sei. Siehe, wie unwissend die Menschen sind und nicht wahrnehmen und beachten, was in der Stunde geschah, da der Heilige, er sei gepriesen, den Menschen erschuf.

Da schenkte er ihm erhabene Ehre und begehrte nur, dass sich der Mensch zu ihm halte, sodass er allein in seinem Herzen wohnen würde als der alleinige Empfänger von des Menschen Zuneigung, dass der Mensch sich in Ewigkeit nicht verändern sollte im Hinblick auf diesen Treuebund, durch den alles verbunden bleibt.

In diesem Sinne spricht man von dem „Baum des Lebens mitten im Lustgarten". Aber dann irrten sie ab vom Weg der Treue, verliessen den einzigen Baum, den höchsten von allen, und kamen vom Guten zum Bösen, oder vom Bösen zum Guten, und stiegen von oben hernieder und verbanden sich nach unten, indem sie den oberen Baum verliessen, der eins ist und sich niemals ändert.

Hierüber ist gesagt: „... wie Gott den Menschen hat aufrichtig gemacht, aber sie suchen viele Künste" (Pred 7, 29). Und das ist wahrhaftig so; denn in diesem Bereich wendet sich das Herz bald zum Guten, bald zum Bösen, bald zur Liebe, bald zum Gericht, je nach den Dingen, die es liebgewinnt. Und „sie suchten viele Künste" und gewannen sie lieb. Da sprach der Heilige, er sei gepriesen: „Adam, du hast das Leben verlassen und dich mit dem Tode verbunden." Das Leben, denn es heisst: „Und der Baum des Lebens mitten im Lustgarten." Ein Baum also, der „Leben" genannt wird, weil jeder, der sich zu ihm hält, niemals den Geschmack des Todes kostet. Aber der andere Baum, mit dem du dich verbunden hast, steht dem Tod gegenüber. Wie es heisst: „Seine Füsse schreiten dem Tod entgegen." Und weiter: „Und ich finde das Weib bitterer als den Tod."

Also hat der Mensch sich wahrlich mit der Stätte des Todes verbunden und den Ort des Lebens verlassen; darum kam auch der Tod über ihn und die ganze Welt.

Also verwandelte sich der Mensch nach vielen Seiten, bald zum Guten, bald zum Bösen, bald zum Zorn und bald zum Frieden, bald zum Gericht und bald zur Liebe, bald zum Leben und bald zum Tod und verblieb nicht mehr fortdauernd in einem derselben, weil diese Stätte so gewirkt hatte. Danach nennt man es so: „Die Flamme des sich wendenden Schwertes": dieses, das sich von einer Seite zur anderen wendet, vom Guten zum Bösen, von der Liebe zum Gericht, vom Frieden zum Kampf. Und da es sich so wendet, wird es „Gut und Böse" genannt, wie es heisst: „Aber von dem Baum der Erkenntnis des Guten und Bösen sollst du nicht essen."

Aus Erbarmung über seiner Hände Werk hatte der höchste König also den Menschen gewarnt, aber Adam achtete nicht darauf sondern folgte seinem Weibe, und deshalb wurde er für immer vertrieben. Denn das Weib vermochte nicht höher hinaufzusteigen als bis zu dieser Stätte und nicht weiter und zog dadurch den Tod herab auf alle. Und siehe, dass in bezug auf die zukünftige Welt gesagt ist: „Denn die Tage meines Volkes sind wie die Tage eines Baumes" (Jes 65, 22). So wie die Tage dieses Baumes der Erkenntnis. Von dieser Zeit steht geschrieben: „Er hat den Tod verschlungen auf ewig, und JHWH Elohim hat die Tränen abgewischt von einem jeden Angesicht. Gepriesen sei JHWH in Ewigkeit, amen, amen!"

In der kabbalistischen Auslegung spielt das *Paradies*, wie schon aus diesem Zitat hervorgeht, eine wichtige Rolle. Das Wort „*Gan*" (Garten; *gan 'eden*, Lustgarten) an sich bezeichnet den seligen Zustand der ursprünglichen, sündenfreien Menschennatur, denn dieses Wort ist aus den zwei Anfangsbuchstaben von *Guf* und *Nefesch*, d. h. „Körper" und „Seele", gebildet. Abergleichwie *Schekhinah* oder die Anwesenheit von Gottes Herrlichkeit fortschreitend *taḥtonim* („die unteren") oder die Menschenwelt verliess um der Sünde willen, so schied sich auch durch den Sündenfall das göttliche Urbild vom Menschen und sein Körper wurde dichter, erdhafter, und im Zusammenhang hiermit verlor er die Herrschaft über die niedrigen Wesen der Natur.

2. *Jeṣer ha-ra' und Jeṣer ṭob* (der gute und der böse Trieb). Es gibt zwar Menschen, die völlig gleichgerichtet sind entweder zum Guten oder zum Bösen, aber im allgemeinen findet man eine Polarität zwischen Gut und Böse.

Diese Polarität lag potentiell schon in der Schöpfung des Menschen vor, wie wir im Zohar lesen (iii, 46b):

„Und Gott der Herr schuf den Menschen aus dem Staub der Erde und blies ihm den Seelenodem[1] des Lebens ein, und so wurde der Mensch eine lebendige Seele" (Gen 2, 7). Das Wort „schuf"[2] ist mit zwei „Jod" geschrieben, und das weist auf die zwei Triebe des Menschen, den guten Trieb und den bösen Trieb, hin, von denen der eine dem Element des Wassers, der andere dem des Feuers entspricht. Und der Name JHWH Elohim enthält die Fülle des Ganzen.

---

[1] *Neschama*, die höchste der drei Seelen des Menschen. Die zwei anderen sind *Ruaḥ* und *Nefesch*. Siehe S. 289. [2] וייצר.

Die Sefirot und Abbia' 285

Die Übereinstimmung des Menschen mit dem Sefirot-Baum tritt auch in dieser seiner Polarität zwischen Gut und Böse, zwischen rechts und links, hervor, die sich in zwei entgegengesetzten Trieben äussert, *Jeṣer ṭob* und *Jeṣer ha-ra'*, dem guten Trieb und dem bösen Trieb, die die zwei ständigen Begleiter des Menschen auf seinem Weg durch das Leben sind und als wirkliche, reale Wesen betrachtet werden können.

Die eigentümliche Stelle von dem „alten törichten König" und „dem armen Jüngling, der weise war" (Pred 4, 13), legt diese Lehre folgendermassen aus:

„Jakob aber wohnte im Lande, darin sein Vater ein Fremdling gewesen war, im Lande Kanaan" (Gen 37, 2) (Luthers Übers. 37, 1).

Hierzu hob der Rabbi Ḥijja mit diesen Worten an: „Zahlreich sind des Frommen Leiden, aber von ihnen allen rettet ihn JHWH."

Siehe, wie viele Ankläger der Mensch hat von dem Tage an, da der Ewige, er sei gepriesen, ihm den Lebensgeist der Seele gibt, damit er bestehen kann in dieser Welt!

Denn sobald der Mensch die Luft des irdischen Daseins betritt, tut sich sogleich die Lust zum Bösen zu ihm, von der es heisst: „Die Sünde lauert an der Tür." Und siehe, wie die Tiere von dem Tage ihrer Geburt an das Feuer fliehen und auch alle bösen Stätten meiden! Der Mensch dagegen wirft sich gar ins Feuer, wenn die böse Lust ihm dazu rät und ihn verleitet auf schlechte Wege.

Wir haben gelernt, dass eben dieses mit den Worten: „Besser als ein alter König, der töricht ist und nicht genug Verstand hat, sich warnen zu lassen, ist ein armes Kind mit Weisheit" (Pred 4, 13) angedeutet ist. „Das Kind" bezeichnet die Lust zum Guten, denn diese ist wie ein Kind im Verhältnis zum Menschen, wie es heisst: von dreizehn Jahren an.[1] „Der alte König" wiederum bezeichnet die Lust zum Bösen, die den Menschen wie ein König beherrscht. „Alt und töricht" — so ist es. Denn wenn der Mensch geboren wird und zur Lust der Welt kommt, ist der Trieb zum Bösen bereits bei ihm gegenwärtig. Deshalb heisst es „König, alt und töricht".

Der verhängnisvolle Fehler, den so mancher begeht, ist, dass er

---

[1] Im Alter von dreizehn Jahren übernimmt der Jüngling die persönliche Verantwortung, und bei seiner ersten Selbstläuterung tritt *Jeṣer ṭob* an seine rechte Seite, um ihm weiterhin zu folgen.

sich einzig dieser Welt versieht und sie nur als einen Tummelplatz für Spiel und leere Vergnügungen und die Zufriedenstellung niedriger und selbstsüchtiger Wünsche überhaupt betrachtet. Tut man dieses, besudelt man seine Seele und verzögert sowohl sein eigenes schliessliches Aufsteigen wie auch den Sieg des Guten im Universum überhaupt.

Denn durch sein eigenes Verhalten nimmt der Mensch teil an dem glückbringenden oder verdammnisverursachenden Werke, das durch die Mächte in den zwei verschiedenen Welten ausgeführt wird. Seine Sünde hemmt den göttlichen Gnadenstrom, während sein Aufsteigen vielmehr den Verlauf der Welt begünstigt ihrem endlichen Ziel, den Zeiten des Messias entgegen.

Auch der Trieb zum Bösen ist von Gott. Dieses ist ein alttestamentlicher Zug. Im Alten Testament wird uns ein allmächtiger Gott gezeigt, „der das Licht macht und die Finsternis schafft, den Frieden gibt und das Übel schafft" (Jes 45, 7) und nach seinem souveränen Willen die Absichten des Satan zulässt oder verhindert.[1] Der Zohar lehrt, dass der Trieb zum Bösen notwendig ist, und dass es seine Aufgabe ist, den Charakter zu stählen. Es ist jedoch Sache des Menschen, die Lust zum Bösen (*Jeṣer ha-raʿ*) mehr und mehr zu beherrschen. Tut er dieses nicht, sondern folgt ihr besinnungslos und ohne Widerstand, wird er erfahren, dass „alles vollkommen eitel ist". Deshalb heisst es auch, „es ist besser, in das Klagehaus gehen, denn in das Haus des Festmahls", denn im ersteren lernt man etwas, und es steht geschrieben, „das Herz der Weisen ist im Klagehause, und das Herz der Narren in Hause der Freude" (Pred 7, 3. 5; bei Luthers Übers. 7, 2. 4).

Das richtige Handeln hängt in hohem Masse von der *Erkenntnis* ab. Man muss wahre Erkenntnis erwerben, „bestrahlt" werden, um den Ausdruck des Zohars zu benutzen, um Zufuhr von Willensstärke zu erlangen, und diese zunehmende Willenskraft schwächt *Jeṣer ha-raʿ* und stärkt *Jeṣer ṭob*.

Eine Stelle aus dem Zohar (i, 165b) soll hier als Beispiel für dieses und das Vorhergehende angeführt werden:

"Und Jakob sandte Boten [Engel] vor sich her zu seinem Bruder Esau" (Gen 32, 4).

Rabbi Jehuda hob hierzu an mit den Worten: „Denn er hat

---

[1] Vergl. 2Sam 24 und 1Chron 21, wo nicht klar unterschieden wird zwischen Gott und Satan als der treibenden Kraft für die Durchführung von Davids Volkszählung.

seinen Engeln befohlen über dir, dass sie dich behüten auf allen deinen Wegen" (Ps 91, 11). Dieser Satz wurde als Hinweis auf die Begleiter gedeutet. Denn in derselben Stunde, wo der Mensch zur Welt kommt, ist auch der böse Begleiter, der ständige Ankläger des Menschen, für ihn bereit. Hierzu heisst es auch: „Die Sünde lauert vor der Tür" (Gen 4, 7). Was bedeutet das Wort „Sünde"? Der Trieb zum Bösen. In diesem Sinne benutzt auch David dieses Wort, wenn er sagt: „Und meine Sünde ist immer vor mir." Denn es ist dieses Begehr, das den Menschen täglich gegen seinen Herrn sündigen macht. Und dieser Trieb weicht nicht von ihm vom Tage der Geburt an.

Der Trieb zum Guten hingegen folgt dem Menschen vom Tage seiner Selbstläuterung an. Und wann ist dieser? Wenn er dreizehn Jahre alt wird. An dem Tage verbindet sich der Mensch mit beiden und hat nun den einen rechts und den anderen links, den guten Trieb zur Rechten und den bösen Trieb zur Linken. Diese beiden sind wirkliche Engel, die fortwährend um den Menschen sind. Erreicht er Selbstläuterung, dann *unterwirft der Trieb zum Bösen sich ihm*, und die rechte Seite erlangt die Herrschaft über die linke. Und dann vereinigen sich beide, um den Menschen auf allen seinen Wegen zu bewahren, und eben hierauf wird hingewiesen mit den Worten: „Denn er hat seinen Engeln befohlen über dir, dass sie dich bewahren auf allen deinen Wegen."

Wer aber nicht zur Selbstläuterung kommt, bleibt in „fremdem Dienst", dem Machtbereich, der Ägypten, dem Hause der Knechtschaft, entspricht. Und gleichwie der Sauerteig nach und nach alles durchsäuert, so geht es dem Menschen, der sich „dem fremden Dienst" hingibt. Über ihn erhält allmählich „die Gegenwelt" die totale Macht, und er wird ein vollkommener „Mann des Belial" (Diener des Belial), der von *Jeṣer ṭob* völlig verlassen ist und keinen Teil hat an *Schekhinah*. Der Gegensatz zu einem solchen „Mann des Belial" ist der vollkommene Gerechte, der auch nicht den geringsten Anteil hat an der Welt des Bösen.

Die Notwendigkeit des Bösen wird im Zohar folgendermassen dargestellt:

Rabbi Jiṣḥaq hob an mit diesen Worten: „Und es werden die Übrigen aus Jakob unter vielen Völkern sein wie ein Tau von dem Ewigen, wie der Regen auf dem Gras, der auf niemanden harrt, noch auf Menschen wartet" (Mi 5, 7) (Luthers Übers. 5, 6).

Siehe, Tag für Tag, wenn das Morgenlicht graut, schwingt sich ein Vogel auf einen Baum im Garten Eden und lässt dreimal mit Macht seine Stimme erschallen an die Regenten der Völker: Wer unter euch ist es, der sieht und doch nicht sieht, was der Welt ihren Bestand gibt? Sie achten nicht auf die Herrlichkeit ihres Herrn. Sie haben die Lehre immerdar vor Augen, aber sie mühen sich nicht um sie. Es wäre besser, sie wären nie geschaffen, als dass sie ohne Vernunft das Leben haben sollen. Wehe ihnen, wenn die Tage des Bösen kommen und sie aus der Welt herausdrängen! Was bedeutet nun „die bösen Tage"? Solltest du damit den Herbst des Lebens meinen, so irrst du, denn im Alter, wenn der Greis auf Kinder und Kindeskinder blicken kann, erlebt er doch „Tage des Guten". Von den „Tagen des Bösen" spricht das Schriftwort: „Und gedenke an deinen Schöpfer in den Tagen deiner jungen Manneskraft, ehe denn die Tage des Bösen kommen!"

Der geheime Sinn darin liegt jedoch in Folgendem:

Da der Heilige, Er sei gepriesen, die Welt erschuf, bildete Er sie in den Buchstaben der Thora. Jeder Buchstabe trat vor seinen Schöpfer bis alle im Zeichen des Buchstaben *Bet*[1] stehen blieben, und dann wurden sie vereint in allen möglichen Verbindungen, wodurch die Schöpfung der Welt ermöglicht wurde.

Aber als hierbei der Buchstabe *Ṭet* sich mit *Resch* vereinigen sollte, trat *Ṭet* zur Seite und wollte sich nicht beruhigen lassen, bis der Ewige, Er sei gepriesen, *Ṭet* zurechtwies und sprach: „*Ṭet, Ṭet*, warum trittst du zur Seite und bist unzufrieden mit deinem Platz?" Da antwortete der Buchstabe: „Hast du mich nicht zum Haupt des Wortes *ṭob* gemacht? Die Thora selbst setzt ja die Worte „denn es ist gut" an den Uranfang. Und nun soll ich mich vereinigen mit dem Buchstaben, der das Haupt des Bösen ist (*ha-raʿ*)?" Da sprach Gott zu *Ṭet*: „Kehre an deinen Platz zurück, denn du brauchst *Resch*. Denn der Mensch, den ich erschaffen werde, soll durch euch beide zu einer Einheit vervollkommnet werden. Aber du sollst an seiner rechten und *Resch* soll an seiner linken Seite sein." Da kehrten sie beide an ihre bestimmten Plätze zurück und vereinigten sich miteinander.

Aber in der Stunde hatte der Ewige, Er sei gepriesen, zwischen ihnen unterschieden und für jeden von ihnen bestimmte Tage und Jahre geschaffen, die eine Art zur Rechten und die andere zur Linken, getrennt voneinander. Daher sagt König Salomo: „Ehe

---

[1] Die Thora beginnt ja folgendermassen: בראשית ברא אלהים ....

denn die Tage des Bösen kommen", d. h. die Tage, die den Menschen umkreisen als Folge seiner Sünden. Und da, als die Tage des Guten und die Tage des Bösen erschaffen waren, kehrten diese Buchstaben versöhnt zurück, um im Menschen ihre Vereinigung und Vollendung zu erfahren. Darum sagt auch König David: „Warum sollte ich bangen in den Tagen des Bösen, wenn die Schuld meiner Fussspuren mich umgibt?"[1]

3. *Über die Menschenseele und ihre Bestimmung.* Die Lehre von der Seele nimmt einen wesentlichen Platz im Zohar ein. Der Mensch ist nicht nur eine Darstellung und ein Abbild des Universums, er steht auch in naher Verbindung mit Gott selbst. Wir haben ja bereits gesehen, dass die sich offenbarende Gottheit den Namen Urmensch — Adam Qadmon — trägt. Und schon am Anfang des Zohar wird das Wort angeführt, dass der Mensch nach dem Bilde Gottes geschaffen sei.

Der Mensch ist zugleich eine *Einheit* und eine *Dreieinigkeit*. Diese Dreieinigkeit macht sich bei ihm vor allem in Hinsicht auf die Seele geltend, die drei verschiedene Daseinsformen hat:

(1) *Néfesch*, der Sitz für die Gemütsbewegungen und Instinkte, mit anderen Worten für alles, was den Menschen mit der Sinnenwelt verbindet.

(2) *Neschama*, der göttliche Teil der Seele, der den Menschen mit dem Himmel verbindet.

(3) *Ruaḥ* ist das *Nefesch* und *Neschama* verbindende Element, Organ und Sitz für das innere Leben des Menschen und Träger des intellektuellen und ethischen Denkens.[2]

Die drei Arten der Seele sind umittelbare Auswirkungen der drei mittleren Sefirot, was auch ihre relative Dignität bestimmt und ihre Präexistenz besagt. *Neschama* ist aus der Weisheit, der religiösen Intuition hervorgegangen, *Ruaḥ*, das die ethische Seite der Seele bezeichnet, aus der Schönheit, während *Nefesch*, die animale Seite der Seele, eine Emanation der Grundfeste ist, des Elementes der Gottheit, das am meisten von allen mit den materiellen Kräften der Erde in Berührung kommt.[3] *Ruaḥ* ist dazu bestimmt, über *Nefesch* zu gebieten (sittlich) und wird seinerseits beherrscht von *Neschama*, die das Licht des Lebens darüber ausstrahlt.

---
[1] Ähnliches findet sich in älteren Midraschen, z. B. „Rabbi ʿAḳibas Alphabet".
[2] *Neschama* steht also an der Spitze, darauf folgen erst *Ruaḥ* und dann *Nefesch*.
[3] J. Abelson, *Jewish Mysticism* (London, 1913), S. 159.

Die Seelen haben während ihrer Präexistenz im Himmlischen männlichen oder weiblichen Charakter, und bei der Menschwerdung nehmen sie ihren Wohnsitz in ihm.

Dieses Herabsteigen von der oberen Welt zur unteren, irdischen, geschieht auf Befehl des Königs. Die Seele freut sich nicht über diesen Befehl, aber ihr Eintritt in das Erdenleben und dieses selbst wird nicht als ein Übel, ein Exil oder eine Gefangenschaft betrachtet, wie im Neuplatonismus und gewissen anderen Richtungen. Zwar will die Seele lieber bei Gott bleiben, aber dieses Herabsteigen ist nötig als Mittel zu ihrer eigenen Erziehung und als Mittel zur Erlösung der Welt. Denn dadurch, dass die Seele herabsteigt in das physische Universum, gelangt sie einerseits zu einer klaren Wahrnehmung ihrer selbst und ihres Ursprungs und ersehnt ihre Rückkehr dorthin desto mehr, und andererseits hebt sie das Niedere, mit dem sie in Berührung kommt, zu sich und mit sich hinauf, reinigend und verklärend.

Dieses wird im Zohar auf folgende bildhafte und anmutige Weise dargestellt:

> Du fragst vielleicht: diese Hohen, die von zwei Seiten kommen, warum steigen sie herab in diese Welt, und weshalb müssen sie dieselbe wieder verlassen?
> Vergleiche dies mit einem König, dem ein Sohn geboren wurde. Er schickte ihn in ein Dorf, damit er dort erzogen würde und aufwachsen sollte, und damit er dort die Wege zum Palast des Königs kennen lernen sollte. Da der König nun hört, dass sein Sohn herangewachsen ist, was tut er aus Liebe zu seinem Sohn?
> Er sendet die Königin zu ihm hinaus, diese führt ihn in sein Zelt, sodass er sich den ganzen Tag an ihm freuen kann. So tut auch der Heilige, gelobt sei sein Name! Er zeugte einen Sohn mit der himmlischen Königin, welche ist die heilige himmlische Seele. Diesen Sohn sendet er in das „Dorf", d. h. in diese Welt, damit er darin aufwachsen und die Pfade zum Palast des Königs kennen lernen soll.
> Da nun der König erfahren hatte, dass sein Sohn herangewachsen war und dass es Zeit für ihn war, in das Heiligtum (Palast, *hekela*) hereinzukommen, was tat er da aus Liebe zu seinem Sohn? Er sandte die himmlische Königin zu ihm und liess ihn hereinkommen in den himmlischen Palast.
> So verlässt die Seele diese Welt erst, wenn die himmlische Königin zu ihr kommt und sie in den königlichen Palast führt, auf dass sie dort immerdar weilen darf.
> Und doch geschieht es nach der Welt Weise, dass diese Dorfbewohner

Die Sefirot und Abbia' 291

weinen, weil der Königssohn von ihnen geht. Aber ein Weiser spricht zu ihnen: „Warum weint ihr? Ist er nicht ein Königssohn, für den es nicht taugt, länger unter euch sondern vielmehr im Palast seines Vaters zu wohnen?" So sah auch Mose, der ein weiser Mann war, die Dorfbewohner weinen. Darum sprach er: „Kinder, ihr seid JHWH zu eigen, ihr sollt eure Haut nicht zerstechen!" (Dtn 14, 1) Und siehe: wüssten alle Frommen dieses, so würden sie sich freuen auf den Tag, da sie die Welt verlassen dürfen. Und ist es denn nicht eine hohe Ehre, dass die himmlische Königin kommt, um sie in des Königs Palast zu geleiten, sodass er sich den ganzen Tag über sie freuen kann, denn nur über der Frommen Seelen freut sich der Heilige, er sei gepriesen.

4. *Bestimmung und Zustand der drei verschiedenen Seelen nach dem Tode.* Was wird nun aus *Nefesch*, *Ruaḥ* und *Neschama* nach dem Tode? Auf diese Frage gibt der Zohar folgende Antwort (ii, 141b–142a):

Drei Namen trägt des Menschen Seele: *Nefesch*, *Ruaḥ* und *Neschama*. Alle sind sie ineinander enthalten, aber doch zeigt sich ihre Eigenart an drei Stellen.

Nefesch befindet sich im Grab, wenn der Körper zu Asche verwest, und bewegt sich weiterhin in dieser Welt, um noch bei den Lebenden zu bleiben und ihren Schmerz kennen zu lernen, und, wenn nötig, ruft sie für sie um Erbarmen.

Ruaḥ tritt ein in den Lustgarten des unteren Paradieses, nimmt dort ein Gewand in derselben Bildform an, die der Körper in dieser Welt hat, „entsprechend wie der, der dort ist",[1] und geniesst die Seligkeit im Glanze des Lustgartens. Aber an Sabbaten, Neumonden und Feiertagen steigt sie höher hinauf, erfreut sich einer höheren Seligkeit und kehrt zurück an ihren Platz. Davon ist gesagt: „Und der Geist [*Ruaḥ*] muss wieder zu Gott kommen, der ihn gegeben hat" (Pred 12, 7) — eben an diesen Feiertagen.

Neschama wiederum steigt sogleich hinauf an den Platz, von dem sie gekommen ist, und für sie wird die Lampe entzündet, um nach oben zu leuchten. Sie steigt nie wieder herab. In ihr vervollkommnet sich das, was von allen Seiten vollkommen wird, von oben nach unten. Denn solange sie nicht aufgestiegen ist, um sich mit dem Thron zu vereinen, kann auch *Ruaḥ* sich nicht im Paradies der Erde verschönen, und *Nefesch* kann keine Ruhe finden an ihrem Platz; erst wenn sie aufsteigt, findet alles Ruhe.

---

[1] Hiermit ist gemeint, dass *Nefesch* das Geschick des Körpers teilt.

Und wenn die Menschen voll Trauer und Schmerz zu den Gräbern wallen, dann wird *Nefesch* geweckt und steigt im Fluge hinauf zu *Ruaḥ*, und *Ruaḥ* weckt die Väter und weckt *Neschama*, und daraufhin erbarmt sich der Heilige, er sei gepriesen, über die Welt. Wenn also *Neschamas* Aufstieg auch auf eine andere Weise vonstatten geht, so steigen sie doch alle in gleichem Masse hinauf.

Aber sobald *Neschama* auf ein Hindernis stösst bei dem Aufstieg an ihren Platz, bleibt auch *Ruaḥ* am Eingang zum Garten Eden stehen, denn es wird ihr nicht geöffnet, und sie wandert und irrt umher und niemand achtet ihrer. Aber *Nefesch* schwebt in der Welt umher, sieht den Körper im Grabe und seine Verurteilung und beweint ihn. Wie geschrieben ist: „Nur sein eigen Fleisch macht ihm Schmerzen, und seine Seele ist ihm voll Leides" (Hi 14, 22). Alles steht im Zeichen der Strafe. Erst wenn *Neschama* sich mit ihrer Region dort oben vereinigt, verbinden sich alle ihre Regionen, da die drei ja nur einen Zusammenhang ausmachen, nach dem Vorbild des oberen.

Nefesch trägt selbst kein Licht in sich, sondern, während sie am Geheimnis des Körpers teilnimmt, schenkt sie allein ihm Erquickung und speist ihn mit allem, was er braucht, wovon gesagt ist: „Sie gibt Speise ihrem Hause und Weisungen ihren Dienerinnen" (Spr 31, 15). Das „Haus" ist der Körper, dem sie Speise gibt, ihre „Dienerinnen" sind die Organe des Körpers. *Ruaḥ* steht über *Nefesch*, herrscht über sie und belehrt sie über alles Notwendige. *Neschama* hingegen lässt *Ruaḥ* vorgehen, herrscht über sie und leuchtet ihr mit dem Licht des Lebens. *Ruaḥ* ist auf *Neschama* angewiesen und wird erleuchtet und ernährt von dieser, alles in einem Zusammenhang.

Aber solange diese obere *Neschama* nicht aufsteigt zum Quellsprung von dem „Alten der Tage", dem „Verborgenen aller Verborgenen" und von ihm ununterbrochen erfüllt wird, hat auch *Ruaḥ* keinen Zutritt zum Garten Eden und findet *Nefesch* keine Ruhe an ihrem Platz im Körper dort unten ...

Aber solange die Gebeine im Grabe ruhen, ist auch *Nefesch* dort.[1] Und dieses ist das Geheimnis derer, die den Weg der Wahrheit kennen und die Sünde scheuen. In der Stunde, da *Neschama* sich dort oben mit der heiligen Krone schmückt, und *Ruaḥ* an Sabbaten, Neumonden und Feiertagen sich in das obere

---

[1] Siehe Anm. 1, S. 291.

Licht hebt, und wenn *Ruaḥ* vom oberen Licht herabsteigt, um im Garten Eden zu wohnen, da leuchtet und funkelt auch *Nefesch*, hebt sich im Grabe und formt sich eine Hülle in der Bildform, die sie früher im Leben gehabt hat, und in dieser Bildform stehen alle ihre Gebeine auf, lobsingen und lobpreisen den Heiligen, Er sei gepriesen, wie es heisst: „Alle meine Gebeine werden sprechen: JHWH, wer ist dir gleich?" Es heisst „werden sprechen", nicht „sprechen". Und wäre es dem Auge gegeben, solches zu schauen, es würde in den Nächten der Sabbate, Neumonde und Feiertage sehen, wie die Bildformen über den Gräbern den Heiligen, Er sei gelobt, rühmen und preisen. Aber die Torheit der Menschen verhindert dieses, da sie nicht wissen und beachten, worauf ihr Bestehen in dieser Welt gegründet ist, und nicht daran denken, des oberen Königs Herrlichkeit in dieser Welt zu beachten und noch weniger die Herrlichkeit der anderen Welt, und was ihr Bestehen ausmacht.

Gott kennt die Schicksale der einzelnen Seelen im Voraus. Er weiss, ob ihre Berührung mit der unteren Welt sich verderblich oder nützlich auswirken wird. Aber er *bestimmt* den Werdegang der Seele nicht.

Viele Mächte und Einflüsse suchen den Menschen zu beherrschen, von den entfernten Himmelskörpern an bis zu den zwei Trieben in seinem eigenen Wesen. Dennoch ist die Ethik des Zohar nicht deterministisch. Das natürliche und ethische Handeln des Menschen wird nicht ausschliesslich von aussen bestimmt, weder durch die Kausalität der Naturgesetze oder die dunklen Fügungen einer souveränen Allmacht, noch durch eine Prädestination oder durch ein blindes und unerbittliches Schicksal.

Der Zohar lässt auch im grossen und ganzen die Frage nach dem Verhältnis zwischen Gottes Allwissenheit und der Willensfreiheit des Menschen offen, und um dieser Freiheit und der Idee der Apokatastasis (die eine klare Konsequenz der Zoharmystik ist) grösseren Spielraum zu geben, führt er die Lehre von *gilgul* oder der Seelenwanderung ein, was bedeutet, dass die Seele, wenn sie im Leben „krumme Wege gegangen" ist, eine unbestimmte Anzahl neuer Leben und Prüfungen durchmachen muss, bis der Zweck des Aufenthaltes in der unteren Welt verwirklicht ist.

Wenn schliesslich alle Seelen in befriedigender Weise wieder von der unteren Welt in die obere aufgestiegen sind, ist der Lauf der Welt vollendet und die Zeit des Messias beginnt.

Dieser Gedanke verleiht auch dem Geschlechtsleben eine besondere Bedeutung und Erhabenheit. Schon in ihrer Präexistenz sind ja die Seelen männlich und weiblich und paarweise miteinander verbunden. Sie steigen zwar getrennt zur Erde hinab, aber wenn die Menschen nach der Thora leben, findet jeder in der Ehe seinen Seelengatten. So vervollständigen sie einander, erfüllen ihre religiösen Pflichten und streben gemeinsam nach Vollendung, welcher sie in ewiger Seligkeit teilhaftig werden im Himmel, im „Palast der Liebe" (*hekal ahaba*),[1] vereint mit Gott, der sie zu sich aufnimmt mit einem Kuss (dem irdischen Tod). Die Zeugung von Kindern wird unter diesen Umständen eine wesentliche *Pflicht* für den Mann, und hat er nicht in diesem Sinne sein Teil an dem physischen Schöpfungswerk „gebaut", wird er nach dem Tod von gewissen höheren Daseinsformen ausgeschlossen.

Erst wenn die Seele wieder zum himmlischen Palast aufgestiegen und allerseits vollendet worden ist, sowohl im unteren wie im oberen, ist der ersehnte Zustand der Ruhe eingetreten. Der Vers „Höre, Israel, der Herr, unser Gott, ist ein einiger Herr" (Dtn 6, 4)[2] weist auf dieses Aufgehen der Seele in der Einheit hin.

[1] Die sieben Paläste (hebr. *hekalot*, aram. *hekelin*) mit den ihnen entsprechenden Sefirot sind, von unten nach oben oder von aussen nach innen gerechnet, folgende:

(1) *Libnat ha-Sappir: Jesod*
(2) *'Eṣem ha-Schamajim: Hod*
(3) *Nogah: Neṣaḥ*
(4) *Zakut: Gebura*
(5) *Ahaba: Gedulla*
(6) *Raṣon: Tif'eret*
(7) *Ḳodesch Ḳodaschim: Bina, Ḥokma, Keter.*

Vergl. Zohar ii, 244b. — Der hier genannte *hekal* ist also der fünfte.

[2] Verschiedene Abschnitte der Liturgie in der Synagoge knüpfen an verschiedene *hekalot* an: nach Zohar ii, 260b *Joṣer or* an den ersten, *El baruk gedol de'a* an den zweiten, *Le'el baruk ne'imot jittenu* an den dritten, *Ha-meḥaddesch beṭubo* an den vierten, *Ahabat 'olam* an den fünften, *Emet wejaṣṣib* an den sechsten und *Adonaj sefataj tiftaḥ* an den siebten.

Israels Dienstbarkeit

E. BAMMEL

„DIE Töchter Israels sind schön (נאות), aber die Armut (עניות) macht sie hässlich", so heisst es in einer auf das zweite Jahrhundert zurückgehenden Klage.[1] Dem gegenüber steht die andere in dieselbe Zeit zurückweisende Überlieferung: Hadrian bemerkt auf einer Reise ein Mädchen, das auf seine Frage bekennt, eine Tochter Israels zu sein; er bezeugt ihr Freundlichkeit, während seine Umgebung ihm Vorwürfe macht, dass er ein so verachtenswertes Geschöpf, dazu beschmutzt und dreckig, mit seiner Höflichkeit bedenkt.[2] Zielt die erste Aussage ins Allgemeine, so ist die zweite ohne Frage eine Sage, die ein Ganzes in eine Szene einfängt.[3] Das Mädchen steht für das Judentum, Hadrians Hofstaat, der sich judengegnerischer Kampfworte bedient, für die dem Judentum feindliche Welt und der Kaiser ist mitten dazwischen gestellt. Mit den drei Äusserungen der Klage, der Geste des Verstehens und der Verachtung scheint alles Nötige über das Judentum im Stande der Armut, wie es sich im zweiten Jahrhundert befand, gesagt zu sein. Oder doch nicht das Ganze?

In der Pesikta[4] heisst es: יאי מסכנותא לברתא דיעקב כהין ערקא ומוקא בקדליה דסוסיה חיור. Das Wort ist an mehreren Stellen[5] überliefert, in nicht ganz gleicher Gestalt und nicht überall unter demselben Namen. Die am weitesten von der zitierten abweichende Form findet sich Chag. 9b und lautet: יאה עניותא ליהודאי כי ברזא סומקא לסוסיא חיורא. יאה= schön, würdig, ist überall bezeugt. Nur die Münchener Handschrift von Chag. 9b hat statt dessen נאה, ein Wort, das ausschliesslich „schön" bezeichnet.

Der עניותא steht in der Mehrzahl der Stellen die מסכנותא

[1] Ned. 9. 10 (Ismael).
[2] Midr. Tannaim 26. 19 (S. 262).
[3] Das ist von M. D. Herr, „The Historical Significance of the Dialogues between Jewish Sages and Roman Dignitaries", *Scripta Hierosolymitana*, 22 (1971), S. 123 f. nicht erhellt worden.
[4] Ed. Buber (Lyck, 1868), S. 117. Z. 6.
[5] Midr. H. L. zu 1, 4 (7d Z. 6; Midrasch Rabbah III, S. 126 Z. 8 f.); Lev. r. 13, 4 (ed. Venedig, 1545, fol. 114b Z. 41 f.; ed. Wilna, 1878, 18d Z. 15); Lev. r. 35, 6 zu 26, 3 (ed. Venedig, 132c Z. 31 f.; ed. Wilna, 51d Z. 21); Chag. 9b.

gegenüber. Das letztere ist der seltenere Ausdruck. Zudem ist das erstere in Chag. 9b möglicherweise durch das einleitende Zitat aus Jes 48, 10 (ich habe dich geprüft im Schmelzofen des Elends= עני) bedingt. מסכנותא ist als ursprünglich anzusehen. Subjekt sind die Töchter Jakobs (handschriftlich auch: Israels) oder die Juden. Das eine bezeichnet den Juden, wie er ist — passt darum zum Sprichwort —, das andere seine ideale Seite. „Juden" begegnet nur in Chag. 9b, einer Form, die auch sonst Kürzungen enthält.

Der Vergleichsgegenstand wird verschieden genannt. ערקא heisst es in HL r., Pes., Lev. r. 35, עזקא in Lev. r. 13, ברזא in Chag. 9b (nicht jedoch in Jalkut zu Jes § 328). Die zweite könnte als Verschreibung für die erste Lesart angesehen werden. ערקא deutet auf Sattelzeug, was sich gut mit רישא (Lev. r. 35) fügt, während es zu קדלא = Hals, Nacken nicht recht passen will. Auch schiesst das Umstandswort סומקא, das sogar in der Kurzform von Chag. 9b erscheint, über. ברזא an der Brust ist ohnehin eher als Schmuckkette zu verstehen. Dasselbe gilt erst recht für die Variante וורדא in Chag. 9b. Man wird aus der textlichen Bezeugung schliessen, dass zwei verschiedene Auffassungen miteinander ringen.

Dem entspricht der Unterschied zwischen ליביה (Lev. r. 13), קדלא (Pes., HL r.), רישא (Lev. r. 35), bzw. das Fehlen der näheren Bezeichnung in Chag. 9b.

In Chag. 9b erscheint das Wort als anonyme Volksweisheit, die jedoch von einem Rabbi — die Überlieferung ist sich nicht schlüssig, ob es sich um Samuel oder Joseph handelt — richtungsweisend erklärt wird. In Lev. r. 13 ist Acha der Tradent. An den drei anderen Stellen (Pes., H. L. r., Lev. r. 35) wird dagegen Akiba als Urheber des Wortes bezeichnet. An der zuletzt genannten Stelle ist zuvor Acha mit einem eigenen Wort angeführt. Es ist dasselbe Wort, das Lev. r. 13, 4 als Einleitung zu unserem Wort zitiert wird. Es ist danach anzunehmen, dass der Verfassername des zweiten Wortes ausgefallen ist und somit die Verschweissung der beiden Worte durch Zuweisung an *einen* Verfasser ein späteres Stadium der Überlieferungsgeschichte widerspiegelt. Die verbleibenden Möglichkeiten sind: Akiba oder Volksweisheit. Beides — es sind nicht notwendigerweise einander ausschliessende Angaben — wird zu erwägen sein.

Das Wort bezeichnet zunächst etwas, was vielfältiger Erfahrung und einem breiten Strom israelitische Überzeugung entspricht, dass nämlich Not sich in besonderer Weise an die Fersen des Juden heftet, dass Armut und Judentum zusammengehören. Es ist nicht im Ton der Klage ausgesprochen sondern mit dem Freimut des Armen, wie er im 2. Jhdt bestanden hat.[1] Nahe verwandt ist dem das Ethos der Armut, wie es immer wieder in der Geschichte aufgeleuchet ist — bis hin zu den stolzen Worten der preussischen Könige. Das ist hier, so scheint es jedenfalls, ganz weltlich ausgedrückt. Aber die theologische Akzentuierung ist nicht fern. Besonders deutlich ist sie im Zitat aus dem Kommentar zum Hohenlied herausgearbeitet. Die Stelle „Zeuch mich dir nach" (משכני; 1, 4) erklärend werden in einem Wortspiel „bringe mich in Gefahr" (משכיני) und „Mache mich arm" (ממשכני) als Weisen göttlicher Zucht bezeichnet und daran wird dann das Zitat angefügt. Chag. 9b steht vor unserm Satz, dass Gott unter allen guten Eigenschaften suchte, um sie Israel zu geben und nichts als עניות fand.[2] Das könnte als Warnung vor der Gefahr des Besitzes,[3] möchte im Sinne des uneingeschränkten Lobs der Armut, ähnlich den griechischen Einübungen der Bedürfnislosigkeit verstanden werden. Hier aber gilt Armut als Mittel der Läuterung, wie das Zitat aus Jes 48, 10 zeigt. Ähnlich ist das auch in dem Satze Achas, der an drei Stellen (Lev. r. 13 und 35 sowie HL r.) das Wort einleitet, gemeint: wenn die Juden auf Johannisbrot angewiesen sind, dann tun sie Busse. Armut ist Stachel, ist Mittel der Züchtigung. Und doch schwingt in „gute Eigenschaften" (מדות טובות) in scholastischer Einkleidung noch die alte Erfahrung mit, dass Armut Gottesgabe, ja ein Privileg Jahwes sei. Die Vorstellung der Psalmen von der engen Bezogenheit von Gott und Armem samt der Auslegungsregel von Gen. r. 71, 1, dass an jeder Stelle, wo von דל עני ואביון gesprochen wird, von Israel die Rede sei,[4] hatten das möglich gemacht. Grundsätzlich ist solche Zuordnung unabhängig von Fragen der Zeit: Gott ist seinem Herzen nach dem Armen zugewandt und der Arme

---

[1] S. Th. W. VI (Stuttgart, 1960), 901 f. — Samuel b. Nachmanis Wort, das in der Pes. auf den Spruch folgt, ist ganz von dem Stolz des Armen bestimmt.

[2] Vgl. Sed. El. Sutta V ed. Friedmann, S. 181.

[3] So das andere Wort Akibas in Erb. 86a. E. Stauffer (*Christus und die Caesaren*, Hamburg, 1948, S. 226) verbindet beides und versteht die Armut als materielle Armut; vgl. W. Bacher, *Die Agada der Tannaiten*, i (Strassburg, 1903), S. 282 f.

[4] Gen. r. 71, 1 zu 29, 31 (139a Z. 21): בכל מקום שנאמר דל עני ואביון בישראל הכתוב מדבר.

denkt nicht an Besserung seiner Lage. Aber es ist doch bezeichnend, dass die umrahmende Auslegung das in den Hintergrund schiebt. Statt dessen wird der Armut durch einen anderen Gedanken, nämlich die erzieherische Abzweckung ein Sinn vermittelt.

Beide Linien sind im jüdischen Erbe fest begründet. Es ist nicht einfach zu entscheiden, welcher Gedanke hier ursprünglich gemeint ist. עניותא deutet mehr auf eine ständige Beziehung, מסכנותא dagegen eher auf ein geschichtliches, zeitlich begrenztes Ereignis — wie Jakobs eigene Dienstbarkeit. יהודאי lässt an Strafe und Bewährung denken, während die seltene Ehrenbezeichnung ברתיה דיעקב auf die unveränderliche Erwählung hinweist. Freilich lässt sich das nicht ohne weiteres mit מסכנותא in Verbindung bringen, jedenfalls nur dann, wenn derselben innerhalb der Erwählungsgeschichte ein Platz gegeben werden kann.

Der zweite Teil ist nicht weniger reich an Fragen. Es wäre möglich gewesen, schlicht zu sagen: Armut ist Israels schönste Zierde. Warum hier die längere Form? Und wenn schon: warum nicht ein näherliegender Vergleich: wie der Kopfschmuck einer Frau, wie der Brustpanzer eines Mannes o. ä.? Der Israelit wird üblicherweise nicht mit einem Pferde verglichen und schon garnicht mit einem Schimmel.

Das Ungewöhnliche an der Formulierung ist empfunden worden. Die Übersetzer verstehen ערקא als Riemen, als nützliches Instrument. Dadurch ist einem erzieherischen Verständnis des ganzen Satzes Unterstützung gegeben. Aber die Lesart קדלא, Hals — der Teil, an dem ein fester Riemen keinen Platz hat, jedenfalls keine zäumende Funktion erfüllen kann — geht damit nicht auf. Dazu findet sich in allen Formen des Spruchs das umschreibende סומקא. Unnötig, wenn es sich um Zucht handelt, unterstreicht es die Aussage, falls ein Schmuck oder eine Zierde gemeint ist. So scheint das Wort doppellastig zu sein. Was aber ist dann mit dem Vergleich gemeint?

Es muss mit dem Schimmel eine besondere Bewandtnis haben. Die zeitlich nächststehende Quelle ist Ap 19, 11. Dort sieht der Seher einen ἵππος λευκός und auf ihm denjenigen, dessen Namen auf seinem Schenkel[1] geschrieben ist: βασιλεὺς βασιλέων καὶ κύριος κυρίων. Gefolgt ist das Pferd von einem Heer von Streitern,

---

[1] Vgl. die Vorstellung der Toledoth Jeschu, nach der Jesus den Gottesnamen im Tempel gestohlen und sich in die Hüfte eingenäht hat (s. S. Krauss, *Das Leben Jesu nach jüdischen Quellen*, Berlin, 1902, S. 40).

Israels Dienstbarkeit 299

auf Schimmeln reitend und selbst in weisse Gewänder gehüllt. Bezeichnend ist, dass die Schilderung mit dem weissen Pferd einsetzt — offenbar weil dies die allgemeine Vorstellung war. Wie ja der Messias selbst nach der jüdischen Vorstellung ein leuchtendes Gewand trägt[1] und auch in dieser Schilderung seine Begleiter in diese Farbe gekleidet sind. Dass er selbst ein blutgetauchtes[2] Kleid trägt, ist christliche Abänderung der geläufigen Vorstellung, auf das Kreuzeswerk hindeutend. Wie verbreitet diese Vorstellung ist, zeigt Ap. 6, 2: ein weisses Pferd, auf dem eine Gestalt, die — im Unterschied zu den folgenden Reitern — einen positiven Auftrag hat, sitzt. Auch hier wird zunächst das Pferd und dann erst der Reiter erwähnt. Dasselbe Pferd begegnet in der Darstellung von Beth-Schearim; auf ihm der Messias, eine Keule in der Hand.[3]

Eine andere Parallele ist in einer geschichtlichen Erzählung gegeben. Samuel, der babylonische Rabbine des dritten Jahrhunderts, übte zeitweilig einen starken Einfluss auf den jungen Perserkönig Schapur I., in dem er einen neuen Kyros sah, aus. Im Erlösungsjahre 240 — dem Jahre 4000 nach der Gründung der Welt — war der Grosskönig so fasziniert, dass er dem Messias ein weisses Pferd entgegensenden wollte.[4] Die Vorstellung scheint die zu sein, dass der Messias vom Himmel kommt,[5] um dann die Wegstrecke auf Erden auf einem Schimmel zurückzulegen — parallel der anderen, nach der der Gottesmann, Elias[6] oder Henoch[7], seine Himmelsreise auf einem Pferde beginnt. Dies Pferd — jedem Engländer ist es aus Chestertons Hymne bekannt — wird es sein, das die Anschauungsgrundlage des Verfassers des

---

[1] Mk 9, 3; vgl. Lk 23, 11. Jüdisches Material über die Bedeutung von חיור im messianischen Zusammenhang bei A. Wünsche, *Die Leiden des Messias* (1870), S. 63, 122 f. Vgl. auch Pes. r. 37 über das glitzernde Gewand des Messias.

[2] Also an sich doch wohl ein weisses Gewand.

[3] s. E. R. Goodenough, *Jewish Symbols in the Greco-Roman Period*, iii, New York, 1953), Tfl. 74; vgl. Tfl. 75 (dort ist er abgestiegen und hält die Keule nach unten zum Zeichen dafür, dass die messianische Schlacht geschlagen und der Tag des Erscheinens — s. das astronomische Zeichen in der linken Bildhälfte — angebrochen ist). G. selbst — Bd. I, 98 — begründet die messianische Deutung.

[4] Sanh. 98a. — Zur Erklärung s. *Orientalia*, 32 (1963), S. 223 f. — Keineswegs handelt es sich um einen Spott Schapurs (so Ad. Merx, *Das Evangelium des Johannes*, Berlin, 1911, S. 312).

[5] Vom Teufel heisst es, dass er auf einer Schlange zur Erde herunterreitet (Yalkut Gen. 25).

[6] 2Kg 2, 11.   [7] Ad. Jellinek, Beth ha-Midrasch IV. 131.

Wortes ist. Nur vom Pferd ist gesprochen; das entspricht der oft nur andeutenden Redeweise der Apokalyptik.

Gewiss gibt es auch die andere Vorstellung, dass der Messias auf einem Esel einzieht — in einem abgeleiteten Sinne wird sie sogar auf den wiederkommenden Elias übertragen.[1] Wir finden sie bei Matth. und Joh., während die Angaben der anderen Evangelien doppeldeutig sind.[2] Innerhalb des Judentums ist die Vorstellung freilich erst spät belegt[3] und hat sich gegenüber der anderen erst durchsetzen müssen.[4] Ist für diese letztere die Meinung, dass Messias und Volk einander nicht entsprechen, bezeichnend, so steht es für die andere umgekehrt, d. h. für das Volk ist eine Mitwirkung am messianischen Werk in Aussicht genommen. Es ist also die Vorstellung vom kriegerischen Messias und seinem messianischen Heer, die mit dem weissen Pferd angedeutet ist. Der Wechsel wird die Enttäuschung nach zwei messianischen Kriegen wie die gebotene Vorsicht widerspiegeln. Das zitierte Wort gehört in den Bereich der älteren Vorstellung; auch darum ist die Verfasserschaft Achas unwahrscheinlich.

Ein Zustand Israels wird mit einem Attribut des Schimmels verglichen. Das bedeutet: Israel selbst entspricht dem weissen Pferde. Der Satz setzt so eine bildhafte Entwicklung des Begriffs „weisses Pferd" voraus, eine Entwicklung, in der das Reittier des Messias zum Symbol für Israel geworden ist. Das passt zur Vorstellung des Messias und seiner Getreuen.

Freilich, מסכנות ist schwerlich die übliche Ausrüstung für die Schlacht. Und doch ist dies die eigentliche Aussage. מסכנות ist die Disposition Israels, in der es dem Messias begegnet.[5] Welche Beziehung kann מסכנות zum messianischen Ereignis haben?

---

[1] s. Jeda, *American Journal of the Israel Folklore Society*, No. 25 (1961), S. 48, 74. — Vielleicht darf damit verglichen werden, dass in der christlichen Vorstellung St. Martin, der ja Christophorus-Züge annimmt, gerne als auf einem Schimmel reitend dargestellt wird.

[2] W. Bauer, *Das Leben Jesu im Zeitalter d. ntl. Apokryphen* (Tübingen, 1909), S. 155; „The ‚Colt' of Palm Sunday", JBL, 72, 1953, p. 220 ff.

[3] Das Material bei Strack-Billerbeck, *Kommentar*, i, 842 ff.; vgl. auch M. Zobel, *Gottes Gesalbter* (Berlin, 1938), S. 83 ff.

[4] Bezeichnend ist das Wort (Sanh. 98a) Alexandrais (3. Jhdt.), nach dem der Messias, ist Israel würdig, mit den Wolken und — das ist zu ergänzen — auf Erden zu Pferde erscheint, während er, ist Israel unwürdig, auf einem Esel einreitet (damit seinen Lebenslauf als Messias ignotus fortsetzend?); zur Interpretation s. *Stud. Theol.*, 15 (1961), S. 88.

[5] עניות wird in der späteren Überlieferung mit dem messianischen Esel verbunden. Auch das spricht gegen עניותא als ursprünglicher Lesart an diesem Ort.

Israels Dienstbarkeit

Die jüdischen Vorstellungen um den Tag des Messias kreisen um das Thema bereites-unbereites Volk. Die Bereitschaft kann als innerliche Zurüstung,[1] als Gehorsam einem verschärfend verstandenen Gesetz[2] gegenüber und als tatkräftiger Einsatz verstanden werden. מסכנות passt nicht darin hinein. Denn das Wort reflektiert einen Zustand, der von aussen gesetzt ist. Gewiss, ein solcher Zustand spielt auch in der aktivistischen Messianologie der Zeloten eine Rolle, als etwas, dessen Beseitigung die Voraussetzung für die Heraufführung der Messiaszeit ist. Aber hier erscheint der Zustand als zugehörig zur Messiaszeit. Wie ist das möglich?

Die Vorstellung von den messianischen Geburtswehen legt sich nahe. Sie ist schon aus vorchristlicher Zeit bekannt, weit verbreitet und in einer Mehrzahl von Auffächerungen belegt.[3] Sie hat einen allgemeinen — Ereignisse, so schrecklich, dass Jochanan sich der Wunsch entringt, die messianische Zeit nicht selber erleben[4] zu müssen, werden sich ereignen — und einen personalen Horizont: der Messias selbst wird leiden (und getötet werden).[5] Der Gedanke ist nicht eigentlich und in der Hauptsache auf Israel bezogen. Das aber ist hier der Fall: es ist ein Geschehen an Israel, das als zugehörig zum Auftreten des Messias angesehen wird. Dazu: das Erfahrnis des Volkes Israel wird in eine positive Beziehung zum messianischen Ereignis gesetzt; es ist eine Zierde für das Pferd, es gereicht dem Messias zum Ruhm.

Das ist so, weil מסכנות eine Notwendigkeit ist. Damit steht der Satz in einem Gegenüber zu der Losung, dass die Reinigung des Hauses Israel die Voraussetzung für das Kommen des Messias sei. Vielleicht ist es kein Gegensatz schlechthin. Jedenfalls aber ist es eine entscheidende Verschiebung. Ist die Reinigung weitgehend Menschenwerk, so Heraufführung wie auch die Beendigung der Dienstbarkeit Gottes eigene Sache. Wird damit das messianische Ereignis dem Eifer und der Verfügungsgewalt des Menschen entnommen, so ist es anderseits doch nicht in unbestimmte Ferne gerückt. Im Gegenteil, מסכנות ist Anzeichen des Kommens, ja der Nähe des Heils. Die mannigfachen Vorstellungen über die

---
[1] So die προσδεχόμενοι (Lk 2. 25 u. ö).
[2] So Johannes der Täufer; vgl. *Harv. Theol. Rev.* 51 (1958), S. 101 ff.
[3] Eine der interessantesten ist die von Kol. 1, 24.
[4] Sanh. 98b.
[5] J. Klausner, *Die messianischen Vorstellungen im Zeitalter der Tannaiten* (Heidelberg, 1904), S. 91 ff.

Anzeichen der anhebenden Erlösung werden ergänzt und *de facto* ersetzt durch den angegebenen Umstand.

Drückt sich darin schon eine Kehre aus, so erst recht in dem, was als Zeichen angesehen wird. Es ist, obwohl dem Kommenden positiv zugewendet, das Gegenteil der üblichen Heilszeichen.[1] Ebensowenig ist es mit den Schicksalsschlägen der Endzeit gleichförmig. Knechtschaft selbst ist Heilszeichen. Dem kann so nur sein, weil Gott allein und im umfassendsten Sinne wirkt. Wie umgekehrt die Knechtschaft ein Unterpfand dafür ist, dass Gott, der sein Volk nicht verlässt, zur Tat schreiten wird.

Das Wort wird in den besten Überlieferungen Akiba zugeschrieben. Akiba war ein Mann aus dem Volke, ein „Wilder vom Felde", der die Armut bis zur Hefe genossen hat. Aber er widerstand der Versuchung, sich zum Vorkämpfer einer Armenideologie oder einer Hirtentheologie aufzuwerfen. Eher ist das Gegenteil der Fall.[2]

Die zweite, die Triumphzeile ist in Worte gefasst, die denen desjenigen Buches des A.T., dem Akibas besondere Liebe galt,[3] nahestehen. Weiss und rot (צח ואדום) kommen zusammen, auf den „Freund" angewandt, im Hohenlied 5, 10 vor, wie auch im selben Zusammenhang die Rose (5, 13; 6, 3) erscheint. Akiba hat gerade diese Stelle (5, 9 ff.) zu einem Zwiegespräch zwischen Israel und den Heiden umgearbeitet und den Freund auf Gott gedeutet.[4] Unser Wort passt dazu. Es ist die Frucht einer neuen Versenkung in das Kapitel. Hatten die Heiden in dem Zwiegespräch Israel zugegeben, dass es in ihren Augen schön sei,[5] so ruft Akiba nun seinem Volke zu, dass es die Dienstbarkeit ist, die Israel zur Ehre und Verheissung gereicht. Beide Fassungen, Schmuck und Rose, mögen auf ihn selbst zurückgehen.

Akiba hat von den Menschen im allgemeinen gering gedacht. Darum hat er auch von der menschlichen Busse nicht allzu viel

---

[1] Das ist mehr als das geläufige Motiv des Wechsels von einer Lage der Niedrigkeit zu einer solchen der Höhe, wie es sowohl nach der persönlichen (Midr. H.L. 5, 15; s. dazu K. H. Rengstorf, „Der Glanz von Jabne", *Festschrift W. Caskel*, Leiden, 1968, S. 240) wie auf der nationalen Seite (Lev. r. 36, 2 zu 26, 42) wie ganz schematisch (Rosch hasch. 31b) angewandt wird.

[2] Seine Anweisung für das Geben von Almosen (Keth. 50a) war keineswegs über die Massen grossherzig, so gewiss er in Zeiten der Verfolgung das Teilen des Brots mit dem Hungrigen nicht nur gebot sondern die Möglichkeit dazu als Gottes Gunst ansah (B.B. 10a). [3] S. Bacher, *Tannaiten*, S. 310 ff.

[4] So auch der Targumist z. St., der „weiss" und „rot" als Attribute Gottes beschreibt. [5] Mek. Ex 15, 2.

Israels Dienstbarkeit

gehalten. Umso grösser dachte er von Gott. Roms Stattlichkeit wurde ihm ein Symbol dafür, wieviel grösser die Zukunft, die Gott gibt, sein werde. Die Strafen Israels machen ihn frohlocken, weil die Zukunft davon frei sein werde.

Das muss auch seine Stellung in der rabbinischen Debatte um die bange Frage, was denn nun Israel zu tun übrig bleibe, beeinflusst haben. Eliezer lehrte, dass die Erlösung von Busse, also einer neuen Busstat abhänge. Jehoschua hielt dagegen, dass Israel umsonst erlöst werde, Gottes Tat sich also unabhängig vom Menschen ereignen werde. Akiba hatte mehr zu sagen als Jehoschua: Gott wird nicht nur handeln sondern tut es bereits jetzt: Knechtschaft ist Teil der Erlösung. Seine Stellungnahme könnte mit der Eliezers, des eigenen Lehrers, in Zusammenhang gebracht werden. Hatte doch Eliezer erklärt, dass, wenn Israel nicht Busse tue, Gott ihm einen Zwingherrn wie Haman senden werde, dessen Massnahmen die Juden zur Umkehr bringen würden.[1] Das Element der Bedrückung ist dasselbe. Und doch ist Akibas Wort anders gemeint. Die Knechtschaft ist kein Stachel, sondern ein Erfahrnis, das die selige Gewissheit gibt, dass die Herrlichkeit Gottes im Erscheinen begriffen ist. Das Erbe der Apokalyptik ist in dieser alle Zeitläufte einschliessenden Schau deutlich erkennbar.

Die Lehre ist nicht ganz vergessen worden. In der alten,[2] von Josua b. Levi neu ausgesprochenen Meinung, dass der Erlösung die Knechtschaft vorausgehen müsse wie der Geburt des Kindes die Schwangerschaft[3] ist der Einfluss noch erkennbar. Und ebenso in der Ansicht Jochanans, dass der politische Niedergang für das Kommen des Messias günstiger sei als das Gegenteil.[4] Aber der Gedanke ist allgemein dargestellt und des Bezugs auf eine geschichtliche Stunde entkleidet. Vor allem ist die Gesamtentwicklung in anderer Richtung verlaufen: das ethizistische Element trat in den Vordergrund,[5] die Phase der Dienstbarkeit wird zu einer Zeit gehorsam angenommener Fremdregierung, die Erlösung

---

[1] J. Taan 63d.
[2] Midr. H.L. 1, 5 (Midr. Rabbah III, 14b Z. 11): כד ישראל משתעבדין ונגאלין.
[3] Joh 16, 20 f. [4] Pes. R. Kah. 142a.
[5] So auch bei Jochanan, der die Periode der Leiden charakterisiert als sich ereignend an einer Generation von Schuldigen. — Unverhüllt tritt das Moment in der von Bacher (J.Q.R. 3, 784) behandelten Sohar-Stelle in den Vordergrund, nach der Israel, das in Armut den Bund bewahrt, der Erlösung als Belohnung teilhaftig werden wird.

verblasst in der Zukunft. Schon die Überlieferung unseres Wortes ist von dieser Entwicklung bestimmt worden.

Wann hat Akiba das Wort gesprochen? מסכנות hat es mit Ausnahme der Barkochba-Zeit während seines ganzen Lebens gegeben. Der Aktivismus freilich, der die Barkochba-Rebellion vorbereitet und begleitet hat und an dem Akiba seinen Anteil hatte, passt nicht zu dieser Aussage. So wird es ein Wort sein, das gesprochen wurde, als die Niederlage sich abzeichnete oder schon Ereignis geworden war. Akiba hat auch in dieser Lage Anweisungen gegeben.[1]

Hatte Akiba Barkochba als dem Stern aus Jakob entgegengejubelt,[2] so hat er nun der Tochter Jakobs eine andere Weisung gegeben. Man mag damit vergleichen, was Paulus im 2. Thessalonicherbrief getan hat. Hatte er im ersten Brief den dramatischen Auftakt der eschatologischen Ereignisse in zeitgeschichtlichen Erscheinungen gesehen, so führt er im zweiten ein neues Element, den κατέχων vor. Gewiss geht es bei Paulus zunächst um den Antichrist, aber damit doch auch um die Verzögerung der Wiederkunft Jesu.[3] Akiba führt das neue Element gegen Schluss der Entwicklung zum Ende ein und unterscheidet sich von Paulus insofern, als für ihn Dienstbarkeit und Messias in einem inneren Bezug zu einander stehen.

Wie er lachte, als er einen Fuchs aus dem Allerheiligsten herauskommen sah: nun können wir gewiss sein, dass die Weissagung des Sacharja auch erfüllt werden wird,[4] so hat er gerade[5] in der Dienstbarkeit Israels das Unterpfand kommender Herrlichkeit erkannt. Geschichtstheologie und Messianismus in einander ver-

[1] S. P. Billerbeck, „R. Aqiba als religiös-sittliche Persönlichkeit", *Nathanael* 34 (1918), S. 55 f.
[2] J. Taan 68d.   [3] S. Z. Th. K. 56 (1959), S. 294 ff.
[4] Makkot 24b. Das Wort passt nicht in die Zeit vor der Revolution, in der Hadrian die Erlaubnis zum Tempelaufbau gegeben hatte und erst recht nicht in die Barkochba-Zeit selber, in der die Aufnahme des Kultus zumindest vorbereitet, wenn nicht dieser selbst praktiziert (s. Ad. Schlatter, *Synagoge und Kirche bis zum Barkochba-Aufstand*, Stuttgart, 1966, S. 57 ff.) wurde. Akibas Argument gründet auf Sach. 8, 4: עד ישבו זקנים. Die Heranziehung des Verses setzt den Anschauungshintergrund einer Lage voraus, in der Jerusalem den Juden nicht zugänglich war — das war aber erst nach dem Zusammenbruch des Aufstands der Fall (Euseb. h. e. 4. 6. 3). Der Vers hat sein acumen in seinem Anfang: ἔτι πρεσβύτεροι. Er ist also — mehr als Mark 9, 1 und verwandte Stellen — von Nächsterwartung bestimmt.
[5] Auf den Einzelmenschen bezogen hat er, die Weisen der Annahme des Leidens überdenkend, darum der Aufforderung an Gott: Vater „schlage zu" ihren Sinn abgewonnen (Ebel rabbathi 8).

Israels Dienstbarkeit

schlingend hat er der Niederlage einen Sinn abgewonnen, seinem Volk für eine weitere Wegstrecke die Glut messanischer Erwartung erhalten. „Schön steht die Dienstbarkeit der Tochter Jakobs wie ein roter Schmuck an einem weissen Pferde" — das Wort ist, so scheint es, Teil seines Testaments gewesen.[1]

Von Akiba ist das allgemeine Wort: „Was Gott tut, alles ist zum Heil" überliefert.[2] Es ist aufgefallen, dass derselbe Spruch, der weder im A.T. noch im N.T. belegt ist, immer wieder in den Kirchenliedern der Barockzeit aufklingt: was Gott tut, das ist wohlgetan. Auch ein dem behandelten sehr nahe stehender Spruch findet sich, allerdings auf den Einzelnen bezogen und ohne die geschichtstheologische Abzweckung, im christlichen Bereich. Es ist der Wahlspruch, der das Wappen Martin Luthers deutet: des Christen Herz auf Rosen geht, wenn's mitten unterm Kreuze steht.[3]

Dem Jubilar, der mehr als andere dem, was Judentum und Christentum gemeinsam ist, nachgespürt hat, möchte in diesem Sinne der Versuch über das Wort Akibas dargereicht werden.

[1] Es ist ein Wort, dessen Nachhall noch nicht verstummt ist. Im Winter 1945/46 fand sich der Spruch im Hause Bonn, Gneisenaustr. 21 angeschlagen. Die Erklärung wurde in dankbarer Erinnerung an die Herrin dieses Hauses niedergeschrieben.

[2] s. H. Steinthal, *Zu Bibel und Religionsphilosophie* (Berlin, 1895), S. 216 ff.

[3] Luther hatte, das im Jahre 1413 vom Kaiser Sigismund seinem Geschlechte verliehene Wappen abwandelnd (s. Joh. Luther, *Das Luthersche Familienwappen*, Berlin 1954, S. 24 ff), sich selbst ein Wappen zugelegt, das eine geöffnete Rose, in ihr ein Herz und in diesem ein Kreuz zeigt. Dem Wappen wurden in den Abbildungen verschiedene Beischriften beigegeben (s. G. Herrmann, Die *Lutherrose*, Zwickau 1932, S. 16), deren eine der angeführte Spruch — zitiert von B. Mentzius 1598 (s. Luther S. 21) — ist. Ob der Vers auf Luther selbst zurückgeht, ist umstritten. G. Schleusner (*D. Martin Luthers Dichtungen*, Wittenberg 1892, 87, 121 f.) und E. Thiele (*Luthers Sprichwörtersammlung* Weimar 1900, 74 f., 424) treten für die Abfassung durch Luther ein, während O. Albrecht (*Luthers Werke*, Weimarer Ausgabe XXXV, 1923, S. 568 Nr. 29, sich dagegen ausspricht. Die lateinische (1533 verfasst; s. Schleusner, S. 121) und griechische (bezeugt 1553) Fassung des Epigramms sowie verwandte Sinnsprüche finden sich bei Chr. Juncker, *Das guldene und silberne Ehren= Gedächtnis des Theuren Gottes=Lehrers D. Martini Lutheri*, Frankfurt und Leipzig 1706, S. 223–32. — Ein ähnlicher Gedanke, nicht mehr auf das eigene (so oft in den Preisreden auf den Märtyrer, der, seiner Zukunft gewiss, lachend in den Tod geht) oder des erwählten Volkes Leiden sondern auf Jesus bezogen, findet sich in dem Lied: „Jesu, deine Passion ist mir lauter Freude", das Bach in die Kantate: „Himmelskönig sei willkommen" aufgenommen hat.

BIBLIOGRAPHIA DAUBEANA[1]

1932
'Zur frühtalmudischen Rechtspraxis', *Zeitschrift für die alttestamentliche Wissenschaft* 51 (Neue Folge 9) (1932), 148–59.

1933
'Über die Umbildung biblischen Rechtsgutes', *Symbolae Friburgenses in honorem Ottonis Lenel* (Freiburg, 1933), 245–58.

1936
'A Note on a Jewish Dietary Law', *Journal of Theological Studies* 37 (1936), 289–91.
'On the Third Chapter of the *Lex Aquilia*', *Law Quarterly Review* 52 (1936), 253–68.
'*Intestatus*', *Revue historique de droit français et étranger* 15 (4ᵉ sér.) (1936), 341–3.

1937
'Some Comparative Law—Furtum Conceptum', *Tijdschrift voor Rechtsgeschiedenis* 15 (1937), 48–77.

1938
'Ἐξουσία in Mark 1.22 and 27', *Journal of Theological Studies* 39 (1938), 45–59.
'Ὄχλος in Mark ii. 4 (Luke v. 19)', *Expository Times* 50 (1938–9), 138–9.
'*Furtum proprium* and *furtum improprium*', *Cambridge Law Journal* 6 (1936–8), 217–34.
'*Societas* as a Consensual Contract', *Cambridge Law Journal* 6 (1936–8), 381–403.

1939
'*Tres Personae possunt dictione dotis obligari*', *Juridical Review* 51 (1939), 11–22.
'*Nocere* and *noxa*', *Cambridge Law Journal* 7 (1939–41), 23–55.

1940
'Cicero and the Parliament of Bats', *Journal of Roman Studies* 30 (1940), 53–5.

---

[1] Dr. B. Jackson very kindly placed the list of publications compiled by him at the disposal of the editors. It was supplemented with the help of Professor Peter Stein.

1941

'Codes and Codas in the Pentateuch', *Juridical Review* 53 (1941), 242–61.
'The Authority of the Church and Private Judgement', *The Guardian. The Church Newspaper* 95 (1941), p. 393 (15. 8), pp. 406 f. (22. 8), p. 418 (29. 8).

1942

Shakespeare on Aliens Learning English, Cambridge, 1942, W. Heffer & Sons Ltd., 19 (reprinted from *Message*, Belgian Review, 7 (May, 1942), 29–35).
'How Esau Sold his Birthright', *Cambridge Law Journal* 8 (1942–4), 70–5.
'*Collatio* 2.6.5', *Essays presented to J. H. Hertz* (London, 1942), pp. 111–29.

1943

'A Modern Synagogue Sermon', *Theology* 46 (1943), 106–8.
'A Rhetorical Principle in the Gospels', *Expository Times* 54 (1942–3), 305–6.
'Two Haggadic Principles and the Gospels', *Journal of Theological Studies* 44 (1943), 149–55.
'Two Notes on *Paradise Regained*', *Review of English Studies* 19 (1943), 205–13.
'Interference with Light in Roman Law', *Law Journal* 93 (1943), 180–1, 189–90.

1944

'Matthew v. 38 f.', *Journal of Theological Studies* 45 (1944), 177–87.
'The Civil Law of the Mishnah: The Arrangement of the Three Gates', *Tulane Law Review* 18 (1943–4), 351–407.
'The New Testament Terms for Divorce', *Theology* 47 (1944), 65–7.
'Three Questions of Form in Matthew V', *Journal of Theological Studies* 45 (1944), 21–31.
'Two Notes on Communal Responsibility', *Sociological Review* 36 (1944), 24–42.

1945

'Concerning the Reconstruction of "The Aramaic Gospels"', *Bulletin of the John Rylands Library* 29 (1945–6), 69–105.
'The Interpretation of a Generic Singular in Galatians 3.16', *Jewish Quarterly Review*, N.S. 35 (1944–5), 227–30.

'The History of Proselytising', *Chajenu* 8 (1945), 10–11.
'Restoration of Fruits by the *Bona Fide Possessor*', *Cambridge Law Journal* 9 (1945–7), 31–43.
'Some Forms of Old Testament Legislation', *Proceedings of the Oxford Society of Historical Theology*, 1945, 36–46.

1946

'Public Pronouncement and Private Explanation in the Gospels', *Expository Times* 57 (1945–6), 175–7.
'The Last Chapter of Esther', *Jewish Quarterly Review*, N.S. 37 (1946–7), 139–47.
'Two Early Patterns of Manumission', *Journal of Roman Studies* 36 (1946), 57–75.
'*Sponsor* and the History of Contract', *Law Quarterly Review* 62 (1946), 266–72.

1947

Studies in Biblical Law, Cambridge, 1947, Cambridge University Press; reprinted New York, 1969, Ktav.
'Participle and Imperative in I Peter', in E. G. Selwyn, *The First Epistle of St. Peter* (London, 1946), pp. 467–88.
'Κερδαίνω as a Missionary Term', *Harvard Theological Review* 40 (1947), 109–20.
'Did Macedo Murder his Father?, *Zeitschrift der Savigny-Stiftung für Rechtsgeschichte, Rom. Abt.* 65 (1947), 261–311.

1948

'Concerning Methods of Bible-Criticism', *Archiv Orientální* 17 (1) (1948), 88–99 (*Symbolae ad Studia Orientis Pertinentes Frederico Hrozný Dedicatae*).
'Jewish Missionary Maxims in Paul', *Studia Theologica* 1 (1947–8), 158–69.
'Tenancy of Purchaser (*Digest* 19.2.21)', *Cambridge Law Journal* 10 (1948), 77–83.
'On the Use of the Term *damnum*', *Studi in onore di Siro Solazzi* (Naples, 1948), 93–156.
'Novation of Obligations giving a *bonae fidei iudicium*', *Zeitschrift der Savigny-Stiftung für Rechtsgeschichte, Rom. Abt.* 66 (1948), 91–134.

1949

'Error and Accident in the Bible', *Revue Internationale des Droits de l'Antiquité* 2 (1949), 189–213.
'Rabbinic Methods of Interpretation and Hellenistic Rhetoric', *Hebrew Union College Annual* 22 (1949), 239–64.

'Two Notes on the Passover "Haggadah"', *Journal of Theological Studies*, 50 (1949), 53–7.
'The Three Quotations from Homer in Digest 18.1.1.1', *Cambridge Law Journal* 10 (1949–50), 213–15.
Preface (pp. ix f.) to J. Jocz, *The Jewish People and Jesus Christ* (London, 1949).

1950

'Jesus and the Samaritan Woman: The Meaning of συγχράομαι', *Journal of Biblical Literature* 69 (1950), 137–47.
'The Anointing at Bethany and Jesus' Burial', *Anglican Theological Review* 32 (1950), 186–99.
'*Consortium* in Roman and Hebrew Law', *Juridical Review* 62 (1950), 71–91.
'Hadrian's Rescript to some ex-praetors', *Zeitschrift der Savigny-Stiftung für Rechtsgeschichte, Rom. Abt.* 67 (1950), 511–18.
'Actions between *paterfamilias* and *filiusfamilias* with *peculium castrense*', *Studi in memoria di Emilio Albertario* (Milan, 1950), i. 435–74.
'*Demolior* as a Passive', *Classical Quarterly* 44 (1950), 119–20.

1951

'Arepo' in the "Sator" Square', *Expository Times* 62 (1950–1), 316.
'Four Types of Question', *Journal of Theological Studies*, N.S. 2 (1951), 45–8.
'Negligence in the early Talmudic Law of Contract (Peshi'ah)', *Festschrift Fritz Schulz* (Weimar, 1951), i. 124–47.
'The Scales of Justice', *Juridical Review* 63 (1951), 109–29.
'Concerning the Classifications of Interdicts', *Revue Internationale des Droits de l'Antiquité* 6 (1951), 23–78.
'The Peregrine Praetor', *Journal of Roman Studies* 41 (1951), 66–70.
'*Ne quid infamandi causa fiat*, the Roman Law of Defamation', *Atti del Congresso Internazionale di Diritto Romano e di Storia del Diritto, Verona 1948* (Milan, 1951), 413–50.

1952

'Eisern Vieh', *Zeitschrift der Savigny-Stiftung für Rechtsgeschichte, Rom. Abt.* 69 (1952), 388–92.
'Generalizations in D.18.1, *de contrahenda emptione*', *Studi in onore di Vincenzo Arangio-Ruiz* (Naples, 1952), i. 185–200.
'The Palingenesia of Digest 50.17.110 and the Construction of Asyndetons', *Revue Internationale des Droits de l'Antiquité*, N.S. 1 (1952), 385–99.
'Slave-Catching', *Juridical Review* 64 (1952), 12–28.

1953

'Alexandrian Methods of Interpretation and the Rabbis', *Festschrift Hans Lewald* (Basle, 1953), 27–44.
'Commentary on D.36.2.26.1', in P. Frere-Smith, *Manual of South African Trust Law* (Durban, 1953), pp. 51–2.
'The Date of the Birth of Merlin', *Aberdeen University Review* 35 (1953), 49 f.

1954

'Two Cases of Hypostatizing', *Annales de la Faculté de Droit d'Istanbul* 3 (1955), 24–6.
'A Meaning of *cupiditas*', *Studi in onore di Pietro de Francisci* (Milan, 1954), i. 123–6.
'*Princeps legibus solutus*', *L'Europa e il diritto romano* (Milan, 1954), ii. 461–5 (*Studi in memoria di Paolo Koschaker*).

1955

'Ahasver', *Jewish Quarterly Review* 65 (1954–5), 243–4.
'Inheritance in Two Lukan Pericopes', *Zeitschrift der Savigny-Stiftung für Rechtsgeschichte, Rom. Abt.* 72 (1955), 326–34.
'Purchase of a Prospective Haul', *Studi in onore di Ugo Enrico Paoli* (Florence, 1955), pp. 203–9.
'Usufruct and Servitudes', *Law Quarterly Review* 71 (1955), 342–5.
'The Accuser under the Lex Julia de Adulteriis', *Proceedings of the Eighth International Congress of Byzantine Studies at Salonica* (Athens, 1955), ii. 8–21.

1956

The Background of the New Testament and its Eschatology, ed. W. D. Davies and D. Daube, Cambridge, 1956 (In Honour of C. H. Dodd); 2nd ed., 1964.
The Defence of Superior Orders in Roman Law, Oxford, 1956, Clarendon Press (Inaugural Lecture); reprinted in *Law Quarterly Review* 72 (1956), 494–515.
The New Testament and Rabbinic Judaism, London, 1956, The Athlone Press, (Jordan Lectures, 1942); reprinted Arno Press, New York, 1973.
Forms of Roman Legislation, Oxford, 1956, Clarendon Press.
'Gideon's Few', *Journal of Jewish Studies* 7 (1956), 155–61.
'Jacob's Reception by Laban', with R. Yaron, *Journal of Semitic Studies* 1 (1956), 60–2.
'Nursery Rhymes and History', *Oxford Magazine*, 1956, 230–2, 272–4, 310–12.

1957

'Evangelisten und Rabbinen', *Zeitschrift für die neutestamentliche Wissenschaft* 48 (1957), 119–26.

'Origen and the Punishment of Adultery in Jewish Law', *Texte und Untersuchungen zur Geschichte der altchristlichen Literatur* 64 (1957), 109–13 (*Studia Patristica*, II).

'*Finium demonstratio*', *Journal of Roman Studies* 47 (1957), 39–52.

'Three Notes on Digest 18.1, Conclusion of Sale', *Law Quarterly Review* 73 (1957), 379–98.

'Sale of Inheritance and Merger of Rights', *Zeitschrift der Savigny-Stiftung für Rechtsgeschichte, Rom. Abt.* 74 (1957), 234–315.

'The New Testament and Rabbinic Judaism', *Liberal Jewish Monthly* 28 (1957), 28–31.

1958

'Rechtsgedanken in den Erzählungen des Pentateuchs', *Von Ugarit nach Qumran, Festschrift O. Eissfeldt* (Berlin, 1958), pp. 32–41 (*Beihefte zur Zeitschrift für die alttestamentliche Wissenschaft*, 77).

'Mistake of Law in Usucapion', *Cambridge Law Journal* (1958), 85–92.

'*Si . . . tunc* in D.19.2.22 pr.: tenancy of purchaser and *lex commissoria*', *Revue Internationale des Droits de l'Antiquité*, 3rd s. 5 (1958), 427–35.

'Le Raisonnement par l'Absurde chez les Jurisconsultes Romains', Institut de Droit Romain, Paris, 1958.

'*Implantatio* and *satio*', *Acta Juridica* (1958), 181–4.

'Sown by Hand' (*Manu sata*), *University of Ceylon Law Review* 1 (1958), 1–8.

1959

Studies in the Roman Law of Sale dedicated to the Memory of Francis de Zulueta, ed. D. Daube, Oxford, 1959, Clarendon Press.

'Concessions to Sinfulness in Jewish Law', *Journal of Jewish Studies* 10 (1959), 1–13.

'The Earliest Structure of the Gospels', *New Testament Studies* 5 (1959), 174–87.

'A Prayer Pattern in Judaism', *Texte und Untersuchungen* 73 (1959), 539–45 (*Studia Evangelica*, I).

'Certainty of Price', *Studies in the Roman Law of Sale dedicated to the Memory of Francis de Zulueta* (Oxford, 1959), pp. 9–45.

'Doves and Bees', *Droits de l'Antiquité et Sociologie Juridique, Mélanges Henri Lévy-Bruhl* (Paris, 1959), pp. 63–75.

'*Exceptio litis dividuae* in D.12.1.13.1', *Revue Internationale des Droits de l'Antiquité*, 3rd s. 6 (1959), 313–22.

'Zur Palingenese einiger Klassikerfragmente', *Zeitschrift der Savigny-Stiftung für Rechtsgeschichte, Rom. Abt.* 76 (1959), 149–264.

1960

Sin, Ignorance and Forgiveness in the Bible, London, 1960, Liberal Jewish Synagogue (Claude Montefiore Lecture, 1960).
'Three Notes Having To Do With Johanan Ben Zaccai', *Journal of Theological Studies*, N.S. 11 (1960), 53–62.
'*Utiliter agere*', *IURA* 11 (1960), 69–148.
'Condition Prevented from Materializing', *Tijdschrift voor Rechtsgeschiedenis* 28 (1960), 271–96.

1961

' "For they know not what they do": Luke 23, 34', *Texte und Untersuchungen* 79 (1961), 58–70 (*Studia Patristica*, IV).
'Direct and Indirect Causation in Biblical Law', *Vetus Testamentum* 11 (1961), 246–69.
'To Exact a Debtor', *Studi in onore di Emilio Betti* (Milan, 1961), ii. 323–30.
'To Exact a Debtor—Corrigendum', *IURA* 12 (1961), 209–10.
'*Derelictio, Occupatio* and *Traditio*; Romans and Rabbis', *Law Quarterly Review* 77 (1961), 382–9.
'Texts and Interpretations in Roman and Jewish Law', *Jewish Journal of Sociology* 3 (1961), 3–28.
'Slightly Different', *IURA* 12 (1961), 81–116.
'*Ne quis fecisse velit*', *Zeitschrift der Savigny-Stiftung für Rechtsgeschichte*, Rom. Abt. 78 (1961), 390–1.

1962

'Death as a Release in the Bible', *Novum Testamentum* 5 (1962), 82–104.
'La Femme dans le Droit Biblique', Institut de Droit Romain, Paris, 1962.

1963

The Exodus Pattern in the Bible, London, 1963, Faber and Faber (All Souls Studies, II).
'Licinnia's Dowry', *Studi in onore di Biondo Biondi* (Milan, 1963), i. 199–212.
'*Maior dividat minor eligat*', *IURA* 14 (1963), 176–7.
'D.19.1.46 and Adultery', *Mélanges Philippe Meylan* (Lausanne, 1963), i. 65–9.

1964

Suddenness and Awe in Scripture, London, 1964, Council of Christians and Jews (Tenth Robert Waley Cohen Memorial Lecture, 1963).
The Sudden in the Scriptures, Leiden, 1964, E. J. Brill.
'Josephus on Suicide and Liability of Depositee', *Juridical Review*, N.S. 9 (1964), 212–24 (Reprinted from *Libro Jubilar de Victor Andrés Beláunde*, Mercurio Peruano, Lima, 1963, pp. 213 ff.).

'The *lex Fufia Caninia* and King Arthur', *Law Quarterly Review* 80 (1964), 225–7.
'Dodges and Rackets in Roman Law', *Proceedings of the Classical Association* 61 (1964), 28–30.

1965

Collaboration with Tyranny in Rabbinic Law, London, 1965, Oxford University Press (37th Riddell Memorial Lectures, Newcastle upon Tyne, 1965).
'Τρία μυστήρια κραυγῆς: IGNATIUS, *Ephesians*, xix. 1', *Journal of Theological Studies*, N.S. 16 (1965), 128–9.
'The Preponderance of Intestacy at Rome', *Tulane Law Review* 39 (1965), 253–62.

1966

He That Cometh, London, 1966, Council for Christian–Jewish Understanding (St. Paul's Lecture, 1966).
'Dividing a Child in Antiquity', *California Law Review* 54 (1966), 1630–7.
'Paul a Hellenistic Schoolmaster?', *Studies in Rationalism, Judaism and Universalism in Memory of Leon Roth* (London, 1966), pp. 67–71.
'Transplantation: Acceptability of Procedures and the Required Legal Sanctions', *Ethics in Medical Progress* (London, 1966), pp. 188–201 (CIBA Foundation Symposium).
'No Kissing, Or Else . . .', *The Classical Tradition: Literary and Historical Studies in Honor of Harry Caplan* (Ithaca, N.Y., 1966), pp. 222–31.
'Extraordinary Holidays', *Die Moderne Demokratie und ihr Recht, Festschrift für Gerhard Leibholz* (Tübingen, 1966), i. 311–21.

1967

'Covenanting Under Duress', *Irish Jurist*, N.S. 2 (1967), 352–9.
'Sanctity of Life', *Proceedings of the Royal Society of Medicine* 60 (1967), 1235–40; reprinted in *All Heal*, London, 1971, Heinemann.
'Greek and Roman Reflections on Impossible Laws', *Natural Law Forum* 12 (1967), 1–84.
'The Marriage of Justinian and Theodora. Legal and Theological Reflections', *The Catholic University of America Law Review* 16 (1967), 380–99.

1968

'The Significance of the Afikoman', *Pointer: Quarterly Journal of the Union of Liberal and Progressive Synagogues* 3 (Spring 1968), 4–5.
'The Night of Death', *Harvard Theological Review* 61 (1968), 629–32.

1969

Roman Law, Linguistic, Social and Philosophical Aspects, Edinburgh, 1969, Edinburgh University Press.
'Repudium in Deuteronomy', *Neotestamentica et Semitica, Studies in Honour of Matthew Black*, ed. E. E. Ellis and M. Wilcox (Edinburgh, 1969), pp. 236–9.
'Limitations on Self-sacrifice in Jewish Law and Tradition', *Theology* 72 (1969), 291–304.
'The Culture of Deuteronomy', *ORITA* 3 (1969), 27–52.
'To be found doing wrong', *Studi in onore di Edoardo Volterra* (Milan, 1969), ii. 1–13.
'Organ transplants: cannibalism, consent, and control', *Colorado Quarterly* 18 (1969), 134–40.

1970

'The Influence of Interpretation on Writing', *Buffalo Law Review* 20 (1970), 41–59.
'Suicide', *Studi in onore di Giuseppe Grosso* (Turin, 1970), iv. 117–27.

1971

Gewaltloser Frauenwiderstand im Altertum, Konstanz, 1971, Universitätsverlag (Konstanzer Universitätsreden, 47).
'One Against Ninety-Nine', *Niv-Hamidrashia* (Spring–Summer 1971), 43–6.
Legal Problems in Medical Advance, Jerusalem, 1971, The Magnes Press (Lionel Cohen Lectures, Sixteenth Series), reprinted in *Israel Law Review* 6 (1971), 1–17.
'One from among your brethren shall you set king over you', *Journal of Biblical Literature* 90 (1971), 480–1.
'Dissent in Bible and Talmud', *California Law Review* 59 (1971), 784–94.
'Pauline Contributions to a Pluralistic Culture: Re-creation and Beyond', *Jesus and Man's Hope*, eds. D. G. Miller and D. Hadidian (Pittsburgh, 1971), ii. 223–45.
'Interpolations in the Centos and Justinian', *Flores Legum H. G. Scheltema Oblati* (Groningen, 1971), pp. 45–8.

1972

Civil Disobedience in Antiquity, Edinburgh, 1972, Edinburgh University Press (Messenger Lectures, Cornell University, 1971).
'Shimei and Orn: The Construction of a Restraint', *Tulane Law Review* 56 (1972), 653–6.
'The Linguistics of Suicide', *Philosophy and Public Affairs* 1 (1972), 387–437.

'Responsibilites of Master and Disciples in the Gospels', *New Testament Studies* 19 (1972), 1–15.
'Ecstasy in a Statement by Rabbi Joshua ben Hananiah', *Niv-Hamidrashia* (1972), 60–2.
'The *Lex Julia* concerning Adultery', *Irish Jurist* 7 (1972), 373–80.

1973

'The Self-Understood in Legal History', *Juridicial Review*, N.S. 18 (1973), 126–34.
Ancient Hebrew Fables, Oxford, 1973, Oxford University Press.
'The Law of Witnesses in Transferred Operation', *Journal of the Ancient Near Eastern Society of Columbia University* 5 (1973 = Gaster Festschrift), 91–3.
'Das Selbstverständliche in der Rechtsgeschichte', *Zeitschr. d. Savigny-Stiftung, Rom. Abt.* 90 (1973), 1–13.
'The Compiler's Use of a Revised Paul and Ulpian', *Zeitschr. d. Savigny-Stiftung, Rom. Abt.* 90 (1973), 359 f.

1974

'The Mediocrity of Celsus', *Classical Journal* 70 (1974/5), 41 f.
'Withdrawal: Five Verbs', *California Studies in Classical Antiquity* 7 (1974), 93–112.

1975

Wine in the Bible, London 1975, Council for Christian–Jewish Understanding (St. Paul's Lecture, 1974).
'King Arthur's Round Table', *Gesellschaft, Kultur, Literatur. Beiträge L. Wallach gewidmet*, Stuttgart, 1975, pp. 203–7.
'Duty and Beauty', *David Kotlar Jubilee Volume*, Tel Aviv, 1975, xiv–xx.
'Enfant terrible', *Harvard Theological Review* 68 (1975), 371–6.

1976

'Etiam in *Digest* 18.1.20', *Classical Journal* 72 (1976), 213–15.
'Mancipatio of *res nec mancipi* in Cicero', *Festschrift E. Seidl*, Cologne 1976, pp. 35–8.
'"I believe" in *Jewish Antiquities* xi.237', *Journal of Jewish Studies* 27 (1976), 142–6.
'A Reform in Acts and its Models', *Jews, Greeks and Christians. Religious Cultures in Late Antiquity* (= Festschrift W. D. Davies), Leiden, 1976, pp. 151–63.
Medical and Genetic Ethics: three historical Vignettes, Oxford, 1976, Oxford Centre for Postgraduate Hebrew Studies.
'Martial, Father of Three', *American Journal of Ancient History* 1 (1976), 145–7.

1977

'Three Legal Notes on Josephus after his Surrender', *The Law Quarterly Review* 93 (1977), 191–4.

'The Rabbinic Treatment of "and he said, saying" ', *Hebraica* ed. O. Rössler (= *Marburger Studien zur Afrika- und Asienkunde*, Serie B IV, Berlin, 1977), 5–14.

' "Recht aus Unrecht" ', *Festschrift Ernst von Cämmerer*.

The Duty of Procreation, Edinburgh, 1977, Edinburgh University Press.

INDEXES

VETUS TESTAMENTUM

Genesis
1: 173
1 ff.: 167, 171
1. 2: 173
1. 4: 41
1. 14: 219, 221
1. 26: 173
1. 27: 262
2: 173
2. 4: 134
2. 6: 131
2. 7: 131, 173, 284
4. 1: 287
6: 172, 175
6. 1: 167
9. 2: 171
9. 12: 219
11. 1 ff.: 134
12. 3: 133 f., 144
12. 5: 134
14. 19 f.: 11
17. 4 f.: 143
17. 5: 142
17. 11 ff.: 7
27: 11
27. 1: 44
32. 4: 286
32. 19: 94
37. 2: 285
37. 9: 220
49. 21: 94

Exodus
2. 21: 31
3. 1 ff.: 40
3. 2 ff.: 46
7. 3: 219
18. 5 ff.: 23
19: 8
19. 3: 8
19. 6: 148
19. 12: 8
19. 13: 8
19. 14: 23
19. 15: 7
19. 20: 8
19. 21: 8
19. 23 f.: 8
20. 12: 22
20. 18 ff.: 8
23. 1: 59
23. 7: 59
23. 17: 24
24. 9 ff.: 8
24. 13: 8
28. 36: 226
32. 26 ff.: 31
33. 11 ff.: 226
33. 18 ff.: 25, 45
33. 20: 24
33. 23: 24
34. 6: 120
34. 23: 24
34. 29: 44

Leviticus
5. 21: 116
7. 12 ff.: 64
7. 16: 64
11. 45: 123
18. 5: 104 ff.
18. 24: 118
22. 29: 64
25. 37 f.: 116
26. 14 f.: 116

Numeri
6. 24 ff.: 11
6. 27: 11
11. 17: 276
11. 25: 39
12. 8: 202
15. 20 f.: 128
22. 24: 11
24. 17 ff.: 220
25: 31
25. 7: 36
25. 7 ff.: 29
25. 30: 229
26. 2 ff.: 37
26. 18 ff.: 226
31: 31

Deuteronomium
6. 4: 294
6. 4 f.: 186, 192
6. 5: 195
7. 2: 3
7. 6: 7
10. 8: 11
10. 16: 23
11. 28: 115
14. 1: 140, 291
14. 2: 7
16. 16: 24
17. 6: 229
19. 15: 40, 46
20. 10 ff.: 3
20. 15 f.: 3
22. 27: 38
26. 18: 7
26. 19: 148
27. 15 ff.: 10
27. 26: 122
28. 226
28. 3 ff.: 10
28. 16 ff.: 10
28. 20: 80
28. 43: 140
31. 16 f.: 80
32. 35: 80
33. 29: 13
34. 7: 44

Liber Samuelis I
2. 6: 120
2. 7 f.: 18
2. 8: 4
10. 17 ff.: 4
12: 4
25. 16: 221
25. 40 f.: 89

Liber Samuelis II
6. 3: 224
6. 24: 286
10. 1 ff.: 89
12. 4: 82

Liber Regum I
8: 226
10. 8: 10
10. 9: 12
14. 6: 94
14. 21 ff.: 144
19. 2 ff.: 237

Liber Regum II
2. 11: 299
3. 28: 38
12. 16 ff.: 29

Jesaias
1. 4: 215
1. 4 ff.: 218
1. 9 f.: 215
1. 15 f.: 23
2. 2 ff.: 221
3. 10: 10, 13
3. 24: 17
4. 2 ff.: 218
5. 14: 111 f., 117
6: 47
6. 2 ff.: 50, 221
6. 3: 192
7. 14: 219, 272
9. 1: 48
9. 6: 169
11. 1: 138
11. 2: 40
11. 11 ff.: 221
14: 175
14. 12 ff.: 169
14. 32: 18
18. 2: 96
23. 15: 216
25. 8: 225
26. 1: 221
26. 19: 87
26. 20: 87
26. 21: 87
26. 29: 86
27. 13: 221
30. 18: 14, 19
30. 18 ff.: 14
31. 9: 14
32. 20: 14, 19
32. 30: 14
41. 8: 80
42. 1: 40
42. 6: 42, 49
43. 7: 277
45. 7: 286
48. 10: 296 f.
49. 3: 40
49. 6: 49
54: 218
54. ii f.: 222
55. 13: 18
56. 1: 14

56. 2: 14
57. 15: 19
60: 218
60. 1 ff.: 41, 220
60. 17: 18
60. 20: 19
60. 21: 141
61. 1 ff.: 18 f.
61. 2: 19
62. 2: 19
62. 4 f.: 225
65. 17: 224
65. 22: 284
66. 2: 19
66. 10: 19

Jeremias
  1. 18: 221
  2. 20: 215
  2–5: 218
  3. 1 ff.: 215
  3. 17 f.: 221
  4. 4: 23
  8. 13 ff.: 166
  9. 22 f.: 166
  9. 26: 23
  11: 136
  11. 15: 136 f.
  11. 15 f.: 136
  11. 16: 136 f.
  15. 5 ff.: 219
  17. 5 ff.: 10
  17. 18: 16
  23. 1 ff.: 218
  23. 5 f.: 221
  30. 18 ff.: 218
  31: 218
  31. 6 ff.: 221
  36. 23: 38
  49. 14: 94

Ezechiel
  1: 226
  2. 9: 94
  3. 5: 94
  7. 7: 9
  9. 1: 9
  12. 23: 9
  16: 216, 218
  16. 53: 17
  17. 22: 8
  17. 23: 8
  17. 24: 18
  18. 5 ff.: 118

  20. 4 ff.: 221
  20. 40: 8
  23: 215
  23. 40: 94
  28: 169 f., 175
  34: 7
  34. 11 ff.: 221
  36. 25: 23
  40–8: 218
  40. 2: 8
  40. 4: 47
  43. 1 ff.: 221
  44. 30: 128

Hosea
  2. 1: 141
  2. 5: 215
  2. 14 ff.: 225
  3. 3: 215
  4. 15: 215

Amos
  5. 12 ff.: 222

Jona
  1. 14: 38

Micha
  1. 7: 215, 218
  4. 1 ff.: 221
  4–5: 218
  5. 7: 287

Nahum
  3. 4: 216

Habakuk
  2. 4: 106
  3. 4: 222

Zephania
  3. 12: 18

Sacharia
  2. 5: 221
  8. 4: 304
  13. 7: 29
  13. 9: 120
  14. 11: 226

Psalmi
  1: 10, 13
  2: 169

Psalmi (cont.)
  2. 7: 40, 48
  2. 12: 13
  7. 2: 16
  8: 170, 262
  8. 7 ff.: 170
  9. 11: 80
  15: 118
  15. 7: 118
  18: 169
  18. 19: 80
  18. 26 f.: 20
  20: 169
  21: 169
  22: 65
  24: 25
  24. 3: 23
  24. 4 f.: 23
  32. 1 f.: 10, 13
  33. 12: 13
  34. 9: 13
  36. 10: 41, 278
  37. 8: 22
  37. 9 ff.: 22
  37. 34: 22
  40. 5: 13
  40. 18: 18
  42. 3: 19
  45: 169
  51. 9: 23
  63. 2: 19
  65. 5: 13
  69. 5: 16
  69. 30: 18
  70. 6: 18
  72: 169
  74. 21: 18
  79. 13: 7
  84. 5 f.: 10, 13
  86. 1: 18
  88. 16: 18
  89. 16: 13
  91. 11: 287
  95. 7: 7
  100. 3: 7
  101: 169
  107. 5: 19
  107. 9: 19
  109. 16: 18
  109. 22: 18
  109. 31: 16
  110: 50, 169
  112: 13
  115. 15: 11
  116. 1: 120
  116. 13: 66
  116. 17: 66
  118. 26: 11
  119. 1 f.: 10
  127: 13
  127. 5: 13
  128. 4: 13
  132: 169
  135. 4: 7
  137. 8 f.: 13
  144. 1 ff.: 169
  144. 15: 13
  146. 5: 13
  146. 7: 19

Job
  5. 17: 16
  12. 17 ff.: 166, 170
  15. 1 ff.: 170
  14. 22: 292
  21. 30: 80
  25. 5: 222

Proverbia
  1. 26 f.: 80
  3. 13 ff.: 14
  7. 27: 87
  8. 22: 265
  8. 32 ff.: 14
  10. 2: 114
  10. 10: 21
  11. 17: 21
  12. 20: 21
  14. 21: 13
  16. 2: 222
  16. 20: 13
  17. 17: 81
  18. 24: 81
  19. 7: 81
  20. 7: 13
  20. 27: 131
  26. 11: 85
  27. 10: 80
  28. 14: 14
  31. 15: 292

Canticum Canticorum
  1. 4: 297
  5. 9 ff.: 302
  5. 10: 302
  5. 13: 302
  6. 3: 302

6. 4 ff.: 219
8. 9 f.: 221

Ecclesiastes
4. 13: 285
7. 3: 19, 286
7. 5: 19, 286
7. 29: 283
9. 18: 110
10. 1: 111
10. 16: 12
10. 17: 12
12. 7: 291

Daniel
3: 213 f.
3. 95 (Th): 194
3. 96 (LXX. Th): 213
7. 13: 237
10. 5 ff.: 46
11. 7: 138
12. 2: 120
12. 12: 14

Nehemia
10. 38: 128

Chronica I
21: 286

Chronica II
9. 7: 12
10. 14: 29
12. 13: 144
17. 7 ff.: 94

Tobit
13: 218

Liber Machabaeorum I
1. 11 ff.: 137
2. 7: 214
2. 46: 6
2. 59: 213
3. 4 ff.: 31
7: 4
8: 1 ff.
8. 29: 2
8. 30: 2
9: 4
14. 25 ff.: 4

Machabaeorum II
3: 44
4. 11: 2
6. 1: 97

7. 1 ff.: 32
7. 38 ff.: 233
11. 34 ff.: 5
14. 38: 259
15. 17: 32

Machabaeorum IV
7. 24 ff.: 32

Sapientia
1–5: 172
2. 1 ff.: 234
3. 9: 234
3. 13: 13
4. 10 ff.: 233 f.
4. 19: 236
5. 1 ff.: 233 f.
5. 5: 171
6–9: 172
8. 17: 171
10: 171
10–19: 172
10. 1: 171
10. 2: 172
13. 2: 221
19. 6: 224

Siracides
3. 21: 278
4. 20: 85
4. 21: 85
14. 1 f.: 10
15. 9 ff.: 170
16. 24 ff.: 170
17: 170 f.
17. 1 ff.: 170
24. 23 ff.: 265
25. 7 ff.: 10, 13
28. 1 ff.: 69
28. 19: 13
31. 8: 13
43. 7: 221
48. 5: 86
48. 10: 231
51. 13 ff.: 29 f.
51. 17: 30

Susanna
LXX 44 f.: 28, 34, 38
51: 33, 38
52: 28
52 f.: 33
53: 59
54 ff.: 34

Susanna (*cont.*)
    55: 28
    56 f.: 33
    60 ff.: 28, 39
Th 1 ff.: 39
    5: 38
    6 ff.: 39
    24: 38
    25 ff.: 39
    32: 38
    33: 38
    33 ff.: 39
    43: 38
    45: 29, 38 f.
    46: 38
    46 ff.: 38
    49: 38

50: 38 f.
53 ff.: 39
60 ff.: 39

Psalmi Salomonis
    1. 7 f.: 39
    2. 11: 39
    3. 3 ff.: 107, 121
    4. 1 ff.: 39
    8. 9 ff.: 39
    17. 5: 39
    17. 21: 171
    17. 22 ff.: 171

Baruch
    3. 37: 166
    5: 218

JUDAICA

Assumptio Mosis
    5. 1 ff.: 39
    6. 4: 32
    9. 1 ff.: 32

Antiquitates Biblicae
    26. 1 ff.: 39
    28. 6: 39
    47. 1: 31
    48. 1: 231

Baruch Syriace
    4. 2 ff.: 224
    7. 26: 224
    9. 24: 224
    10. 54: 224
    13. 36: 224
    32. 6: 224
    51 f.: 224
    57. 2: 224

Henoch Aethiopice
    10. 16: 138
    45. 4 f.: 224
    60. 8: 232
    71. 235
    72. 1: 224
    89. 42 ff.: 228

90. 31: 227 f.
90. 20 ff.: 229

Henoch Slavonice
    30. 10: 171

Esdrae IV
    7. 45 ff.: 126
    7. 48: 126
    7. 60 ff.: 126
    7. 97 ff.: 226
    7. 132 ff.: 126
    8. 20 ff.: 126
    9. 38 ff.: 218
    10. 25 ff.: 225

Joseph et Asenath
    44. 4: 174
    4. 8 f.: 174
    46. 20 ff.: 174
    58. 1 ff.: 174
    71. 15: 174
    75. 4 f.: 174
    86. 19 f.: 174

Liber Jubilaeorum
    1. 16: 138
    1. 29: 224

Testamenta XII Patriarcharum
  Test. Levi
    18. 3 f.: 45

Testamentum Judae
 18. 2: 70
Test. Zabulon
 5. 3: 70
 8. 1 f.: 70
 9. 8: 226
Test. Joseph
 18. 2: 70
Damaskusschrift
 1. 4 ff.: 219
 3. 16 f.: 223
 6. 4: 223
 7. 15 f.: 225
 7. 18 f.: 220
 11. 2: 94
 11. 18: 95
1 Qumran Hodajot
 1. 8 ff.: 220
 1. 37: 107
 7. 9: 221
 7. 12: 107
 7. 18: 222
 8: 223
 8. 5 ff.: 223
 13. 11 ff.: 218
1 Qumran p. Habakuk
 9. 2 ff.: 217
 12. 5 ff.: 217
1 Qumran Milchama
 9. 15: 222
 11. 5: 220
 12. 10 ff.: 218
 14. 7: 19. 62
 17. 6 f.: 222
1 Qumran Serek
 1. 13 ff.: 126, 220
 3. 6 f.: 41
 5. 7 ff.: 126
 6. 24 ff.: 126
 8. 4 ff.: 223
 8. 5 ff.: 222
 8. 7: 221
 8. 12 ff.: 219
1 Qumran Serek a
 1. 8: 30
 1. 9 f.: 37
1 Qumran Serek b
 4. 25: 222
4 Qumran p. Nahum
 2: 216 f.

4 Qumran Florilegium
 1. 16 f.: 223
 1. 12: 225
 1. 10 ff.: 267
4 Qumran Fr 179: 217
4 Qumran Ps. Daniel A^a: 172
5 Qumran Fr. 184: 217

Josephus
 Antiquitates
  1. 155: 134
  1. 161: 134
  4. 71: 129
  4. 152: 29
  4. 152 ff.: 31, 37
  5. 97: 141
  5. 276 ff.: 39
  8. 3: 86
  12. 237 ff.: 137
  12. 418: 2
  13. 213: 4
  13. 249: 7
  13. 257: 6
  13. 260: 6
  13. 28 ff.: 4, 6
  13. 301: 3
  13. 319: 6
  13. 397: 6
  14. 205: 2
  14. 233: 2
  17. 44: 32
  17. 149: 29
  17. 164: 33, 36
  17. 300: 96
  18. 10: 29, 32
  20. 34: 102
  20. 200: 36

 Bellum
  1. 28: 32
  1. 38: 2
  1. 61: 7
  1. 67: 4, 6
  1. 70: 3
  1. 538 ff.: 32
  1. 648 ff.: 32 f.
  1. 649: 33
  1. 661 ff.: 32
  2. 119 ff.: 32
  2. 566 ff.: 30
  3. 387 ff.: 30
  4. 155 ff.: 218

Bellum (cont.)
   4. 259: 37
   4. 343: 30, 37, 39
   5. 380: 139
   6. 290 ff.: 41
Vita
   8 ff.: 30

Philo
  De opificio mundi
    68 ff.: 173
    77: 173
    83: 173
    134: 173
    134 ff.: 173
    144 ff.: 173
    145: 139

De vita Mosis
   1. 300 ff.: 31
   1. 301 ff.: 37
De specialibus legibus
   1. 132: 129
   1. 54 ff.: 37
   1. 79: 31
De Somniis
   1. 229: 265
De migratione Abrahami
   89: 125
   121: 133
De allegoriis legum
   2. 86: 265
De praemiis et poenis
   152: 140, 145

RABBINICA

Talmud
Mishnah
  Berachot
    2. 2: 123
    5. 5: 89
  Pesachim
    10. i: 66
    10. 1: 66
  Shebiit
    6. 1: 3
  Yoma
    1. 5: 89, 95
    8. 9: 69, 122, 125
  Rosh Ha-Shana
    1. 3: 95
    2. 5: 34
    4. 9: 95
  Taanit
    4. 6: 97
  Nedarim
    9. 10: 296
  Gittin
    3. 6: 89
    4. 1: 89
  Sota
    5. 5: 191
  Sanhedrin
    3. 5 f.: 33
    4. 2: 35
    4. 4: 33
    4. 5: 33
    5. 1 ff.: 33
    5. 2: 33, 35
    5. 3: 33
    5. 4: 34, 38
    6. 1: 38
    6. 4: 39
    6. 5: 37
    9. 6: 36
    10. 1: 117, 141, 269
  Makkot
    2. 7: 147
  Shebuot
    1. 6: 122
  Aboth
    1. 1–15: 32
    1. 9–16: 30
    2. 1: 118
    2. 7: 114
    2. 8: 30, 33
    2. 10: 118
    2. 16: 107
    3. 2: 269
    3. 7 f.: 115
    3. 11: 117, 137
    3. 14: 265
    3. 15: 112, 117
    3. 18: 172
    4. 13: 70
    4. 20: 35
    6. 6: 114

Aboda zara
  1. 8: 3
Zebachim
  9. 1: 129
Menachot
  7. 1: 64
  8. 5: 64
Tosephta Berachot
  1. 13: 142
Shabbat
  15. 9: 137
Chagiga
  1. 6: 66
Ketubot
  3. 3: 158
Sota
  6. 1: 191
Qiddushin
  1. 10: 109
  1. 13 f.: 110
  2. 1: 89
Baba Qamma
  9. 30: 114
  10. 18: 69, 76
Baba Mezia
  2. 33: 39
Sanhedrin
  3. 8: 35
  4. 5: 115
  7. 2 ff.: 35
  12. 9 ff.: 141
  12. 10: 117
  13. 3: 120
Makkot
  3. 6: 147
Shebuot
  3. 6: 116
Horayot
  2. 7: 115
Bekhorot
  1. 4: 115

Talmud Yerushalmi

Berachot
  3a: 115
Shabbat
  5b: 130 f.
  41 f.: 130 f.

Taanit
  63d: 303
Chagiga
  2. 78: 37
  76c. d: 95
Yebamot
  63a: 144, 161
Nedarim
  42b: 95
Qiddushin
  61a: 111, 113, 121
Baba Qamma
  6c: 70, 114
Sota
  21d: 122
Sanhedrin
  6. 23: 37
  27c: 115
Makkot
  3. 15: 113

Talmud Babli

Berachot
  28b: 30, 35
  34b: 88
  61b: 195
Shabbat
  32a: 111
  114a: 33
  127b: 114
  151b: 114
  156b: 114
Erubin
  63a: 33
  86a: 297
Pesachim
  13b: 66
  53b: 213
  54a: 265, 267
Yoma
  23a: 70
  39a: 115
Rosh Ha-Shana
  16b: 120
  17a: 120
  18a: 121
  31b: 302
Megilla
  28a: 70

Chagiga
  9b: 295, 297
Yebamot
  63a: 144, 161
Ketubot
  7a. b: 37
  50a: 302
  103b: 114
Gittin
  59a: 35
Sota
  22a: 38
Qiddushin
  39b: 110
  40a. b: 110
  71b: 39
  72a: 39
Baba Mezia
  59a: 116
  71a: 116
Baba Batra
  10a: 114
  75b: 224
Sanhedrin
  19b: 39
  36a: 35
  38a: 82
  41a: 34
  41b: 33
  41a. b: 35
  42a: 34, 39
  43a: 38
  46a: 37
  80b: 37
  81a: 118
  82a: 31, 35, 37
  98a: 299, 301
  10b: 269
Makkot
  24a: 118
  24b: 304
Shebuot
  30b: 35
  31a: 35
  31b: 35
Aboda zara
  26b: 39
Menachot
  29b: 114
  53b: 136 f.

Chullin
  13a. b: 39
Arakhin
  17a: 121
Nidda
  16b: 119
  70b: 167
  71a: 167

Abot de Rabbi Nathan
  36: 117
  39: 172
Ebel rabbati
  8: 304

Mekilta ad Ex
  12. 6: 115
  14. 15: 81
  14. 31: 114
  15. 2: 302
  15. 26: 113
  16. 4: 114
  16. 13: 107
  16. 25: 114
  20. 3: 123
  20. 2: 123
  20. 7: 122
  2. 23: 80, 121
  2. 24: 116
Genesis rabba
  12. 9: 134 f.
  14. 4 f.: 131, 133
  17. 81: 131, 133
  33. 1: 110
  38. 18: 134
  39. 14: 134
  71. 1: 297
Exodus rabba
  27. 1: 80 f.
Leviticus rabba
  13. 4: 296
  25. 1: 122
  35. 6: 295
Numeri rabba
  9. 16(5. 18): 38
  19. 8: 206
Deuteronomium rabba
  11. 3: 44
Sifra
  Ahare Mot 8. 1 f.: 125
  13. 3: 123

Behar 53: 116
Behukkothai 2. 3: 116 f.
Emor 9. 7: 115
  13. 12: 115
Hobah 12. 10: 113
Shemini 12. 4: 123
Siphre Zuta
  6. 26: 125
  16. 8: 213
Sifre Numeri
  12. 7: 266
  15. 22: 115
  15. 31: 117
  15. 38: 115
  25. 6: 31
Sifre Deuteronomium
  6. 5: 134, 191, 195
  11. 28: 115
  14. 1: 141
  15. 9: 116
    : 110, 121
  20. 10 ff.: 3
  21. 22: 37
Midrash Tannaim
  26. 19: 296
Midrash Canticum
  1. 3: 41
  1. 4: 296
  1. 5: 303
  5. 15: 302
Midrash Tanhuma
  §1. 6b: 265

§1. 14a: 131
§1. 14b: 132
§3. 27a: 131
Midrash Tehillim
  17. 14: 114
Midrash Qohelet
  10. 1: 117
Pesiqta (Buber)
  74: 206
  117: 296 ff.
  142a: 303
  74 (Mandelbaum): 206
Pesiqta rabbati
  36 (161a): 41
  37 (163b): 299
Pirqe R Eliezer
  32 (73b): 44
Jalqut Shimoni
  ad Gen. 25: 299
  ad Ex. 23. 7: 36
  ad Js. §328: 299
Zohar
  1. 165b: 286
  1. 221: 282
  2. 141: 291
  2. 142: 291
  2. 148b: 50
  2. 244b: 294
  2. 260b: 294
Rashi
  ad Num. 25. 1 ff.: 31
    31. 1 ff.: 31

GRAECA ET LATINA

Apuleius
  Apologia
    25. 9: 251
    55. 9: 251
  Metamorphoses
    11. 6: 251
    11. 21 ff.: 251
Cicero
  Leges
    2. 15: 243
  De Inventione
    2. 161: 244

Columella
  Res mystica
    V. 9. 16: 156
Epictetus
  Dissertatio
    1. 24. 6: 92
    3. 22. 23: 92
    3. 22. 69: 92
    3. 22. 81: 92
Euripides
  Hippolytus
    385 f.: 85

INDEXES

Hesiodus
  Opera et Dies
    319: 85

Homerus
  Ilias
    24. 44 f.: 85
  Odyssea
    17. 347: 85

Plato
  Symposium
    189E–190B: 175

Plinius
  Historia naturalis
    5. 17: 32
  Trogus
    3. 9: 2
    36. 1. 10: 2
  Vita Aureliani
    20. 6 ff.: 250 f.
  Codex Theodosianus
    11. 16. 4: 245
    11. 16. 6: 245
    11. 24. 6. 5: 246
    12. 13. 2: 246
    16. 2. 2 ff.: 250
    16. 2. 33: 246
    16. 8. 2: 250
  Digesta
    17. 1. 1. 4: 91

    29. 3. 1. 2: 246
    44. 1. 11: 246
    48. 10. 1. 8: 245
    48. 10. 15. 3: 245
    50. 1. 38. 6: 246
    50. 16. 56: 245
    50. 4. 1: 247
    50. 4. 3. 6: 246
    50. 4. 9: 246
    50. 4. 11. i ff.: 247, 249
    50. 4. 14. 4: 247
    50. 4. 17: 247
    79. 3. 7: 247

Gaius
  Institutiones
    3. 155 ff.: 91

Justinianus
  Institutiones
    3. 26: 91

Corpus Inscr. Graecarum
  XII. 3. 173: 2

Corpus Inscr. Latinarum
  XX. 648: 97

Oxyrhynchus Papyri
  IX. 1201: 240

Rylands Papyri
  II. 141: 84

Orientalia
  Dionysius Barsalibi: 49
  Ginza III. 72: 159
  Ishodas: 49

NOVUM TESTAMENTUM

Matthaeus
  2. 16: 32
  3. 8: 139
  3. 14: 48
  3. 17: 48
  4. 4: 86
  4. 23: 8 f.
  5. 1: 8
  5. 3: 19, 22, 25, 62
  5. 3 f.: 16
  5. 3 ff.: 9, 15 ff.
  5. 4: 16
  5. 5: 21 f.
  5. 6: 16
  5. 7: 8

  5. 8: 21, 23 ff.
  5. 9: 21 f.
  5. 10: 16, 25
  5. 23 70
  5. 23 f.: 76
  5. 44 ff.: 71
  6. 6: 87
  6. 12: 68, 75
  6. 14 f.: 75
  6. 43 ff.: 21
  7. 24 ff.: 9
  8. 11: 87
  8. 11 f.: 140
  10: 9
  10. 17: 268

10. 23: 62
10. 42: 38
13. 9: 204
14. 23: 8
15. 29: 8
16. 19: 101
16. 21: 176
16. 25: 194
17. 1: 8
17. 2 ff.: 49
17: 8
17. 13: 237
17. 22 ff.: 176
18: 9
18. 18: 101
18. 19 f.: 269
18. 21 ff.: 74
18. 33: 21
18. 35: 75
19. 28: 101
20. 18 f.: 176
22. 15: 87
23: 9, 15
23. 16 ff.: 189
23. 23: 55, 62
23. 34: 268
23. 35: 37
24. 15 ff.: 236
25. 14 ff.: 200
25. 25: 200
27. 24: 38
28. 19: 101

Marcus
1: 51
1. 10: 46
1. 11: 40, 47 f.
2. 1 ff.: 57
2. 18 ff.: 52
2. 23 ff.: 51, 57
3. 1 ff.: 51, 57
3. 13: 8
6: 101
7. 1 ff.: 51
7. 9 ff.: 55
7. 11: 55
8. 31: 176
9. 1: 304
9. 2: 8
9. 3: 299
9. 7: 47
9. 13: 236 f.
9. 31: 176

10. 17 ff.: 24
10. 33 f.: 176
11. 24: 84
11. 25: 75
11. 27 ff.: 57
12. 13 ff.: 57
13. 14: 235
14. 56: 34
14. 59: 34
14. 61: 12
16. 15: 101

Lucas
1. 15: 39
1. 32: 39
1. 68: 12
1. 80: 39
2. 25: 301
2. 40: 39
2. 52: 39
3. 22: 48
3. 38: 180
4. 6: 38
4. 18 ff.: 18
4. 29: 39
6: 10
6. 12: 8
6. 17: 8
6. 20: 16, 62
6. 20 f.: 16 f., 19
6. 20 ff.: 9
6. 21 ff.: 19
6. 22 f.: 16
6. 24 ff.: 15
6. 35 f.: 71
6. 47 ff.: 9
7. 36 ff.: 72
7. 47: 73 f.
7. 48: 74
7. 50: 74
9. 22: 176
9. 28: 8
9. 44: 176
11. 2 ff.: 80
11. 3: 81
11. 4: 68
11. 5: 86
11. 5 ff.: 78
11. 6: 80
11. 7: 86
11. 8: 79, 83, 86
11. 9 ff.: 86
11. 11: 84

Lucas (cont.)
13. 28 f.: 140
14. 15: 86
15. 7: 86
15. 11 ff.: 54, 159
16. 1 ff.: 53 ff.
16. 2: 54
16. 4: 53
16. 8: 53 ff.
16. 9: 53
16. 17: 202
16. 19 ff.: 140
16. 22 f.: 86
16. 24: 139
16. 31: 86
18: 79
18. 6: 53
18. 31 ff.: 76
22. 30: 101
23. 11: 299
24. 26: 50
24. 39: 42
24. 47: 101

Johannes
1. 3: 282
1. 9: 142
1. 49: 177
3. 14: 50
3. 25 ff.: 52
5: 177
5. 9 ff.: 57
5. 17 f.: 177
5. 19 ff.: 177
5. 22: 264
5²⁷: 177, 264
6. 32 ff.: 86
7. 16 ff.: 57
7. 19 ff.: 60
7. 53 ff.: 56 ff.
8. 4: 57 f., 60
8. 6: 57, 59 f., 61 f.
8. 7: 59 f.
8. 7 ff.: 39
8. 9: 61
8. 11: 58 f., 62
8. 12: 50
8. 53: 139
8. 56: 139, 153 f.
9. 22: 268
9. 31: 85
10. 12: 38
10. 33: 271
10. 34: 60
11. 3: 86
11. 5: 86
11. 11: 86 f.
11. 24: 86
11. 35 f.: 86
11. 43: 87
12. 17: 86
12. 36: 53
12. 41: 46, 50
12. 42: 268
13. 10: 281
15. 1 ff.: 159
15. 6: 159
15. 16: 159
16. 2: 268
17. 1 ff.: 50
19. 41: 224
21. 15 ff.: 81

Actus Apostolorum
1. 7 ff.: 43
2. 32: 86
2. 46: 65
5. 6: 29
5. 34: 30
7. 2: 139
7. 53: 30
8. 1: 30
8. 3: 30
9. 1 f.: 30
9. 1 ff.: 47, 95
9. 2: 30, 33, 36
9. 3: 30, 40
9. 3 f.: 42
9. 3 ff.: 43
9. 4: 30, 40 f., 47 f.
9. 6: 47
9. 7: 40 f.
9. 8 ff.: 43, 50
9. 15: 47
9. 22: 44
9. 26: 44
12. 21 f.: 169, 175
12. 41: 47
13. 1 ff.: 38
13. 3: 96
14. 13: 47
14. 23: 96
17. 28: 180
20. 26: 38
20. 28: 99
22. 3: 30, 35

INDEXES

22. 4 f.: 30
22. 5: 30, 33, 36
22. 6: 40
22. 6 f.: 42
22. 7: 41
22. 8: 40
22. 9: 40 f.
22. 10: 40
22. 11: 45
22. 11 ff.: 43
22. 14: 46
22. 17 ff.: 47
22. 19: 30
22. 20: 30
23. 13: 33
24. 12: 36
26. 9: 30
26. 10: 30
26. 10 f.: 30
26. 12: 30, 33
26. 12 ff.: 42
26. 13: 40, 45
26. 14: 40 f., 46
26. 16 ff.: 42
28. 21: 30

Ad Romanos
1–8: 152
1. 1: 149
1. 1 ff.: 129, 152
1. 3: 151
1. 3 f.: 181
1. 4: 181
1. 16 f.: 153
1. 18: 104
1. 18 ff.: 180
1. 25: 12
2: 207
2. 1 ff.: 149
2. 2: 104
2. 4 f.: 160
2. 4 ff.: 199
2. 6: 104
2. 6 f.: 76
2. 9 f.: 153, 199
2. 12 f.: 104
2. 17 ff.: 104, 126, 149
3. 1 f.: 124
3. 1 ff.: 179
3. 9: 153
3. 20: 106
3. 23 f.: 105 f.
3. 28 ff.: 107

3. 29: 153
3. 30: 124
3. 31: 202
4. 1: 139
4. 1 ff.: 150 f.
4. 5: 71
4. 12: 139
4. 16: 142
4. 23 ff.: 150
5. 5: 203
5. 9 f.: 108
5. 12 ff.: 149, 152
5. 15: 151
5. 16 f.: 108
5. 18 f.: 151
5. 20 ff.: 150
6. 1 ff.: 162
6. 16: 108
7. 6: 197
7. 7 ff.: 150
7. 10 f.: 107
7. 21: 199
8. 1 ff.: 150, 161
8. 2: 124
8. 3: 107, 124
8. 14: 203
8. 15: 150, 162, 200
8. 24: 203
8. 33 ff.: 151
9–11: 127, 135, 139, 151 f., 161
9. 1 ff.: 161
9. 4: 148, 161
9. 4 ff.: 179
9. 4 f.: 124
9. 5: 12, 151
9. 6: 161, 202
9. 6 f.: 142
9. 6 ff.: 124, 161
9. 7: 139
9. 11: 199
9. 24: 153
9. 30 ff.: 124
10. 4: 107, 192, 199
10. 5: 104, 106
10. 6 ff.: 106
10. 12: 153
10. 12 f.: 153
10. 15: 92
11. 127
11. 1: 139
11. 7: 124
11. 13: 128
11. 14: 124, 128 f., 164

Ad Romanos (*cont.*)
11. 16: 135, 143, 146 ff.
11. 16 ff.: 127, 163
11. 17: 156 f.
11. 17 ff.: 135, 138, 144, 154, 156, 159 f., 162
11. 18: 155
11. 18: 148
11. 19 f.: 157
11. 22: 157, 159 f.
11. 23: 124, 157
11. 23 f.: 157
11. 24: 146, 157
11. 26: 124
11. 29: 155
11. 33 ff.: 151
12. 1 f.: 207, 189
12. 2: 199
12. 9: 199
12. 20: 208
12. 21: 199
13. 4: 199
13. 8 ff.: 124
13. 10: 200
13. 11: 86
15. 1 ff.: 151
15. 20: 100
16. 7: 100
16. 19: 199

Ad Corinthios I
1–3: 166
1. 4 ff.: 180
1. 5 ff.: 178, 180
1. 10 f.: 183
1. 10–4. 21: 182
1. 17: 92
1. 17 f.: 182
1. 18 ff.: 182 f.
1. 19: 182
1. 20: 182
1. 20 ff.: 182
1. 25: 166
1. 26: 165 ff., 174, 177 ff., 180 ff., 183 f.
1. 26 ff.: 168, 180
1. 27 ff.: 167, 189
1. 28: 166
1. 30: 182
1. 31: 182
2. 1 ff.: 182
2. 3: 195 f.
2. 6: 178
2. 6 ff.: 182
2. 14 f.: 183 f.
2. 16: 183
2. 16 ff.: 183
3. 1: 178
3. 1 ff.: 183
3. 12 ff.: 183 f.
3. 16 f.: 177
3. 16 ff.: 183
3. 19 f.: 183
4. 8: 178
4. 18 f.: 178
4. 21: 188
5–16: 181
6. 12 ff.: 181
7. 1 ff.: 181
7. 17 ff.: 206
7. 18: 137
7. 19: 207
8–10: 188
8–14: 188
8. 1 ff.: 182
9: 100
9. 1: 46
9. 1 f.: 182
9. 7: 183
9. 21: 124
10. 1 ff.: 179
10. 25 f.: 125
11. 1 ff.: 188
11. 2 ff.: 181
11. 17 ff.: 188
11. 24 ff.: 65
12–14: 210
12. 1: 210 f.
12. 1 ff.: 188
12. 3: 211
12. 4 ff.: 211, 214
12. 5: 211
12. 9: 208, 211
12. 12 ff.: 211
12. 28 ff.: 211
12. 31: 188
13: 185 ff., 195 ff., 200 f., 203 ff., 206, 208, 211 f.
13. 1: 189 f., 192
13. 1 f.: 202, 204, 211, 214
13. 1 ff.: 182, 188 f., 192, 196, 214
13. 2: 190, 193, 195, 203, 208, 211
13. 2 f.: 195, 207, 214
13. 3: 190, 193 f., 208, 210 ff.
13. 4: 197, 199, 211
13. 4 ff.: 188, 197, 199

13. 7: 197, 199, 201
13. 8: 192, 201 f.
13. 8 ff.: 189, 201 f.
13. 10: 199
13. 13: 196, 201, 203
14. 1: 188, 203
14. 1 ff.: 188
14. 7: 193
14. 20 ff.: 188
14. 33 ff.: 181
15: 182
15. 4: 181
15. 8: 46
15. 30 ff.: 182
15. 47: 282
15. 51: 86
16. 14: 188, 196
16. 24: 188

Ad Corinthios II
1. 3: 12
3. 1 ff.: 269
3. 6: 197
3. 7: 46
3. 13: 46
3. 18: 40
4. 6: 40, 45
5. 7: 203
5. 10: 104, 199
5. 18: 204
5. 21: 151
8. 18: 102
8. 23: 100, 102
10. 13 ff.: 100
11. 5: 98
11. 13: 93, 95
11. 20: 183
11. 22: 153
11. 31: 12
12. 11: 98
13. 7: 199

Ad Galatas
1. 10 ff.: 153
1. 13 f.: 30
1. 14: 14
1. 15: 45
1. 16: 128
2. 1 f.: 128
2. 7 f.: 100
2. 8: 98
2. 9: 98
2. 12: 125
2. 16: 103

2. 21: 107, 124
3. 7: 124
3. 10: 105 f., 122, 126
3. 10 ff.: 106
3. 12: 104 ff.
3. 15 ff.: 151
3. 19 ff.: 150
3. 21: 107 f.
3. 22: 107
3. 23 ff.: 108, 124
3. 26 ff.: 151
4. 1 ff.: 150
4. 4: 151
4. 6: 150, 162
4. 10: 125
4. 21: 139
5. 2: 124 f.
5. 6: 203, 206 f.
5. 14: 124
5. 16 ff.: 124
5. 22: 203
6. 2: 124
6. 15: 125, 206 f.

Ad Ephesios
1. 3: 12
1. 14: 177
1. 17: 177
1. 18: 177
1. 19: 177
2: 207
2. 15: 177
2. 19 ff.: 177
3. 14 ff.: 177
3. 16: 177
3. 17 ff.: 177
4. 1: 177
4. 12 f.: 177
4. 24: 177
5. 1 ff.: 177
5. 8: 53
5. 14: 83
5. 15: 177
5. 15 ff.: 177
6. 10 ff.: 178
6. 11 ff.: 178

Ad Philippenses
1. 1: 99
2. 5 ff.: 151
2. 12 f.: 204
3. 5 ff.: 153
3. 6: 121, 126, 205
3. 21: 40

INDEXES

Ad Colosenses
1. 15: 282
1. 24: 301
3. 14: 196

Ad Thessalonicenses I
4. 16: 86
5. 5: 53

Ad Thessalonicenses II
2. 1 ff.: 235
2. 6 f.: 304

Ad Timotheum I
1. 11: 11
3. 2: 99
4. 11 ff.: 35
4. 14 f.: 35
4. 15: 30
5. 1 f.: 29
6. 15: 11
6. 16: 282

Ad Titum
1. 7: 99
2. 6: 29

Ad Hebraeos
8. 13: 269
10. 28: 229
11: 214
11. 34: 214

Jacobi Epistula
1. 5 ff.: 84, 178
1. 9 ff.: 178
1. 12 ff.: 200
1. 27: 178
2: 176
2. 1 ff.: 178
2. 21: 139
3. 1 ff.: 178
3. 9: 178
3. 12: 178
3. 17: 178
4. 13 ff.: 178
5. 1 ff.: 178

Petri Epistula I
1. 3: 12
2. 4 ff.: 177
2. 25: 99
5. 5: 29

Johannis Epistula I
1. 3: 282
4. 12: 282

4. 18: 200

Apocalypsis Johannis
2. 1: 99
2. 7: 47
2. 8: 99
2. 11: 47
2. 12: 99
2. 18: 99
2. 29: 47
3. 1: 99
3. 5: 222
3. 6: 47
3. 7: 99
3. 12: 47
3. 14: 99
3. 21: 263
4. 5: 47
6. 2: 299
7. 3: 226
7. 4 ff.: 222
9. 4: 226
11. 1 ff.: 235
11. 3 f.: 227 ff., 237
11. 9: 237
12: 217, 219
13. 6: 232
13. 8: 222
14. 7: 226
14. 13: 47
16. 8: 215
16. 13: 216
17: 215
17. 1: 221
17. 2: 216
17. 4: 216
17. 16: 216 f.
17. 18: 216
18. 7: 216 f.
18. 10: 217
19. 1 ff.: 224
19. 11: 298
20. 6: 226
20. 15: 222
21: 215, 217
21. 1 ff.: 219, 223, 225
21. 9 ff.: 219 f., 221
21. 16: 223
21. 21: 222
21. 27: 223
22. 1 f.: 223
22. 3 ff.: 223, 226
22. 17: 47, 225
22. 19: 222

CHRISTIANA

Didache
  8. 2: 68
Clementis, *Ep.* I
  55. 2: 213
Pastor Hermae
  Vis. 3. 15(7). 5: 84
Apocalypsis Eliae
  3. 25 ff.: 233
  3. 68 ff.: 233
  3. 80 ff.: 229
  8. 8 ff.: 230
Justinus
  Dial.
    17: 96
    49. 1: 271
    67. 2: 268
    88: 49
    108: 96
    117: 96
    140: 141
Irenaeus
  Adv. Haer. 55: 230
Minucius Felix
  Oct. 6. 1: 243
Cyprian
  Ep. 77. 2. 1: 239
  Acta Cypriani
    1 ff.: 238 ff.
    3. 5: 241
    4. 2: 243

Vita Cypriani
  11: 239
Acta Scilitana
  11: 241
Acta Thomae
  34: 40
Constitutiones Apostolorum
  2. 24: 60
Didascalia
  7: 60 ff.
Eusebius
  H.E. 2. 23. 4 ff.: 36
    2. 23. 15 ff.: 39
    3. 5. 3: 256
    4. 6. 3: 304
    7. 11. 6: 238, 240
    7. 11. 6 ff.: 253
    7. 11. 7: 243
Epiphanius
  Haer. 30. 13. 7 f.: 47 f.
Augustinus
  Sermo 309. 2: 238
    309. 5: 241
  Civ. Dei vi prefa: 243
Apocalypsis Eliae
  3. 25 ff.: 233
  3. 68 ff.: 233
  3. 80 ff.: 229
  8. 8 ff.: 230

AUCTORES CRITICI

Abel, F.: 2, 4
Abelson, J.: 289
Abrahams, I.: 68 ff., 71 f., 74, 76
Ahrens, K.: 156
Aland, K.: 212
Albeck, Ch.: 109
Albrecht, O.: 305
Alexander, P. J.: 230
Alföldi, A.: 239 f., 253 f.
Alföldy, G.: 251
Allo, E.-B.: 236
Alon, G.: 125
Andresen, K.: 240
Avi Yonah, M.: 268 f.

Bacher, W.: 32, 112, 117, 120, 133, 135, 137, 144, 195, 297, 302 f.
Baeck, L.: 255
Baer, Y.: 253 f.
Baker, H.: 175
Bamberger, A.: 191
Bammel, E.: 49, 270, 297, 299 ff., 304
Barclay, W.: 83
Barnard, L. W.: 257, 260, 268, 272
Barrett, C. K.: 93, 98, 100 ff., 268
Bauer, W.: 48, 300
Baumgarten, J.: 220
Baumgartner, W.: 27, 29, 39

Baus, K.: 247
Begrich, J.: 169
Bell, H. I.: 84
Bengtson, H.: 247
Bentzen, A.: 169
Berger, K.: 263, 266 f.
Bergmann, J.: 270
Bernhard, K.-H.: 169
Betz, H. D.: 165, 180
Betz, O.: 46, 220
Bickerman(n), E.: 2 f.
Billerbeck, P.: 41, 62, 69, 85, 88 ff., 95, 111, 119 f., 132 f., 137, 140, 142, 153, 212, 230, 268, 300, 304
Black, M.: 228, 268
Blass, F.: 165
Bludau, A.: 38
Böcher, O.: 46
Boismard, M.-E.: 220
Bolin, S.: 252
Bonnet, M.: 84
Bonsirven, J.: 117, 257, 263, 266, 271
Bornkamm, G.: 79, 197, 201, 261, 265, 269, 273 f.
Borsch, F.: 169
Bousset, W.: 119, 227, 230, 235
Bowker, J.: 52, 270
Brandon, S. G. F.: 256
Brooke, A. E.: 232
Broughton, T.: 6
Bruce, F. F.: 257
Brüll, N.: 27
Buber, S.: 131 f. 296
Büchler, Ad.: 115 f., 122, 191
Bultmann, R.: 79, 121, 159, 176, 236, 258, 264
Burchard, Ch.: 174
Burton, E. de W.: 105
Buzy, D.: 79

Cadoux, A. T.: 79, 83
Carmignac, J.: 69
Carpzov, J. B.: 88
Cazelles, H.: 12
Cerfaux, L.: 166
Chamberlain, J. V.: 220
Charles, R. H.: 121 f., 227, 234, 236
Christ, F.: 267
Closen, G. E.: 172
Cohen, A.: 117
Cohn, L.: 231
Colpe, C.: 169, 237
Connolly, R. H.: 62

Conzelmann, H.: 40, 42 f., 165, 187, 191, 202, 210 f., 213
Corssen, P.: 239, 242
Cullmann, O.: 257

Dahl, N. A.: 183, 258
Dalman, G.: 136 f., 154
Danby, H.: 109, 113, 118, 120
Daniélou, J.: 258 f., 266, 272
Daube, D.: 1, 26 ff., 35, 50, 57, 70, 78, 98 f., 156, 158, 167, 179, 182, 194, 198 f., 208 f., 259, 268, 270, 305
Davies, W. D.: 102, 167, 257, 259
Debrunner, F.: 165
Deininger, J.: 248
Deissner, K.: 175
Delling, G.: 79
Denis, A.-M.: 229
Derrett, J. D. M.: 53 ff., 58 ff.
Dibelius, M.: 50
Dieterich, A.: 139
Dittenberger, W.: 84
Dix, G.: 272
Dobschütz, D. von: 28 f.
Dodd, C. H.: 17, 22, 55 f., 79, 264 f., 267
Dörries, H.: 250
Duncan-Jones, R. P.: 248

Edgar, L.: 272
Ehrhard, A.: 240
Ehrhardt, A.: 95, 256, 272
Ehrlich, E. E.: 262
Eissfeldt, O.: 11, 28, 38
Ellis, E. E.: 269
Eltester, F.: 173
Engnell, I.: 169
Epstein, I.: 109
Ernst, J.: 227, 235 f.
Eschelbacher, J.: 71

Fahlgren, K. H.: 20
Feldman, L. H.: 102
Festugière, A. J.: 175
Feuillet, A.: 220
Finkelstein, L.: 110, 115, 117 f., 134, 141
Fishburne, C. W.: 264
Fitzmyer, J. A.: 172
Flender, H.: 43
Flusser, D.: 264
Foakes Jackson, F. J.: 40 f.
Foerster, W.: 176

INDEXES

Forcellini, A.: 244
Fraine, J. de: 171
Frend, W. H. C.: 239, 241, 249, 252 f.
Freudenberger, R.: 243
Fridrichsen, A.: 82 f., 187, 189 f.
Friedlander, G.: 70
Friedmann, M.: 107, 113 ff., 121 ff., 297
Früchtel, U.: 173, 265
Fuller, R. H.: 258, 267
Fuss, W.: 171

Gärtner, B.: 224 f.
Garnsey, P.: 247
Gaudemet, J.: 248 f.
Gavin, F.: 88
Geffcken, J.: 252
Gemser, B.: 170
George, A.: 10
Georges, H.: 244
Georgi, D.: 93, 134, 181
Gerstenberger, E.: 15
Gese, H.: 20, 64 ff.
Gesenius, W.: 87
Gfrörer, A. F.: 119
Ginzberg, L.: 167, 172, 260
Goldberg, A. M.: 43 f.
Goldschmidt, L.: 35
Goldstein, M.: 260 f., 270 f.
Goodenough, E. R.: 265, 299
Goppelt, L.: 259, 261, 268, 272 f.
Gradenwitz, O.: 244
Grant, F. C.: 267
Grässer, E.: 236, 268 f.
Grégoire, H.: 249
Grundmann, W.: 79, 176
Gunkel, H.: 27, 29, 169
Guthrie, W.: 175
Güttgemanns, E.: 178

Haacker, Kl.: 46
Haenchen, E.: 40, 45, 180
Hahn, F.: 257 ff., 262
Hanson, R. P. C.: 166, 170
Harder, G.: 236
Harnack, Ad. v.: 49, 88, 96, 198, 255, 266, 272
Harrington, D. J.: 231
Hartel, W.: 238, 242
Haspecker, J.: 171
Headlam, A. C.: 104
Hegermann, H.: 265
Heichelheim, F.: 252

Heinemann, J.: 179
Hempel, J,: 11, 15
Hengel, M.: 186, 257, 259 f., 265, 270, 273
Hennecke, E.: 48
Herford, R. T.: 112, 270
Hermisson, H. J.: 23
Herr, M. D.: 296
Herrmann, G.: 305
Heumann, H. G.: 246 f., 249 f.
Higgins, A. J. B.: 262, 264, 272
Hindley, J. C.: 264
Hoffmann, P.: 273
Hönnicke, G.: 268
Horbury, W.: 70
Horovitz, S.: 107, 110, 113 ff., 117, 121 ff., 125, 134
Howton, J.: 267
Hugede, N.: 183

Jackson, B. S.: 84
Janzen, W.: 10, 15
Jastrow, M.: 97, 113
Jellinek, Ad.: 224, 299
Jeremias, J.: 8, 39, 56, 69, 79, 83
Jocz, J.: 99
Johnson, S.: 266
Jones, A. H. M.: 245, 250
Jonge, M. de: 263
Judge, E. A.: 168, 179
Jülicher, Ad.: 79
Juncker, Chr.: 305
Jüngel, E.: 83
Juster, J.: 254

Kadushin, M.: 81, 115 f., 122
Kahana, A.: 1
Käsemann, E.: 93, 103, 127 f., 139, 148 f., 156, 161
Kaser, M.: 247
Katz, P.: 39
Kautzsch, Em.: 2
Kay, D. M.: 27
Keller, C.: 11
Kenyon, F. G.: 84
Kertelge, K.: 103
Kieffer, R.: 178
Kisch, G.: 31, 231
Kittel, G.: 176 f.
Klausner, J.: 257, 262, 271, 301
Klein, G.: 95
Klein, G.: 102

INDEXES

Klijn, A. F. J.: 259
Knopf, R.: 238, 241
Knox, J.: 71
Koch, Kl.: 15, 20, 260
Koep, L.: 239, 243, 253
Köster, H.: 258
Kosnetter, J.: 49
Krämer, M.: 56
Krauss, S.: 88, 298
Krüger, Gerh.: 241
Krüger, Gust.: 238
Kühlewein, J.: 22
Kuhn, K. G.: 94
Kümmel, W. G.: 87, 259
Kunkel, W.: 248

Lake, K.: 40, 84
Lang, C.: 236
Latte, K.: 244
Lauchert, F.: 249
Lauterbach, J. Z.: 81, 107, 113 ff., 121 ff.
Leeman, A. D.: 168
Lehmann, E.: 187, 189 f.
Leivestad, R.: 264
Lentzen-Deis, F.: 49
Leon, H.: 5
Lerle, E.: 270
Levison, N.: 82
Lewis, C. T.: 244
Lidzbarski, M.: 159
Liebermann, S.: 254, 257
Lietzmann, H.: 240
Lightfoot, J.: 88
Lightfoot, J. B.: 88
Lindars, B.: 52
Lindblom, J.: 224
Lindeskog, G.: 256 f.
Lipinski, E.: 9, 11 f.
Lipsius, R. A.: 84
Loewe, H.: 112, 265, 272
Lohfink, G.: 46
Lohmeyer, E.: 235
Lohse, Ed.: 90, 181, 233, 262, 266
Loisy, A.: 79
Longenecker, R.: 126, 267
Luther, M.: 161, 305

Macdonald, J.: 266
Maier, J.: 170
Mandelbaum, B.: 206
Mann, J.: 167

Manson, T. W.: 90 f.
Mansoor, M.: 220
Marböck, J.: 170 f.
Marcus, R.: 6, 173
Mariani, B.: 3
Marmorstein, A.: 119, 270
Martin, A. D.: 79
Martin, F.: 228
Matthiae, K.: 258
Maurer, C.: 145
Mayer, G.: 134
Mayr, R.: 244
McKelvey, R. J.: 221, 224
Mentzius, B.: 305
Merx, Ad.: 299
Metzger, B. M.: 194, 212
Meyer, R.: 257, 272
Michaelis, W.: 79, 176
Michel, O.: 130, 132, 139, 145, 149, 176
Middendorp, T.: 171
Milik, J. T.: 228
Milligan G.: 84
Molland, E.: 259
Molthagen, J.: 239 f., 253 f.
Momigliano, A.: 2, 78
Montefiore, Cl. G.: 70 f., 73, 112 f., 265, 272
Montgomery, J. A.: 38
Moore, G. F.: 6, 111, 115 f., 120, 122, 259, 261, 265, 272
Moreau, J.: 240
Moulton, J. H.: 84
Mowinckel, S.: 10, 169, 260, 262 ff., 267, 272
Munck, J.: 165 ff., 183, 258 f.

Neill, S.: 257
Nestle, Eb.: 212
Neumark, D.: 257
Neumark, H.: 81
Neusner, J.: 33, 181
Nilsson, P.: 252
Nissen, A.: 191, 260
Nörr, D.: 247
Noth, M.: 12
Nötscher, F.: 24
Nygren, A.: 187

Odeberg, H.: 260, 264
Oepke, A.: 176, 180
Oesterley, W. O. E.: 2, 27, 70, 79, 83
Oswald, N.: 172 ff.

Pearson, B.: 165 f. 174
Pekary, Th.: 252
Peterson, E.: 166
Pfeifer, G.: 264
Pflaum, H. G.: 240
Pharr, C.: 245
Pistelli, E.: 252
Places, E. des: 171, 175
Pohlenz, M.: 180
Pope, M. H.: 170
Preisendanz, K.: 86
Preisigke, F.: 84, 253
Preisker, H.: 183

Quispel, G.: 259

Rad, G. von: 23, 170, 198
Rahlfs, A.: 2
Ratschow, C. H.: 43
Reese, J. M.: 171
Reitzenstein, R.: 238 ff.
Rengstorf, K. H.: 88 ff., 94 ff., 157 ff., 302
Resch, A.: 49
Reventlow, H. Graf v.: 20
Richardson, P.: 256, 260, 268 f.
Riesenfeld, H.: 189, 192 f.
Riessler, P.: 268
Ringgren, H.: 169, 264 f.
Rissi, M.: 174
Ristow, H.: 258
Robinson, J. A. T.: 258, 270
Rollins, W. G.: 260
Roloff, J.: 233
Romanelli, P.: 252
Romaniuk, C.: 267
Rosenstiehl, J.-M.: 228 ff.
Rost, L.: 28 f.
Rostovtzeff, M.: 247
Ruhbach, G.: 238, 241

Sackur, E.: 230
Salomonsen, B.: 147
Sánchez Bosch, J.: 168, 179
Sandars, T. C.: 91
Sanday, W.: 104
Sander, H.: 191
Sanders, E. P.: 103, 119
Schechter, S.: 111, 115 ff., 119
Schlatter, Ad.: 47, 304
Schleifer, J.: 230
Schleusner, G.: 305
Schlier, H.: 264

Schlisske, W.: 169
Schmidt, W. H.: 169 f.
Schmithals, W.: 92, 100
Schmitz, O.: 177
Schnackenburg, R.: 270
Schneider, C.: 177
Schneider, N.: 165
Scholem, G.: 264
Schönebeck, H. v.: 250
Schöps, H. J.: 258 f., 265, 268, 272
Schottroff, W.: 10
Schrenk, G.: 175 f.
Schürer, E.: 29, 38
Schwab, M.: 111
Schweizer, Ed.: 174, 176, 180 ff.
Seckel, E.: 246 f., 249 f.
Short, G.: 244
Simon, M.: 256, 273
Singer, S.: 192
Sjöberg, E.: 263 f.
Smend, R.: 10
Soggin, J. A.: 170
Sordi, M.: 2
Spicq, C.: 79, 187 f., 191, 194
Stählin, G.: 81
Stanley, D. M.: 181
Stauffer, E.: 34, 297
Ste Croix, G. E. M. de: 239, 241
Steck, O.: 16
Steindorff, G.: 228, 230
Steinthal, H.: 305
Stern, M.: 2, 4
Strack, H. L.: 212, 231, 270
Strecker, G.: 16, 19, 48, 259
Stuhlmacher, P.: 103
Styler, G. M.: 257
Sweet, J. P. M.: 269
Swete, H. B.: 38, 237

Tal, U.: 255
Talmon, S.: 261
Taylor, Ch.: 112
Taylor, V.: 47, 237
Tcherikover, V.: 186
Thackeray, H.: 166
Thiele, J. C.: 305
Thilo, J. C.: 230
Thomasson, B.: 238, 241
Turner, N.: 264

Uebelacker, W.: 209
Urbach, E. E.: 114, 172
Usener, H.: 49

Vattioni, F.: 10
Vermes, G.: 52
Vidmann, L.: 252
Vielhauer, Ph.: 48, 50
Völter, D.: 49

Wagenvoort, H.: 243 f.
Waitz, H.: 48
Walbank, F.: 5
Walker, W. O.: 258
Weber, F.: 43 f.
Weber, J.: 238
Weiss, Bernh.: 83
Weiss, Joh.: 188, 211
Weiss, K.: 56
Wellhausen, J.: 4
Welskopf, E. C.: 252
Wenger, L.: 238
Wessely, C.: 229

Westermann, C.: 14
White, J. L.: 180
Williams, C. K.: 83
Windisch, H.: 9, 44 f.
Wirgin, W.: 2
Wissowa, G.: 244
Wolff, H. W.: 15
Wolfson, H. A.: 265
Woude, A. S. v. d.: 263
Wüllner, W. A.: 165 f., 179
Wünsche, A.: 117 f., 299

Zeitlin, S.: 70
Ziegler, J.: 28, 38
Ziesler, J. A.: 103
Zimmerli, W.: 9, 17 f., 24 f.
Zobel, M.: 300
Zöckler, O.: 27